教育学学科新进展丛书

崔景贵　曹雨平／主编

国家社科基金教育学一般课题（BJA120082）研究成果

现代职教教师教育：培养培训一体化的研究

贺文瑾　崔景贵／主编

知识产权出版社

全国百佳图书出版单位

图书在版编目（CIP）数据

现代职教教师教育：培养培训一体化的研究/贺文瑾，崔景贵主编. —北京：知识产权出版社，2018.9

（教育学学科新进展丛书/崔景贵，曹雨平主编）

ISBN 978-7-5130-5725-7

Ⅰ.①现… Ⅱ.①贺… ②崔… Ⅲ.①职业教育—师资培养—研究 Ⅳ.①G715

中国版本图书馆 CIP 数据核字（2018）第 180507 号

内容提要

职教教师教育是加快现代职业教育内涵发展、创新发展的关键所在。进一步加强和改进职教教师教育，要认清职教教师教育存在的主要问题，完善卓越职教教师培养专业标准，创新职教教师教育人才培养模式，强化职教教师企业实践工作机制，优化职业院校教师培训工作体系，健全"双师型"职教教师管理制度，开发职教教师教育优质资源。全面深化新时代职教教师教育改革，必须着力把握职教教师教育一体化的新机遇、新挑战，展望职教教师教育一体化的新征程、新趋势，构建职教教师培养培训一体化的新格局、新范式。本书基于职业教育教师培养培训一体化的研究视角，深入分析我国职教教师培养培训工作的历程和特征，系统总结职教教师教育质量提升与内涵建设的经验与模式，阐述积极推进职业教育教师培养培训一体化发展的新理念、新路径，提出协同创新职教教师培养培训一体化体制机制的新实践、新策略，主张科学建构和完善发展质量高、贡献度高、社会认可度高、富有中国特色和中国风格的现代职教教师教育体系。

责任编辑：冯 彤		责任校对：谷 洋	
装帧设计：张 冀		责任印制：孙婷婷	

现代职教教师教育：培养培训一体化的研究

贺文瑾　崔景贵　主编

出版发行：知识产权出版社有限责任公司　　网　址：http://www.ipph.cn

社　　址：北京市海淀区气象路 50 号院　　邮　编：100081

责编电话：010-82000860 转 8386　　责编邮箱：fengtong@cnipr.com

发行电话：010-82000860 转 8101/8102　　发行传真：010-82000893/82005070/82000270

印　　刷：北京虎彩文化传播有限公司　　经　销：各大网上书店、新华书店及相关专业书店

开　　本：787mm×1092mm 1/16　　印　张：24.5

版　　次：2018 年 9 月第 1 版　　印　次：2018 年 9 月第 1 次印刷

字　　数：377 千字　　定　价：116.00 元

ISBN 978-7-5130-5725-7

目 录

职教教师教育体系的问题与改革

当前，加快发展现代职业教育是中国政府做出的重要战略部署，而职教教师队伍建设是现代职业教育内涵发展、创新发展的关键所在。我们要科学认识当前职教教师教育发展大局和创新格局，深刻领会全国职业教育工作会议的新理念、新精神，积极应对职教教师教育面临的新常态、新机遇、新挑战，着力研究和解决当前及今后一个时期职教教师专业人才培养中的重点和难点问题，进一步深化改革创新，探索形成职教教师教育质量提升与内涵建设的新亮点、新模式。

第一节　理性审视职教教师教育存在的问题

近年来，职教教师教育工作快速发展，教师培养培训体系初步形成，培养培训制度基本建立，培养培训质量不断提高，为提高劳动者素质、促进就业和改善民生、推动现代化建设做出了积极贡献，发挥了独特作用。但从总体上看，我国职教教师教育还不能完全适应经济社会发展需要，结构不尽合理，质量有待提高，体制机制不畅，在全国教师教育改革发展总体格局中，职业师范教育战略地位尚未全面落实，不同程度存在淡化和弱化的现象，职教教师教育改革相对滞后，迫切需要加快改革发展步伐，推进现代职教教师教育体系建设。当前，职教教师教育工作存在亟待解决的五大问题。

一、职教教师培养模式不够专业

非专业化是当前我国职教教师教育面临的"危机"。反思职教教师培养模式的专业化差距，主要表现为：学历化的职教教师培养目标，固定化的职教教师培养对象，学校化的职教教师培养主体，课堂化的职教教师培养方式，普教化的职教教师培养课程。

二、职教教师培养体系不够健全

当前，职教教师从来源上讲，主要存在几个问题：教师补充渠道单一，且接受过专门职教教师教育的教师比例很少；职教师范生来源复杂，生源质量总体不高，培养质量存在一定问题，且缺乏严格的准入标准；职教专业师范生培养规模、层次与职业院校的实际需求有差距；机制不灵活，职业院校难以聘请高质量的兼职教师。职教专业师资培养面临特定的困境，职教师资生源质量、培养质量、就业质量的保障成为今后工作推进的难点。职教教师培养无论是数量还是质量，远远不能满足加快发展现代职业教育的需求，应该成为理论研究和实践领域的重要课题。

三、职教教师培训体系不够科学

"十二五"以来，职业院校教师培训存在的问题与不足，主要表现在：培训项目设置的普惠式，注重培训规模化效益，没有做到个性化和差异化，尤其是教师培训专业大而化之，没有细分专业；培训管理的粗放式，注重统一管理，没有进行精细化划分；培训方案设计基本按照"我能提供什么"，而不是按照"学员需要什么"；有的培训项目主题与职业院校教师的实际需求不符，培训内容重复、滞后；培训过程还没有充分调动参培学校（基地）和教师的积极性，培训效果与满意度比较低下等。总体上看，针对职教教师专业发展开展培训还缺乏整体设计，在这方面需要开展深入研究。

四、职教教师教育制度建设不够完善

制度建设仍然是当前职教教师培养培训工作中的一个薄弱环节，存在制度不健全、特色不鲜明、落实不到位等问题，不能很好地适应新时期加强职业教育教师队伍建设的迫切要求。特别是职教教师职前培养与职后培训脱节、倒挂现象比较严重。职教教师的终身发展缺乏科学合理的教育体系支撑，职教教师培养培训一体化模式亟待建立。因此，必须把完善职教教师培养培训制度作为一项重要而紧迫的任务，加强组织领导，加强统筹规划，加快改革创新，努力开创我国职业教育教师队伍建设的新局面。

五、企业支持职教教师专业实践不够积极

企业是职校教师企业实践政策执行的重要主体，企业参与是决定职校教师企业实践政策执行效能的关键因素。课题组面向江苏（苏南 6 所、苏中 9 所、苏北 11 所）26 所中职校开展职业院校教师企业实践制度的问卷调查，并与中职学校领导和专业教师深度访谈（见本书第十三章）。结果显示，当前中职教师企业实践政策执行效能很低，中职教师企业实践工作总体不理想，企业实践对提高教师专业素养的效果有限。调查发现，企业参与不力是引起职校教师企业实践政策执行梗阻的重要原因，主要存在企业应对职校教师企业实践的态度消极，满足职校教师企业实践需要的企业难寻，企业参与职校教师企业实践的深度不够，企业管理职校教师企业实践的机制缺位，规范企业接收职校教师实践的政策乏力等问题。正是由于当前职教教师职前培养校企合作不力，职教师范生的专业实践能力不足，造成职教师资队伍"整体素质不高。多数专业教师缺少企业工作经历，对生产和服务一线了解较少，教学能力特别是专业技能水平和实践教学能力偏弱。'双师型'教师不足"。

职教教师教育的建构与转变是令人鼓舞的，但问题是不容回避的。追本溯源，职教教师队伍建设出现的种种问题，无不与职教教师教育管理存在的问题密切相关。一方面，职教教师教育没有很好地履行自己的责任，培养的人才质量不能满足职业教育与社会经济发展对职教师资的高要求；

另一方面，职教教师教育制度还不健全，教育能力有限，许多本该属于职教教师教育的权利与义务被其他教育替代了。加拿大著名教育家迈克·富兰曾说："问题是我们的朋友。问题不可避免地要出现，但是好的一面是如果没有问题，你就学不到东西，也不能成功。"❶ 坚持职教教师教育改革创新的问题导向，找准存在的主要问题，善于发现真实问题，勇于剖析真正症结，着眼于有效推进解决问题，我们才能探寻到深化职教教师教育改革创新的突破口和着力点，不断提高职业院校教师培养培训的实效，为解决职教教师教育体系建设中长期存在的最大"瓶颈"问题提供解决的基本思路与积极策略。

第二节　科学构建现代职教教师教育体系

专业化成为世界教师教育的共同追求，专业化取向是职教教师教育发展的必由之路。职教教师教育发展取向面临三大冲突：定向型与非定向型制度之分，学术性、师范性与技术性定位之争，职前培养、入职教育与职后培训体系之裂。而一体化的职教教师教育体系、整合化的职教教师教育结构、本土化的职教教师教育制度是专业化取向职教教师教育的基本架构（见本书第二章）。我们要贯彻《国务院关于加快发展现代职业教育的决定》《教育部关于实施卓越教师培养计划的意见》等的新要求，学习借鉴职教教师教育改革的先进经验，重点提升职教教师教育教学的质量以及人才培养的质量，形成现代职教教师教育的操作体系和实施方案。

一、构建职教教师培养培训一体化范式

职教师资培养培训一体化是基于职教教师专业化成长的视角，对教师进行纵贯职前到职后的培养培训过程。它包括培养培训目标、内容、方式、路径的连贯性、递进性、整体性和系统性。我们要遵循职教教师专业

---

❶ ［加］迈克·富兰. 变革的力量［M］. 中央教育科学研究所，加拿大多伦多国际学院，译. 北京：教育科学出版社，2000：37.

发展特点与规律，从系统论、教师专业发展理论、教师教育理论、终身教育理论等视角，以职教教师教育机构设置一体化、课程改革一体化、管理创新一体化等为要素，对职教教师培养培训一体化进行系统设计和范式建构，形成相对比较完整的理论框架与操作范式。从政策法规制定、责任分担机制、资源整合与共享机制、系统管理制度等方面，探讨职教教师培养培训一体化的保障机制。从内涵、特征、功能定位与价值选择等角度，对职教教师培养培训体系进行理论探讨，突破固有的职前教师教育学科模式的传统，初步建立理论框架。在理论建构的基础上，用典型案例探索职教教师培养培训体系的实践范式，既要形成有解释力、指导性的理论框架，又要提出针对性强、操作性强的行动策略，为职教教师科学设计终身教育体系，创造职教教师培养培训的经济效益与社会效益的最大化。以建设"双师型"教师队伍为目标，以完善教师培养制度和继续教育制度为重点，以创新教师培养培训校企合作机制为突破口，加快构建内容完备、特色鲜明、管理规范、相互衔接的职业教育教师培养培训制度体系框架，进一步提升职业教育教师培养培训工作整体水平，更好地满足职业教育改革创新的需要，满足职业教育教师专业化发展的需求。

二、完善卓越职教教师培养专业标准

大力提高教师培养质量，成为当前职教教师教育改革发展最核心、最紧迫的任务。教育部印发的《关于实施卓越教师培养计划的意见》提出，建立健全高校与行业企业、中等职业学校的协同培养机制，探索高层次"双师型"教师培养模式，培养一批素质全面、基础扎实、技能娴熟，能够胜任理论和实践一体化教学的卓越中等职业学校教师。这为职教教师教育改革指明了新的方向。今后一段时间，职教师范生培养的工作重点，应放在进一步优化调整全国职教师范教育结构，提高职教师范类专业准入门槛，加强培养质量管理，逐步实现全国职业师范教育优质资源共享，加强职教教师自身队伍建设。制订职教教师专业标准的学理性框架，探究职教教师培养模式建构的逻辑起点与理论基础，构建基于行动导向的职教教师培养模式，主要包括标准体系、课程模式、教学模式、实践教学体系与组织结构模式等。可以选择机械、电子、汽车、财务管理和软件工程等职教师范类本科专业，就如何达成国家职教教师教育标准要求，实现"双师型"职教专业人才培养规格提出解决方案。要高度重视职教教师培养培训工作，充分整合职教教师教育资源，正确处理应用型专业人才与职教专业师资培养的关系，针对职教教师培养的薄弱环节和深层次问题，深入研究职教师资专业成长规律和发展趋向，从模块化课程建设、教学方法变革、招生选拔改革、培养方案制订、教师共同体建设、考核评价机制完善等方面，以更加务实的创新举措，全面深化、分类推进职教教师培养模式改革，努力提升职教教师教育的层次，建设互联网＋卓越职教教师教育行动计划，建立健全现代职教教师教育的体制机制。

三、创新职教教师教育人才培养模式

培养模式是职教教师教育理论与实践相结合的产物，是职教教师教育理论应用于职教教师教育实践的中介环节和桥梁。职教教师教育培养模式是一个多层次、多要素的系统，具有丰富的实践内涵，正在走向多元分化。职业技术高师和综合大学中的教育学院或职业技术师范学院可以在本科阶段试行"3＋1"模式，并向"4＋1"的双学位，或"4＋2"的本硕连读，"4＋3"的硕士研究生的培养模式发展。一般认为，经过"4＋2"或"4＋3"模式毕业的学生，将是专业知识、专业技能、教师理念与技能比较到位的复合型、研究型和比较有发展后劲的职业教育专业人才。我们应该从变革培养对象、培养体制、培养主体与培养过程等模式要素入手，建构多元共生与开放互动的职教教师教育培养模式。实现职教教师教育培养模式的可持续发展，更需要创新高层分段的职教教师教育培养制度，创优实践应用的职教教师教育教学过程，创建职能独立的职教教师教育专业机构。

四、强化职教教师企业实践工作机制

参加企业实践，是职业院校教师完善其知识能力结构，促进其专业发展的重要举措。积极探索职业院校教师到企业实践的规律、特点和路径，厘清职业院校教师到企业实践的内涵、职责与功能，建立和完善职业院校教师到企业实践制度的理论依据等基本理论问题。借鉴职业院校教师到企业实践制度的国际经验，区别分析中职和高职，从政府、职业院校和企业三个层面，提出职业院校教师到企业实践制度设计框架和若干政策法律。如制定促进企业参与职校教师企业实践的政策法规，出台落实职校教师企业实践政策法规的实施办法，为职校教师开展跨区域的企业实践提供基本条件，完善职校教师企业实践的考核监管机制等。

五、构建职业院校教师培训工作体系

围绕高职院校教师培训体系构建这一目标，按照"资料采集→实证分析→问题评价→原因分析→理论创新→完善结论"的技术路线开展探索实践。结合国内外高职教师培训的实践经验与效果，分析高职教师培训市场需求、培训中存在的主要问题、影响高职教师培训效果的各个因素，提出高职教师培训工作体系构建的原则，高职院校教师培训制度、基地建设、项目实施与经费保障等。在"十三五"期间要探索高职教师培训基地建设，在全国遴选一批高职教师培训重点建设基地。积极探索培训项目模块化和培训学分制，培训项目由不同模块组成，教师可根据自身需求，选择适合自己需要的模块参加培训；不同培训项目或模块对应相应学分，完成规定学分即完成培训任务。改变培训方式，将集中面授和网络培训相结合（线上培训和线下培训相结合）；到承担培训任务学校培训和送培上门相结合。加强培训信息化平台的建设，在一定范围内实现教学资源共享，使部分未能参加培训的教师也能获得相关培训的电子稿资料，如培训课程的授课课件、网络课程内容等。按照精细化、个性化、专业化和主动性的原则，在完善培训制度、优化培训项目和加强培训过程管理上做出更积极的改进。

六、健全"双师型"职教教师教育制度

按照"以'双师型'教师为重点，加强职业院校教师队伍建设"要求，全面总结并推广各地先进经验，为政府、企业和职业院校提供决策咨询，从而整体推进职业院校"双师型"教师队伍建设。我们认为，"双师

型"职教教师的专业化标准是"一全"（全面的职业素质）、"二师"（"经师"和"人师"的有机统一）、"三能"（能够进行教育教学，能够指导专业技能训练，能够进行科学研究和课程开发）和"四证"（毕业证、技术技能等级证、教师资格证和继续教育证）。借鉴职业教育发达国家职业教育专业教师教育的经验，着眼于整体推进职业教育"双师型"教师教育体系改革，分别从政府、职业院校、企业和职教师资培养培训基地等视角，完善职业教育"双师型"教师教育制度的若干政策。实施职业院校教师素质提升计划，依托高水平职业院校和大中型企业共建一批"双师型"教师培养培训基地，建立职业院校教师到企业实践制度和高职院校教师"访问工程师"进修制度，推进职业院校优秀教学团队建设。到 2020 年，中职学校和高职院校"双师型"教师占比分别达 75%、85% 以上，兼职教师占专业教师比例均达 25% 左右。全面推进职教教师教育制度创新，其核心目标就是：建立以职教教师专业化为导向，以教师资格证书制度和培训证书制度为核心，体系开放灵活，培养培训一体化，教师发展终身化，政府主导，市场调节，多元竞争，社会监督与行业自律相结合，适应职业教育改革发展需要，保障高素质"双师型"教师培养，具有中国特色的现代职教教师教育制度。

职教教师存在的诸多问题引领职教教师教育研究与实践的发展方向，要求创新职教教师教育培养模式，创新职教教师教育学位制度，创新职教教师教育课程设置，创新职教教师教育职后教育体系等。应该强调的是，职教教师教育的变革与创新绝不仅仅在于形式或名称上的改变，其实质应该着眼于整个教师教育质量和水平的提高，着眼于实现职教教师专业发展，着眼于更好地为社会培养高层次的专门人才，并最终实现"让每个教室都拥有最优秀、更专业的教师"的职业教育理想。职教教师教育专业化发展的关键，不是单纯的内容、技术或者程式改变，而是更深层次的理念变革与发展路径的抉择，这对于现代职业教育和教师教育发展的影响必定是深刻且久远的。

第三节　全面深化职教教师教育体制机制改革

综观世界教师教育的发展历程，比较国际教师教育改革的做法，审视当前职教教师教育的发展现状，不难看出，只有大力推进职教教师教育改革，才能提高职业院校教师的质量，职教教师队伍建设才能走上良性循环的轨道。目前我国教师教育进行的改革与发展，主要有四种模式：其一，改制模式，即在办学性质上逐渐淡出师范大学行列，脱离教师教育体制，向综合大学发展；其二，改革模式，即实行学科教育与教师教育的分离，走发达国家综合大学设教育学院培养教师的模式；其三，改良模式，即在继承中创新的发展模式；其四，传统模式，即单一的教学型师范大学模式。❶ 当然，任何一种发展模式都是特定层次、特定类别的院校在特定时期的一种选择。而职教教师教育正处在一个认知方式重建、发展思路分化、实践框架重构的交叉路口。

职教教师教育改革的关键是体制机制问题。我们要科学认识职教教师教育体系建设的内涵和特征，以深入推进职教教师培养培训体制机制改革创新为重点，把握加快发展现代职教体系的历史机遇，体现"互联网＋"行动计划的时代诉求，用心做实做优职教教师教育各方面的工作。

一、进一步加强和改进职教教师教育

要敏锐洞察当今世界职教教师教育发展趋势，聚焦职教教师专业发展的内在理路，创造性地将现代职业教育理念运用于职教教师教育实践中，系统构建和丰富现代职教教师培养培训体系的基本框架，尤其要在提高质量、创新模式、凝练特色上开拓进取，为现代职教教师教育实践提供创新的视角。全面总结职教师资专业人才培养培训工作经验，制定《职业教育师范生专业认证标准》。合理确定职教专业师范生培养规模和结构，扩大

---

❶ 史宁中，柳海民．我国教师教育发展模式的选择［J］．中国高等教育，2004（19）：28 －
29．

面向在职教师的研究生教育规模，鼓励高水平综合性大学举办研究生层次的职教教师教育。实施高水平职教教师教育基地建设工程，逐步形成以本科和研究生教育为主的职教教师教育格局。实施职教教师培养模式和课程改革，强化教师教育质量评价，完善教师教育质量评价体系和监控机制。推进卓越职教教师培养计划，建立高等学校与地方政府、职校联合培养职教教师的新机制。鼓励高水平大学非师范类专业优秀学生选学职教教师教育课程，并通过教师资格考试应聘进入职教教师队伍。改革职教专业师范生招生办法，采取提前批次招生、免费培养、大类录取二次选拔等方式，吸引优秀高中毕业生学习职教师范专业。创新农村职校教师补充机制，支持县（市、区）人民政府对部分紧缺专业职教师资采用订单式培养，经招聘考核后进入职教教师队伍。

二、进一步优化职教教师培训工作体系

充分发挥国家级职业教育师资培训基地和省级职业教育教师培训中心的作用，进一步加强培训专家队伍和管理队伍建设。充分发挥省级中高等职业教育教师培训咨询委员会的参谋和智囊作用，为职业教育改革和发展做出贡献。落实5年一周期的职教教师全员培训制度，促进职业院校教师终身学习、专业成长。健全国家、省、市、县、职校五级教师培训体系，统筹建设地市级职教教师发展学院，做强县级职教教师发展中心，抓好职教教师的校本研训。改革职业院校教师培训内容和方式，注重培训的针对性和实效性。创新职教教师岗前培训，加强职校新教师入职教育。在职业院校普遍建立教师培训工作机构，强化现代职业教育教学能力和先进教育思想培训，鼓励职校青年教师到企事业单位挂职锻炼、到国内外高水平大学和科研院所访学研修。全国重点建设职教师资培养培训基地要坚持和谐发展导向，满足合理需求，在代表国家培训标准和现代管理制度上认准目标、自找差距，为学员提供最优质的职业教育资源、专业教学和生活服务。要围绕加快建设专业化职教师资队伍，突出职校教师"双师型"特质的培训目标，充分体现国家级培训标准、省级培训特色和各学院（基地）培训优势，着力创新专业教学组织形式，努力丰富学员培训生活，全力保

障培训工作质量。要坚持不放弃培训工作规范，不放低学习制度要求，不放松全过程化管理，进一步强化责任意识、看齐意识和品牌意识，注重协调协商，有效协作协同，真正做到管理善始善终、服务做细做实。

三、进一步改革高职院校人事管理制度

比照普通高中和高校，根据职业教育特点核定公办职业院校教职工编制。进一步简化高职院校进人审批程序，提高工作效率，在核定的年度进人指标内对引进各类人才实行限时备案制。在核定计划外确需引进高层次人才的，按规定及时给予用人计划保障。对新引进符合事业单位专业技术正高岗位竞聘条件的海外、省外高端人才，按特设特聘岗位管理制度安排聘用。对引进的高端人才在税收、购房、子女入学、家属就业等方面，按规定给予政策优惠。支持高职院校对引进人才实行年薪制。授予部分示范（骨干）高职院校自主认定教师资格权限。改革高职院校职称评聘办法，向国家级示范（骨干）高职院校下放副教授学科评议权。完善绩效工资制度，优化绩效考核，加大奖励性绩效工资分配力度，调动职业院校教师积极性，逐步形成绩效工资总量与经济发展水平相适应的动态调整机制。

四、进一步完善职教教师管理制度

职业教育事业单位应按照国家和省有关人事管理制度进行岗位管理、人员聘用、公开招聘。严格职校教师准入和新任教师公开招聘制度，推行以省辖市为主统一笔试、以县为主统一面试的公开招聘办法。试行职校教师资格定期注册制度，全面实行教职工聘用制，推进职校教师职称改革。中等职业学校设置正高级教师职务岗位。创新职业学校用人制度，对教师实行分类聘用、分类管理和分类考评。按照推进职业教育现代化、实施素质教育和课程改革的要求，科学合理确定师生比，加快实行城乡统一的教职工编制标准和职务结构比例，进一步加强职校教师队伍建设。健全县（区）域范围内教师定期交流机制，建立"县（区）管校用"的职业教育教师管理制度，实现县（区）域内教师资源均衡配置。探索职校校长和骨干教师跨地区（如苏南与苏北）、职校（重点与一般）挂职交流。完善企

业工程技术人员、高技能人才到职业院校担任专兼职教师的政策。建立企业经营管理人才、技术技能人才与学校领导、骨干教师相互兼职制度。加强职业院校岗位设置管理，合理确定岗位总量，优化各类人员结构比例，完善以岗位绩效综合评价为重点的人才考核与评价体系，建立"能上能下"的聘用制度，提高用人质量和效益。实施职业院校教师专业标准，完善职业院校教师转岗和退出机制。

回眸过去，我国职教教师教育发展取得了世人瞩目的成就；展望未来，我国职教教师教育内涵发展和质量提升被提到更加重要的位置。我们要全面总结好职教教师教育的经验与模式，以现代职教教师教育质量提高为核心，坚持职教教师教育管理的积极取向、特色取向和实践取向，贴近创新发展需求，深化改革、激活机制，真抓实干、攻坚克难，科学构建富有中国特色、中国气派和中国风格的现代职教教师教育体系。

本章小结

职教教师队伍建设是现代职业教育内涵发展、创新发展的关键所在。全面深化职教教师教育改革，必须着力把握职教教师教育发展的机遇和挑战，制定影响职教教师教育的政策和规划，前瞻职教教师教育发展的格局和趋势。一要认清职教教师教育存在的主要问题，如职教教师培养模式不够专业，职教教师培养体系不够健全，职教教师培训体系不够科学，职教教师管理制度建设不够完善，职前培养与职后培训工作脱节、倒挂现象比较严重，企业支持职教教师实践不够积极等。二要把握职教教师教育体系建设的重点，着力构建职教教师培养培训一体化范式，完善卓越职教教师培养专业标准，创新职教教师教育人才培养模式，强化职教教师企业实践工作机制，构建职业院校教师培训工作体系，健全"双师型"职教教师教育制度。三要全面深化职教教师教育体制机制改革，进一步加强和改进职教教师教育，优化职教教师培训体系，改革高职院校人事分配制度，完善职教教师管理制度。进一步推进职教教师教育改革创新，探索形成职教教师教育质量提升与内涵建设的新亮点、新模式，重点开发现代职教教师教育资源，优化职教教师教育管理，形成职教教师教育改革的实施方案，科学构建富有中国特色、中国气派和中国风格的现代职教教师教育体系。

（本章作者　江苏理工学院：贺文瑾、崔景贵）

现代职教教师教育的意蕴与架构

随着我国职业教育的大力发展，职业教育的内涵建设也逐步得到重视和加强，如教育理念、课程与教学、实训基地、师资队伍等方面。职教教师队伍建设的重点也逐渐从教师队伍的数量发展、学历提升转变为职教教师的素质提高。职教教师教育作为教师队伍建设的重要举措和教师素质提高的核心路径近年来也得到了很大的重视，如职教教师培训、培养资源的开发、培训计划的实施等。职教教师教育的本质特征与基本意蕴作为计划、研究和开展职教教师教育的起点和核心，在制订教师教育计划之初就应首先纳入考虑范畴，并在后续实践中不断总结与反思。

第一节 现代职教教师教育的基本意蕴

一、三性的有效融合

我国职教教师教育的特点被归纳为三性：学术性/学科性、师范性/教育性、职业性/技术性。三性特点下的职教教师教育促进了教师专业能力的发展。"没有学术性，就不能称其为高等教育，学术性是职业教育教师教育与其他高等教育都具有的共性；而没有教育性，就不能称其为师范教育，教育性是职业教育教师教育与普通师范教育所具有的个性；而职业性是职业教育教师教育所具有的特性**❶**"。从中看出，职教教师教育除了具有与其他教师教育共同的"学术性"和"师范性"的特征之外，"职业性"是其特色所在，该特色由职业教育的功能特征所决定，同时也决定了职教教师教育的特殊性。教师教育中三性之间的关系有人认为是相互矛盾的，有人认为是应当相互融合的。如何将这看似矛盾的三者在职教教师教育中进行有效融合，是提高职教教师教育质量和促进教师专业化发展的关键问题。

作为职教教师教育核心特征的"职业性"与教师职业本身的"职业性"有所区别。职教教师的"职业性"包含两层含义：一是职教教师职业本身的职业性，即师范性；二是职教教师培养对象的职业性，即技术工人的职业性。职业教育的"职业性"功能特征决定了培养职业技术人才的职教教师也应具有相应的"职业性"，也决定了职教教师教育中需要培养和促进未来教师关于"职业性"的知识、能力和素养。职教教师不仅自身需要理解和掌握技术工人的职业性，更要能够对其进行更高层面的设计、实施与反思。

而在当前的职教教师教育中，"职业性"的体现尤为贫乏。职教师资培养培训的教育模式、专业设置、培养目标、课程设置和教育评价等都很少能体现和实现该"职业性"特征。教师"职业性"能力的缺乏也正是阻碍职业教育教学改革的关键因素。因此，当前国家层面或地区层面实施的职业院校教师企业实践项目正体现了提高教师"职业性"能力的需求。

职教教师的职业技术能力来源于职业世界对技术工人的职业技术要求，但作为培养者的职教教师除了应具备与技术工人相近的职业技术实践能力外，还应在更高层次上掌握职业技术的理论知识和获得对不断变化的职业工作世界进行研究的能力。职业技术实践能力和职业技术理论知识共同体现了"三性"中的"（职业）技术性"的要求，而职业工作研究能力则体现了针对职业教育领域进行研究的"学术性"要求，这两者最终都为

---

❶ 郑秀英．职业教育教师专业化问题研究［D］．天津大学博士学位论文，2010：76.

"师范性"服务。职教教师教育除了应具有高校普通专业的学术性和普通师范专业的师范性外，还需具有职教师范的职业技术性和职业师范性，更需具有三性融合的特质，这也是职教教师教育区别于其他任何高等教育专业的特殊之处。

二、专业化的发展方向

教师既是一门职业性专业，又是一项专业性职业（profession）。职业性专业相对于学科性专业而言，在教师专业化成为教师教育改革的基本理念后，教师专业理应是一门职业性专业，而非学科性专业。教师专业发展中的教师专业与学科专业具有根本区别，例如，"综合大学毕业生竞争教师岗位""高中、中等职校教师资格所需达到的学历是高等师范本科学校或其他大学本科毕业及其以上学历"等现象和规格依据的只是学科性专业，而否认教师专业化和教师职业本身的不可替代的专业特征❶。

专业性职业是专业在社会分工、职业分化中形成的一类特殊的职业，指一群人从事一种必须经过长期专门的教育或训练，具有系统深入的专业知识和技能，按照一定的专业标准进行活动，从而解决各种社会问题，促进社会进步并获得相应报酬待遇和社会地位的职业❷。"专业性职业"是国家职业分类中大部分的第二大类职业，它们与第三大类至第六大类的职业相比较，所需接受的教育培训的层次更高，年限更长，所需达到的能力水平也更高，所从事的职业工作也更综合和复杂，如教师、医生、工程师等职业。

教师职业的专业性由学科专业与教育专业的双专业性构成，而职业院校教师还应具备企业生产和工艺技术方面的实践经验。可见，职业教育教师作为教师群体的一部分，既具有与普通教育教师一样的职业性，即师范性，又具有区别于普通教育教师的特有的职业性，即技术性/职业性。学

---

❶ 王加强. 十年来我国教师教育课程改革与研究述评［J］. 上海教育科研，2011（4）：53-57.

❷ 朱懿心，王益宇. 从职教教师专业发展的视角谈职教师资的培养［J］. 中国高教研究，2007（11）：68-70.

术性/学科性、师范性/教育性、职业性/技术性这三者构成了职业院校教师职业的专业性。职业的专业性不仅体现在做职业准备的大学教育阶段，而且伴随教师的整个职业生涯❶。

由于职业教育中理论与实践、职业教育与职业工作的密切关系，职教教师也因其突出的"职业性""实践性"要求而具有特殊性和不可替代性。职教教师的专业化，除了职教教师教学专业化之外，还要求职教教师的培养培训具有专业化的特点，即专业化的职教教师不是自然形成的，需要通过专业化的职教教师教育。只有真正理解职教教师的能力领域，并且将三性特点下的能力进行一体化融合与促进，职教教师的专业化程度才能得到充分体现与发展。

三、能力取向的教师素质

作为专业性职业，职教教师职业具有特定的专业形象（professional profile）。依据亚太经合组织项目"职教师资标准及其形成方法"中的意见，职教教师的职业描述表述为：（1）在本专业领域掌握坚实的基础理论和专门知识，特别是与应用型人才的职业实践有直接联系的知识，能够正确分析和评价该专业领域的职业活动和工作过程，有一定的课程开发能力。（2）在本专业领域掌握较广的职业实践能力，具有一定实践经验。（3）具有职业教育基本理论基础和能力，能够按照职业学习规律正确分析、评价、设计和实施职业教育教学过程。（4）具有从事职业教育管理工作和处理相关公共关系的基本能力。（5）具有对学生德、智、体、美全面发展和职业发展提供指导的能力。（6）具有一定的职业发展能力。❷ 其中，第一条和第二条侧重于各专业领域的知识和能力，包含专业基础知识、应用性职业实践知识、职业工作分析与评价能力、职业实践能力等；第三条侧重于职业教育与职业教学的知识和能力，包含职业教育基础知识、职业教学知识、职业教学过程知识与能力；第四条和第五条侧重于职业教育管

---

❶ 王晓忠，沈加敏. 浅析职业院校教师的职业性与专业性 ［J］. 职业教育研究，2011（12）：64-66.

❷ 赵志群，白滨. 职业教育教师教学手册 ［M］. 北京：北京师范大学出版社，2013：34.

理、沟通合作、学生素质促进和职业指导方面的能力；第六条侧重于教师
自身的教学研究与教师专业发展能力。

根据职教教师的专业形象描述，职教教师的能力领域可以概括为四个
子领域：专业知识与能力（对应于第一、二条），专业教学知识与能力
（对应于第三条），职业教育知识与能力（对应于第四、五条），专业发展
能力（对应于第六条）。而处于更高层面的职教教师的职业理念与师德则
融合于这四个能力领域（图2-1）。

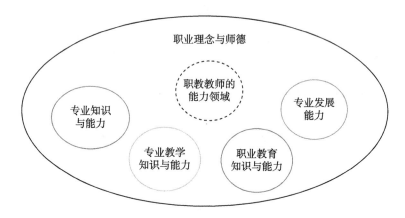

图2-1 职教教师的能力领域

第二节 现代职教教师教育的发展趋向

一、界定职教教师的职能与工作，明晰各类教师的任务领域

2016年欧洲职业培训开发中心（Cedefop）在关于"欧盟强调加强职
业院校教师与培训者的专业发展"的报告中，对职业院校教师的类型进行
了区分：从工作环境来看，职业教育教师主要分为学校本位环境中的教学
人员和工作本位环境中的培训者。学校本位环境中的教学人员又涉及普通学
科教师、职业理论专业教师与模拟环境中的职业实践专业教师，而工作本位
环境中的教学人员主要是企业真实环境中的培训人员（表2-1）。

表2-1 职教教师队伍结构及类型

学校本位环境中的教学人员			工作本位环境中的培训者
职业学校和职业教育中心教师			企业培训师
01 普通学科教师	02 职业理论专业教师	03 学校实训室或模拟学习环境中的职业实践专业教师，如跨企业培训中心	04 学徒导师或实践培训教师，指导处于学徒培训中的学习者或指导学校职业教育框架下的企业实践学习者

资料来源：Cedefop Europäisches Zentrum für die Förderung der Berufsbildung. Berufliche Weiterentwicklung von Lehrkraeften und Ausbildern in der Berufsbildung ［EB/OL］. 2016.06 http：//www. cedefop. europa. eu/en/publications － and － resources/publications/9112 2016 － 12 － 27.

除了对职教教师类型进行了明确的界定与划分外，该报告还提出两条重要建议：一是明确界定职业教育机构教学与培训人员的职能及其应承担的任务，加强职业教育与培训教师的初始培训；二是加强职业教育机构教师和培训者的继续专业发展，以不断更新他们的知识、技能和能力。❶ 首先，鉴于职业教育的跨界性，职教教师个体，尤其是专业教师，不可能独自具备培养未来职业技术人才所需的所有能力，因此，需要承认并明确职教教师的分工、职能与任务，促进教师个体的双师素质与教师队伍的双师结构的建设。其次，职教教师的初始培训对于教师的专业化发展具有重要影响，有的初始培训处于职前培养阶段，有的处于入职/在职培训阶段，但无论何种形式，都应为未来职教教师提供系统全面的专业化培养、实践与反思。再次，鉴于职业教育的发展性特点，职教教师的继续教育对于教师适应与设计职业教育发展也尤为重要。在职业教育或现代学徒制职业教育与培训框架下，在提升职教教师教育教学能力的基础上，更为关键的是不断提升职教教师的行业与专业能力，使其满足不断变化的劳动力市场对职业技术人才的需求的同时促进其发展。

职业教育的跨界性与复杂性决定了职教教师队伍结构的复杂性与专业发展的必要性。学校本位环境中的教学人员与工作本位环境中的培训者是

❶ Cedefop Europäisches Zentrum für die Förderung der Berufsbildung. Berufliche Weiterentwicklung von Lehrkraeften und Ausbildern in der Berufsbildung ［EB/OL］. 2016.06. ［2016 － 12 － 27］ http：//www. cedefop. europa. eu/en/publications － and － resources/publications/9112.

职教教师队伍的主体，对这两类教师应当界定清楚其教育教学的职能、任务领域与具体工作，使其能够发挥应有的作用并得到专业化的发展。在我国，职业教育专业理论课教师和专业实践课教师有渐趋融合的趋势，成为理论实践一体化的"双师型"教师，但在职业学校的实际教学中，这两类教师的分工又是确实存在的。职教教师形成了在群体上具有双师结构，在个体上具备双师素质的教师队伍。偏重专业实践教学的教师要求具有一定的职业工作经验和具备高水平的实践能力，这部分教师主要由具有企业实践经验的全职教师或同时在企业工作的兼职教师组成。兼职教师虽然具备一定的专业实践能力，但仍需补充教育理论和专业教学方面的知识。而偏重专业理论教学的教师，或者当前所称的理实一体化教师，主要是高校学历教育的毕业生，他们虽然具备充分的专业技术理论知识，但是关于职业学校切实需要的、职业教育专业所对应职业群的职业技术知识与能力和职业教学知识与能力却相当匮乏。因此，必须明确各类职教教师的职能与工作任务，在此基础上促进其专业化发展。

二、注重职教教师的初始与职前培养，加强教师系统化的基础能力

（一）创新职教教师培养模式

针对职教教师专业的复杂性，构建具有职教教师特点的教师教育体系。一方面，各国的职教教师教育都是分阶段运行的，专业学习、教育课程、职业经验的获得都是其中必不可少的阶段，各国对职教教师在专业性、师范性和职业性上都有相应的资格要求，单单靠大学阶段不能实现所有的能力目标和需求；另一方面，各国的职教教师教育基本上都是在生源具备相关的实践基础上再进行定向的教师培养，这也引发我们对职教教师培养模式改革和对职教师资培养有效性的思考。适合的生源的吸引与选择、培养院校与企业、职业学校协同培养机制的建设、多层次多样化多规格培养模式的创新等是职教教师教育统筹设计的重点。因此，系统地构建针对职教教师特点的教师教育体系已成为我国职教教师教育的当务之急。

总结世界各国长期发展形成的本科层次的职教师资培养模式，可以得

出当前职教师资培养模式中被大家普遍认可的一些维度要求：对职教师资的资格要求主要表现在专业知识、职业技能、教育教学能力三个方面，有些模式虽然表述不同，但目标指向最终还是从这三个方面出发；在职教师资的生源选择上更加多样化，师范生不再是唯一的培养对象，具有丰富工作经验的技术人员也是职教师资的重要来源，在这一点上，国外的认识比较早，开展的时间较长，实施得也比较好，而中国目前职教师资培养的对象还是以师范生为主，也有一些学校尝试进行优化生源选择的工作；在培养机构上，以师范院校和综合高校为主，目前正不断朝着将企业和职业院校融入培养主体体系的方向发展；在培养过程上，根据职业教育教学需要设置了涵盖专业课、实践课、教育教学课等多方面的课程，强调学生实践能力、理论能力和综合能力的发展。随着职业教育发展对职教师资要求的提高，国内外都相继发展了研究生层次的职业教育师资培养模式，师资培养开始开放地分阶段进行。

国内外的职教师资培养模式因其对师资的资格要求、培养的生源、机构、过程的不同形成了各具特色的多样化职教师资培养模式。总结国内外职教师资培养模式，根据其对核心培养内容——专业科学的不同理解，大致可以归纳以下三种模式。

（1）工程科学专业的培养模式：该模式是我国普遍的职教师资培养模式，职教师资的培养挂靠（或合并）工程师培养的专业，职教教师的专业科学内容等同于工程科学的专业内容，同时，补充一些教育教学类课程。从整体看，职教教师的专业内容从属于工程师的专业内容，是其子集。其他国家也部分地存在该模式。该模式是国内外职教师资培养的一般模式，虽然在资源建设方面比较可行，但是培养出来的职教教师不具有独特的专业化特点，也会导致人们对职教师资专门化培养存在的必要性产生怀疑。一些国家通过分阶段的培养，补充对于职教教师切身重要的教育教学实践和职业技术实践，使未来的职教教师达到相应的教师资格要求。

（2）职业技术专业的培养模式：该模式是德国部分高校的创新模式。该模式将职教教师所应学的专业科学作为独立的职业技术科学，该科学与工程科学专业的内容有重合的部分，但也有不同的部分，两者之间是交叉关系。德国职教师资培养机构将职业技术科学作为"面向教学的专业理论"来看待，从职校学生将来的职业工作内容和教师教学工作的视角出发，将专业科学的内容加以组织和取舍。职业技术专业不是相关工程专业的"子集"，而是一个与相关工程专业有"交集"的另一个集合。❶ 该模式针对职业和职业教育的特点提出了职教教师应当具备的独特性及其特殊的培养要求，但由于建立独立的职业技术科学的困难和高校师资力量的缺陷，该模式较难全面实行。

（3）以应用技术科学为基础的培养模式：该模式以专科大学的毕业生作为生源，依据其所学的应用技术内容及实践（而非完全的工程科学内容），在此基础上补充职业教育所需的教育教学内容和专业教学的综合内容，为职业教育提供可靠和适切的职教师资人才。该模式在德国硕士层次的职教教师培养中和我国本科层次的"3＋2"职教师资培养模式中都进行过尝试，并且实践证明是一种可行的模式。这种模式也可成为我国职教师资培养未来可发展的一种模式。该模式一方面解决了工程科学内容与职业学校职业技术内容之间的矛盾，而采用了介于两者之间的应用技术内容；另一方面也提高了生源在专业领域中的质量和稳定性，解决了职教师范生对职业教育的认同和在职业教育领域的发展意向的问题。来自高等职业教育的职教师范生自身经历过职业教育，对职业教育本身已经有了充分的认识，这为他们学习职业教育学理论和实施职业教育教学实践提供了较好的基础。

职教教师职前培养活动是一个系统化的教育教学活动，培养模式是其具体教学活动实施依据的基本框架，内在的教育教学因素和外在的环境因素决定了不同培养模式的选取，同时培养模式一旦确定，教学目标、内容、方法、教学组织形式以及评价等就会以该框架为基本实施平台，形成一个各类要素互相兼容的教育活动，契合该活动的培养模式是其质量保证的核心因素之一。目前，我国职教教师的培养模式还是以工程科学专业为主体、辅以教育教学类课程。近来，在与德国等职业教育发达国家合作的

---

❶ 徐朔. 德国职业教育教师培养的历史和现状 [J]. 外国教育研究，2004（5）：56－59.

过程中，结合自身的实际和需要，不少地区、学校或是行业领域也在借鉴学习的基础上形成自己的培养模式，并在一定范围内产生了带动性的影响。未来，我国职教教师培养质量的提高，还需从创新培养模式的角度出发，以创新型的模式为脚手架，实现教育教学活动内各项因素的结构、数量和质量的系统性优化。就当前我国职教师资培养的实际情况来说，实现其模式的创新，根本路径还是需要在基于自身发展需要、立于自身发展实际，同时有效借鉴国外优秀经验的基础上实现，实现方式还是应以局部试点、后续推广为主。在这一过程中，相关方面的政策引导和质量保障，专家、教师以及行业人员的有效参与，充足的资金投入等，都是实现职业教育培养模式创新到实际教育教学过程的有效应用所必不可少的。

（二）夯实职教教师的专业理论与教育理论基础

个体的素质能力内化于个体的思想之中，表征于其行为、语言之上，是一个完整、一体的能力系统，人们往往会从量化比较、清晰表述与授予等角度，将个体的综合素质能力划分为知识、技能、态度等三个维度。三者作为一个统一体共同作用于当前的实践活动，而该实践活动的完成质量即是该个体综合素质能力的直接表现。三者之间没有孰优孰劣的问题，都是个体综合能力不可或缺的部分，三者之间的差异主要在作用的侧重点、发生机制等方面。具体到职教教师的培养中，作为培养目标的职业教师综合素质能力也可以划分为知识、技能以及态度三个维度。其中知识维度的职教教师能力主要是指职教教师在职前培养中形成的相关专业的专业理论知识以及教育理论知识。职教教师专业知识的结构、质量以及更新程度等会直接影响教师对现有教学标准、内容的理解、加工和教授，是决定教学质量的重要因素之一。而教师的教育理论知识则是教师在教学中实施某种教学方法和进行教学组织安排重要的理论支撑，是教师师范性和教师区别于其他仅拥有专业知识的专业人员的重要体现。在职教教师的职前培养阶段，夯实职教教师的专业理论与教育理论基础，既是职教教师入职后正常实施教育教学活动的基础，也是职教教师实现专业发展，在职后培训中接收、内化、建构新知识的平台。职教教师的专业理论和教育理论在职前教育阶段的培养和加强主要是通过课堂上理论与实践知识的教学、实践中的经验总结以及教学评价结果的教育作用等方式实现。

（三）加强职教教师的专业实践能力

对于普教教师来说，教师理实一体化的教育教学实践能力是至关重要的，它决定教师"反思性实践者"专业形象的树立，也影响教育教学活动实施的效果。而对于职教教师来说，除了需要具备教育教学实践能力外，由行业职业世界和职业教育世界向他们提出的专业职业实践能力同样重要，因此，职教教师面临的是职业教育"双实践"的挑战。积极应对这一挑战，只有加强职教教师教育中的实践导向性，建立培养院校与企业、职业学校协同培养机制，构建职教教师教育中的双实践教学体系，方能培养胜任职业学校理论和实践一体化教学的职教教师。

在职业教育教学实践中，同时具备专业职业技能和教育教学技能的职教教师已成为职业学校选聘新任教师的首选，这其中又尤以专业职业技能为重。在对职校关于教师能力需求的调研中，我们发现，作为招聘单位的职业学校对大学应届毕业生师资的实践能力并不是很满意。职业学校认为，从学校（大学）到学校的职教师资存在实践上的缺陷。就教育教学技能来说，来自于职教师资专业和普通专业的大学生师资在短期内可能存在一些差异，如职教师资专业毕业生在教育教学上能够更快更好地适应和把握，但从长期来看，两种来源的职教教师的差异并不是很大。根据职校的观点，教育教学实践能力是可以在教师的职后培训和个人经验积累中获得，而专业职业实践能力则不然，这种能力是很难在短期内得到较大提升。职业学校更倾向接收现成的能力者，这也就意味着是否具备专业职业实践能力将会成为职业学校招聘新教师优先考虑的因素，甚至是决定因素。针对以上问题，职业学校领导从两个方面提出了自己的看法：一是使职教师范生尽早认识职业教育和进入职业学校实习；二是在教师招聘中优先考虑具备企业实践经验的人员。

职教教师双实践能力不足的事实以及职业世界与职业教育世界对此的迫切需求都足以让我们深刻反思当前我国职教教师教育存在的问题。职业教育和职业学校发展对职教师资双实践能力的迫切需求，目前尚未全面及时地反映到当前的职教教师教育中，在对在职职教师资专业毕业生的访问中，这些亲历我国职教师资培养的教师普遍认为职教师范教育理论多于实践。一方面与大学教育中重理论轻实践、实践是理论的运用等思想不无关系；另一方面也体现了职教师资培养缺乏特色，未体现职教教师职业双实践导向的特点。而在职教教师教育中加强培养与培训内容的实践导向性，完善实践教学体系是解决这些问题的关键所在。

职业世界对未来技术工人提出了职业技术实践能力的要求，职业教育世界也对职教教师提出了理实一体化的教学实践能力要求，而这些要求的落实是以职教教师的职业工作过程知识和职业技术实践能力为前提的。根据职业世界和职业教育工作所提出的现实需求，职教教师培养中除了专业理论与实践能力、教育理论与实践能力的培养外，另一核心内容应是提高未来职教教师的职业技术实践能力。

（四）提升职教教师的专业教学能力

职业世界中职业工作的发展与变化、劳动组织方式的转变和技术工艺的提高都对未来技术工人的职业能力提出新的要求，进而也对培养技术工人的职教教师提出挑战。职业教育世界中，近年来在各个层面也尝试推进职教改革并且发生了巨大的转变，尤其是在课程与教学方面，如中高等职业教育基于职业能力的一体化课程、项目课程、学习领域课程等课程模式和行动导向教学方法等方面的改革。这些转变与发展也对职教教师的教学能力提出了新的要求，职教教师不仅自身要熟悉或掌握职业工作过程与要求，而且也要能够通过适当的教育教学内容和手段来传授这些职业工作要求，促进技术工人综合职业行动能力的发展，使得所培养人才不仅能够胜任职业世界的工作要求，而且能进一步促进社会、企业与个人的发展。因此，在职教教师教育中，对教师职业知识与专业教学能力的促进就成为重中之重。

三、增强职教教师的在职与职后培训，提升教师的专业化发展能力

（一）职教教师培养培训的一体化建设

教师职前培养与职后培训有效衔接，是实现一体化过程的具体实施环

节，它与宏观的政策指导以及微观的教学安排和教学内容共同构成了多维完整的教师教育一体化过程。师范生的职前培养和教师的职后培训是一个师范生从准教师阶段发展成为新手教师、合格教师最终成为专家型教师的必需环节，前者为其提供了发展的最初基础，后者则在其基础上实现进一步发展，两者之间应是经过系统规划而实现前后衔接，同时又具有不同侧重点的两个教育阶段。教师培养和培训的一体化是提高两者教育教学质量，实现教师专业化成长，以满足职教师资人才需求的有效措施。此外，针对职教教师职业能力的层级化分析也尤为必要。初次接受职教教师教育的人员、新入职教师、骨干教师、专业负责人，专业能力/职业能力所处的水平和所应达到的要求均不一样，关于课堂教学能力、课程开发能力和专业建设能力的要求程度也不一样。因此，需要依据职业能力的层级，针对教师所处的阶段给予其相应的、适切的教育，这也依赖于培养培训能力目标的一体化设计。

（二）职教教师培训体系的制度化建设

职教教师的专业化发展是一个系统化的过程，职前制度化的师范生教育环节是职教教师形成基本教育教学能力，进入到实际教学环节的基础，而职后培训则是基于宏观的政策背景、微观的教学需要以及教师自身发展特质而产生的集中的、专项的教学活动。职教教师的职后培训是加强、更新教师原有知识、技能基础，优化教师教学和实现教师自身专业化发展的重要途径。相对于我国职教教师职前系统化的培养过程，职后培训还是以政府导向下的短时间、集中的教学培训项目为主，各个项目之间大多独立存在，在教学目标、内容、方法以及培训教师上往往会出现青黄不接或是重复教学，不但导致了培训资源的大量浪费，也极其不利于职教教师持续的专业化发展，大大降低了培训效果。我国职业教育教师培训体系正处于从项目化过渡到制度化的关键时期。全国性的大规模项目化培训在我国职业教育教师培养中发挥了重大作用，但这种培养体系只能是特定时期的产物，无法适应我国职业教育教师培养工作的长远要求，在实践中的问题也已日益明显。要解决这些问题，必须从根本上调整职业教育教师培养体系建设的做法，对我国职业教育教师培养体系进行再设计，使我国职业教育

教师培养工作走上制度化、常态化轨道。❶

（三）能力取向的职教教师培训方案设计

职教教师职后培训质量及教师经由培训实现专业发展的程度是由完整的教育培训活动所决定的，职教教师培训方案的设计及实施过程中适应性的调整则是完整教育培训活动顺利、高效进行的前提条件之一。较为完备的职教教师培训方案应该囊括教育培训各个环节及各类教育要素，对整个教育培训活动的发展和走向有着基本的指导作用。能力取向之下职教教师的素质发展，需要能够满足能力导向要求的培训方案，以及在此方案指导下完整培训过程的实施。当前我国能力取向的职业教育教师培养方案设计应遵循以下思路：依据教师工作实践设计培训课程体系；对职业教育教师能力需求进行层级化分析；采用"做中学"的方法培养职业教育教师的能力❷；在工作实践中检验职教教师专业能力的发展。

（四）基于工作实践的职教教师培训课程的开发

构建三性融合且基于工作实践的职教教师教育课程是当前我国职教教师培训课程开发的重点。传统的职教教师教育课程体系大致包含三类课程，即公共基础类课程、专业科学类课程和职业师范类课程。各类课程均涉及课程的理论和实践部分。而职业技术类课程或者部分归属于专业科学类课程，或者该类课程的比例很小。为了促进未来职教教师的职业技术能力，建议职教教师教育的课程体系中还应包括职业技术类课程。四类课程的开发、实施和评价需要三类主体的参与，即作为职教师资培养单位的高校相关院系、作为职教师资用人单位的职业学校、作为职校学生用人单位的行业和企业的参与和投入。但国家近年来所强调的企业实践能力在现有的教师培训模式下未能得到很好的促进，相关的实践模式和课程也未能在总体理念的指导下得到有效的发展。看似附加的企业实践能力实际上是指向"三性"中的"技术性"／"职业技术性"。职教教师的职业技术能力是除了（学科）专业能力和教育教学能力之外尤为重要和关键的能力，而

---

❶ 徐国庆. 职业教育课程、教学与教师［M］. 上海：上海教育出版社，2016：231.
❷ 徐国庆. 职业教育课程、教学与教师［M］. 上海：上海教育出版社，2016：249.

当前由于对"技术性"的误读，如将其理解为"工程技术性"，教师的职业技术能力一直没有得到系统的促进。职教教师职业技术能力的促进应当与三性特点下的教师培训模式和内容进行融合发展，职教教师培训中的职业技术类课程模式和内容也应进行系统开发。在职前培养课程体系的基础上，系统构建基于工作实践的职教教师培训课程体系。培训课程、内容及模式的选择和构建都必须对培训所面向的岗位或岗位群的工作任务与职业能力进行系统、深入分析。❶ 总之，职教教师教育系统化的课程体系设计离不开三性特点下的各个课程模块，职后培训课程需要针对各个模块开展针对性的深化开发和发展。

（五）注重职教教师培训评价及其教育作用

我国的职教教师培训更多时候可能只是关注对教师进行了什么培训，培训中做了什么，而对培训实际效果的追问和检测远远不够。要使培训在教师能力发展中产生实效，需要对现有培养模式进行根本性改革。❷ 职教教师职前培养是一个系统化的过程，对教学效果及师范生学习结果的评价是其中重要的一环，无论是教学过程性评价，还是学历文凭的获取，或是入职基本能力测评，都构成了职教教师职前教育教学评价的重要部分。对于教师的教育教学、学习者的课程学习以及学校的教学安排来说，评价都能发挥重要的衡量、检测以及促进改善教育教学质量的重要作用。相对于较为完备的职前评价系统而言，我国职教教师职后培训系统中的评价环节还是存在着评价主体单一、标准缺乏、形式简单、效度低下等问题，很多时候对于教师培训结果的评价是表面化及走过场式的，对于职教教师专业能力的发展和培训实施效果的改善没有实质性的指导和借鉴作用。职教教师职后培训体制的规范化发展，还需注重相应的教育培训评价环节，实现评价方式及主体的多样化，促进评价内容及程序的标准化，提高评价的效度与信度，发挥评价结果对实际培训过程和教师自身专业化发展的指导作用。

---

❶ 徐国庆．职业教育课程、教学与教师［M］．上海：上海教育出版社，2016：240.
❷ 徐国庆．职业教育课程、教学与教师［M］．上海：上海教育出版社，2016：234.

第三节 现代职教教师教育的理想架构

总体而言，我国职教教师教育的发展呈现出以下几种趋势：一是教师教育层次高移，取消了专科层次的职教师资培养；二是由封闭型向开放型转变，就是普通高校也可以培养职业教育专业教师；三是师范教育正在萎缩，职业技术师范院校大多向着综合性大学目标迈进；四是由单一的学校教育向职前、职后教育一体化转变。一体化是现代职教教师教育发展的基本取向。

一、一体化的职教教师教育体系

教师教育一体化理论的形成与实践，源于终身教育思想与教师职业发展理论。终身教育思想的产生直接影响教师教育的发展，教师教育仅限于职前教育的观念普遍受到了批评，许多国家认识到师范院校不可能在有限的四五年或更短的时间内把一个教师一生所需要的知识、方法和技能都教给师范生，而只能是为师范生将来的工作和接受继续教育奠定基础。许多国家认识到，教师教育应该是涵盖了职前、职后教育在内的一体化的教育，单靠职前的一次性终结型的师范教育是不够的。各国逐渐形成把教师职前教育和在职教育统一起来的趋势。

欧洲经济合作组织 1974 年召开的关于"教师政策"的会议，将"师范教育的连续性和教师的阶段性成长"作为会议的议题之一。1975 年联合国教科文组织第 35 届国际教育会议通过《关于教师作用的变化及其对于教师的职前教育、在职教育的影响的建议》，强调了教师培养与进修相统一的必要性。❶ 1996 年，联合国教科文组织在《教育——财富蕴藏其中》的报告中建议：应把终身教育放在社会的中心位置，并把它看作不断造就人，不断扩展其知识和才能以及不断培养其判断力和行动能力的过程。并提出重新思考并沟通教育的各个阶段，拓宽终身教育理念的内涵，使之成

---

❶ 师范教育一体化课题组.上海市教师教育一体化的战略思考［J］.高等师范教育研究，1998（5）：59.

为适应社会变化及工作性质的变化，而且构成一个形成完人的持续过程。❶
而明确提出一体化原则是 1996 年日内瓦召开的国际教育大会第 45 届会议，
"职前培养应该与在职培训密切结合。建立一种视职前学习和在职学习为连
续统一体的师范教育和培训系统，是世界各地所共同要求的。"❷

　　教师职业发展理论认为，教师的专业发展是一个终身过程，"一朝受
教，终身受用"的时代已经过去。世界教育界都认识到，教师职前培养的
功效是有限的，只是教师专业发展的起步。在科学技术、社会经济发展越
来越快的形势下，这种特征也越来越明显。"教师专业发展已经成为传统
的'师范教育'与'教师在职进修'概念的整合与延伸。"❸ 教师的专业
发展贯穿于职前培养与职后培训的全过程，一体化是教师专业发展的必然
要求。通过一体化，将职前培养和在职培训整合为完全意义上的教师终身
教育，为教师不断提高其专业素质，促进其专业发展提供了制度条件与物
质条件。这是一个具有前瞻性的教师教育体系，是当今世界教师教育发展
的基本方向。

　　有学者把这种一体化理解成三层含义：一是职前培养、入职教育、职
后提高的一体化，即学历教育与非学历教育的一体化；二是中小幼教师教
育一体化；三是教学研究与教学实践的一体化，即师范大学与中学的伙伴
关系。❹ 但是，如何以教师教育一体化的观念整合我国的职教教师培养和
培训工作，还是一项艰巨任务。如何从教师专业终身发展的整体需要规划
培育目标，协调机构功能，设置课程系统，改进教学方法，确定评价方
法，不仅需要有观念的创新，而且需要有制度的创新。

　　《2003—2007 年教育振兴行动计划》提出全面推动教育创新，改革教
师教育模式，将教师教育逐步纳入高等教育体系，构建旨在促进教师专业
发展和终身学习的开放灵活的现代教师教育体系。职教教师教育专业化是

---

　　❶ 联合国教科文组织总部中文科译 . 教育——财富蕴藏其中［M］. 北京：教育科学出版
社，1996：89 - 102.
　　❷ 赵中建译 . 国际教育大会第 45 届会议的建议［J］. 外国教育资料，1997（6）：6.
　　❸ 陆炳炎 . 一体化：师范教育改革的思考与实践［M］. 上海：华东师范大学出版社，2000：16.
　　❹ 史克学 . 教师专业化与教师教育［J］. 太原师范专科学校学报，2002（1）：33.

以完善的、规范的职教教师教育体系为前提的。把握职教教师教育的整体性，就是力求打破原来职业技术师范教育职前培养与职后培训在管理体制上条块分割，在运行机制上相互分离甚至倒挂的现象，力求使职业教育教师培养与培训能够有机结合，相互统一，相互促进。

教育部师范教育司指出："教师教育体制改革的重点是推进教师教育一体化，教师教育一体化的关键是教师教育机构的一体化。"所谓一体化，其核心就在于要将职教教师的成长与发展视为一个连续的过程，并在这个连续过程中始终为教师提供持续的培养、培训与提高，使职教教师一生都能受到连贯的、一致的教育。"要逐步做到教师的职前教育和在职培训有机衔接，促进教师在整个职业生涯中终身学习，不断发展，不断提高专业化水平。"❶

建设一体化职教教师教育体系是一个系统的过程，同样不可能一蹴而就。目前我国可予实施的教师教育一体化的具体目标包括：❷（1）打破条块分割的师范教育管理体制，理顺各部委与地方对师范院校的领导关系，建立统一协调的领导体制，形成上下结合、内外融通的教师教育网络。（2）突破教师职前培养与在职培训割裂，本科教育与研究生教育互不衔接，不同教育机构不相往来的教育模式，建立起职前与在职教育、本科与研究生教育相互贯通的职教教师教育机构体系。（3）统一规划和设计职教教师教育内容，即把职前教师培养、新教师入职辅导和在职教师提高这几个阶段的教师教育作为一个完整的过程通盘考虑，确定培养目标，选择教育内容，设置课程结构，创新培养途径，改革教学方法等。（4）在统一规划下，重新调整和组合原来分别承担职前培养和在职培训不同任务、相互分割、互不联系的师资力量，建立一支职前、在职既各有侧重又有合作，相互融通合一的职教教师教育的师资队伍。

总体来看，我国职教教师教育一体化改革，是针对我国现有师范教育

---

❶ 管培俊. 改革创新，加快转折，实现教师教育的跨越式发展［J］. 中国高等教育，2003（24）：12－14.

❷ 师范教育一体化课题组. 教师教育一体化国际（实践）背景［N］. 华东师范大学校报，1998（2）.

中职前职后隔离，机制机构各自为政，教育内容重叠交叉，资源配置不合理等问题，依据终身教育思想、教师专业发展理论，试图对教师职前、入职和在职教育进行全程的规划设计，以构建教师教育各个阶段相互衔接，既各有侧重，又有内在联系的职教教师教育体系。不过，一体化并不是单一化，它可以是多元化教师培养模式中的主体，但并不垄断教师教育；它强调整合完善的体系，但并非封闭，而希望在开放竞争中体现自身的特色和优势。因此，一体化可以看作是与开放化同步进行的两个互促互进的过程。我们有理由相信，在一体化过程中，建立的开放化职教教师教育之路将更加多样、灵活和富有活力。

二、整合化的职教教师教育结构

20 世纪 70 年代末以来，我国职业技术师范教育为中等职业教育事业培养了一大批师资，这是职业技术师范教育对职业教育做出的历史性贡献。没有职业技术师范教育的成就，就没有职业教育的今天，抹杀了职业技术师范教育的成就，也就抹杀了中国职业教育成就。但是，我们必须认识到，推进职教教师教育结构的创新与整合是我们应当肩负的历史重任。

无论国内还是国外，传统的教师培养模式一直是以师范院校为主，这种模式在维系庞大的基础教育师资方面曾经起到不可磨灭的功绩，但其最大的弊端恐怕就是没有很好地解决"学术性"和"师范性"的矛盾，因此，20 世纪下半叶以来教师教育界"打破封闭，走向开放"的呼声日益提高，其主要表现就是综合性大学积极介入教师教育。2002 年教育部颁发的《关于"十五"期间教师教育改革与发展的意见》明确指出："国家鼓励其他高等学校特别是高水平的综合大学参与教师培养、培训，或与师范院校联合、合作办学，为中小学教师特别是高中教师来源的多元化做出积极贡献。"这表明，综合性大学参与职教教师教育在我国同样已是大势所趋。

职教教师教育结构的多元整合。封闭的职教教师教育体系必须开放，要利用更多的优质资源培养职教教师，在更大范围内选择职教教师。近年来，职业教育界关于我国职教教师教育发展的走向问题，出现了三种有代表性的主张。其一，我国职教教师教育应与国际接轨，实行完全开放型职教师资培养模式；其二，我国职教教师教育应坚持独立设置的"纯师范"教育体制；其三，我国的职教教师教育体系应逐步由"定向型"过渡到"开放型"。这就要求我们必须以职教教师教育专业化为导向，以提高职教教师教育的质量水平为中心，转变职教教师教育培养模式，由过去完全封闭培养转向开放模式，构建符合时代要求的职教教师知识体系和技能要求，改革教学和课程教材，实现学科水平与教育水平同步提升，培养高素质专业化的职教教师。

职教教师教育运行机制的积极整合。必须由过去单纯政府行为转变为政府行为、学校行为、教师个人行为三者结合，鼓励竞争，争取和利用全社会的优质资源培养培训教师，形成教师教育的成本补偿和良性经费投入机制。长期以来，教师教育经费投入不足一直是制约我国教师教育发展的瓶颈。随着职业教育市场的开放，职业教育的投资主体从原先单一投资主体——政府投资向多元化投资主体转变已经是必然的发展趋势。因此，对于职教教师教育来说，建立以政府拨款为主，社会、企业和个人共同参与的多元投资体制，形成政府统筹与院校自主调节相结合的资源配置机制，将是中国职教教师教育在现阶段乃至较长时间内解决资金投入问题的最佳模式。

职教教师教育管理体制的开放整合。根据我国国情，从促进职业教育发展看，职业技术师范教育还将长期存在。职业技术师范院校在一个比较长的历史时期内还应该成为职教教师教育的主体，但是，我国一些教育行政部门对职业技术高师转型的积极性似乎特别高，通过行政指令方式把一些原本独立设置的职业技术高师变成综合性大学的二级学院，转变得很快。当然，问题还不在于转变速度的快与慢，根本问题是没有在转型过程中真正转变教师教育的培养模式，没有在专业设置、课程安排、教学方式等方面进行相应调整，没有真正地利用综合大学的学科资源优势来加强和优化职教教师教育。笔者的理解是，在相当长的一段时间内，职业技术师范教育的独立性应当保留，同时实行和保持职教教师教育的开放性，进一步加大职教教师教育机构与基地的建设力度。

职教教师教育人才培养模式的创新整合。职业技术高师和综合大学中的教育学院可以在本科阶段试行"3+1"模式，并向"4+1"的双学位，或"4+2"的本硕连读，"4+3"的硕士研究生的培养模式发展。一般认为，经过"4+2"或"4+3"模式毕业的学生，将是专业知识、专业技能、教师理念与技能比较到位的复合型、研究型和比较有发展后劲的职教教师人才。

三、本土化的职教教师教育制度

在我国，允许综合院校举办职教教师教育基本取得共识，这意味着将传统的专属领地转换为自由开放的教师教育市场。然而，谁有资格培养职业教育教师，谁有培养职教师资的实力和水平，似乎还没有明晰的把握确定。与这一问题相联系的另一个问题是，我们培养的职教教师要达到一个什么样的水平和规格，目前我们似乎也没有清晰的答案。这些问题回答不好，有可能引起职教教师教育市场的混乱。这就是说，我们在推进职教教师教育走向开放，促进职教教师教育合理竞争的同时，应尽快制定职教教师教育的行业标准和专业标准，统一职教教师教育基准，并建立比较完善的认证鉴定制度，培育出比较成熟的职教教师教育市场中介组织和行业组织。

职教教师资格制度是国家对教师实行的一种法定的职业许可制度。职教教师资格是国家对准备进入教师队伍、从事教育教学工作人员的基本要求，教师资格制度规定了从事教师职业必须具备的基本条件。国家实行职教教师资格制度后，只有具备职教教师资格（持有国家颁发的教师资格证书）的人，才能被聘任或任命担任教师工作。依法实施职教教师资格制度有利于体现教师职业特点，使教师地位和队伍素质形成良性循环；有利于把住"入口关"，解决不合格职教教师问题，优化教师队伍，提高职教教师队伍整体素质；有利于形成开放式职教教师培养体系；有利于推动职业教育人事制度改革，吸引优秀人才从事职业教育。

修订《职教教师资格制度》，制定科学的职教教师行业标准，建立严格的教师准入制度。修订教师资格制度的核心问题是建立一套完整的职教教师行业测试标准，包括品德考核、心理测试、知识能力水平和职业技能测试等，凡是没有经过正规师范院校培养并取得测试合格证书的，不得进入各类职业学校任教。非师范院校毕业的学生，必须经过师范院校最少2～3年的培训，且通过新的行业标准测试，才能取得相应职教教师资格，进入职业院校任教。

有选择地恢复职业技术师范院校招生的优惠政策，吸引优秀学生报考职业技术师范院校，提高教师教育的生源质量。据报载，有的地区为了解决边远山区、农村教师缺编问题，采取为这些地区定向培养师资的办法，即与参加高考的优秀学生签订协议，如果他们到师范院校就读，则上学期间免收学费，发放生活费，免收的部分学费由政府补贴学校，同时约定，学生毕业后必须到协议指定的地区服务一定期限。这不失为解决边远山区、农村地区职业学校教师缺编问题的一种办法。此外，还可以利用东部地区的优质教师教育资源为中西部师资紧缺的地区培养高质量职业教育师资。这可以由政府出面协调，通过当地政府、学生个人、培养学校三方签订委托培养协议，由国家财政补贴培养学校，吸收中西部地区优秀生源免费（主要是学费、生活费）到东部地区的教师教育院校学习，学成后回到中西部职业教育第一线服务，服务期限由三方协商。

当然，职教教师教育政策与制度的制定必须充分考虑中国社会经济教育发展的阶段性和非均衡性，体现地区差别和城乡差别，体现职教教师教育与普通教师教育的区别，总体规划、分类指导、分区规划、分步实施。在推进策略上不要简单移植普通教师教育的做法和政策，不要忽视农村边远地区的实际情况，不要把对城市和发达地区的要求，搬到边远地区。不要因为过于谨慎而错失良机，也不能因为盲目冒进而不得不走回头路。不同情况区别对待，具体问题具体分析，是推进我国职教教师教育改革的一条重要原则。

职教教师教育专业化取向的建构，既是对职教教师教育实践理性的呼唤和回归，又是对职教教师教育科学理性的反思与价值整合。倘若从上述几个方面聚焦职教教师教育，我们可以大致把握或建构一个全新的职教教师教育，至少有一个关于职教教师教育未来走向的基本轮廓：积极构建一体化、综合化、多元化、高层次、有特色的现代职教教师教育。一个旧的职教教师教育时代正在走向终结，一个新的现代职教教师教育时代正快步来临。我们坚信，实现认识论与方法论的创新与超越，职教教师教育专业化的建构与发展必定充满无限的希望。

本章小结

职教教师教育是职教教师质量提升与专业发展的基本保障。职教教师教育需要将体现其特色的学术性、师范性和职业性进行有效融合，以专业化和能力取向作为其教育目标和发展方向。针对职教教师教育的未来发展，应当明确各类职教教师任务领域的重点，注重职教教师的初始教育，创新培养模式，加强未来教师系统化的包含专业理论、教育理论、专业实践、教育教学实践等方面的基础能力，并增强教师的在职培训，建设一体化和制度化的培养培训体系，构建能力取向的培训方案，开发基于工作实践的培训课程和开展有效的培训评价，提升职教教师的专业化发展能力。

（本章作者　江苏理工学院：贺文瑾；同济大学：谢莉花、余小娟）

现代职教师资队伍的治理与建设

构建现代职教体系，加快发展现代职业教育，需要一支高素质、专业化的教师队伍。职业教育的教师是职业教育事业的灵魂，如果没有高质量的教师队伍从事着、坚守着这项事业，将威胁到职教事业的生存与发展。因此，职教师资队伍建设是现代职教体系构建、职教事业发展的重中之重。

第一节　现代职教师资队伍的专业化建设

一、职教师资队伍建设的专业化问题

从国际比较角度看，当前职教师资队伍在专业化建设过程中还存在许多问题需要研究与解决。

（一）师资队伍建设目标上的问题

1. 重学历达标轻教师综合素质

我国在确定师资队伍建设目标时，比较重视学历达标问题，几乎在所有的文件中，学历达标的描述是最清楚、可操作、有计划的，而对教师综合素质的描述则是笼统的、难以操作和把握的，没有一个可参照的、科学

的、操作性的标准体系，或者是以学历或者是以职称进行规范，许多描述弹性很大，让教师无所适从。这主要是由于我国没有关于教师职业的法定操作标准，因此也没有内容明确而具体的职业教师任职标准，这与国外重视教师标准的开发和制定大相径庭。如德国，对职教教师培养规格的规定，是通过严格的培养制度达成的，而没有太多务虚的描述。美国在职教师资培养标准方面，既有全国性的，也有地方性的标准和要求。日本也有明确的职教师资标准。这些素质标准为职教师资培养及教师资格认定提供了相应依据和参照。

2. 重行政管理轻教师专业发展

我国在规划职教师资队伍建设目标时，多从行政管理角度出发，如侧重对教师业绩的考核、评聘、晋升、选优等，而忽视了教师的专业发展，特别是教师个性化的专业发展。这与重学历有着千丝万缕的联系。由于重学历，许多教师不顾专业发展避难就易，不管什么专业先完成学历达标目的。由于重行政管理，许多领导只强调学历达标、人数达标、培训率达标，而忽略每个教师专业发展的不同需求，常常为完成上级规定的指标而不顾每个教师的实际情况与特殊需要，搞教师的成批培训。这样一种师资队伍建设导向，只能导致活动轰轰烈烈，效果平平常常，劳而无功。

3. 重"工程"项目轻教师制度建设

在师资队伍建设的有关政策文件中，经常会出现浩大的"工程"项目，如培养"名师工程""名校长工程""学科带头人"等，这一方面反映了有关部门对师资队伍建设的重视，另一方面也反映出在师资队伍建设方面缺乏规范化、制度化、常规化的建设，常常是缺啥补啥，应景之作过多。师资队伍良性而稳定的发展，离不开制度的督促与保障，包括教师标准的制定、教师的培养培训制度、教师职业资格证书制度、教师培养培训的投入机制等。只有加强完善制度建设才能使师资队伍建设有序稳步地进行。这一点应该借鉴国外的一些做法。如德国、美国等重视有关教育的法律法规制度建设，有比较完备的职教教师培养培训制度、任职资格制度、聘任制度等，甚至对新教师的培养也有很详细的规定，如美国的新教师入门指导计划是美国20世纪80年代"发展最迅速的运动之一"，英国有

"新教师入职培训制度"等。

（二）职业教育教师来源上的问题

1. 来源渠道广泛，但缺乏规范的准入

目前，职教师资来源渠道比较广泛，主要有普通师范、普通高校、职技高师毕业生、工矿企业技术人员、职业学校留校生、兼职教师等，体现出职教师资队伍组合的多样化、人员结构的日益合理化、质量地位的逐步提高，这一点与世界其他国家职教发展情况类似（表3－1）。

表3－1　亚太部分国家或地区的职教师资来源

美国	日本	韩国	印度	中国台湾地区
职教师资毕业生 现任教师经培训 改行从事职教 工作 从当地企业界聘 请的有一技之长 的专家	职业能力开发 大学 文部省认可的高 等院校 国立大学的工 学院	师范学院 专门培养职业师 资的技术大学 高等院校 企业人士担任实 业科教师	师范院校或技术 师范学院、师资 培训学院 中央培训学院 地区性的技术师 范教育学院	师范学院 大学院校教育学 院、系、所 大学院校毕业修 满教育学课程

资料来源：陈祝林，徐朔，王建初．职教师资培养的国际比较［M］．上海：同济大学出版社，2004：81.

但是，由于缺乏规范的准入程序，来自各渠道的师源常常是各显神通，有时还要通过非常规的做法才能顺利进入职教教师队伍，特别是要引进一些素质较高的、专家型的能工巧匠时，常会遇到诸如人事制度等方面的阻力，妨碍优秀师源的吸纳。兼职教师的聘用也是如此，由于缺少政策依据，常引起与其所在单位的矛盾。

2. 来源质量复杂，且缺乏严格的准入标准

实践表明，多渠道的师资来源丰富了职教师资队伍，增强了其活力，有利于职教质量的提高。然而，由于我国职教教师准入制度的不健全以及准入标准过低，难以保证师资的质量水平。如在我国取得教师资格证书只要通过三门课程考试，而对实际教学能力的考核是个空白，一些从企业等单位来的技术人员虽然实践能力很强，专业理论很扎实，但学科教学能力太差，难以有效地传授专业知识，指导学生。而在许多国家和地区，对职

教教师的任职资格都有比较严格的专业规定，以确保职教师资的专业质量（表3-2、表3-3）。"德国对从事职业教育的教师不仅有一套完整的培养培训体系，而且采取严格的国家考试制度。德国联邦劳动和社会秩序部根据职业教育法的规定，制定了《实训师资资格条件》，对实训师资的要求作了明确而详细的规定，并且具体到某一行业，如《农业实训教师资格条例》等。澳大利亚的职业教育教师上岗前，必须参加为期1年的新教师上岗培训，培训结束时接受教育部门和学校的评估考核，不合格者不能颁发教师资格证书。丹麦职业教师上岗前必须在专门的职业教师教育培训中心进行教师培训课程的培训，包括14周的理论学习和4周的在职培训。只有培训结束取得职业教育教师资格后才可正式成为职业学校的教师。"

表3-2 亚太部分国家或地区职教师资的任职资格

日本	韩国	澳大利亚	中国台湾地区
高中毕业后，在学校、研究所从事过有关的教育或研究、技术工作4年以上；短期大学或高等专门学校毕业后，在学校、研究所从事过有关的教育或研究、技术工作2年以上	获得技能师一级资格证书，5年以上教育经验和业务经历的；持技师以及资格证书，并有5年以上培训经验者；劳动部所规定工种里有7年以上培训经验或业务经历者	具有所授专业的大专学历；具有本专业实际工作5年以上经验；具有教育专业本科学历	大学院校修毕师资职前教育课程者，经教师资格初检合格者，可取得教师资格。而取得实习教师资格者，应经教育实习1年，成绩合格，并经教师资格复检合格者，取得教师资格

资料来源：陈祝林，徐朔，王建初. 职教师资培养的国际比较 ［M］. 上海：同济大学出版社，2004：84.

表3-3 欧洲部分国家职教师资的任职资格

法国	冰岛	瑞典	瑞士
学士学位；4年工作经验；中级教学证书或技术教学证书	拥有职教教师资格	达到大专或以上学历；具有2~7年的专业工作经验，掌握系统的教育学、心理学理论	对职教专业课教师的任职资格作了严格的规定，须有4年的学徒经历，毕业于工程师范学校，还要有3年以上的工程师实践经验，然后到职业技术教育学院学习1年教育学、心理学、教学法等方面的课程才能任教

资料来源：陈祝林，徐朔，王建初. 职教师资培养的国际比较 ［M］. 上海：同济大学出版社，2004：84.

3. 来源数量不足，且缺乏强势的吸引机制

尽管职教师资已打破了由师范院校培养的来源单一的局面，但总的说来，从其他渠道，尤其是从生产一线来的技术骨干还显不足，兼职教师的比例太小。职业教育需要大量既懂理论又有实践经验、既会教书又能操作示范的师资，而且由于专业的多样化以及多变性，需要一定比例的兼职教师，《职业教育法》对此也作了规定。但现实是，由于职业教育在我国的地位还没有得到应有的确立，职教教师的地位及待遇相对来说还比较低，发展前景不理想，对优秀人才的吸引力不够，因此这一状况一时难以得到彻底改善。而美国社区学院兼职教师由社区内的企业家、某一领域的专家以及生产一线的工程技术人员、管理人员等组成，数量超过了专职教师。澳大利亚职业教育教师主要有两个来源，一是通过高等院校培养，二是从社会专业技术人员中招聘兼职教师，其中兼职教师比重也比较大。

（三）职教教师职前培养中的问题

1. 培养目标不到位，学术性、师范性、技术性有待整合

职业教育教师教育的培养目标是要培养能胜任职业教育教学工作的教师，而这种教师的基本质量规格就是"双师型"，即教师＋专业工程师。教育部《关于加强高职高专师资队伍建设的若干意见》要求"双师型"的教师数不低于学校专业课教师总数的80％，而实际培养中这一目标没能落实到位。在教师教育中学术性与师范性的关系问题一直是主要而又难以平衡的两难问题，而职教教师相对于普教教师而言，其素质构成更具复杂性。除了掌握本专业的学科理论知识体系、教育教学方法，还必须有本专业的实践经验，了解一线的技术应用现状，能为学生进行示范讲解，即使作为文化课教师，也应对学生的专业情况有所了解。为此，有的职技高师提出毕业生必须拥有三证，即毕业证、教师技能证、专业技能等级证，以此来达到学术性、师范性、技术性的统一。然而在实践中，这三者常有偏重，尤其是学术性与技术性，由于生源、学制、教师、教学条件、培养机制等因素的影响，两者很难实现共同发展。由于课程设置的不完善、培养方式的局限性，师范性也常常受到削弱，影响了职教教师职业的专业性。

在丹麦，政府要求所有在职教师必须同时是教授者、指导者和学习者，成为既能教授理论课，又能指导学生实训的"双师型"教师。职业教育教师必须首先是熟练工人，或是完成了第三级教育、具备专业技能和实际工作经历，经过教师培训课程的培训后才能成为职教师资。德国非常重视职业教育教师在职业界的实际工作经历，大学毕业生要成为职教教师，要有5年或5年以上的工作经验。美国社区学院的教师，除了必须具备州政府颁发的有关教师证书，特别强调具有相应的实践经验。澳大利亚职业教育专业教师必须具有3~5年从事本行业工作的实践经验。

2. 培养模式不科学，职业性、实践性、情境性有待强化

我国职教师资的培养仍然是沿用普通师资的培养模式，即学校本位培养模式，在大学课堂进行理论学习占了绝大部分时间，到企业、学校实习一般只有一个月，而从普通高校来的毕业生则缺少学校见习和实习，很多新教师上岗前对自己即将工作的环境、工作性质一无所知，缺少在实际工作场景中的训练，不仅从教后适应期较长，对新教师的心理也会产生影响。德国职业教育教师上岗前的培养分为两个阶段。第一个阶段是在大学师范教育阶段，通常为9~10个学期，学习结束后参加第一次国家考试或是硕士结业考试。第一次国家考试合格，并且证明已拥有与专业方向相应的职业经历，或完成了职业培训的学生，才能进入第二个阶段。第二个阶段是为期4个学期的见习期，见习生既要参加教育学、专业教学法方面的大学研讨班的活动，又要到职业学校去见习，从事每周10课时的教学，还要从事咨询、辅导、教育、"学校构建"（如革新、组织、评价和管理）等。见习期以第二次国家考试结束为终点。第二次国家考试要求撰写课外论文，同时在职业专业方向和基础课方向各上一堂公开教学实验课，还有有关专业教学法、教育学、学校法的口试。只有通过第二次国家考试才有资格成为职业学校的教师。❶ 这种典型的"双师型"职教师资培养模式值得借鉴。

3. 培养课程不合理，课程内容、课程结构、课程教学有待改革

无论是师范性大学还是综合性大学，由于长期以来我国教师教育的目

---

❶ 丁钢. 比较视野中我国高职师资培养的思考［J］. 中国职业技术教育，2005（2）.

标偏重于培养学科专家型的教师，因此在培养职教师资的过程中其专业课程都是向学术性看齐，过分追求学科的系统性与内容的专、精、深，忽视了应用性、实践性的技术知识，导致很多大学生到职业学校后不会教书，许多理论知识用不上。职业教育的培养目标是一线的技术工人，强调的是技术知识的实践转化与应用，与工程型人才在知识要求与结构上是不同的。职教教师培养应充分认识到这一点。在课程结构方面，教育类课程设置比例偏低（表3-4），实践课程、选修课程较少，不利于师范生职业能力的形成、实践应用能力的提高以及全面素质的养成。在课程教学方面，也是以讲授、满堂灌的形式偏多，探究式的教学方式偏少。在提倡研究性学习的今天，如果教师本身不具备研究性学习能力，又怎能培养出合格的富有创新精神的学生？

表3-4　美、日、中三国教师教育课程结构比较

国　　别	美　　国	日　　本	中　　国
课程类型与占学时比例	文化知识课程1/3 学科知识课程1/3 教育知识课程1/3	文化知识课程37% 学科知识课程46% 教育知识课程17%	文化知识课程20% 学科知识课程70% 教育知识课程10%

资料来源：刘捷. 专业化：挑战21世纪的教师［M］. 北京：教育科学出版社，2002（9）：284.

（四）职教教师职后培训中的问题

1. 缺乏规范、长期性的培训规划

教师培训是一项长期、甚至终身的任务，特别是职教教师。由于科学技术的迅猛发展，无论是学科知识体系还是技术应用，更新速度都非常迅速，据预测，职教教师的专业周期非常短，一般5年其掌握的知识体系就要彻底更新。因此，职后培训是职教教师教学保持先进性、生命力、竞争力的必要途径。然而现实却是只要学历达标了，职教教师的职后培训就成了可有可无、时有时无、无计划、无规范的"锦上添花"之事了，缺少不断促进教师职业成长的长远的、可持续发展的培训规划。而德国各联邦州的法律规定，职教教师需要不断进修，每年每位教师有5个工作日可脱产带薪参加继续教育，可以集中使用，也可以分散使用。美国社区学院教师的继续教育和培训工作实行的是"弹性多元进修计划"，培训形式多样。

2. 缺乏灵活、多样性的培训机构

长期以来我国教师的培养培训是分开的，由师范院校承担职前培养，教育学院、进修学校开展职后培训。随着高校结构调整以及教师教育体制改革的深入，教师教育一体化正成为改革的方向之一，越来越多的高等师范以及普通高校承担了教师职后培训的任务。但是对于职教教师而言，仍然存在不足。一方面，高校主要进行的是学历教育，且都在大中城市，教学任务繁重的一线教师不可能经常往返学习；另一方面，职校教师除了理论进修外，更重要的是要接触生产实际，了解企业，企业培训应是职教师资培训的重要方面，但这个培训资源还没有得到有效利用。此外，职教教师的相互交流探讨也是提高其素质的重要途径，因此职业学校自身也是很好的培训机构。我国虽然已批准了100个以高校、中等职业学校为主体的重点职教师资培训基地，但针对教师有计划、有目的地开展培训还有待落实，中等职业学校之间互相开放进行教师培训还需加强。

3. 缺乏自主、个性化的培训内容

教师的职后培训应该是与教师的实际工作紧密联系，帮助教师解决教学中的困难、提升其教学水平、促进其专业发展。但在我国，教师对所培训的内容没有自主选择权，很多培训是作为任务、考核条件、评价标准必须完成的，至于每位教师各自需要什么内容的培训很少有人关注，甚至教师本人也逐渐淡漠了对自身专业发展的自觉性，缺少问题意识，对培训内容缺乏思考。有人总结道："教师进修的课程内容一方面存在着陈旧落后、缺乏新颖性、前沿性的问题，另一方面还存在着盲目超前性的问题。一是纯粹地以提高学历为目的的课程进修班。二是短期的教师继续教育课程。这类课程常标以'现代化''跨世纪''最新'等名目，其盲目性不可避免。三是现代教育技术的培训。现代教育技术发展很快，一拥而上的办法可能造成教育投入的低效率甚至浪费；而且落后的教育思想观念驾驭现代教育技术，依然只是形式主义的现代化。"❶ 由于培训内容与教师工作实际脱节，导致教师缺乏参与培训的积极性，培训效果也很不理想，存在重形

---

❶ 教育部师范教育司. 教师专业化的理论与实践 [M]. 北京：人民教育出版社，2003：78.

式、轻实效的倾向。而英国的教师培训非常注重教师的谈判权、参与计划权和选择权。参加培训前，教师要和大学的教师培训机构进行谈判（谈判一般由地方教育部门专职人员做中介进行）。谈判中教师提出自己的受训目标、适合的学习时间、地点、学习内容和方法，以及希望要什么样的教师等要求，培训机构根据教师的不同要求制定可供教师选择的培训草案。草案先交教师讨论，提出修改意见，再由负责培训的大学修改，直至教师同意才最后确定。在这个过程中，教师有充分的话语权。通过这样的程序制订出的培训方案针对性很强，能真正起到服务教育、服务教师的作用。❶

4. 缺少激励、发展性的培训评价

导致职教教师培训积极性不高、培训效果不理想的另一个重要原因是缺少有效的培训评价机制。所谓有效的评价，即评价活动、评价结果不仅仅是对被评价事物给出一个结论，而是能通过评价促进其更好地发展。长期以来，对职教教师的培训评价主要从管理与考核角度出发，有的甚至把培训当作考勤，不管培训内容、培训效果如何，造成教师对培训的消极态度甚至抵触情绪。而且，由于评价观念、内容、方法的落后，评价的结果不能说明教师培训的实效以及被评价教师的素质实况，其效度、信度较差。为此，必须提出激励性、发展性的培训评价，即从管理为导向转向促进教师专业发展，评价注重教师专业成长的过程，并及时给以激励性的措施。

二、现阶段职教师资队伍建设的专业化对策

（一）坚持专业化发展方向，提高职教教师的职业待遇和职业声望

1996 年，联合国教科文组织召开了以"加强在变化着的世界中的教师的作用之教育"为主题的第 45 届国际教育大会，提出："在提高教师地位的整体政策中，专业化是最有前途的中长期策略。"我国著名教育家顾明远指出："社会职业有一条铁的规律，即只有专业化，才有社会地位，才能受到社会的尊重。如果一种职业是人人可担任的，则在社会上是没有地位的。教师如果没有社会地位，教师的职业不被社会尊重，那么这个社会

---

❶ 胡艳. 影响我国当前中小学教师培训质量的因素分析 [J]. 教师教育研究，2004（11）.

的教育大厦就会倒塌，这个社会也不会进步。"❶

坚持专业化发展，才能凸显职教教师职业的专业技术含量。作为职业学校教师，必须有严格而独特的职业任职资格与条件，有专门的培养制度与考核管理制度，有专职的从业人员。强调职教教师的专业化，也即强调了其职业的高技术含量，不是任何人都能担当的，不是任何具备了某学历的人就可从事的，它有其特殊的训练与教育要求，唯有如此，才能维护职教教师的职业地位与职业声望，赢得社会的尊重。

坚持专业化发展，才能吸引优秀人才进入职教教师队伍。专业化发展规定了职教教师的任职标准与要求，体现了职教教师的专业水准与专业地位，提高了职教教师的入职门槛，表明了只有具备较高素质的专业人员才能进入这支队伍。专业要求的提高，必将带动职业地位、职业待遇的提高，增强职业的吸引力与竞争力，从而选拔到高素质的专业人才。

坚持专业化发展，才能提高我国职业教育的质量和水平。教育的质量取决于教师的质量，如果没有一支素质精良、乐于奉献的职教师资队伍，就不能培养出满足现代化生产的高技能、高技术人才。遗憾的是，现在许多职业学校只重视基础设施建设，花费重金购置了很多实验实习设备，却不重视教师职后培训，不重视教师专业素质的提高，使很多设备的利用效率及开发潜力受到限制，培养的人才质量也无法达到社会生产的要求。相反，如果教师的质量提高了，教师可以利用甚至改造陈旧的教学设备与仪器，变废为宝，不仅节约办学经费，还可以培养出更多动手能力强、富有创新精神的高技能人才。因此，只有加强职教教师的专业化发展，大力提高职教教师的专业素质，才能打造高质量的职业教育品牌。

（二）构建科学的职教师资培养课程体系，造就新型职教师资

所谓新型职教师资，是具有丰富内涵的"双师型"职教师资，可以概括为"一全""二师""三能""四证"。"一全"是指"双师型"教师具有全面的职业素质，如科学人文素质、专业理论素质、专业技能素质、教师道德素质以及良好的身心素质。根据职业教育的特点，专业技能素质、

---

❶ 陈志强. 教师专业化及其实现途径的探讨 [J]. 职业技术教育（教育科学版），2002（16）.

就业指导能力、人际交往能力等是"双师型"教师职业素质的主要特色。"二师"是指职教教师既能从事文化课或专业理论课教学，又能从事实践技能教学与指导；既是职业教育教学活动的"经师"，又是引导职校生成才成人的"人师"。也就是说，"双师型"教师既要做"人类灵魂的工程师"，又要成为专业领域的工程师；既要是传道授业解惑的"经师"，又要是堪称人格楷模的"人师"。"三能"是指"双师型"教师具有全面的能力素质，能进行专业理论课或文化课的教育教学的能力、能进行专业技能训练指导的能力、能进行科学研究和课程开发建设的能力。"四证"是指职教教师必须具备的合格的学历证书、技术（技能）等级证书、教师资格证书、继续教育证书。

造就这样的"双师型"职教师资，需要相应的课程体系作支持，传统教师教育课程亟待改革。

1. 调整课程结构。在课程科类方面，应该增加人文学科课程与教育学科课程。作为职业学校的教师，掌握精深的专业知识是必需的。但是，这还远远不够。教师的工作对象是学生，要把学生培养成身心健康、素质全面的人才，教师首先需要完善自身素质，而丰富的人文素养有助于教师更好地开展工作，教师教育应该把人文教育与科学教育并重。其次应该加强教育学科课程，尤其是学科教学课程。职教教师不仅要知道教什么，还要知道怎么教，舒尔曼把这种知识称为学科教学知识，它是教师专业必须具备的知识。在不同性质的课程方面，应增加选修课程，为职前教师提供内容丰富、形式多样的课程，最大限度地开发他们的潜力，拓展视野，让他们获得充分自由的发展。

2. 强化实践性课程。教师职业是实践性很强的职业。强化培养职教教师的实践性课程包括两个方面：一是加强专业实践课程。职教教师"双师型"专业发展目标，需要职前教育改变学术型人才的培养方式，加强专业实践教学。不仅要让师范生多到企业，多接触生产实际，培养他们的动手实践能力，而且可以通过产学研结合，或为社会提供技术服务等方式，培养师范生的专业实践能力，将来他们才能有效指导职业学校学生的实训。二是加强教育实践课程。教师的教育教学能力需要通过具体的教育活动习得，在职前培养阶段可以采取增加教育见习、实习时间，开展案例教学、模拟教学，或者建立大学与职业学校的合作关系，通过类似于临床教学等多种方式进行培养。

3. 优化课程内容。当今时代，知识更新频繁出现，技术发展日新月异，新的职业不断涌现，而职业教育是与社会经济、职业发展联系最为密切、直接的教育类型，职业教育课程内容必须及时反映当今科技发展的最新成果。为此，职教教师培养培训课程也必须打破呆板的学科知识体系，课程内容的选择要遵循先进性原则，关注社会生产一线的实际需求，以实践为导向，对社会需要、科技发展做出即时反应。

（三）改革教师教育传统方式，建立三元职教师资培养模式

延长职教教师职前培养年限，实行"专业教育＋师范教育"模式，提高职教教师学历层次。教师的专业包括学科专业与教育专业。国际教师教育发展历史表明，仅仅用 4 年时间很难达到学科与教育专业的完善，教师教育年限延长是世界教师教育发展趋势之一。尤其是职业学校教师，不仅要学习专业基础课、专业课、专业实践课，师范类课程，尤其是专业课教学法课程更是亟待加强。特别是随着我国高职教育的快速发展，对高学历、高素质的教师需求激增，现在的本科层次教师教育已很难满足职业教育事业发展的需求。师范生用 4 年时间先学习专业知识，取得专业学士学位，再到师范大学或者综合大学的教育学院接受 2 年的师范教育，取得教育硕士学位，将成为职教教师主要的养成方式。

针对现行职教师资培养模式的弊端，借鉴美国专业发展学校的成功经验，我们提出职教师资培养应采取大学、职业学校、企业三元合作的培养模式。美国教育专家、霍姆斯小组成员古德莱德极力推崇大学与中小学之间的"共生关系"或"平等伙伴关系"，认为"学校若要变革进步，就需要有更好的教师。大学若想培养出更好的教师，就必须将模范中小学作为实践的场所。而学校若想变为模范学校，就必须不断地从大学接受新的思想和新的知识，若想使大学找到通向模范学校的道路，并使这些学校保持其高质量，学校和教师培训学院就必须建立一种共生的关系，并结为平等的伙伴。"而对职教教师的培养还应该要求企业的参与。

三元合作，不是传统的教育见习、实习方式，而是大学、职业学校、企业共同培养合格职教师资、相互利用优势资源共同发展的新型职教师资培养模式。大学要合理安排、组织好学生到企业、职业学校学习。师范生在企业不是一般的参观，而是亲临生产现场，熟悉整个生产流通过程，并且亲自实践。企业要派有经验的技术人员制订学生在企业的活动计划，指导学生的学习过程，负责他们的专业成长，还必须为学生开设一定的专业课程。师范生在企业里不仅要完成专业理论与实践的全面整合，而且应该利用所学的专业知识，与大学老师一起为企业提供技术服务、科研服务，促进企业的发展与繁荣。与职业学校的合作也如此。职业学校不仅要选派优秀教师进行指导，也要为师范生开设教学法之类的课程，提供案例分析、观摩教学。师范生要参与学校教育教学活动的全过程，熟悉各个年级的状况，并承担一定的工作量，获得全面系统的教学专业实践经历。更为重要的是，在实践过程中，要与导师（大学导师、职业学校导师）共同分享实践经验，不断反思，在实践反思中促使自己的教育专业不断成熟。大学也要为职业学校教育教学质量的提高开展研究和指导，为职业学校教师提供职后培训，只有这样才能使合作长期持续下去，为师范生的专业成长、为职业学校教师的再发展提供专业化的环境。因此，三元合作职教师资培养模式的运作机制还有待建立，三方合作的基础、职责与权利需要有法律法规或合同的保障。

（四）加强职教教师的在职培训，促进教师的专业成长

1. 制定职业生涯发展规划，倡导终身培训

首先，教师的专业成熟有一个漫长的过程，从新手到专家不是一个自然的过程，每一个阶段都有面临的新问题、呈现的新特点、发展的新需求、达到的新目标，教师的专业成长贯穿于职前培养与职后培训全过程。这就要求教师有自觉的专业发展意识，能够结合自己的素质特点与教育教学实际，制订适合自己发展的职业生涯规划，规划每个阶段职业发展的目标，并通过持续不断的学习努力实现。

其次，随着终身教育思想的发展，终身学习理念深入人心。对于职教教师而言，这种学习尤为迫切。科学技术的发展日新月异，其应用于生产

实践的周期越来越短，作为培养直接就业于生产一线技术工人的职业教育，必须紧密结合社会生产实际，给学生传授最先进的技术知识与技能。因此，作为职业学校的教师，需要不断更新自己的知识。正如福特公司首席专家罗斯所讲："在知识经济时代，对你的职业生涯而言，知识就像鲜奶，纸盒子贴着有效日期。工程技术的有效期大约是 3 年，如果时间到了，你还不更新所有的知识，你的职业生涯很快就会腐掉。"❶ 终身培训对于职教教师已不仅仅是一种理念，而应切切实实转化成行动了。

2. 立足校本培训，重视专家指导

长期以来，教师培训都是把一大批教师集中起来，到大学课堂听教授们的讲课。这种培训既费时又费力，又脱离教师的实际工作经验与问题。而所谓校本培训，指在教育行政部门和有关业务部门的规划与指导下，以教师任职学校为基本培训单位，以提高教师教育教学能力为主要目标，把培训与教育教学、科研活动紧密结合起来的一种继续教育形式。可见，校本培训是以职业学校为本、以教师为本、以教师的教学为本、以教师的自我培训为本的一种培训方式，克服了以往培训脱离实际、培训内容笼统的弊端，着重解决教师在教育教学、专业发展中遇到的问题，能够促进教师尽快改进教学，提高能力。校本培训也改变了以往教师被动接受培训的局面，强调教师的自我反思、自我探究，使教师走上自觉的、自立的、自控的专业发展道路。当然，由于教师本身素质的限制，校本培训的质量、效果都很难保证，因此需要重视专家指导。专家的指导是对问题"把脉诊断"，从更高的层次提出解决问题的方案，并带领教师从中共同寻找优质方案，在解决问题的过程中提升教师的专业认识水平和实践水平。

3. 建立学习共同体，关注教师群体发展

职业学校教师在学校中形成了各种组织，如年级组织、学科组织或专业组织等，这些组织的学习、社会活动、文化、舆论等会对教师的专业发展产生重要影响。因此，关注教师群体发展，建立教师学习共同体，成为

---

❶ 蔡克勇. 就业结构的变化趋势与高等教育结构的调整（下）[J]. 理工高教研究，2002（5）.

职教教师专业化的重要内容。研究表明，当学习发生在众多学习者构成的学习共同体中时，学习效果显著。为此，构建学习型的教师组织，鼓励同学科、同专业的教师一起开展学科教学研究，通过新老教师之间的传、帮、带活动，教师之间的讨论、合作备课、合作科研、交流探讨、争论等形式，教师们能相互学习、相互启发，学到对方很多成功的经验。长期在一起开展教研活动，通过潜移默化，通过自身对实践的不断反思，优秀教师的许多实践知识、不可言传的默会知识也能逐渐渗入其他教师的教学风格之中。学习共同体的所有成员都能在学习过程中获得对方的帮助，教师群体发展得以实现。

4. 选择适宜内容，开展行动研究

每个教师对职后培训的内容需求不同，或为了提高学历，或为了补充新知识，或为了改善教学，或为了扩大知识面，培训课程日益显示出多样化与系统化。总的来说，教师职后培训应更贴近工作实际，强调内容的实用性，改进教师教育教学实践，促进教师专业发展。因此，无论是教师个人还是职业学校，都应该根据教师的专业发展规划，制订培训课程的长远计划，以建构职教教师完整的知识技能结构。

教师不仅通过学习培训获得专业发展，研究也是职教教师专业成长的重要途径。教师即研究者、教师即反思的实践者的观念正受到全世界教师的认可，行动研究正是基于教师在实际教育教学过程中遇到的实际问题，通过教师的自我探究与反思，寻求解决方案的方法。"这意味着，在传统上对教师的专业特性（professionalism）的界定——对学科内容的掌握、必要的教学技能技巧之外，教师还必须拥有一种'扩展的专业特性'（extended professionalism），它的内容可能包括：（1）把对自己教学的质疑和探讨作为进一步发展的基础；（2）有研究自己教学的信念和技能；（3）有在实践中对理论进行质疑和检验的意向；（4）有准备接受其他的教师来观察他的教学，并就此直接或间接地与他进行坦率而真诚的讨论。总而言之，扩展的专业特征就是：有能力通过系统的自我研究、通过研究别的教师和通过在课堂研究中对有关理论的检验实现专业上的自我发展。"教师的行动研究唤醒了职教教师专业发展的自觉意识，缩短了理论与实践间的距离，强化了研究结果对教育教学实践的指导，提高了教师专业发展的能力，正成为教师专业化发展的重要内容与途径。

5. 提供必要的进修福利，激励教师培训积极性

很多国家都为教师的在职进修与培训提供了较好的福利待遇，以鼓励和奖励教师的参与积极性。例如，为保证教师有时间和条件进行专业化发展，新加坡教育部规定，自 1998 起中小学教师每年必须接受不少于 100 个小时的培训，教师可以根据需要选择脱产或在岗学习，也可以在国内或国外接受培训。在资金支持方面，教育部为攻读硕士或博士的优秀教师提供奖学金；对其他种类的教师计划，则根据相关规定予以资助。1998 年，新加坡教育部实施了专业化发展脱产计划（Professional Development Leave, PDL)，使更多的教师能够更好地参加专业化学习与培训。按照计划规定，每工作完 6 年，教师就可以申请参加半年的 PDL，学习期间享受半酬待遇。而在英国，经过进修，提高实际能力的教师可以去交涉增加自己的工资，也就是说，通过进修增强专业化能力的教师能改善工资待遇。而在我国，除了学历达标进修外，对在职教师的进修没有强制性的规定，也没有把进修看作一种福利和专业化发展途径，甚至还要以影响工作扣除教师的奖金等待遇，造成教师失去参加各种专业进修的积极性。因此，必须把进修当作职教教师的一项工作进行要求，并给予必要的进修补贴，鼓励教师参加旨在提升专业水平的各类培训，为教师的专业化发展创造良好的环境。

（五）建立健全职教师资制度体系，保障教师的专业化发展

1. *严格教师资格证书制度，强化职教教师职业的专业性*

我国《教师法》规定：国家实行教师资格证书制度，不具备本法规定的教师资格学历的公民，申请获取教师资格，必须通过国家教师资格考试。教师专业化建设，其根本措施之一即在于通过资格认定，提高入行标准，体现教师职业的专业性、技术性和规范性。职业教育教师相对于普通教育教师而言，其专业性更加突出，对从业人员的素质要求更加全面，不仅要有一定深度与广度的学科知识与教育教学知识，而且要达到一定要求的实践水平，要有指导学生职业生涯发展的能力等，因此其资格证书就不仅仅是学历资格的问题，应该根据双师型职教师资的要求，全面反映职教

教师的专业资格，以吸引更多优秀人才进入职教师资队伍。

表 3 - 5　各国"教师资格证书"与学习年限

	教师资格证书名称	职前学习年限	实习试用期
美国	《教师认可证书》	初级学院 2 年 文理学院 4 年 综合大学 4 年	1 年
英国	《教师合格证书》	教育学院 4 年 综合大学 4 年 专业大学 4 年	1 年
法国	《教师证书》 《教学能力证书》	师范学校 4 年 综合大学 3 ~ 4 年	1 ~ 2 年
德国	《教师资格证书》	教育学院 4 年 综合大学 4 ~ 5 年	1.5 年
日本	《二级教谕证书》 《一级教谕证书》	短期大学 2 ~ 3 年 教育大学 4 年 综合大学 4 年	1 年
苏联	《教师资格评价鉴定证书》 《教师资格证书》	师范学校 3 ~ 4 年 师范学院 4 ~ 5 年 综合大学 4 ~ 5 年 专业大学 4 ~ 5 年	未规定实习 试用期，但毕业 后义务服务 3 年

资料来源：教育部师范教育司. 教师专业化的理论与实践［M］. 北京：人民教育出版社，2003：88.

2. 完善职教教师评聘制度

教师职务评聘制度是对教师工作的肯定，是激发教师积极性、创造力，稳定教师队伍，激励教师持续专业化发展的重要保证。职务评聘不是限制、考核，而是鼓励、引导教师的专业化发展，是给教师提供持续发展的平台。我国职业教育教师职称评审工作已开展多年，但还存在许多问题，如在一些地方，中等职业教育、高等职业教育教师的职称评审分别与普通中学、普通高校在一起，没有单独的系列，没有反映职教特色的评审标准，特别是专业教师和实习指导教师。由于没有单独的系列，只能参照其他学科教师的评审标准，无形中损害了教师的利益，也误导了职教教师的专业化发展方向，导致很多老师朝着评审目标努力而放弃了职教自身的追求。特别值得关注的是，教师与工程师职称评审分属不同的部门管理，给"双师型"教师的职称评审带来极大的困难，影响了"双师型"教师建设工作。因此，急需研究开发职教教师的职称评审标准以及晋升制度，并与相应的工资待遇挂钩，引领教师在工作中不断进取，朝着专业化发展方向持续努力。

3. 重建职教教师评价体系

评价活动既是对已有工作的总结和鉴定，更是对未来发展的激励与指向。对职教教师的评价应该实现以下转变：从对教师工作任务完成的评价转向促进教师专业发展的评价。以往的评价仅仅是到学期中或学期末对教师的工作情况作一简单考核，并以此作为物质和精神奖励的依据，评价忽视了评价本身在促进教师专业发展中应该发挥的作用，变成了单纯对教师进行奖惩考核的一种手段。以专业化发展为目的，对教师的评价内容应该包括专业化的各个方面，尤其是对职业学校教师的评价决不能仅仅用学生的考试成绩作为唯一尺度。评价还应该结合每个教师的特殊情况区别运用，为每个教师的专业化发展提出适合的路径。从教师被动接受评价转向教师主体性评价。传统评价活动中，教师是被评价的对象，只能接受上级主管部门甚至是学生的评价。重建评价体系，要求教师能够作为评价主体，对自己及团队中的其他教师做出客观评价。我们认为，这不仅不会影响评价的公正性，反而会变被动为主动，激发教师自觉地树立专业发展意识，主动调节自己的教育教学行为，关注自己的成长过程，从而真正成为掌握自己职业生涯发展命运的人。

第二节 现代职教师资队伍的法治化建设

师资队伍建设是现代职业教育发展的生命力和源动力，法制建设则是职教师资队伍建设的基础，没有法制的"保驾护航"，就没有师资队伍的数量、质量和结构保障。因而，从法学的视角探讨职教师资队伍建设，对于加快现代职业教育发展、提高职业教育质量具有重要意义。

一、当前职教师资队伍建设的法理审视

改革开放以来，我国职教师资队伍建设取得了明显成效。教师队伍不断壮大，素质结构有了较大改善，培养培训体系初步形成，国家和政府也相继出台一系列有关职业教育的法律、法规和政策，为促进师资队伍建设起到了积极的推动作用。但从法理角度看，职教师资队伍建设的现状与快速发展的职业教育仍存在一定的差距，职教师资队伍已成为当前制约职业教育发展、影响职业教育质量最为薄弱的一个环节[1]。

（一）职教师资相关法律法规的"滞后"

以中等职业学校教职工编制标准为例，到目前为止，普通中专学校、成人中专学校和技工学校仍按 20 世纪 80 年代制定的《全日制普通中等专业学校人员编制标准（试行）》和《技工学校机构设置和人员编制标准暂行规定》执行编制管理[2]。事实上，当前绝大多数的中专、技校在校生规模已经翻番，但教职工编制却没有相应增加。教师绝对数量的不足，生师比例过高，必然影响到教师外出进修学习、接受培训和到企业事业单位实习、实践，从而严重制约了职教师资队伍的发展，并将最终影响中等职业教育教学质量的提高。此外，高等职业教育发展的实践表明，高等职业教育已经成为我国职业教育体系的重要组成部分之一，其作用和意义日益彰显。而现行的职业教育法律法规只是简略提及："高等职业教育由高等职业学校或普通高等学校实施"，没有对高等职业教育的师资队伍建设做出明确规定。

（二）职教师资相关法律法规的"缺位"

作为职业教育基本法的《中华人民共和国职业教育法》明确规定，职业学校的设立，必须要有"合格的教师"，但却没有规定合格教师的标准和资质，这在很大程度上造成了职教师资准入门槛低、素质不高等问题。虽然《教师资格条例》中规定了初中等职业学校教师的学历要求，但学历

---

[1] 鲁昕. 必须把职教师资队伍建设摆在更加突出的位置 [J]. 职业技术教育，2009（15）：38-40.

[2] 李栋学. 制度建设：职教师资队伍建设的保障（上）[J]. 职教通讯，2006（9）：38-43.

并不能代表资质，更不能体现职业教育的特色和要求。对于职教师资培养、培训的承担主体，《职教法》中也缺乏明确的规定。《教师法》第十八条规定："师范学校应当承担培养和培训中小学教师的任务"，在该法中，"中小学"的概念只包含职业中学，未包含普通中专、技工学校。同样，《中小学教师继续教育规定》（1999年9月13日教育部发）第二十条规定，"本规定所称中小学教师，是指幼儿园、特殊教育机构、普通中学、成人初中、职业中学以及其他教育机构的教师"，传统意义上的中专学校、技工学校则不在此列。这使职教师资的培养培训缺乏法律保障，得不到很好的贯彻。

（三）职教师资相关法律法规的"抵代"

教师职称是评价教师教学业务水平的重要依据之一，更是引导教师业务水平提高的"指挥棒"。现行的职称评审制度中，职业高中与普通高中教师职称评审采用相同的职称系列与统一标准，高职院校与普通高校教师职称评审采用同一标准，这种用普通教育标准"抵代"职业教育的做法，抹杀了职业教育的特色，既不科学，也不合理。因为除了教学质量和教学能力之外，职业学校更注重就业水平，而普通高中则注重升学水平；高职院校注重教师的实践能力和技术水平，而普通高校更注重教师的学术研究水平，他们之间的评价标准应当有所不同。用高校教师资格制度"抵代"高职院校教师资格制度不能满足高等职业教育发展的实际需求。

（四）职教师资相关法律法规的"柔化"

从逻辑上分析，法律规则都是由假定、处理和法律后果三部分构成。❶但在《职业教育法》中，关于职教师资队伍建设的规定却只有假定和处理而无法律后果，存在"权、责、利"的不对应，而且对执法监督主体规定不明确，也缺乏相应的执法监督程序。如该法规定，"县级以上各级人民政府和有关部门应当将职业教育教师的培养和培训工作纳入教师队伍建设规划，保证职业教育教师队伍适应职业教育发展的需要""职业学校的设

---

❶ 王重高，徐蓉，等. 法理学［M］. 北京：中国人民大学出版社，2002：208.

立必须有合格的教师"。但如果违反上述规定，该如何处理，则没有相应的法律依据和监督程序。从实践来看，教育行政管理部门常常集执法监督主体和义务主体于一身，他们既是运动员又是裁判员的角色尴尬，决定了其很难切实起到执法监督的作用，这也是师资队伍建设存在失范问题的原因之一。而世界发达国家都重视对执法程序的规定。如德国职业教育法规定，主管机构负责监督教育机构及其人员的专业资质，一旦发现资质缺陷，如其缺陷可以弥补且对受教育者不造成危害，主管机构应要求教育提供者限期弥补其缺陷；如资质缺陷不可弥补，或可能对受教育者造成危害，或规定期限内未能弥补，主管机构应将有关情况通报州法律确定的主管当局。法律确定的主管当局一旦确定不具备相应专业资质，可以禁止其招收受教育者，禁止其教学活动。主管当局做出禁止决定前应听取当事者及主管机构意见。❶

二、加强职教师资队伍建设的法治策略

现行职教资队伍建设的法律法规，是二十世纪八九十年代社会发展的产物。社会的快速发展与转型，使得这些法律法规存在的问题日益凸显。因此，加强我国职教师资队伍法制建设，应该立足实际问题，着眼于社会和人的发展需求，依据国情及有关政策，在尊重职业教育发展规律，充分借鉴国际相关经验，体现法律功能的基础上进行。

（一）加强职教师资立法的完整性

职教师资队伍建设是一项包括教师培养、选聘、培训、晋升等多方面因素的系统工程。职教发达国家非常重视职教师资建设的法制化，对师资建设作了系统的规定。以德国为例，早在1869年政府就颁布了《强迫职业补习教育法》，在20世纪50年代颁布了《实践训练教师资格条例》，1969年颁布了《职业教育法》，1973年颁布了《高等教育、职业教育专业培训及考试细则》等，2005年德国颁布了修订后的《职业教育法》等。❷

❶　［德］联邦职业教育法（BBiG）［J］. 姜大源，刘立新，译. 中国职业技术教育，2005（32）：49－57.

❷　邢云. 职教师资队伍建设国际比较研究［J］. 成人教育，2009（1）：28－29.

这些法律法规的部分内容对职教师资的培养培训、入职资格等都有明确系统的规定，使职教师资队伍在建设过程中有法可依、有章可循。为此，可以借鉴国外发达国家职教师资立法的有益经验，建立一整套从教师培养培训到入职资格、职称职务评审，从"双师型"教师到兼职队伍建设的系统规范，从而为职业教育的全面、规范发展奠定坚实的法律基础。

（二）提高职教师资立法的针对性

职业教育作为一种类型，有自己的本质属性，这些属性通过职业教育要素而体现出来[1]。针对职教师资立法中的"抵代"现象，建议在职教师资立法及修订过程中要体现职业教育的特色，不能再以普通教育教师的标准来"抵代"职教师资的资质。为此，首先，要在《职教法》修订中增加职业教育实行教师资格制度的条款，并配套出台符合职业教育发展要求的职教教师资格条例，严把职教师资入口关，确保师资队伍的质量；其次，要加快制定职业学校教师编制标准，尽快缓解职业学校师资短缺的现状，同时也为教师的培养和输送提供科学、准确的政策依据；再次，要制定统一的职业教育教师职称系列，建立独立的职务评审体系，并在中等职业学校教师职称中增加正高职称，切实提高教师工作的积极性，促进教师的专业成长和发展。

（三）彰显职教师资立法的灵活性

虽然法律的稳定性、威严性要求法律规范不能朝令夕改，这在一定程度上造成了法律规范的滞后性，但是职业教育是以职业为导向的一种教育类型，涉及多种行业、多个部门，职业技术的不断更新必然要求职教师资立法呈现一定的动态性、灵活性。在这方面，可以充分借鉴澳大利亚职业教育立法的经验。自1992年起，澳大利亚具有专门的职业教育与培训拨款修订法案。之后，每年一修订，称为"某年职业教育与培训拨款修订法案"。后一年的法案针对前一年法案的内容进行修订。[2] 同时，澳大利亚职

---

[1] 刘育锋. 对《中华人民共和国职业教育法》修订的若干思考 [J]. 职教论坛，2010（16）：50－52，61.

[2] 刘育锋. 论澳大利亚职教法对我国职业教育法修订的借鉴意义 [J]. 职教论坛，2011（1）：86－91.

业立法将国家层面的职业教育法与地方制定的职业教育法实施条例相结合，不仅体现了联邦政府的引导，而且也体现了州或领地的特殊性。基于澳大利亚的相关经验，一方面，可以立法规定定期修改职业教育法中的具体内容或者针对某一具体的职业教育问题出台个别职业教育法案，以弥补立法的滞后性；另一方面，注重国家和地方立法的协调配合。国家层面的职教师资立法可以原则一些，主要体现方向引导；各省市以国家职教师资立法内容为依据，制定适合地方实际需要的具体职业教育法实施条例，增强立法的实效性和可操作性。

（四）增加职教师资立法的强制性

针对现行职教师资立法中的"柔化"现象，立法部门应着力提高表述语言的严谨性、确定性和法规结构的统一性、协调性，做到整体结构逻辑完整、总体一致、条文设置合理、语言简洁规范、内容明确具体。另外，建议在立法中增加法律责任条款，明确规定违法职教师资建设的处罚规定，尤其要对目前难以划分责任主体的行为做出具体的责任规定。同时，要明确监督与执法主体，规定它们要承担的监督与执法的具体任务和职责，使教育行政部门、人力资源部门等相关部门在规定的范围内承担各自的职能。充分发挥人大的监督职能，使监督结果与职业教育相关机构与人员的发展及获得支持的机会挂钩。另外，注重发挥社会中介机构和职教机构自身在监督过程中的功能。

第三节　现代职教师资队伍的制度化建设

2009 年 12 月，江苏省教育厅颁发《江苏省中等职业学校教师专业技术资格条件（试行）》（苏职称〔2009〕27 号，以下简称《条件》），规范了各类中等职业学校教师的专业技术资格评定，为全省普通中等专业学校、成人中等专业学校、职业高级中学（职业教育中心）、师范学校、教师进修学校、成人教育中心校等各类中等职业学校的教师提供了专业化的成长路径。虽然 2002 年《国务院关于大力推进职业教育改革与发展的决定》中指出："职业学校教师职务资格评审要突出职业教育特点，改进评审办法。"然而，实际上，除了针对技工学校、中等专业学校教师国家专门颁发过相关文件（1986年4月2日，中央职称改革领导小组转发劳动人事部《技工学校教师职务试行条例》《关于技工学校教师职务聘任试点工作安排意见的报告》；1986年5月17日，中央职称改革工作领导小组转发了国家教委《中等专业学校教师职务试行条例》及《实施意见》）外，职业中学、职教中心校等的教师资格评审仍然没有详细的规定，只是出台了一些原则性的意见，仍然参照或照搬普通教育教师职称，甚至"教师资格条例"中规定"高级中学教师资格与中等职业学校教师资格相互通用"（见《教师资格条例》第五条）。因此，《条件》的推出，打破了长期以来我国中等职业教育教师专业技术资格评定主要参照普通教育教师专业技术资格标准、缺乏职教特色的传统，结束了各类中等职业学校教师专业技术资格名称不规范、评定标准不统一的混乱局面，是职业教育事业发展的重要进步，是职业教育师资队伍建设的重大举措，是职业学校教师专业制度建设的历史突破。

一、彰显职业教育特色，促进教师专业发展

文件的主要内容是把职业学校教师的专业技术资格分为正高级讲师、高级讲师、讲师、助理讲师四个层级，并着重从学历资历、教育教学工作、专业课教师专业实践、教科研成果等几个方面对每个层级的资格作了具体规定。这些规定力求还原职业教育的本质特征，遵循职教教师专业发展规律，着力彰显职业教育发展对职教教师提出的时代要求。

（一）重视综合专业素养，体现职业教育教师专业素质的全面性

当今社会，一个不争的事实是，如果仅仅只能做一个"教书匠"，是无法胜任教师职业的，也不能反映教师职业的专业化。当代教师职业已经成为一项挑战性很强的专业，教师的任务大大拓展，学历的提升或知识技能的增加已不足以提升教师的专业素养与专业权威，因为，随着知识更新速度的急剧增长与知识传播途径的大量扩展，人们获取知识的方式越来越多，"教师的职责现在已经越来越少地传递知识，而越来越多地激励思考；除了他的正式职能以外，他将越来越成为一位顾问，一位意见交换者，一

位帮助发现矛盾论点而不是拿出现成真理的人。他必须集中更多的时间和精力去从事那些有效果的和有创造性的活动：互相影响、讨论、激励、了解、鼓舞。"● 这要求教师的职业素养越来越多元化，教师的专业工作方式必须进行彻底的变革。作为职教教师，面对的是充满活力与创造力的青年学生，从事的是与社会经济发展密切联系的职业教育教学工作，面临的是日新月异的学科发展与科技进步，扮演的是既要从事理论教学又要从事实践教学的"双师型"教师、职业指导者、与企业合作的谈判家、教学团队成员、课程教学研究者等多重角色，仅仅强调其掌握的专业知识与技能的多少已远远不够，教师的综合职业素养发挥着越来越重要的作用。在这次颁布的《条件》中，着重反映了这样的理念与趋势，对中等职业学校教师专业技术资格条件的规定，既有重点又较全面，关注教师整体素质的提升。如在教育教学要求方面，既强调师德修养，也注重师生间的交流与沟通；既强调教学能力，也强调教师在指导学生社团、兴趣小组、校园文化建设等方面的能力；既强调日常教学工作，也强调教师的教育教学改革实践。《条件》充分反映了教师专业发展的内容日益丰富，教师的专业工作日益复杂，教师的专业要求日益提高。

（二）加强专业实践要求，体现职业教育教师专业本质的"双师"性

尽管当前对"双师型"教师内涵和标准的界定，理论界与实践界众说纷纭，但多样化的理解并没有妨碍人们达成这样一个共识，即具备"双师"素质，是职教教师的本质特点，是职教教师专业化发展的基本目标。我国政府多次在正式文件中提出进行"双师型"职教师资队伍建设，以就业为导向的职业教育实践也迫切需要既能从事理论教学、又能从事实践教学的"双师型"、复合型教师。然而长期以来，中等职业学校教师的专业技术资格评审与普通中学教师在一起，评审条件中没有明确的专业实践能力要求，既缺乏对职教教师专业发展的有效引领，又缺乏对"双师型"教师的激励与促进作用，导致职教教师的专业实践素质得不到发展，"教师

● 联合国教科文组织国际教育发展委员会. 学会生存——教育世界的今天和明天［M］. 北京：教育科学出版社，1996：180.

队伍整体素质与实施素质教育以及职业教育就业导向的要求不相适应，学历水平偏低，专业技能水平和实践教学能力偏弱，专业化程度不高。"❶ "双师型"教师成为我国职教师资队伍建设的重中之重。为此，《国务院关于大力发展职业教育的决定》提出，"建立职业教育教师到企业实践制度，专业教师每两年必须有两个月到企业或生产服务一线实践"；"加强'双师型'教师队伍建设，职业院校中实践性较强的专业教师，可按照相应专业技术职务试行条例的规定，申请评定第二个专业技术资格，也可根据有关规定申请取得相应的职业资格证书。"2006 年，教育部专门下发了《关于建立中等职业学校教师到企业实践制度的意见》，对职教教师到企业实践做出了规定。

这次颁布的《条件》，充分强调了职教教师的专业实践能力，对专业课教师的专业实践要求，有了更加具体的、可操作性较强的规定，既有专业实践时间上的要求，也有专业实践质量的要求；既有相对统一的规定，也有根据专业技术资格等级所做的差别化要求。它不仅是对国家有关职教师资队伍建设制度、政策的贯彻落实，而且是建立在职教教师职业的特殊性及发展规律基础上，对不同来源、不同类型的教师制定了不同的标准，是职教师资队伍制度的重要创新。如重视从企业来的教师的企业实践经历，强调非企业来源教师对本行业的了解与行业相关证书的取得，提出了师范类学校教师的教育实践要求。可以说，这些规定充分体现了职业教育对教师的特殊要求，丰富了职业教育教师的专业发展内涵，彰显了职教教师的专业特色，为建立健全"双师型"职教师资队伍建设制度做出了积极的探索。

（三）建立四个专业技术资格等级，体现职业教育教师专业成长的阶段性

教师专业发展是一个持续终身的过程。随着教师研究的深入，教师研究者们不仅认识到教师的专业成长要经历由不成熟到成熟的长期发展过

---

❶ 教育部关于"十一五"期间加强中等职业学校教师队伍建设的意见（教职成〔2007〕2号）。

程，而且对教师专业发展规律有了更科学的把握，并根据这些规律与特点，把教师的专业成长分为相互联系、相互衔接的发展阶段。富勒的教师关注阶段论、费斯勒等的职业生命周期阶段论、利思伍德的心理发展阶段论、莱塞等的教师社会发展阶段论等❶，都从不同角度揭示了教师专业发展的一般规律，描述了教师职业生涯的整个发展历程。这些研究成果有助于指导教师规划专业发展道路，为不同发展水平的教师提供相应的专业教育。教师专业发展阶段的基本理论是教师专业技术资格评定的理论基础之一，不同的专业技术资格等级标志着教师不同的专业发展阶段与水平。这次颁布的《条件》，把中等职业学校教师的专业技术资格分为助理讲师、讲师、高级讲师、正高级讲师四个层次，不仅体现了职业教育教师专业成长的阶段性，为每个阶段教师的专业发展提出了要求、指明了方向、明确了责任，而且四个阶段的划分，更加细化了教师专业发展过程，从教师整个职业生涯来说，时间分布上较均匀，符合职教教师的职业生涯发展规律，也为不同时期的教师制定不同的继续教育政策、提供不同的专业支持提供了更加精确而科学的依据。同时，采用这样的技术等级称谓，既与高校教师有区别，又与之接近，进一步突出了中等职业学校教师的专业权利与社会地位，特别是正高级讲师的设立，能够调动广大教师的积极性，吸引大批高水平人才从事中等职业学校教育教学工作，体现了社会对中等职业学校教师的支持与重视。

（四）强调课程改革与教学改革，体现职业教育教师专业工作的实效性

无论是教书还是育人，教师都要以课程为中介，通过实施有计划、有目的、有组织的教学活动，有效地传递知识、传授技能、发展能力、培育人才。课程是教师专业工作的主要载体，教学是教师专业工作的主要方式。长期以来，由于我国课程管理体制的局限，我们的教师习惯于使用上级指定的课程教材，按照别人设计的课程目标、课程内容，依靠传统教学

---

❶ 教育部师范教育司.教师专业化的理论与实践［M］.北京：人民教育出版社，2003：68－71.

经验，忠实地把教科书上的内容原封不动地传递给学生，很少关注实际教学情境中的需求与问题，课程与教学改革只是教育家们的事，似乎与教师无关。正因为如此，课堂教学效果不佳，教育与实践脱节，人才培养质量不高，成为教育的一个顽疾，教师的工作业绩也因此缺乏有效评价，只能以学生的分数作为唯一指标。在职业教育领域，这个问题显得尤为突出。职业教育是为社会经济发展培养直接面向生产、服务一线的应用型人才，以就业为导向的职业教育，必须紧跟社会经济发展脉搏，紧贴社会生产实践，及时吸取新知识、新技能、新方法、新工艺，才能培养出符合社会经济发展需要的高素质人才。

教师的劳动具有创造性。赞可夫在《和教师的谈话》中指出，"所谓创造性，就是一种不断前进，向着更完善、更新鲜的事物前进的志向，并且实现这种业已产生的志向。明天一定要比今天做得更好——这是一个创造性地工作的教师的座右铭。"❶ 具有创造性的教师，不会把教学工作看成一成不变的常规工作，而是必须研究学生、研究不断发展的学科体系、研究社会经济发展对人才的不同需要，及时调整课程内容，选择教学方法，不断探索课程与教学改革，这是教师职业专业性、独特性、不可替代性、创造性的重要方面。因此，课程与教学改革是教师专业成长的核心内容，也是衡量教师教育教学质量与有效性的重要指标。处在教学第一线的教师，不仅应该对课程与教学最有发言权，而且应该自觉成为课程与教学改革家，在所教课程与教学领域中有自己的专业主张和话语权，确立专业权威。新颁布的《条件》，突破了以往专业技术资格评定中只强调教师教学工作量的量化局限，把课程与教学改革作为一个重要因素，强调教学的有效性，鼓励教师"积极参与课程与教学改革，不断探索有效的课堂教学形式"，并且在编写中职教材、开发职业教育课程产品、教学示范等方面提出了要求，这不仅是对教师发展提高了标准，更是对职教教师专业性的深刻理解与发展。

---

❶ ［苏联］赞可夫. 和教师的谈话［M］. 北京：教育科学出版社，1980.

（五）提供多种成长路径，体现职业教育教师专业成就的多样性

虽然所有教师的专业发展都遵循教师专业发展的一般规律，经历从不成熟到成熟的发展过程，但是教师的专业发展是有差异性的。由于教师的专业成长与发展受到教师个人、教育、社会、学校、文化等多方面因素的影响，每个教师专业发展的水平、时间、经历的阶段、专业发展需求、显现出来的问题与特征等都不尽相同，具有自身独特的规律性。教师的专业发展应该因人而异，每个教师有权利选择适合自己的专业发展方式，取得自己所能达到的最理想的专业发展成就，教师职业专业性的一个重要特征就是教师拥有专业自主权。这要求评价教师专业发展水平的标准应该是多样性的，能为不同的教师提供不同的成长路径与支持，让每位教师都能根据自己的专业特长，实现最充分的发展。这就给教师专业技术资格标准的制定带来挑战，既要保证所有教师都能达到一个相对稳定、统一的高标准，保证职教师资队伍的整体质量，又要观照到每个教师的特长与个别差异，为其提供适合的成长空间。新颁布的《条件》充分考虑到了职教教师专业发展的多样性，在每一个评价指标中都提供了多种评价标准，允许教师根据自己的特长、条件、学科等，选择适合自己发展的方式。如关于专业课教师专业实践要求、教科研成果要求等，都为教师的专业发展提供了相当大的自由度，让教师能够根据自己的实际情况，选择最适合自己的、最佳的发展路径，把专业发展自主权还给了教师，让教师在专业领域中各展身手、各显其能，彰显了职业教育的开放性、多样性、实践性。

（六）突出科研成果要求，体现职业教育教师专业发展的可持续性

自 20 世纪 60 年代英国课程专家斯腾豪斯提出"教师即研究者"的理念后，教师角色的内涵获得了极大的提升，教师成为研究者或鼓励教师开展行动研究，已被视为实现教师专业成长的重要环节和必由之路。作为职教教师，科学研究也应该成为其专业活动的重要组成部分。首先，是职业教育发展的必然要求。面对社会经济的快速发展，职业教育如何应对，才能担当历史赋予的重任，仍有许多理论和实践问题需要研究。作为职业教育主体之一的教师，有责任有义务通过研究，提高人才培养质量，推动职业教育健康发展。其次，是职教教师专业化的必然要求。职教教师要成为受人尊敬的职业，享有自己的学术地位与专业权威，必须走出只是知识传递者的教书匠的困境，走向教育研究，建构独立的教育理念与教育实践框架，实现专业自主与自治。最后，是职教教师专业可持续发展的必然要求。苏联教育家苏霍姆林斯基在《给青年校长的一封信》中写道：如果你让教师的劳动能够给教师带来乐趣，使天天上课不至于变成一种单调乏味的义务，那你就应该引导每一位教师走从事研究的这条幸福道路。研究不仅能让教师不断领略到教育的意义，享受到研究给教育教学带来的成功体验，更是教师坚持专业学习，提高专业发展水平，促进专业可持续发展的有效方式。

这次颁布的《条件》，明显提高了教师在教科研方面的要求，不仅在每个层级的资格要求中所占文字篇幅最多，而且提供的科研成果形式丰富多样，尽量让教师能够根据自己的能力水平、专业所长选择适合的科研方式与道路。《条件》准确反映了社会经济发展、职业教育变革对教师素质要求的变化，倡导职教教师成为专家型、研究型教师，引领教师通过科研促进教学，重塑职教教师的专业形象，激发教师的发展潜能，提升教师的可持续发展能力。

二、契合职业教育形势，追求教师卓越发展

无论是其框架，还是内容，《条件》都较好地遵循了职业教育发展规律，彰显了江苏职业教育特色，有利于促进江苏中等职业学校教师专业发展。那么，如何进一步完善《条件》、更好地落实《条件》呢？这里提出以下几点建议。

（一）进一步完善有关内容，增强《条件》的前瞻性，引领教师的专业发展

《条件》对职教教师各个等级的专业技术资格提出了比较全面、系统、客观的要求，对于教师专业素质的全面发展起到了积极的引领作用，但相对于快速发展的职教形势，有些内容还应该进一步充实与完善。如《条件》比较重视教师的专业知识与专业能力素养，对教师专业品质的要求略显单薄，一些体现时代特征与现代教育理念的教师素质未能及时得到反

映。比如，当代教师的职业道德要求已不仅仅表现为传统的热爱学生、关心学生、教育学生，更重要的是善于尊重学生、研究学生、发展学生，保持与学生畅通、有效的沟通，了解学生的学业需求，为学生的学习乃至整个生涯发展做出专业指导，更好地体现教师专业的服务性，一切为了学生的发展服务。此外，教师的专业发展也不仅指教师个人的发展，"教师职业发展极为重要的是与同事合作，要成长为一个专业人员，教师必须想办法克服课堂上和学校中存在的隔离状态。"❶ 职业教育的教育教学实践突出强调教师合作的重要，无论是专业课程教学、学生的实习实训、就业指导等，都需要教师团队的努力，需要教师群体的专业发展。教师能否顺利融入专业共同体，与同事分享个人实践成果，并在其中与团队成员一起成功，不仅是教师专业品质的重要方面，专业成长的重要平台与途径，更是优质教育教学的重要保证。因此，对职业学校教师的职业素质要求不仅日益全面，而且更加多元化、情境化，更加着力于学生与教师的共同发展。

（二）进一步贴近教育实践，提升《条件》的可行性，维护教师的专业发展

制定职业学校教师专业技术资格条件的根本目的在于严格规范教师职业资格制度，确保教师队伍质量，促进教师专业发展，而不是盲目提高要求，限制教师的职称晋升与专业发展。因此，专业技术资格条件的制定，应该本着以人为本的原则，立足教师专业工作的实际情况，把握教师专业发展的实际脉搏，做到严格要求与教育教学实际紧密结合，激发教师专业发展的自觉性与积极性，为教师专业发展成功提供最大的可能性，从而起到既引领教师专业发展，又能真正促进并维护教师专业发展的作用。从这个意义上讲，新的《条件》还需要对教师的职业现状作更进一步深入的研究，解决教师专业发展的困难，了解教师专业发展中的实际需求，制定出适合不同类型教师、不同层次教师的专业技术资格标准，让每个教师都能通过自己的努力，获得专业发展的成就。例如，对教师科研成果的要求，

---

❶ ［美］Lynda Fielstein, Patricia Phelps. 教师新概念——教师教育理论与实践 ［M］. 王建平，等，译. 北京：中国轻工业出版社，2002：224.

虽然新的《条件》已经提供了多种途径，但不外乎三种：发表著作类（包括论文与著作）、获奖类、技术创新类（尤其是企业生产技术），这些方面对教师的专业成长与教育教学来说确实很重要，但作为教师来说，其最本质的工作是教学，体现其专业水平的也是教学，因此，考察教师科研水平最重要的是能否有效地进行教学研究，提高教学质量与效益。提倡教师从事科学研究，并不是要求教师像专职科研人员，从事深奥的纯理论研究，而是强调教师从个人的教育教学实践出发，积极开展教学实践研究；职教教师的科研成果也不仅仅是学术成果与技术创新，更多地应该是以自己或他人的教育教学活动为研究对象，以解决问题或改进、提高教育教学效果为目的。从这个意义上讲，职教教师的研究是教育教学实践研究、行动研究、校本研究和叙事研究，而这些不一定能通过上述三个方面表现出来，而是通过对培养学生的质量、对教师平时教学工作进行有效评估。只有这样，才能更好地鼓励教师参与教育教学改革，引导他们投入专业研究，而不是急功近利，忙着发表论文、编书、得奖，以至于很多教师不安心教学，热心于从事所谓的科研。此外，关于教师的专业实践，在《条件》中也提出了较高的要求，在当前我国中等职业教育师生比超标的情况下，在不影响教师休息与工作的前提下，如何保障这一制度的切实可行，仍需作进一步明确规定。

（三）进一步健全相关制度，保障《条件》的可操作性，激励教师的专业发展

职教师资队伍的健康发展，离不开完善的相关政策制度的保障。《条件》的制定，不能仅仅是对教师提出要求，而且要积极创造条件，探索有效途径，为教师达到这些要求提供制度保障。从《条件》的规定及中等职业学校教师的实际出发，当前亟须建立完善的制度主要有：

1. 完善中等职业学校教师继续教育制度。"今天，世界整体上的演变如此迅速，以致教师和大部分其他职业的成员从此不得不接受这样的事实，即他们的入门培训对他们的余生来说是不够用的：他们必须在整个生存期间更新和改进他们的知识和技术。"❶ 当前，我国非常重视职业学校教师的继续教育，为此，专门制订了中等职业学校教师素质提高计划。然而，很多继续教育的制度设计都只是针对骨干教师、新教师等特定群体制定的临时性政策，缺乏延续性。广大教师希望的是有一个完善的教师继续教育制度，能够针对不同类型、不同层次的教师，开展有计划、有重点、形式多样的终身性继续教育，为教师提供适当的继续教育时间、经费资助、工作支持、专业帮助，这样才能持续深入地促进教师专业成长的顺利实施。

2. 落实中等职业学校教师企业实践制度。《条件》对教师下企业实践、提高专业实践水平提出了明确的要求，力求从根本上解决中等职业教育重理论、轻实践的问题，积极打造"双师型"教师队伍，满足以就业为导向的职业教育对师资的要求。然而，教师下企业实践，并不是靠教师个人努力就能实现的，涉及学校的工作实际、与企业的协作联系、教师的时间安排等，因此，需要建立更完善更详细的规章制度，督促学校与企业、教师共同努力，切实落实这一制度，让教师有充分的时间与精力，真正融入企业中，学有所得，学有所长。

3. 不断提高中等职业学校教师的经济待遇与社会地位。职教教师的经济待遇与社会地位是职教师资队伍建设的主要内容，是稳定职教教师队伍的重要保障，是职教教师专业地位的重要体现。职教教师不仅从事一般的课堂理论教学工作，许多专业教师还承担繁重的实践教学任务；职教教师不仅要搞好校内的教育教学工作，还要指导学生的校外实习、见习、就业工作；职教教师不仅要继续深造，努力提高学历层次，还要不断深入企业生产一线，从事生产技术的改造与创新。可以说，职教教师扮演角色之多、工作范围之广、专业压力之大，是其他类型教师不可比拟的。提高职教教师的经济待遇与社会地位，不仅是保护广大职教教师的工作积极性，更是对职教教师专业地位与权威的无比尊重，应该让职教教师成为人人羡慕、尊敬的职业。

---

❶ 联合国教科文组织国际 21 世纪教育委员会. 教育——财富蕴藏其中［M］. 北京：教育科学出版社，1996：142 – 143.

本章小结

职教师资队伍建设是构建现代职教体系的重中之重。从专业化视角分析现阶段职教师资队伍建设存在的问题，提出促进职教师资队伍建设的专业化发展对策。法制建设是职教师资队伍建设的保障。从法理角度审视和考量当前职教师资队伍建设的现状，分析职教师资相关法律法规存在"滞后""缺位""抵代""柔化"等现象，并从职教师资立法的完整性、针对性、灵活性、强制性等方面提出加强职教师资法制建设的相关策略。制度建设是职教师资队伍建设的重要基础。以《江苏省中等职业学校教师专业技术资格（试行）》为例，探讨了现代职教师资队伍制度的特点与未来趋势。

（本章作者　江苏理工学院：贺文瑾、郝永贞、崔景贵）

职教教师专业化发展的范式与模型

近年来，随着国际金融危机的负面效应持续释放，支撑国内经济增长的条件也开始出现新特点，整个社会经济的发展方式开始转变❶。2014年5月，习近平总书记提出中国经济发展进入"新常态"的重大战略判断，并系统阐释了"新常态"的九大趋势性变化❷，从此逐渐形成对中国经济新常态的系统化的表述。国家宏观经济战略的变化，为紧密服务于社会经济的职业教育提出新的发展要求，同时也对承担职业教育人才培养重任的教师提出新的专业素质要求。然而，在经济新常态背景下，社会经济增长的新特点给职业教育教师的专业化发展提出很多新挑战，因此必须寻求新的路径，确保教师专业素质与社会经济转型相匹配，从而不断提升职业教育对社会经济发展的贡献度。

第一节　职业教育教师专业化发展的新挑战

一、经济新常态对职业教育教师专业化发展的要求

（一）经济新常态的基本内涵

"经济新常态"原本是描述2008年国际金融危机以来世界经济与金融

---

❶ 王一鸣．全面认识中国经济新常态［J］．求是，2014（22）：40–43.
❷ 鲁昕．职业教育，加快适应经济新常态［J］．职业技术，2015（2）：9–11.

状况的通俗用语，目前则被借用来特指中国经济转型升级过程中的阶段性特征。在新常态背景下，中国经济增长的国际环境、内生条件、表现形式、发展向度、动力更替、结构优化、资源和环境约束等方面均有着特有的内涵。

从国际环境来看，金融危机以来，全球产业分工秩序开始发生变化，劳动密集型产业开始向东南亚转移，高端制造技术在"再工业化"的浪潮中不断回流母国，我国对外直接投资和主动参与全球资源配置的规模日益扩大，国际贸易规则更加严格，金融危机的余波并没有消减，其负面影响开始席卷全球；从内生条件来看，部分传统产业产能出现严重过剩，资源和环境的压力趋近极限，老龄化和出生率降低，劳动力价格不断攀升，劳动力结构性矛盾依然突出，依靠投资、消费和出口拉动经济增长的动力逐渐减弱，生产力的规模效应已经开始成为经济增长质量的约束；从表现形式来看，经济增速的换挡期、结构调整的阵痛期与前期刺激性政策的消化期同时叠加❶，经济增长的速度开始趋缓，从高速增长转向中高速增长，并有可能长期转向 L 型调整阶段，财政收入和企业利润增幅回落，劳动岗位供给减少，失业人口和剩余劳动力会增加；从发展向度来看，经济的增长规模和数量不再是最主要的发展目标，这个阶段更加关注提高经济发展的内涵和质量，更加注重提高生产效率；从动力更替和结构优化来看，我国城镇居民和农村居民恩格尔系数逐年降低，我国城乡居民的消费结构开始多样化，食品、烟酒类消费已趋于饱和，交通、通信、教育、文化、娱乐、医疗、旅游、养老等服务性消费开始逐年攀升，依靠科技进步拉动消费的多样化对经济的增长驱动作用增强；从资源和环境约束来看，前期对资源的过度开发和对能源的过度依赖，已经对生态环境造成了巨大的压力，从而会导致经济增速放缓，财政支付压力增大，进一步可能会使地方政府的债务等潜在风险暴露出来。

2015 年 12 月，中央经济工作会议提出供给侧结构性改革的总体战略，并要求"在政策上做出前瞻性安排，加大结构性改革力度，矫正要素配置

---

❶ 安宇宏 . 三期叠加［J］. 宏观经济管理，2015（2）：92.

扭曲，扩大有效供给，提高供给结构适应性和灵活性，提高全要素生产率……着力加强结构性改革，在适度扩大总需求的同时，去产能、去库存、去杠杆、降成本、补短板"❶，旨在通过供给侧的劳动力、土地、资本、创新"四大要素"与需求侧的投资、消费、出口"三驾马车"形成经济发展的"一体两面"，在兼顾当下经济的稳定增长的前提下，着眼于未来经济的长期可持续发展❷，从根本上大力消除旧的生产力，为创造新的生产力提供基础，消除生产力的质量供给与社会需求之间矛盾。

（二）经济新常态对职业教育教师专业素质的新要求

经济新常态不仅仅是经济问题，同时还是社会问题。经济新常态对社会人口素质的新要求给职业教育教师的专业素质提出了挑战。在这个时期，社会人口结构出现了新的情况，老龄化问题、劳动力素质结构的老化问题和学龄人口数量下降等导致生产力成本不断上升；过剩产能需要梯次转移，剩余资本有向海外扩展的内在需求，但是却受到中国的生产标准和语言沟通能力等制约；同时，国际分工和贸易体系等也发生了变化，通晓国际通行规则的专业人才缺口巨大。可见，治国理政的全新布局只是经济新常态下改革和发展的载体，而促进劳动力升级才是最终的途径。就全社会范围来看，劳动力的升级主要通过企业内部的产业工人培训和各类职业教育机构的职业教育和职业培训。但是，从中国庞大的经济体量和发展极不均衡的经济结构来看，企业对产业工人进行培训只是短期解决方案，要想大量培养能够适应产业结构调整的高素质的产业工人，还需要发挥学校形态职业教育的巨大优势。这就要求职业教育教师必须调整专业化发展的重心，具备面向国内产业结构调整和升级以及面向产能转移和资本出海的综合性专业素质。

首先，职业教育教师要适应产业升级的需要，具备培养高端技术技能人才的专业素质。产业的技术水平不断升级，经济发展的重心从规模和数量转向内涵和质量，中国制造业的技术创新能力不断提高，在全球价值链

---

❶　中央经济工作会议举行　五大政策支撑供给侧改革［EB/OL］.（2015 - 12 - 22）［2016 - 02 - 16］. http：//news. xinhuanet. com/finance/2015 - 12/22/c_ 128555142. htm.

❷　冯志峰. 供给侧结构性改革的理论逻辑与实践路径［J］. 经济问题，2016（2）：12 - 17.

和产业链中的分工位置逐步提升，要求职业教育教师跳出为劳动密集型产业规模化培养技能型人才的惯性思维，不能仅仅谋求具备生产性技能，更需要密切研究产业发展的形势，根据产业升级的情况积极吸纳新知识、新工艺和新技术等，并使其能够迅速转换为课程和教学内容，专注于产业升级的需要，大力培养高端技术技能人才。

其次，职业教育教师要适应产业结构调整的需要，塑造柔性化的专业素质。近年来，我国产业结构调整不断加速，产业结构重心已经基本完成由一、二、三产业向二、三、一产业的转换，并正在继续向三、二、一产业结构转换❶，这就要求职业教育教师要能够具备持续学习的能力，增强专业素质的柔性，既要能够适应产业结构调整的需要，提升面向第二、第三产业的专业素质，还要能够继续坚守原来的专业特长，并不断通过企业培训、在职进修和自我学习等多种方式，不断更新知识和技术，并积累经验。

再次，职业教育教师要适应纾解社会就业压力的需要，提升指导学生创新和创业的专业素质。虽然经济增速趋缓、产能过剩凸显、社会劳动人口减少，但由于劳动力总量巨大、产业用工需求和社会劳动人口素质之间的结构性矛盾更加突出等原因，导致社会职业岗位的总供给和有效供给均相对不足，这就要求职业教育的教师要具备指导学生就业、创新和创业的能力，既要能够帮助学生通过常规的人力资源市场实现就业，还要能够指导学生适应经济新常态，通过自我创业的形式实现工作岗位的自我创造并实现自我雇佣。

最后，职业教育教师还要适应产能转移和资本出海的需要，提高国际合作和交流的专业素质。对于过剩产能而言，必然面临国内和国际两个市场：国内视野下，可以向经济发展滞后区域、向中西部地区梯次转移；国际视野下，可以借助"一带一路"等国家战略，向其他发展中国家转移产能，帮助这些国家升级产业和改善经济。然而，无论是产能国际转移还是资本出海，必然要求职业教育教师具备全球资源配置的国际视野，能够对

---

❶ 朱彤，庞磊. 经济增长、产业结构与就业结构协同效应测度分析 [J]. 产业经济评论，2015（2）：28－35.

产业和资本输出目的国的风土人情、文化传统、政治体制、法律法规、语言和习惯、技术标准等有较全面的了解，从而培养出"既精通业务，又熟悉外语，还了解当地社会文化和风土人情的复合型人才，发挥他们在各国交流合作中的桥梁作用"❶。

二、经济新常态下职业教育教师专业化发展的困境

"三期叠加"是中国经济新常态下的阶段性特征，这给职业教育教师专业化发展带来了困难，其主要表现为，社会经济发展取向的快速转变和改革的迫切性与职业教育教师专业化发展的长周期性之间形成了内在的矛盾。

（一）经济增长速度趋缓，职业教育教师专业化发展的经费投入压力增大

为提高职业教育教师的专业素质，教育部、财政部等投入大量的经费，先后实施了中等职业教育师资培训基地建设、全国重点职教师资培训基地建设、中等职业学校教师素质提高计划和职业院校教师素质提高计划等。据统计，2007～2013年，中央财政总计投入21亿元专项资金，培训各地职业院校优秀骨干教师；2011～2013年，中央财政安排16.6亿元，推动国家、省级和学校三级教师培训体系的建立；2011～2015年，教育部、财政部实施职业院校教师素质提高计划，原定计划到2015年组织45万名职业院校专业骨干教师参加培训。❷然而，随着经济增长方式转变、经济结构调整加速、经济增速趋缓，政府财政投入职业教育的压力会越来越大。2010～2015年，我国GDP增速分别是17.78%、17.83%、9.80%、9.50%、11.89%❸和6.90%❹，相比职业教育不断增长的规模而言，每年

---

❶ 中国教育科学研究院课题组. 未来五年我国教育改革发展预测分析 [J]. 教育研究, 2015 (5)：20－37.

❷ 耿洁. 我国职业教育经费投入现状与对策研究 [J]. 中国职业技术教育，2015 (12)：13－19.

❸ 中国统计年鉴（2010～2014年）[EB/OL]. [2016－02－16]. http：//www.stats.gov.cn.

❹ 中国青年网. 国家统计局：2015年我国GDP增长6.9% 符合预期 [EB/OL]. (2016－01－19) [2016－01－30]. http：//finance.youth.cn/finance_ gdxw/201601/t20160119_ 7541277.htm? src=sou.

国家财政的投入均呈现增长态势，然而在整个职业教育经费和资源投入的结构来看，国家财政投入占非常大的比例，而其他渠道的投入则呈现逐渐下滑的趋势，且所占比例较小。此外，要在 2020 年如期建成现代职业教育体系，必然需要更多的经费和资源投入。可见，尽管我国国内生产总值和经济增速依然比较乐观，经济基本面长期向好，但是，在经济新常态下，恰逢经济增速较大幅度减缓，而新产品、新工艺和新技术层出不穷，从而导致职业教育教师专业素质的货架期寿命快速缩短，专业化发展的速度要求急迫，专业素质要求更高，应变能力需要加强，伦理关系和职业道德要求更高，专业化发展的内容更新更快，因此，职业教育教师专业素质更新所需要的经费会非常巨大，这就必然会给职业教育教师专业化发展的经费投入带来巨大压力。

（二）产业结构快速调整以及经济结构的不均衡性，使教师专业化发展的取向陷入悖论

产业结构快速调整以及经济结构的不均衡性给教师的专业化发展取向形成的悖论主要表现在两个方面：一方面，由于国内部分产业产能过剩，需要去产能、去库存，这部分产能代表着相对落后的生产力，且由于我国幅员辽阔，经济发展的不平衡依然存在，尽管产业的有机构成亟待升级，然而由于产业结构依然非常复杂，产业之间、行业之间以及地域之间的生产力发展水平参差不齐，这就导致职业教育的教师不得不在短期内继续巩固和保留原有的专业素质，从而能够兼顾去产能、去库存和各地区生产力发展不平衡的现实状况；另一方面，由于全球产业链升级，我国在全球产业分工中的位置不断上移，国内产业结构开始快速调整，特别是 2008 年国际金融危机以来，产业自觉调整的步伐越来越快，这就迫使职业教育教师必须着眼于产业发展的趋势，加快更新专业素质结构的进度。

（三）前期扩大投资和刺激消费等政策的利好效应开始锐减，冲击教师专业化发展的进程

2008 年国际金融危机爆发后，我国实施的一系列投资和消费政策，主要是短期内稳定经济并率领全球经济复苏的应急措施，并没有在技术创新、提升劳动力和提高投资效率等供给侧改革方面谋求战略性的布局和规划。时至今日，这些政策的刺激效应开始消退，以房地产为纽带的钢铁、建材等行业的产能开始出现严重过剩，工业制造业的利润率缩水，就业压力增大，金融和信贷的杠杆风险率高涨，以土地收入偿还债务而导致的地方政府债务危机一触即发，医疗和养老等更多深层次的矛盾也逐渐显现出来。规避这些风险的措施只有两个：要么是通过向国内不发达地区或者其他发展中国家转移产能的方式延缓矛盾激化的时间，要么通过供给侧结构性改革彻底挤掉前期刺激政策形成的增长泡沫。但是，不管哪种方式，职业教育教师在前期经济刺激政策时期形成的专业素质，必然不能适应供给侧结构性改革的需要，重塑其专业化发展的路径将是势在必行的选择。

（四）尚未建立能够适应国际合作战略新布局的职业教育教师专业化发展体系

党的十八大以来，我国提出重点实施以"一带一路"为核心的一系列国际合作战略，上合组织开发银行和亚投行等国际性金融组织相继成立，人民币纳入特别提款权（Special Drawing Right，SDR）货币篮子，并于2016年10月1日起执行，人民币被认定为第五大可自由使用的国际货币[1]，迫切需要职业教育树立国际视野。其中，"一带一路"战略涉及60个国家，数十个语种，人口约44亿，经济总量约21万亿美元[2]，需要职业教育教师有能力培养出通晓国际语言、国际标准和国际法律等复合型高素质人才。再则，我国的国际化步伐日益加快，需要职业教育加强国际交流，为产业输入国服务。中国实施"蓝海战略"由来已久，在亚洲、非洲、拉丁美洲、欧洲等海外投资结构越来越复杂，从资本构成上来看，既有中国独资产业，也有中外合资产业；从技术构成来看，既有铁路运输、通信网络、信息产业等技术水平较高的产业，也有服装、食品、木材加工和农业种植等传统产业，因此需要职业教育按照我国海外投资的结构，依

---

[1]　央广网. 人民币纳入特别提款权货币篮子 国际化道路上更进一步 [EB/OL]. （2015 - 12 - 01）[2016 - 02 - 16]. http：//finance. ifeng. com/a/20151201/14101522＿0. shtml.

[2]　京华时报. 一带一路辐射面有多大：经济总量21万亿美元 [EB/OL]. （2014 - 10 - 20）[2016 - 02 - 16]. http：//news. xinhuanet. com/fortune/2014 - 10/20/c＿127116969. htm.

托产业出海的机遇，为海外企业培养所需要的人才，为产业输入国培养所需要的专业技能人才，尤其要着力培养这些产业后续发展所需要的人才。然而，中国的职业教育尚处于理论和经验输入阶段：一方面，中国职业教育尚未形成体系化的理论和具有国际推广效度的经验，不足以走向国际化；另一方面，中国尚未建立面向国际合作的教师专业化发展体系，教师的外语能力欠缺，尤其是缺乏"一带一路"战略沿线国家语言、法律、风俗文化、技术标准等方面的专业素养。

三、经济新常态下职业教育教师专业化发展的路径

经济新常态对职业教育提出的改革要求，最终必须通过人才培养得以实现，这就需要针对社会经济领域的变化，积极转变职业教育教师专业化发展路径，从而充分发挥教师"母体智力资源"● 的优势，不断提高职业教育的质量，逐步消除人才供给的结构性矛盾。

（一）适应经济增长速度放缓的特点，建立多渠道的职业教育教师专业化发展的经费投入机制

在经济新常态下，必须正视经济下行的现实，建立多渠道的职业教育教师专业化发展的经费投入机制。一方面，要建立国家财政、地方财政、职业院校、企业和社会共同分担的职业教育教师专业化发展的费用保障机制，充分保证国家财政在职业教育教师专业化发展方面的基本投入，严格敦促地方财政给予配套经费，积极引导职业院校分担部分经费，大力鼓励企业和社会组织以实物或者货币等形式给予赞助，税务部门要用好用足国家和地方政府的税收政策，给予赞助企业税收减免等优惠政策，当地媒体（尤其是教育媒体）积极给赞助企业提供免费的形象策划和宣传；另一方面，国家要善于利用外汇储备，运用国际债务转移等办法，选派职业教育教师到海外培养或者参加培训，既提高了外汇的利用效率，有效规避了外汇贬值和汇率波动等风险，也降低了国家财政的现金支付压力。

● 周元才，闫智勇. 高职院校师资队伍建设三重困境之质辩［J］. 职教论坛，2011（30）：9 – 12.

（二）适应产业结构快速调整、经济结构不均衡以及国际合作战略等要求，构建多元化的职业教育教师专业素质和经验积累机制

在经济新常态下，产业结构快速调整、经济结构不均衡以及国际合作战略均会导致产业间、行业间和企业间生产力的多样化和技术水平的差异化，从而使得产业领域的变革异常活跃。因此，为了应对这些特点以及对职业教育教师专业化发展的多样化需求，必须跳出传统思维，建设多元化的职业教育教师培养和培训体系，不能再仅仅依托独立而自成体系的师范教育或者职业师范教育，而应该在法治体系和市场机制下，通过与高校、科研院所、企业等开展横向联合，建立以合同或契约为基础的多元化的职业教育教师专业素质和经验积累机制，从而应对产业结构快速调整、经济结构不均衡和国际合作战略对职业教育教师多向度的专业素质要求。需要注意的是，由于产业分工越来越细致，因此该积累机制的目标主要在于提升职业教育教师的专项素质。具体而言，除了继续巩固和完善职业师范教育体系和职业教育师资培训基地建设外，职业院校还要与工科院校和普通大学合作，提升教师的专业知识、技术和标准等专业素质；与语言类院校和对外经贸院校合作，提升教师的外语和外国文化、国际法律、国际贸易规则等专业素质，为产能的国际化转移和资本出海提供基础；深化与企业的合作，尤其是与海外企业合作，使教师快速掌握产业领域的最新变化和发展趋势，更新知识、工艺、职业要求和规范等；深化与国际教育机构的合作，学习其先进的教育理念和全球运营的管理经验，借助国际教育机构的力量，实现教育合作，共同开拓国际职业教育市场等。

（三）适应资源和环境约束等特点，盘活和整合现有资源，建设多种模式的职业教育教师培训基地

在经济新常态下，资源的承载力已经达到极限，因此对于职业教育教师专业化发展而言，必须想方设法盘活现有资源，在市场经济体制下通过机制体制创新，建设能够适应经济新常态的职业教育教师实训和培训基地。首先，要以教育部职教师资基地为依托，整合教育部和地市职业教育师资培训基地的资源，发挥其科研特长，形成职业教育教师专业化发展的理论研究骨干力量，为职业教育教师专业化发展的标准研制、课程建设和培训项目开发等提供支撑；其次，要盘活区域内职业教育体系内的实训资源，尽可能在现行的行政管理体制内，将各职业院校现有的实训资源集中起来建立区域性共享式公共实训基地❶，除了服务于职业教育学生的实训之外，还可以作为政府主导型的、集约化的、综合性的职业教育教师专业素质培训基地，从而可以从多个维度提升教师的实践教学能力和生产性的实践技能；最后，要积极吸纳社会资源，与国内外的企业、院校、科研院所和培训机构等合作，多层次地建设授权许可的职业教育教师专项素质培训基地，有针对性地对教师的单项专业素质进行培训。

（四）兼顾需求侧改革的成果，重点实施适应供给侧改革要求的职业教育教师专业化发展制度

经济新常态下的制度安排，并不是对需求侧改革成果的彻底否定，而是对其进行合理的扬弃，因此既要体现改革的意志，还要体现稳定的决心。首先，在社会经济转型期间，要实行基于教师分类的专业化发展制度。尽管经济新常态已经来临，但是前期经济的规模化发展对职业教育的影响依然深远，职业教育的规模不断扩展，产业发展更加快速，专业和课程内容越来越丰富，教师的教学负担越来越重，教师的专业要求越来越多，不仅不利于教师的专业化发展，还容易导致教师提前进入职业高原期。因此，很有必要实行基于教师分类的专业化发展制度，在教师即将出现职业倦怠的时候，能够通过制度安排实行岗位轮换，从而在新的工作岗位使其身心获得休养并变换专业化发展的方向。其次，要创新职业教育教师的人事管理制度，确保职业教育教师的有序流动。基于市场交换原则，继续完善职业教育教师的准入制度和专业标准；改革教师人事制度，使其具有更大的灵活性，并能够在完全合同制的基础上以绩效确定薪酬，消除编制内和编制外的薪酬和福利差别；在确保严格执行教师准入制度的前提下，积极引进行业、企业和民间的能工巧匠充当兼职教师；建立系统化的职业教育教师培养和进修制度，改革教师的评价制度、晋升制度、评聘制

---

❶ 胡晓珺，闫智勇．职业教育实训基地建设的困境与抉择［J］．职业技术教育，2013（34）：53－57．

度、福利制度和校本研修制度。最后，要在教师聘用合同制的基础上，建立教师绩效考核制度，取消坐班制，允许教职工在完成教学任务外，进行创新和创业活动。当前，国内部分产业产能过剩，需要去产能、去库存，同时劳动岗位供给不足，因此，要求教师具备指导学生创新和创业的能力，这就要求教师具备创新和创业的经验和素质：一方面，教师要能够积极指导学生进行职业规划，促进学生在注重专业能力的同时，兼顾通用能力的发展，为日后转岗换业和自主创业奠定基础；另一方面，教师还要能够身体力行，主动进行创新和创业，在社会职业岗位供给不足的情况下，教育学生要在教育领域主动创造岗位供给，而不是被动地去适应社会职业岗位供给，也就是说教育不能再是工作岗位的被动适应者，而应该成为岗位和岗位规则的制定者和引领者。

第二节　职教教师专业化发展的范式融合

随着治国理政新方略逐步落实，我国产业结构调整速度不断加快，经济发展方式不断转变，社会的有机构成稳步提升，民生需求结构更加多元化，这些发展态势对职业教育的发展提出了新的改革要求。为此，国务院于 2014 年 5 月颁布了《关于加快发展现代职业教育的决定》（国发〔2014〕19 号）❶，给职业教育的改革和发展提出了总的纲领。职业教育改革是系统化的工程，而教师专业化发展（Teacher Professional Development）程度则是决定改革成败的重要因素。但是，由于存在不同的专业化发展的研究范式，不仅难以形成职业教育教师专业化发展内涵的学界共识，也导致了职业教育教师专业化发展路径的选择分歧。因此，很有必要梳理并融合各种职业教育教师专业化发展的研究范式，形成具有共识性的内涵，最终以此提升职业教育教师专业化发展效度和进度，保障顺利建成现代职业教育体系。

---

❶ 中央政府门户网站. 国务院关于加快发展现代职业教育的决定（国发〔2014〕19 号）[EB/OL]. （2014－06－22）[2016－01－06]. http：//www. moe. gov. cn/publicfiles/business/html-files/moe/moe_ 1778/201406/170691. html.

一、职业教育教师专业化发展的范式融合

按照学科逻辑来看，教师专业化发展主要是人力资源管理方面的研究领域，然而人力资源管理实际上是一个交叉学科，其最主要的基础学科是社会学和心理学。因此，对于教师专业化发展的研究也形成了社会学和心理学两种主要的研究范式。尽管这两种研究范式表面上看来似乎相互对立，实际上有着内在的关联逻辑，因此具有融合的可能性。

（一）社会学—群体维度的研究范式

社会学的研究范式主要从教师群体的职业在社会专业分工中的地位来探讨教师专业化发展的问题。

首先，教师专业化发展是多个社会主体共同努力的结果。教育是关系到国计民生和整个社会繁荣发展的事业，而教育部门从生产部门中分化出来也是社会发展的总体趋势，这种分化主要产生了两个结果：其一，在社会范围内形成了物质财富生产、精神财富生产以及两大社会财富生产所需要的人力资源生产的专业部门。从广泛意义上来说，教育部门主要承担整个社会人力资源的生产，而职业教育与社会经济的发展则更加紧密，它主要通过技能开发来培养各行各业所需要的产业工人，他们在社会分工中的位置大多处于两大社会财富生产链的一线。因此，职业教育教师专业化发展的目的首先在于为社会经济发展培养最适合的产业工人，因而需要不断提升自身的专业素质。这就是说，职业教育教师的专业化发展是社会经济发展的需要。其二，在社会范围内形成了依靠市场机制和法制体系（抑或行政命令）的合作行为，各大专业生产部门之间必须通过相互交换产品才能满足社会的繁荣发展和自身的长足发展。当然，教育部门人力资源生产的规格和数量需要与社会其他产品的生产部门进行协商，而这种协商可能是通过市场机制和法制体系形成的高度自觉的和主动的合作行为，也可能是通过行政手段形成的被动的合作行为。因此，尽管职业教育教师专业化发展是社会分工的需要，但并非职业教育教师群体故步自封所能达到的结果，而是需要通过职业教育领域与社会其他部门相互合作才能实现，是职业教育的教师群体以及社会其他群体等多个主体共同努力的结果。这就是

说，职业教育教师专业化发展并不是教师个体使自己的职业素质逐渐趋向精专的过程，而是必须使整个社会认识到教师专业化发展是促进社会繁荣和进步的职责，并积极争取社会各界的支持，通过社会各部门跨界合作才能实现的专业分工结果。

其次，教师专业化发展的结果必须获得社会认同。社会对教师专业化发展的认同感主要是看教师在社会分工体系中的位置，或者说教师的社会地位，这主要有两种衡量的标尺：其一，通过由社会分工体系和市场机制对职业教育教师在社会财富生产中的贡献度进行自发的价值评判。在这种情况下，社会对职业教育教师专业化发展的评判焦点主要强调的是教师职业的社会形象、经济贡献、政治地位、薪酬待遇和教师职业能力的社会排他性等方面。因此，自20世纪后半叶，世界各国就相继出台法律，提升了教师的社会地位、政治地位和薪酬待遇。1993年《中华人民共和国教师法》相关条款规定，"改善教师的工作条件和生活条件，保障教师的合法权益，提高教师的社会地位；全社会都应当尊重教师；教师的平均工资水平应当不低于或者高于国家公务员的平均工资水平，并逐步提高。"❶ 但是，教师对社会经济的贡献和职业的社会排他性则需要教师群体专业素质的不断提高才能够决定。其二，通过社会顶层部门出于对社会总体繁荣昌盛前景的考量，主动运用法律、制度和行政手段等对职业教育教师的社会地位进行人为的界定。早在1966年，联合国教科文组织在《关于教师地位的建议》中明确指出，教师职业是一种专业❷，并将教师职业与医生、律师等其他专业性鲜明的职业并置起来看待，且认为教师职业是受该专门领域的基础科学和应用科学的成熟度所支撑的专业化领域，教师的教学实践是教学论、心理学原理与技术的合理应用，教师是这些原理与技术的技术熟练者❸。可见，教师专业化发展的结果并不仅仅是教师对自我发展的

---

❶ 中国政府门户网站. 中华人民共和国教师法 [EB/OL]. (2005 - 05 - 25) [2016 - 01 - 06]. http：//www. gov. cn/banshi/2005 - 05/25/content_ 937. htm.

❷ 联合国教科文组织. 关于教师地位的建议 [J]. 万勇，译. 外国教育资料，1984 (4)：1 - 5.

❸ [日] 佐藤学. 课程与教师 [M]. 钟启泉，译. 北京：教育科学出版社，2003：239.

主观体验，而是由职业教育教师在社会分工体系中的位置和社会财富生产中所能承担的责任的大小所决定的客观估量。

总之，社会学—群体维度研究职业教育教师专业化发展就是在整个社会专业分工体系的宏观背景中进行评判教师在社会专业分工体系中的位置、教师对社会财富生产的贡献程度以及教师职业的社会排他性等。

（二）心理学—个体维度的研究范式

心理学的研究范式主要从教师个体的职业发展的维度来探讨教师专业化发展的问题。

首先，教师专业化发展是教师个体专业不断发展的过程。教师专业化发展本质上是教师个体成长的过程。教师要成为专业人员，就需要不断学习新知识，提升专业能力水平，从教育教学领域的新手型教师成长为专家型教师。由于教师是"学校中传递科学文化知识和技能，进行思想品德教育，把受教育者培养成一定社会需要的人才的专业人员"[1]，因此，教师专业化发展的过程就是教师"在整个职业生涯中，通过专门训练和终身学习，逐步习得教育专业的知识与技能并在教育专业实践中不断提高自身的从教素质，从而成为一名合格的专业教育工作者的过程"[2]。然而，绝不可以狭隘地将教师的专业素质局限于教学方面，并将教师专业化定义为"教学专业化"或者"教学职业化"[3]，从而将教师专业化发展界定为教师"个人成为教学专业的成员并且在教学中具有越来越成熟的作用这样一个转变过程"[4]。因此，职业教育教师专业化发展的过程就是一个普通的受教育者在接受必要的教师教育后，获得教师从业资格，进入职业教育领域，并在教育教学过程中，根据学生的生理和心理发展特征、社会民生的生活和消费需求、产业经济有机构成的工艺、技术和规范等变迁趋势，不断通过教学反思、校本研修、校企合作进修和培训等专业素质提升模式，更新

---

[1] 李志巧，李怡．论大学教师与文化选择 [J]．高等工程教育研究，2014（4）：62-66.

[2] 中小学教师教育技术能力标准（试行）[J]．中国电化教育，2005（2）：5-9.

[3] 齐丹丹．20世纪80年代以来美国教师专业化发展探究 [D]．东北师范大学，2008.

[4] 张映锋．浅谈职业学校教师专业化发展存在的问题及对策 [J]．教育与职业，2008（27）：124-125.

专业知识、提高专业能力、革新专业规范、提升专业道德素养、积累专业经验，实现专业自主和专业自觉，最终成长为具有与自己的教学领域相关的娴熟的生产性技能和教育教学才能的专家型教师。这个过程实际上也是教师通过不断学习使自己的"知识、技能、社会规范和情感"❶ 全面提升的过程，因此教师专业化发展的内容理应包括文化—知识层面、能力—技能层面、道德—规范层面和生理—心理层面。

其次，教师专业化发展也是教师个体在同行中的专业地位不断提升的过程。事实上，作为职业的教师，本来就是组织分工和社会分工的结果，因此能否成为教师必须得到同行的承认，而能否获得更高的专业地位也需要获得同行默许或者相关制度的认可。教师行业的管理组织由来已久，早在中世纪教会教育时期，欧洲的教师职业必须获得教会方面许可，否则会受到教会开除教籍、逐出教会等严厉惩罚❷，到 12 世纪时，西欧的经济和工商业逐步繁荣，各种手工业的同业行会和商会逐渐成为以城市为中心的西欧社会的控制力量，在此基础上，西欧的文化教育事业也有了重大发展，中世纪大学组织开始出现，并形成了学生行会或教师行会两种相互对立的大学自治组织，从此中世纪大学认定教师准入资格的"执教授予权"和新教师的入职仪式就职礼（Inception）就开始逐步脱离了大学所在城市的大教堂主教所垄断的教权，转为教师行会的俗权❸。进入现代社会以来，教师同行组织的建设进一步加强，有些甚至成为教师治理的政治力量。以美国为例，为了维护教师的正当权益，1857 年费城成立美国教师协会，1870 年，美国教师协会、美国中学校长协会、美国师范学校协会等联合组建成立全美教育协会（National Education Association：NEA）❶；几乎与此

---

❶ 冯忠良，伍新春，姚梅林，等．教育心理学（第二版）[M]．北京：人民教育出版社，2010：272 – 302.

❷ 黄旭华，盛世明．中世纪欧洲大学教师资格制度及启示 [J]．清华大学教育研究，2013（1）：87 – 93.

❸ 黄旭华，李盛兵．中世纪大学执教资格授予权博弈——基于分权制衡的视角 [J]．教师教育研究，2014（6）：80 – 85.

❶ 余承海，程晋宽．竞争、合并、合作：全美教育协会和美国教师联盟的演进与启示 [J]．当代教师教育，2015（3）：54 – 58.

同时，1897 年芝加哥也成立了教师联盟，并于 1916 年发展成为美国教师联盟（American Federation of Teachers，AFT）❶。不仅如此，教师的专业地位不仅仅是教师的同行评价，同时也成为国家层面的教师管理制度。工业革命以后，随着工业生产发展的需要，包括教师行业在内的各行各业开始实行行业技术资格证书和技术职称制度❷，这既是教师专业化发展的结果，也是国家层面教师择优录用、教师从业人员以及教师同行之间进行相互评价的重要依据。

总之，心理学—个体维度研究职业教育教师专业化发展，就是在整个教师的职业群体中评判教师个体在同行中的专业地位、教师个体的教育教学专业素质发展水平的高低等。

（三） 两种研究范式的内在融合逻辑

职业教育教师专业化发展的研究范式对其现实层面的路径选择具有导向作用。尽管社会学和心理学两种研究范式分别给职业教育教师专业化发展提供了不同的思路，然而它们之间却存在着内在的联系，其逻辑契合点就在于教师个体专业素质的发展水平和教师群体专业化发展水平是相辅相成的关系，前者是后者的基础，后者则是前者的目标。因此，这种内生的逻辑关系足以融合两种研究范式并为职业教育教师专业化发展提供新的思路。

教师专业化发展是具有连续性的概念，既是动态的发展过程，也是静态的发展的目标和结果。从动态的角度来说，教师专业化发展主要是指教师通过严格的专业训练和主动的专业学习，逐渐成长为具有娴熟的专业教育教学素养的专家型教师的发展过程。在这个过程中，教师主动的学习和努力是促进和提高自己专业素质的主观条件，而教师组织层面完善的法律和制度体系、教师教育体系和良好的专业环境，是教师专业化发展的必不可少的客观条件。这两个条件在教师专业化发展过程中缺一不可且相互促进。从静态的角度来说，教师专业化发展是教师职业生涯努力的目标和方

---

❶ 肖平. 美国教师联盟之探究 ［D］. 福建师范大学，2007.
❷ 陈恕平. 西方五国教师资格制度的沿革与现状 ［J］. 湛江师范学院学报，1999（2）：95 – 100.

向，也是指教师职业真正成为一个专门职业（专业），使教师成为专业人员得到社会的认可的这个发展结果❶。从这层含义上来说，教师专业化发展最终是为了使教师这类职业达到与医生、律师等职业一样的专业水准和被社会认可的社会地位。

然而，教师专业化发展并不是教师个体力量能够达到的境界，作为一种专门化的职业，或者说一种职业达到专业化的水准，必然主要是一个社会化的职业分工的概念，而不仅仅是个体发展的概念。教师个体层面探讨专业化发展问题，是将自己的职业生涯发展历程作为发展的自我参照系或者将教师群体内部成员的职业生涯发展历程作为发展的相互参照系；教师群体层面探讨专业化发展问题，是将其他社会职业群体之间的职业发展状况作为发展的参照系。因此，尽管教师专业化发展依赖于每一个教师个体的努力，但却是教师群体在社会分工中地位和责任的综合体现，"前者为教师个体专业化，后者为教师职业专业化"❷。可见，教师专业化发展既是社会学意义上的群体概念，也是心理学意义上的个体概念，既是静态维度上教师职业与其他职业的对比效应和结果，也是动态维度上教师个体专业素质的发展状态和过程。这就是说，教师专业化发展"包含双层意义：既指教师个体通过职前培养，从一名新手逐渐成长为具备专业知识、专业技能和专业态度的成熟教师及其可持续的专业发展过程，也指教师职业整体从非专业职业、准专业职业向专业性质职业进步的过程"❸。因此，教师专业化发展的问题既要关注教师这个职业成为专门职业并获得应有的专业地位的过程，也要关注教师教学的品质、职业内部的合作方式，即教学人员如何将其知识技能和工作职责结合起来，整合到同事关系及与其服务对象的契约和伦理关系所形成的情境中❹。事实上，教师个体层面的专业化发展是其群体维度专业化的基础，而教师群体能否在社会分工中占据重要的是位置，则还需要社会层面的制度设计作为教师专业化发展的充分条件的补充。

❶ 陈琴，庞丽娟，许小辉. 论教师专业化 [J]. 教育理论与实践，2002（1）：38-42.
❷ 傅道春. 教师的成长与发展 [M]. 北京：教育科学出版社，2001：95.
❸ 教育部师范教育司. 教师专业化的理论与实践 [M]. 北京：人民教育出版社，2001：18.
❹ 刘捷. 专业化：挑战21世纪的教师 [M]. 北京：教育科学出版社，2002：56.

综上所述，教师专业化发展是指教师个体和教师群体为争取教师职业的专业地位而进行努力的目标、过程和结果，包括教师个体专业化的心理学测量指标和教师职业专业化的社会学测量指标两层内涵。

二、职业教育教师专业化发展的路径选择

既然教师专业化发展是社会层面和个体层面教师职业不断趋向和到达其他社会专门职业水准的综合概念，那么，在社会经济发展方式转型时期，就需要通过融合两种研究范式，在充分尊重和激发教师个体自主专业化发展的基础上，从国家、社会、院校和教师等层面来遴选全新的发展路径，最终构建起立体化的职业教育教师专业化发展的保障体系。

（一）国家层面要建构能够保障职业教育教师自主专业化发展的法制框架

就目前来看，指导我国职业教育教师专业化发展的法律主要是《教师法》和《职业教育法》，前者主要对教师的权利和义务、资格和任用、培养和培训、考核、待遇和奖励、法律责任等进行了纲领性的规定，后者主要对职业教育的体系、实施和保障条件等进行了规定，两部法律对职业教育教师的专业化发展均有所涉及，但是在可操作性方面则完全不能令人满意。随着社会经济的快速发展，这两部法律已经不足以保障职业教育教师的专业化发展，其问题主要表现在以下几个方面：第一，两部法律多个条款的措辞使用"应当"等虚拟语气词进行界定，法律的强制约束性大大降低，使得教育部门通过与社会其他部门合作建设职业教育教师专业化发展体系的力度十分疲弱；第二，没有对职业教育教师的培养和培训体系做出明确的界定，《职业教育法》规定"县级以上各级人民政府和有关部门应当将职业教育教师的培养和培训工作纳入教师队伍建设规划，保证职业教育教师队伍适应职业教育发展的需要；职业学校和职业培训机构可以聘请专业技术人员、有特殊技能的人员和其他教育机构的教师担任兼职教师；有关部门和单位应当提供方便"❶；《教师法》规定"各级人民政府和有关

---

❶ 中国政府门户网站．中华人民共和国职业教育法［EB/OL］．（2005 – 05 – 25）［2016 – 01 – 06］．http：//www.gov.cn/banshi/2005 – 05/25/content_ 928.htm.

部门应当办好师范教育……各级人民政府教育行政部门、学校主管部门和学校应当制定教师培训规划……"❶ 等，但是这些法律条款由于当时立法的时代局限性，并没有对职业教育教师的专业化发展的体系做出明确的规定，就连职业教育教师的教育和培养体系都没有特别明确的规定；第三，职业教育教师的准入制度、职业资格标准和教师职务制度界定不清晰，使得职业教育教师准入资格所必需的专业知识、专业技能和专业规范等要求的衡量标准只能主要依托于学历证书，而日后的在职培训又没有相应的专业化发展标准作为对这些专业素质进行补救的依据。因此，随着依法治国理念的逐步深入，必须加快职业教育修法和立法的进度，完善职业教育教师专业化发展的条款，修订职业教育教师的准入资格制度，建立职业教育教师专业化发展的标准体系和评价制度，细化职业教育教师的专业技术职务评聘制度，建设职业教育教师的培养和培训体系，从法制层面保障教师能够实现自主的专业化发展。

（二）社会层面要完善能够促进职业教育教师自主专业化发展的合作机制

职业教育与国计民生和社会经济需要紧密相关，职业教育教师的专业化发展必然不能脱离产业领域的有机构成变化，因此必须形成与社会其他部门之间的合作机制，共同促进职业教育教师的专业化发展。就目前的体制改革情况来看，需要国务院牵头，中央政府层面各部门之间建立起职业教育教师专业化发展的联动机制。早在 2002 年，《国务院关于大力推进职业教育改革与发展的决定》（国发〔2002〕16 号）就提出要"在国务院领导下，建立职业教育工作部际联席会议制度"❷；2004 年 6 月，由教育部、国家发改委、财政部、人事部、劳动保障部、农业部、国务院扶贫办等七部门组成的职业教育工作部际联席会议制度正式建立❸；2005 年 10 月，

---

❶ 中国政府门户网站. 中华人民共和国教师法〔EB/OL〕. （2005 - 05 - 25）〔2016 - 01 - 06〕. http：//www. gov. cn/banshi/2005 - 05/25/content_ 937. htm.

❷ 中国政府门户网站. 国务院关于大力推进职业教育改革与发展的决定（国发〔2002〕16 号）〔EB/OL〕. （2002 - 08 - 24）〔2016 - 01 - 06〕. http：//www. gov. cn/gongbao/content/2002/content_ 61755. htm.

❸ 中央政府门户网站. 职业教育工作部际联席会议制度〔EB/OL〕. （2006 - 08 - 27）〔2016 - 01 - 06〕. http：//www. gov. cn/ztzl/content_ 370671. htm.

《国务院关于大力发展职业教育的决定》（国发〔2005〕35 号）进一步明确要求"县级以上地方政府也要建立职业教育工作部门联席会议制度"❶；2014 年 6 月，《国务院关于加快发展现代职业教育的决定》（国发〔2014〕19 号）再次强调"充分发挥职业教育工作部门联席会议制度的作用，形成工作合力"❷。职业教育工作部际联席会议制度是在现有体制内的重要创新，有利于强化政府各个部门对职业教育的统筹领导和协调沟通。然而，这个机制还有待进一步完善，其原因主要有二：第一，目前该机制的顺利运行需要靠强大的行政手段保障；第二，该机制主要关注职业教育学生的发展。因此，在今后的发展过程中需要依托法律体系和市场机制，强化职业教育工作部门联席会议制度在职业教育教师专业化发展中的作用，使其能够在协调产业等部门提升职业教育教师生产性技能等专业素质的过程中形成长效机制，并以此建立市场机制导向和法律体系保障下的校企合作的教师进修制度，建立教育部门和产业部门等共同参与的教师专业化发展评价机制，使职业教育教师专业化发展成为更加社会化的行动。

（三）院校层面要建设能够促进职业教育教师自主专业化发展的校本环境

首先，职业院校要建立适宜职业教育教师自主专业化发展的制度体系。职业院校要着力改革内部制度，在人事制度方面，引进和选拔人才要不唯学历，在符合教师准入资格的前提下，要重点向具有应用性、生产性的技术能力和经验的教师倾斜；在薪酬制度方面，要给确实到企业进修的教师必要的补助，并将进修时间折算为课时数计算课时酬金；在专业技术职务评聘制度和绩效考核制度方面，要按照分类原则对不同类别的教师进行考核，将教师到企业进修的时间作为教学课时考核，不以科研项目和论文作为各类型教师职务晋升的必要考核条件，给教师足够的专业自主空间，尊重教师专业发展的自由；在管理制度方面，要建立教师进修的轮循

---

❶ 中国政府门户网站．国务院关于大力发展职业教育的决定（国发〔2005〕35 号）［EB/OL］．（2005 - 11 - 09）［2016 - 01 - 06］．http：//www. gov. cn/zwgk/2005 - 11/09/content_94296. htm.

❷ 中央政府门户网站．国务院关于加快发展现代职业教育的决定（国发〔2014〕19 号）［EB/OL］．（2014 - 06 - 22）［2016 - 01 - 06］．http：//www. moe. gov. cn/publicfiles/business/html-files/moe/moe_ 1778/201406/170691. html.

机制❶，给教师转换不同类型的工作岗位以及到企业进修和培训提供灵活的制度安排，帮助教师度过职业高原期。

其次，职业院校要建立适宜职业教育教师自主专业化发展的教学环境。建设教师专业化发展的管理系统，将每位教师的教案、学材、到企业培训的案例和实践心得汇集成教师专业化发展的资源数据库，供其他教师参考和学习；职业院校与行业、企业合作，建立校内或者校外生产性实训基地，为教师提升生产性实践技能提供条件；引入企业专家，与校内的专家型教师形成合作机制，根据院校的教学专业编写校本教师进修教材，为新教师尽快进入专业角色以及其他教师掌握新技术、新工艺和新规范提供可资借鉴的学习材料。

最后，职业院校要建立适宜职业教育教师自主专业化发展的梯队结构。职业院校要积极建设教师梯队，利用校内二级部门、教研组、研究所和学术委员会等组织力量，形成老、中、青相结合的专业教学团队，将良好的专业素质、专业经验和教育教学传统通过传帮带的形式形成代际传承机制；此外，职业院校还要积极引进企业的技术能手和社会上的能工巧匠，与院校内部的专职教师形成专兼结合的教学队伍和帮扶结构，给予为学校教师进行专业技能指导的兼职教师必要的劳务补贴，形成能够与产业经济发展紧密衔接的专业素质结构。

（四）教师层面要创造能够促进职业教育教师自主专业化发展的群体氛围

首先，在职业教育教师专业化发展管理系统中嵌入教师专业化发展所需要的学习、反思和诊断功能，促进教师自主专业化发展。职业院校要根据国家颁行的相关法律和标准，结合当前信息技术发展的趋势，特别是要引入移动信息技术和大数据库的运算功能，开发适合教师随时随地进行专业知识、专业技能学习和教育教学反思的系统，并在能够足以保障教师隐私的情况下，邀请同行或者企业人士通过网络对教师的专业化发展状况进

---

❶ 闫智勇，朱丽佳. 校企合作视野下职业教育教师专业发展的策略［J］. 中国职业技术教育，2015（6）：41－46.

行在线诊断，或者根据国家对教师专业化发展的法律、制度和标准等，通过信息技术和统计技术实现自动化的专业化发展状况在线诊断功能，为教师推送即时化的诊断结果，定制个性化的专业化发展课程，使教师对自己的专业化发展情况能够有清晰的认知，从而做到心中有数，有的放矢地提升自己专业化发展的进度。

其次，职业院校要实施知识和经验管理制度，使专业教学团队形成专业化发展的学习型组织。职业教育的专业建设与产业分工和企业职业领域的岗位分工密切相关，因此必须以专业（群）为核心建立专业教学团队，根据专业教学团队成员的专业知识、技能和经验的构成状况，在教师专业化发展管理系统中搭建专业教学团队的知识和经验管理模块，深化同行群体内部的专业知识、技能和经验的高度共享，形成专业群体内部同行之间相互学习、借鉴和友好评价的氛围，促进专业群体的共同进步和发展。但是，专业教学团队建设并不排斥学校内部的跨界合作，更不排斥与企业之间的校企合作，而是要在教学团队建设的过程中，一定要注意团队成员的专业知识、技能和经验等与学校专业发展之间的相关性，从而使各个团队之间形成有机联系的学习型组织。

最后，职业院校要完善具有多元评价和诊断功能的教师专业化发展共生机制❶。职业教育教师承担着产业工人的培养重任，人才培养的质量是衡量其专业化发展水平最重要的综合指标，而职业教育人才培养质量的评价，除了教育领域中的同行评价外，产业领域中的用人单位最具有发言权，还有就是接受职业教育的学习者等重要的教育主体，也具有不可忽视的评价资格。因此，职业院校还要注意在职业教育教师专业化发展管理系统中开发职业教育教师专业化发展的多元评价和诊断功能，吸引产业领域的人士和学生对教师的专业化发展做出评价和诊断，与学生和产业领域的专家形成专业素质的共生机制。但是，需要注意的是，在线评价并不能取代面对面的同行和企业专家的评价，这是因为教师在同行和企业专家面前实际展

---

❶ 闫智勇，周志刚，朱丽佳. 职业教育领域师生间专业能力共生发展机制研究 [J]. 教育发展研究，2013（17）：48–54.

示自己的专业素质，能具有与网络虚拟环境等非面对面中不同的教学心理载荷❶，从而能够充分展现自己的专业技能、专业智慧和专业经验。

第三节 职业教育教师专业素质的模型建构

在职业教育领域，教师是承担社会人才资源生产与再生产的"母体性智力资源"（Maternal intelligence resources）❷，"教师专业能力的发展和学生职业能力的塑造……具有互利共生关系"❸，因此，尽管"教师的专业能力结构对于学习者的习得绩效或者专业能力结构的形成和发展仅仅具有非线性的决定作用"❹，但是教师专业能力的确是学习者的学习绩效提升和教育质量生成过程中不可否认的重要因素。事实上，除教师的专业能力外，教师的专业知识、职业道德和职业心理等多个维度的专业素质均是影响学生学习绩效和教育质量的重要因素。因此，《国务院关于加快发展现代职业教育的决定》（国发〔2014〕19 号）❺ 中提出，要"建设'双师型'教师队伍……实施教师专业标准……提高教师素质"。为此，需要建立职业教育教师的专业素质分析模型，从而有的放矢地寻求提升教师专业素质的策略，稳步提升职业教育的质量。

一、职业教育教师专业素质的模型建构

（一）专业素质分析模型述评

"素质"是指"人的体质、性格、气质、知识和品质等多种要素的

---

❶ 肖平. 美国教师联盟之探究［D］. 福建师范大学，2007.

❷ 闫智勇. 农村中小学师资流失问题研究：基于可持续发展生态观［J］. 教学与管理，2010（30）：3-5.

❸ 闫智勇，周志刚，朱丽佳. 职业教育领域师生间专业能力共生发展机制研究［J］. 教育发展研究，2013（17）：48-54.

❹ 周志刚，闫智勇，朱丽佳. 教师专业能力结构研究范式的源流与融合［J］. 天津大学学报（社会科学版），2013（2）：166-172.

❺ 中央政府门户网站. 国务院关于加快发展现代职业教育的决定（国发〔2014〕19 号）［EB/OL］.（2014-06-22）［2016-01-17］. http：//www.moe.gov.cn/publicfiles/business/html-files/moe/moe_ 1778/201406/170691. html.

综合"❶，"专业素质"则是指"个体完成一定活动与任务所具备的基本条件和基本特点，是行为的基础与根本原因……是个体完成任务、形成绩效及继续发展的前提。"❷ 显而易见，素质是表征个体生理和心理特征的综合概念，素质是行为表现和行为绩效的基础和前提条件，而绩效则是行为表现的目标和最终结果，但是素质并不是行为表现和行为绩效的充要条件，只是必要条件。

专业素质分析模型是揭示个体专业素质结构和层次的必要工具。从国内来看，素质结构理论主要有要素说和构成说。其中，要素说是围绕"德、智、体、美、劳"形成的三分法、四分法和五分法，构成说则按照素质的发展层次划分为生理层面、心理层面和社会文化层面❸。从国际来看，可资借鉴的素质分析模型主要有冰山模型❹和洋葱模型❺。其中，冰山模型是美国著名心理学家戴维·麦克里兰（David C. McClelland，1917—1998）提出的分析模型，他发现个体表现出来的才能（competency）只有小部分处于显性状态，其绝大部分才能处于隐性状态，犹如水面浮冰只是整个冰山的1/10，因而由此命名。洋葱模型是美国学者博亚特兹（Richard Boyatzis，1946— ）在对麦克利兰的冰山模型深入研究的基础上改进的素质分析模型。尽管冰山模型突出的是素质的显性和隐性关系，洋葱模型强调的是显性素质和隐性素质的层次关系，但是两种模型在本质上却有着内在的一致性。总的来说，冰山模型和洋葱模型分别是从纵切面（垂直维度）和横切面（水平维度）建立的素质结构分析模型。

上述素质结构理论和分析模型为进一步研究提供了基础，但是仍需要大幅度改进。国内的素质要素说对素质结构的划分与我国的教育方针相吻

---

❶ 高校教师素质测评体系研究组. 高校教师素质测评体系初探 [J]. 清华大学教育研究，1998（2）：79 - 85.

❷ 肖鸣政. 现代人员素质测评 [M]. 北京：北京语言大学出版社，1997：2 - 3.

❸ 迟毓凯，李大维. 心理教育与素质教育 [J]. 吉林教育科学，1998（12）：11 - 13.

❹ 李升泽. 高职教师职教能力培养研究——基于绩效技术与冰山模型 [J]. 高等农业教育，2015（6）：111 - 115.

❺ 刘雨涛. 高职"双师型"教师胜任特征"洋葱"模型的构建 [J]. 中国教育学刊，2014（S5）：167 - 168.

合，但是素质的结构说更加具有稳妥的哲学基础，然而二者仍然显得比较粗糙，未能更加精确地揭示素质生成的一般规律、产生机制和次生素质之间的逻辑关系。国外的冰山模型和洋葱模型更加具有科学性，但是不太符合中国国情下对素质内涵的理解，其问题主要表现在：其一，两个模型中的"素质"的内涵不能等同于汉语中的"素质"，其相对应的英文是"competence"或者"competency"，其中，"'competence'……相当于汉语中的'能力'，而'competency'……从国外的文献来看其内涵更加接近于汉语中的'才能'，即'知识和能力：learning and ability'❶ 的统称或者上位概念"❷，而汉语中的"素质"则是比"才能"级别更高的上位概念；其二，两个模型中"素质"的外延与汉语语境中"素质"的外延不同，其所探讨的"素质"主要是心理学研究的范畴，没有涉及生理素质以及伦理、道德和规范层面等社会文化素质；其三，两个模型将知识和技能等同视之似乎不妥，知识、能力和技能之间有着质的差别，简单来说，知识只有在不同的情境中实现迁移才能称之为能力，能力分为显性能力（技能）和隐性能力（潜能，包括本能），技能的本质特征体现在行动领域，它是"通过练习获得的能够完成一定任务的动作系统"❸。不过，上述理论和模型的基本思想依然值得借鉴。

（二）专业素质分析模型重构

为了更好地分析专业素质，既要结合我国素质的要素说和结构说的重要观点，还要融合冰山模型和洋葱模型的研究成果。

首先，依托结构说的哲学基础，建立素质的总体框架。结构说对素质结构的划分符合辩证唯物主义将个体看作"生理—心理—社会"的统一体的哲学观点，因而更加受学术研究者的青睐❹。素质的结构说中认为，生理素质是在先天"遗传基础上形成发展起来的生理解剖和生理机能特征"，

❶ 中国社会科学院语言研究所. 汉英双解现代汉语词典（2002 年增补本）［M］. 北京：外语教学与研究出版社，2002：176.

❷ 周志刚，闫智勇，朱丽佳. 教师专业能力结构研究范式的源流与融合［J］. 天津大学学报（社会科学版），2013（2）：166－172.

❸ 姜大源. 职业教育：技术与技能辨［J］. 中国职业技术教育，2008（34）：1，5.

❹ 迟毓凯，李大维. 心理教育与素质教育［J］. 吉林教育科学，1998（12）：11－13.

是其他两类素质的物质基础和载体；心理素质是在先天的生理素质的基础上通过后天环境和教育的作用形成并发展起来的个性心理品质在人的生活实践中的综合表现❶，是连接生理素质和社会文化素质的纽带和中介的结构性素质；社会文化素质是"指通过素质教育形成的社会文化素养，如道德素养、科学文化素养等"，是素质发展的最高层次，是负载了更多的政治思想文化的功能性素质。

其次，根据冰山模型和洋葱模型，确定各类素质的逻辑次序。为了再更加精确和严格地区分各个素质之间的关系，在此将结构说中的"心理素质"狭义地规定为个体心理结构中的非智力因素或非智力人格的功能而不是内容，即人格中情绪、意志、气质、性格、自我意识、需要、动机、理想、信念、价值观等的力量和强度，心理素质的强弱和好差主要从"抗压能力"（挫折耐受力）和"抗拉能力"（抗心理冲突能力或选择能力）两方面进行理解❷。这样，结构说中的"心理素质"就对应着冰山模型和洋葱模型中"动机、个性、自我形象、态度、价值观"等素质；结构说中的"社会文化素质"除了包括冰山模型和洋葱模型中的"知识、技能"素质外，还包括中国"素质"内涵中的"道德、规范、文化、能力"等素质。综上，根据素质结构说中素质生成的先天遗传或后天习得，结合冰山模型中素质的显性和隐性特征，以及洋葱模型中素质的表层与核心关系等，可以将专业素质划分为生理—心理素质、规范—道德素质、知识—文化素质和能力—技能素质四个层面，其逻辑关系可以用素质的三维分析模型表示（图4-1）。

从三维素质分析模型来看，个体素质发展的一般顺序和行为绩效的形成逻辑是：生理—心理素质→规范—道德素质→知识—文化素质→能力—技能素质→行为—绩效；任何一种高级形态的素质，都是在其他低级形态的素质的基础上发展起来的，比如居于顶端的技能，其形成的基础是需要生理、心理、本能、道德、规范、知识、文化和能力等素质，这就相当于

---

❶ 刘华山.试析学生心理素质特征与结构 [J].教育研究与实验,1999 (4)：52-53,66.
❷ 王建军.大学生心理素质及其培养 [J].石油教育,2000 (11)：33-35.

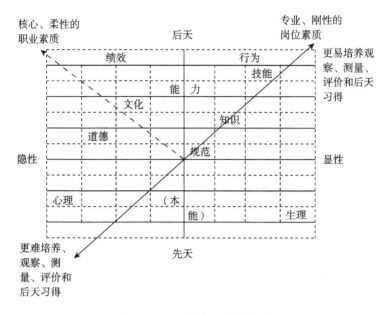

图 4-1 三维素质分析模型

果树上的果实的形成，需要叶、枝条、根、土壤、水、空气等要素一般。因此，生理—心理素质是基础性素质，规范—道德素质、知识—文化素质和技能—能力素质属于发展性素质，相当于结构说中社会文化素质的范畴；越是接近"先天"端的素质越是基础性素质，越是接近"隐性"端的素质越是核心素质，越是接近"后天"端的素质越是发展性素质，越是接近"显性"端的素质越是边缘素质。第一象限中的素质更加容易在后天培养获得，也更加容易被观察、测量和评价，反之，第三象限中的素质更加难以通过后天培养获得，也更加难以被观察、测量和评价；第一、第二象限的素质是专业发展需要的素质，其中，越接近第一象限角平分线的素质，越是刚性的、与职业岗位密切相关的专业素质，越接近第二象限角平分线的素质，越是柔性的、与职业领域较为相关且能够向其他职业领域迁移的核心能力。最终，这些素质均通过行为表现而实现工作任务，工作任务完成的水平和质量就是绩效。

二、职业教育教师专业素质的提升策略

根据专业素质内涵和对三维素质模型的剖析，可以更好地选择职业教

育教师专业素质的提升策略，促进教师专业化发展的效度。

（一）完善教师医疗和卫生保健体系，确保教师具有健康的身体和心理素质

除了专业运动员之外，对于大多数职业人员来说，生理—心理素质的专业特征似乎并不是很明显，但它们却是其他专业素质发展的必要基础，甚至有"皮之不存，毛将焉附"的重要价值。因此，必须建立完善的职业教育的教师医疗卫生和保健体系，从而消除教师职业的负面效应❶，确保教师身心健康地完成教育教学任务。

首先，积极完善教师职工医疗卫生和保健体系。目前，基本上每个职业院校都有校内医疗机构，然而各自的建设规模和接诊能力参差不齐，难以与社会上的专业医院或者知名高校附属医院的医疗水平相比，更没有建立专门针对教师职业病的治疗、预防和日常保健体系，这对于教师的专业化发展极为不利。为此，必须在校内医疗机构的基础上，在区域内建立专门针对教师职工的基础医疗和卫生保健体系，为干眼病、颈椎病、腰椎间盘突出症、腰肌劳损、肩周炎、咽喉炎等教师常见职业病❷提供预防、简单治疗以及转诊建议等，能给教师提供舒缓精神压力、改善亚健康状况的饮食、作息和运动等提供建议和指导。

其次，积极健全教师职工的心理治疗和辅导机制。目前，职业学校均建立有学生的心理辅导体系，但是基本上没有建立教师和职工的心理咨询和治疗体系。为此，一是要在学生心理辅导体系的基础上建立舒缓教师心理压力的机制，深入研究职业教育教师心理问题的类型、因素和治疗方法，定期为教师提供心理咨询，帮助教师克服工作、生活当中遇到的心理问题，缓解其精神压力；二是要从管理制度方面入手进行改革，借鉴新加坡南洋理工学院的经验，将理论课教师和实践指导教师进行分类，通过运用轮循机制实现专业化发展，克服教师的职业倦怠和职业高

---

❶ 闫智勇，郑立，宋晶. 职业负面效应视角下现代职业教育的发展 [J]. 教育与职业，2014（36）：5-7.

❷ 董斌. 教师职业病的预防和保健 [J]. 黑河学刊，2009（5）：98.

原期现象❶。

再次，要发挥工会的职能，在闲暇娱乐等方面给予教师指导和帮助。学校工会要积极发挥文化宣传职能，关心教职工的业余文化生活，组织和开展有益于教职工身心健康的文化和体育活动，促进学校的精神文明和校园文化建设，并配合有关部门做好教职工的健康保护工作；协调并发挥校内体育部门的特长，指导教师参加形式多样和丰富有趣的体育锻炼；协同行政部门的工作，办好教职工的集体福利事业，做好教职工疗养、休养工作和劳动安全等保护工作；积极开展女教职工的工作，不断提高广大女教职工的整体素质，依法维护女教职工的合法权益和特殊利益。

（二）重构教师职业伦理道德和规范，坚定教师的专业操守和专业底线

社会的发展改变了职业领域中的伦理秩序，从而对从业人员提出了新的职业规范和道德要求。对于职业教育教师而言，时代发展的现实性决定了其职业伦理的内涵和本质，而职业伦理则对其职业规范具有内在规定性，在此基础上才能形成内化于教师的职业道德，它们共同构成了教师专业操守和专业底线的保障体系。

首先，重塑职业教育教师的职业伦理体系。改革开放以来，我国的经济体制不断改革，从而逐步释放生产力的发展潜能，社会经济结构不断变化，以计划经济体制为核心的社会关系逐渐被以市场经济体制为主体的社会关系所取代，法治和契约思维逐步深入人心，以行政命令和权威性为基础构建的职业关系也开始出现新的变化。在教学领域，后现代主义思潮开始冲击"以教师为中心"的教育体制，"以学生为本"或"以学生为中心"的教育理念逐渐获得认同；在教育行政领域，依法治教的理念得到实施，教育法体系得以建立，办学行为开始依托法律体系和办学章程（尤其是大学章程）来进行约束和规范，教育管理当中"以教师为本"的提法也屡见纸端；全社会提倡的"尊师重教""尊师爱生"等理念开始赋予新的

---

❶ 闫智勇，朱丽佳．校企合作视野下职业教育教师专业发展的策略［J］．中国职业技术教育，2015（6）：41 –46.

内涵；教师之间、师生之间、教师与家长之间、教师与其他社会人员之间的关系开始发生质的变化，以威权和权威为核心的伦理秩序逐渐被消解，代之而起的是法律保障下的平等、民主和协商的伦理秩序。对于职业教育的教师而言，其职业伦理的范畴尤其涉及教师与产业界人士的关系问题，由此而产生技术合作、技能互助以及专利和知识产权等关系。因此，必须积极研究现代社会变迁对职业教育教师教育、教学和科研等职业活动和职业关系的深刻影响，在依法治国、依法治教的前提下，以修订职业教育法和健全职业学校办学章程等为引导，重塑职业教育教师的职业伦理体系，依此作为完善职业教育教师职业行为规范的重要基础。

其次，完善职业教育教师的职业行为规范体系。2012 年以来，国家先后颁布了《中学教师专业标准（试行）》和《关于加强高等学校青年教师队伍建设的意见》等一系列教师职业发展的政策性文件❶。就目前我国教师职业规范建设看，存在的问题比较明显：规范条款与其他职业规范雷同过于宏观且不详细，可操作性较差；落后于时代发展要求且前瞻性不足，缺乏对教师职业精神、荣誉感、信仰和价值观等方面的规定；尽管规范条款繁杂，但是条款的层次结构不清晰，导致职业责任和职业义务的边界不清晰，弱化了职业规范的制度刚性❷。事实上，职业规范是职业行为和职业活动的制度性的约束力量，"它一方面是从业人员调整和处理职业活动中各种关系的准则和基本要求；另一方面是判断、评价从业人员的职业活动和职业行为的是非、好坏、善恶的标准。"❸ 可见，职业规范是职业标准、职业纪律和职业责任的统称，就一个行业或者职业领域而言，职业规范就是职业标准，就具体工作岗位而言，职业规范就是职业纪律和职业责任。在现代职业教育体系建设过程中，必须加快制定和完善职业教育教师的职业行为规范体系，对教师的教学和考试责任、教学纪律、招生、就业

---

❶ 王天舒，张悦．教师职业文化建设的现状影响因素与解决策略研究 [J]．教育教学论坛，2014（48）：25 – 26.

❷ 张立新．当前教师职业规范建设的粗陋繁冗性及其克服 [J]．教学与管理，2012（30）：32 – 34.

❸ 胡怀冠．职业规范及养成之我见 [J]．湖南农业大学学报（社会科学版·素质教育研究），2007（1）：10 – 11.

和学生辅导工作、脱产和在职进修、企业实践、实训指导、学术和科学研究等方面进行制度化和标准化的规定，使职业规范成为教师的道德约束力、制裁约束力和共同文化约束力❶。

再次，修订职业教育教师的职业道德准则。截至目前，我国已经出台了《中小学教师职业道德规范》（1984年、1991年、1997年和2008年四个版本）和《高等学校教师职业道德规范》（2011年），然而，尽管它们试图形成"倡导性的道德理想、规范性的道德原则和强制性的道德准则"❷的职业道德框架，但是由于这些规范的基准是道德思维而不是伦理思维，因而未能理顺职业伦理、职业规范和职业道德之间的相互秩序，从而也导致"过于笼统的道德话语降低了规范的指导性和操作性"❸。为此，需要结合时代发展的要求和职业教育教师的特点，在现行法律体系的保障下，依据职业教育教师的职业伦理和职业规范，出台专门的《职业教育教师职业道德准则》，体现道德准则的系统性、层次性、时代性和职业属性。《职业教育教师职业道德准则》必须结合时代发展的要求，以社会主义核心价值观为引领，根据职业教育教师的教育教学活动所涉及的各个利益相关者之间的多种伦理关系和特点，并结合其职业内容、工作方式、职业特点、核心社会功能，建立基于伦理思维的、层析清晰、逻辑严密的职业道德准则体系，真正能够促进教师对自身职业行为和职业责任进行自我反思，最终形成内化的和自觉的职业精神、职业信仰和职业价值观等内在约束力量。

（三）建设教师知识和文化管理体系，不断更新教师的专业知识和专业文化

随着社会经济发展方式的急剧转变，产业结构调整速度越来越快，维系这种变革的新工艺、新技术和新知识层出不穷，这对职业教育教师的专业知识和专业文化素质提出了新的要求和挑战。

---

❶　王涛. 职业规范对大学领导约束力的生成与调节——基于委托代理的视角［J］. 国家教育行政学院学报，2013（11）：13 – 18.

❷　邓丽芳. 职业规范、职业精神与职业责任——论高校教师职业道德教育［J］. 高教论坛，2015（1）：72 – 75.

❸　邹平林，曾建平. 道德思维与伦理思维：论教师职业规范的构建［J］. 井冈山大学学报（社会科学版），2015（1）：25 – 32.

　　首先，要积极建设适应产业发展的职业教育教师知识管理体系。尽管当前社会号称"知识经济时代"和"信息大爆炸时代"，殊不知"知识与信息折旧的速度要更快"❶。很明显的事实就是，产业经济的有机构成不断升级，职业的类型和岗位的资格要求也在不断变化，教师专业知识的"货架期寿命"正在快速缩短，从而促使教师必须与企业形成密切合作的关系。为此，可以借鉴新加坡南洋理工学院经验积累与分享（Accumulated Experience Sharing，AES）系统的建设经验❷，充分运用计算机技术的优势，将教师、学生和企业人员的教学项目、科研项目及企业项目等个性化知识和经验，以及教师教学改革和技术研发的成果、专业学习和进修的知识、反思、心得和经验汇集起来，在学校内部形成无界化的知识资源库，从而确保后续的师生在资源库中迅速获得可资利用的项目开发经验，提高教师的专业化发展进度，培养师生自我学习、自我完善和主动创新的能力。

　　其次，要积极建设适应时代精神的职业教育教师文化管理体系。简言之，教师的专业文化是教师共同体在教育环境中通过教育教学活动形成和发展起来的与职业相关的价值观念和行为方式❸，它包括教师的思想理念层次（包括教育理念、职业意识）、价值体系层次（包括价值取向、态度倾向）、行为模式层次（思维方式和行为方式）❹。就目前情况看，各职业院校都比较重视校园文化建设，但是还鲜有专门重视教师文化建设的院校。总的来说，当前的教师文化建设主要存在如下问题：传统文化中过分强调教师的道德示范和社会教化功能，忽视了教师个体生命存在和发展的现实需要，加重了教师的工作负担；社会经济的发展拉开了教师职业与其他社会职业之间的经济地位以及以经济为基础的社会地位和其他社会收益

　　❶　赵谦. 知识工程，狙击知识资本折旧危机［J］. CAD/CAM 与制造业信息化，2013（7）：46－47.

　　❷　雷忠良. 转制型高职院校高层次教师队伍建设的对策研究［J］. 高教探索，2015（7）：104－107.

　　❸　石生莉. 教师文化研究新取向：教师新专业文化的确立［J］. 教育理论与实践，2006（10）：22－24.

　　❹　凌小云. 加强师德建设 重塑教师文化［J］. 上海高教研究，1998（6）：52－54.

之间的差距，加重了教师的心理负担；片面地以科研和论文作为权重指标的教师评价体系和专业技术职务晋升制度，忽视了教师教书育人的本体职能，造成了教师专业化发展时间的浪费，难以形成能够传世的教育理论和教育经验，甚至还形成了教师共同体内部不和谐的竞争氛围。为此，除了继承传统教师文化中的合理成分外，还需要结合社会主义市场经济发展的要求，树立全新的教师职业观，全面建设融合社会主义核心价值观的职业教育教师文化环境，构建能够突出教师职业本质的专业技术职务评价和职业绩效评价体系，建立和谐有序的竞争和创新氛围，突出职业教育教师专业文化的自觉性、多元性、实践性和合作性，不断提升教师的职业精神境界。

（四）建构教师能力和技能积累机制，持续提升教师的专业能力和专业技能

《国务院关于加快发展现代职业教育的决定》（国发〔2014〕19号）要求"强化职业教育的技术技能积累作用"❶，并从政策上认定职业院校教师和学生技术技能积累具有同等重要意义。然而，当前主要关注的是学生的技术技能积累机制建设，而尚没有关注教师的技术技能积累机制建设。教师作为生成教育质量的重要主体因素，其专业能力和专业技能均对职业教育的发展影响巨大。因此，必须根据产业经济和社会发展的现实需要，构建教师的能力和技能积累机制。

首先，要根据经济体制改革的需要，改革教师能力和技能积累的模式。"在计划经济时期，我国建立起了分初、中、高不同类型的以学校为基础的国家供给导向型的技能积累模式"❷，然而，随着改革开放和市场经济体制逐步完善，产业的有机构成开始加速升级，尤其是"十八大"以来，粗放式、资源依赖型的经济发展方式迅速向集约式、技术创新型的经

---

❶ 中央政府门户网站. 国务院关于加快发展现代职业教育的决定（国发〔2014〕19号）[EB/OL]. (2014 – 06 – 22) [2016 – 01 – 17]. http：//www. moe. gov. cn/publicfiles/business/html-files/moe/moe_ 1778/201406/170691. html.

❷ 马振华. 技能积累与经济发展的关系模式——兼论我国技能积累的模式选择 [J]. 工业技术经济，2009（8）：73 – 76.

济发展方式转变，促使依附于劳动密集型产业的低技能平衡（Low – Skill Equilibrium）的发展路线开始向依托于技术密集型的高技能均衡（High – Skill Equilibrium）发展路线蜕变。因此，国家必须研究经济体制改革和产业结构调整的新常态，积极建立国家推动、市场主导、校企合作、社会参与的市场需求导向型的职业教育能力和技能积累机制，在具体实施的过程中，要兼顾我国幅员辽阔和生产力发展不平衡的现实状况，因地制宜建立差异化的教师能力和技能积累模式，对于传统制造业比较集中的地区可以继续走低技能平衡路线，但需要积极准备走高技能平衡路线，而对于先进制造业比较集中的地区，要大力鼓励走高技能平衡路线。

其次，要根据职业教育的特点，建立教师能力和技能积累的制度。职业教育是与生产和生活联系最密切的教育类型，因而要求教师和学生具备生产性的职业能力和技能。从目前的劳动力准入制度来看，普遍要求职业教育的毕业生在获得职业资格证书的条件下才能就业，基本形成了学生的能力和技能积累的制度。然而，对于职业教育教师，则仍然没有形成教师能力和技能积累的制度。为此，必须尽快建立职业教育教师的职业素质标准体系，重塑职业教育教师的职业伦理体系，完善职业教育教师的职业行为规范体系，修订职业教育教师的职业道德准则，建立专门化的职业教育职业资格证书体系和准入制度，按照这些基本制度，建设职业教育教师的专业化发展制度，培养、培训、进修等制度和体系，形成符合职业教育教师职业特点的职称晋升和专业技术职务评聘制度等教师专业素质评价标准和人事制度，最终建立起符合职业教育教师专业发展的能力和技能积累的制度体系。

本章小结

经济新常态对职业教育教师专业化发展提出了新挑战，在社会经济发展方式转型时期，有必要融合社会学和心理学两种研究范式，重新遴选职业教育教师专业化发展的路径。为此，需要建立多渠道的职业教育教师专业化发展的经费投入机制；构建多元化的职业教育教师专业素质和经验积累机制；盘活和整合现有资源，建设多种模式的职业教育教师培训基地；兼顾需求侧改革的成果，重点实施适应供给侧改革要求的职业教育教师专业化发展制度。社会学研究范式关注教师群体的专业地位，心理学研究范式关注教师个体的专业素质，二者具有内在的契合逻辑。职业教育教师专业素质的提升策略必须以恰当的分析模型为基础。根据素质结构说中素质生成的先天遗传或后天习得，结合冰山模型中素质的显性和隐性特征，以及洋葱模型中素质的表层与核心关系等，可以建立素质的三维分析模型，并将教师的专业素质分解为生理—心理素质、规范—道德素质、知识—文化素质和技能—能力素质。在社会经济转型加速时期，必须积极完善教师医疗和卫生保健体系，重构教师职业伦理道德和规范，建设教师知识和文化管理体系，建构教师能力和技能积累机制，更好地提升职业教育教师的专业素质。在尊重教师个体自主专业化发展的基础上，通过国家层面法制框架的建构、社会层面合作机制的完善、院校层面校本环境的建设和教师层面群体氛围的创造，最终实现职业教育教师群体的专业化发展。

（本章作者　江苏理工学院：李锋；天津中德应用技术大学：闫智勇）

职教教师教育专业标准的现状与开发

职教教师的质量对职业教育的质量与效益起着关键作用，而衡量职教教师质量的基本依据则是职教教师标准。在职业教育领域，制定相应的教师标准对职教教师的专业化发展和教师队伍的内涵建设具有重要意义。教师标准能对职教教师的培养、入职、培训、发展和评价等起引导作用。职业教育教师标准的制定对我国教师专业标准体系的建设也具有补充和深化的意义。

我国《教师法》和《教师资格条例》只对中等职业学校教师的学历等框架性的条件作了规定，而缺少相应的职教教师专业标准。"教师入职资格制度和学校绩效考核标准无法体现教师专业发展的全面内容和进阶发展特征"。❶ 当前，基于普通教育教师的专业标准，我国也已经制定发布了"中等职业学校教师专业标准"（试行）。与普教教师专业标准相比较，职教教师的能力要求更具复杂性和广泛性，他们不仅在一定程度上需要达到普教教师的一般标准，而且更需要能达到职教教师的特殊标准，如企业工作实践能力，职业世界的教学简化能力等。作为职教教师达成"专业标准"的前提，职教教师教育标准，尤其是作为核心的教师教育的"专业标

---

❶ 朱欣欣，张丽珍．国内外教师专业发展标准研究评析 [J]．国家教育行政学院学报，2008（12）：45 −51.

准"，其探讨和研究成果还不是很多。职教教师教育专业标准既与其他相关标准存在关联，又具有自身独特的定位与发展。

第一节　职教教师教育相关标准的辨析

"标准"一词在《辞海》中的基本定义为："1. 衡量事物的依据或准则；2. 榜样，规范。"因此，职教教师标准既是衡量教师职业能力的依据和准则，又是引导教师专业发展的规范。具体来看，教师标准存在不同的提法，如教师能力标准、教师专业标准、教师资格标准、教师教育（或培养）标准、教师教学能力标准等，因此，厘清各种教师标准的含义是标准开发和建设的前提。

一、教师能力标准

能力标准是衡量一个人是否达到从事某一职业规定能力水平的尺度，是从事某一行业所应具有的技能、知识和行为的具体描述。❶ 石美珊（2007）认为中等职业学校教师通用能力标准的研究应包括示范和传授职业道德的能力、开展行业联系能力、从事课程开发能力、教学设计与实施能力、指导职场健康与安全的能力、提高专业发展能力、开展教育交流与合作能力以及指导就业与创业能力八种有职业教育特色的能力标准领域❷。由此看出，教师能力标准涵盖知识、技能和动机态度等领域，是应具有的从事教师这一专业性职业的能力水平，具体包含教师职业各方面的业务能力。

二、教师专业标准

所谓教师专业标准，即作为一个合格的教师，在教育教学活动和自身

---

❶ 任波，孙玉中. 探析高职教师能力标准的构建 [J]. 中国高等教育，2009（1）：49 – 50.
❷ 石美珊. 中职学校教师通用能力标准与专业发展 [J]. 课程·教材·教法，2007（9）：80 – 83.

发展方面应该达到的专业要求和水准❶。教育部于 2012 年和 2013 年分别下发了《中学教师专业标准（试行）》和《中等职业学校教师专业标准（试行）》的通知。专业标准的基本理念为：师德为先，学生为本，能力为重，终身学习。其基本内容由维度、领域和基本要求组成，包含"专业理念与师德""专业知识"和"专业能力"三个维度及其具体的领域内容和基本要求。❷ 可见，教师专业标准是合格教师标准，包含教师的教学活动、教育活动、为教育教学服务的活动以及自身发展等领域的知识、能力和素养各方面的要求。在这一点上，教师专业标准和教师能力标准的本质含义相同，所包含的内容一致，都是作为从事教师职业的合格标准。教师能力标准指的是教师作为一个专业所应具有的能力要求，而教师专业标准是对教师能力提出的专业要求。

教师专业标准又可分为通用的和学科（教学）的两类标准。通用的"教师专业标准"主要规定在专业道德（伦理、态度）、专业知识与理解和专业技能与实践及反思等主要维度上的专业素质要求。然而对广大教师而言，还需要学科性的"教学专业标准"（或称为"专业教师标准"）加以落实。❸ 依此看来，教师专业标准可区分为教师专业通用标准和教师教学(/学科)专业标准，后者指向的是教师所教学的学科/专业的特殊部分的要求。

三、教师资格标准

根据《中华人民共和国教师法》和《教师资格条例》，各类教师的资格都有相应的规定。刘育锋（2009）提出，除具有普通教育教师资格内容的要求外，职教教师职业资格内容还应包括与所教专业相关的企业工作经验和具体的职业教育教学能力。职教教师资格仅为职教教师职业的入门资格。能否成为职教教师，在职教教师的什么岗位上工作，还应该与职教教

---

❶ 李方，钟祖荣. 教师专业标准与发展机制——教师专业化国际研究译文集 [C]. 北京：北京出版社，2004：1.

❷ 教育部. 中学教师专业标准（试行）[Z]. 教师〔2012〕1 号文件.

❸ 何美. 美国优秀科学教师专业标准、评估及认证研究 [D]. 华东师范大学，博士学位论文，2012：8 - 9.

师职业标准配套使用。● 由此看出，教师资格标准是外在的静态的资格规定，是对教师从业前学习和工作经历的要求，而教师职业标准或教师专业标准才是这些经历所形成的结果，才能真正衡量教师的业务胜任与发展能力。

四、教师教育标准

教师教育标准规定了教师进行培养与培训所需达到的能力要求。有些教育/培养标准指的也是教育或培养过程中的过程性要求，如教育/培养方案和教育/培养条件等。教师教育标准包含教师培养标准，后者仅指培养阶段需要达到的能力要求。德国 2004 年 12 月颁布的《教师教育标准》中将教师教育分为三个阶段：第一阶段以理论学习为主，包含有教学实践的师范教育阶段（大学学习阶段）；第二阶段是以实践与理论引导的反思为主的实践学习阶段；第三阶段为教师的继续教育阶段。该教师教育标准主要针对第一和第二阶段，提出了在大学学习阶段以及实践学习阶段分别需要达到的能力指标。● 可见，教师教育的各个阶段都可以制定相应的应达到的教育标准，而整体地进行教师培养、预备期教育和培训各阶段标准的设计则体现了教师教育一体化的思想。如果对依据教育阶段划分的教师教育标准进行各个学科专业具体化与特殊性的设计的话，则形成了不同专业领域的教师教育专业标准（如机械专业领域的职教教师教育专业标准，商贸专业领域的职教教师教育专业标准），这也是本章所讨论的标准类型。

五、教师教学能力标准

何美（2012）认为，教学能力标准规定了教师在教学设计能力、教学实施能力、教学评价能力和教学改进能力等方面的要求。而教师专业标准具有比教学能力标准更为广泛的含义，它包含了教师专业知识、技能和态

● 刘育锋. 对制定我国职教教师资格制度基础的研究 [J]. 中国职业技术教育，2009 (27)：26-30.

● 徐斌艳. 德国教师教育标准的理论依据及内涵分析 [J]. 外国中小学教育，2007 (2)：13-17.

度与价值观的全部要求，是教师专业化意义的一种具体体现❶。可见，教师专业标准在内涵范围上要比教学能力标准广。

尽管如此，这两个概念有时却是混合使用的。在开发中职学校教师素质提高计划的培训包项目期间，汤霓等（2010）为调查汽车运用与维修专业教师教学能力现状，根据布鲁姆教育目标分类学将专业教师的教学能力分为专业知识、专业技能、专业情感三大能力领域。三大能力领域分别量化为10个能力单元：专业知识领域包括专业知识、教育知识；专业技能领域包括专业技术能力、专业教学管理能力、专业教学设计能力、专业研究开发能力、专业自我发展能力；专业情感领域包括专业道德、专业规范、专业态度。❷ 该教师教学能力标准其实与教师专业（或能力）标准的内涵是一致的。王治民（2008）认为，"教师教学能力"并不是"教师专业能力"，充其量它只是"教师专业能力"的一个必要的组成部分。但是，在"中职学校专业教师教学能力标准"研究项目中，为了更清楚地表述项目的确切含义，虽然用"教师教学能力"代替了"教师专业能力"，但其所表达的含义仍然是"教师专业能力"的含义。❸ 因此，严格来说，两者是有所区分的，是包含与被包含的关系，即教师教学能力只是教师专业能力体系中的一个组成部分。但在某些场合，为了避免对教师专业、教师所学专业和教师教学专业中的"专业"理解不一而产生混淆或重复，教学能力标准和专业能力标准之间会存在混用现象。

综上所述，教师资格标准和教师教育（或培养）标准的概念较明确，而教师能力标准和教师专业标准含义相近，可理解为教师专业（能力）标准。教师专业（能力）标准又可分为教师专业通用标准和教师教学（或学科）专业标准。教师教学专业标准即为教师教学能力标准，指向的是教师所教学的某一具体学科/专业。教师专业（能力）标准与教师教学能力标

❶ 何美．美国优秀科学教师专业标准、评估及认证研究［D］．华东师范大学，博士学位论文，2012：8－9．

❷ 汤霓．关于中职专业教师教学能力标准的调查报告——以汽车运用与维修专业为例［J］．职教论坛，2010（12）：80－86．

❸ 王治民，薛勇民，南海．"教师教学能力"概念辨析——对"中职学校专业教师教学能力标准"概念的解读［J］．中国职业技术教育，2008（18）：8－10．

准两者之间不存在本质差异，主要区分在于该标准是通用的还是结合具体学科/专业的。而在研究教师教学能力标准时，需要明晰该标准是广义的指向教师整体业务能力的还是狭义的指向教师教学能力的。

因此，开发职教教师专业通用标准，可考虑使用"职业教育教师专业标准"概念；而开发具体教学学科或专业的职教教师标准，可考虑使用"职教教师教学能力标准"概念，或者如果只指向职教专业，则使用"职业教育专业教师标准"概念，该标准一般指的是专业教师的标准，而不涉及普通文化课的学科教师标准。此外，该标准主要侧重于与教师所教学的专业（群）相关的特殊部分，即教师具有的教学专业的专业知识（或能力）和专业教学能力。因为，其他的业务能力对于各教学专业来说都是通用的，并且在公共的通用标准中已经有所规定和描述。对于职教教师教育标准来说，除了通用的教师教育标准之外，还可在此基础上制定针对各个专业领域的具有专业特殊性的教师教育专业标准，或称为各个具体专业领域的教师教育标准/培养标准。

第二节 职教教师教育专业标准的现状分析

一、职教教师教育专业标准的开发现状

当前，关于教师教育标准的制定和标准体系的建立，无论在普教还是在职教，无论是国内还是国际，都是教师教育研究的重点问题。"我国未来教师教育发展需要建立教师质量建设中各个环节的标准"。❶ 从教师教育的招生、培养、入职和发展几个环节来看，教师教育标准体系就包括教师专业标准，教师教育课程标准和教师资格标准。"教师专业标准是教学基准，教师教育课程标准是教师培养过程质量的保障，教师资格标准是进入教学专业中的入门条件"❷。可见，系统全面的教师教育质量保障体系及相

❶ 朱旭东. 教师教育标准体系的建立：未来教师教育的方向［J］. 教育研究，2010，31（6）：30－36.

❷ 朱旭东. 论我国教师教育体系的重建［J］. 教师教育研究，2009，21（6）：1－9.

关标准的建立是教师教育进一步发展的必要条件。而职教教师教育专业标准具体指向的是各个专业领域（或专业）的人才规格，是统领各个专业领域教师教育的最低要求，影响着具体教师教育课程标准的制定、实施与评价。

由于职教教师教育标准、专业标准和课程标准等缺失，职教教师教育的专业科学课程体系也未能根据职业教育和职教教师的特点而建立起来。当前职教师资培养中的专业科学课程体系主要依照工程专业的课程体系构建，包含专业基础课程、专业方向课程和实践技能课程。专业基础课程主要涉及本专业的原理性基础性理论与实验，专业方向课程涉及本专业专深和系统的理论，而实践技能课程则是综合性的课程设计与专业训练。但综合看来，一方面，课程门类之间缺少紧密的关联，学生直到大学毕业时，对整个专业都很难产生整体和全面的框架概念和认识。因此，依据描绘未来教师所应具备的专业能力的教师教育专业标准来开发相应的课程门类，加强课程间的关联度是必要的。另一方面，课程门类与学生未来面向的职业学校专业课程和职业世界的职业工作的关系也很有限，专业理论和实践课程大多只与工程师的专业理论与实践相关，在职教教师教育专业标准基础上建立起来的基准科学还未得到充分的开发。

二、职教教师教育专业标准开发中的问题分析

为贯彻落实全国教育工作会议精神和《国家中长期教育改革和发展规划纲要（2010～2020年）》提出的教师队伍建设目标，教育部、财政部决定于2011～2015年实施职业院校教师素质提高计划。除了支持教师培训、青年教师企业实践和兼职教师岗位设立外，计划的目标任务还提出：支持国家职业教育师资基地重点建设300个职教师资专业点，开发100个职教师资本科专业的培养标准、培养方案、核心课程和特色教材，加强基地的实训条件和内涵建设，完善适应教师专业化要求的培养培训体系❶。其中，

---

❶ 教育部财政部关于实施职业院校教师素质提高计划的意见［Z］. 教职成〔2011〕14号，2011－11－08.

"开发 100 个职教师资本科专业的培养标准"指向的就是职教教师教育专业标准的开发。该项目目前为止已经处于标准出版阶段，也将为各专业领域的职教教师教育提供基础参考。

职教教师教育专业标准在上述职教师资本科专业培养资源开发中指向的是培养标准中的人才规格部分。在该项目中，各个专业一般以专业知识与能力、专业素养、职业能力三个维度来考虑人才规格，其中，各部分尚存在一定的问题。例如，（1）未分层次考虑专业知识与能力。在大多人才培养规格中，没有能够针对通用教育领域知识、专业基础知识、专业方向特色知识、职业教育教学知识分层次地进行描述，使职教教师教育的专业知识与能力概貌未能全面展现出来。（2）专业素养培养未能贯穿学习过程始终。在专业素养的培养要求中，许多高校的方案中均提到了职业道德与基本素养的要求，但其描述未能结合具体专业特点与内容进行全面、深入和发展性的规划。（3）职业能力中的职业性体现不够。大多高校所制定的人才规格中以职业资格证书获取作为衡量学生职业能力的硬性标准，或者作为达到毕业规定的职业能力的唯一标准，而没有将未来职教教师的职业能力融合于相关课程学习、实习实践、项目活动之中。

总体而言，当前我国职教教师教育专业标准的开发尚处于起步阶段，还未能从教师标准或教师教育专业标准的角度去深入设计，且当前所开发的专业标准也仅限于教师教育的职前培养阶段。未来职教教师教育专业标准的开发应在标准体系的框架下结合教师专业化发展的阶段性进行综合设计与开发。

第三节　职教教师教育专业标准的开发策略

一、职教教师教育专业标准开发的经验总结

世界上许多国家在过去二三十年里为各种类型和各不同发展阶段的教师制定并实施了一系列教师标准，国外已有标准和成熟经验可以为我国职教教师标准的制定提供启示。德国高质量的职业教育对职业学校教师的能

力提出了高标准的要求，从而也对教师教育的质量提出了相应的要求。根据德国职业学校教师教育标准制定的发展历程来看，对专业特殊内容要求的开发是必需的，这将有利于不同专业领域教师的教育及教师所从事的专业教学工作。德国职业学校教师"职业性专业"的教育要求的制定无论是在结构上还是在内容上均给我们提供些许参考。

德国职业学校教师教育标准是针对教师教育阶段的标准，同时也是教师从业阶段的工作参考，包含教育科学和专业科学两部分的内容要求。其标准体系分别从两个学科视角来具体开发，一方面是从教育科学视角出发的与一般教育教学相关的内容部分；另一方面是从专业科学视角出发的与专业领域密切相关的专业教学内容部分。因此，该标准体系既涵盖了通用标准的内容，也包含了专业特殊的内容，比较全面地反映了职业院校教师在教育、专业和专业教学方面的能力要求。尤其是从专业科学视角出发的专业特殊内容，其针对职业性专业的教育要求，体现了职业性专业的特点、与专业相关的能力目标和学习内容。该"专业要求"不再仅仅停留在专业理论层面的认知，而是更侧重于专业实践能力的锻炼，以及情感、态度与教育反思能力的培养。同时，"专业要求"也考虑了专业科学和职业技术两方面的内容，尤其是"职业性"的特点在职业学校教师的能力要求和教育内容中体现得较为突出。专业科学视角出发的标准制定则很大程度上依赖着专业学会的力量，如德国的职业科学及其教学论学会（Gewerblich‐Technische Wissenschaften und ihre Didaktiken，GTW）。该学会通过各种建议和在听证会上的提议支持着该标准的起草过程。由专业科学视角出发制定的教师教育标准体现了职教师资培养的特色内容，展现了其职业性专业的双对象性，专业能力要求的综合性和职业教学导向，专业学习内容的学术性、职业性和教学性等特点。

结合其他国家的相关经验，可以得出，职教教师教育专业标准涵盖各个专业领域对职教教师的专业科学、教育科学、专业教学等方面的学习结果要求。鉴于（职业）教育科学及其课程标准的统一性，教师教育专业标准主要是针对各个专业领域各具特殊性的专业科学及专业教学论所需达成的能力描述。

职教教师教育中，其专业能力所面向的目标大致可以概括为：未来职教教师：（1）了解和分析专业相关的（技术工人层次的）职业/职业群/职业领域及其规章和标准；（2）运用、分析和评价专业相对应的职业技术及相关的工艺内容；（3）理解和运用专业相应的专业科学的学科内容；（4）理解、分析和评价专业相对应职业的工作内容和过程，如装配、安装、运行、维修、保养等内容；（5）掌握相关职业的核心能力和专业实践能力，获得相关的职业资格证书和企业实践经验等。专业教学能力所面向的能力目标概括为：未来职教教师：（1）将教育教学内容与过程和工作内容与过程结合，在教育教学实践中独立设计，实施和评价课堂单元；（2）与其他教师协调与合作，共同实施和评价整个工作过程导向的课程教学；（3）了解、分析和评价职业教育与教学的现状和发展趋势，不断发展和完善专业教学；（4）掌握工作研究方法，实施职业资格研究，开发和评价课程；（5）与企业、职业学校和行业组织等进行合作，设计、实施和评价创新项目，提供专业方面和职业教育方面的支持和服务。该专业教学能力中的"教学"指的是广义的教学，其目标不仅涉及教师在课堂教学中利用各种行动导向的教学方法有效地将教学内容传授给未来技术工人，而且还涉及教师如何将工作内容和教学内容结合起来，以业务过程和工作过程为导向进行课程的开发、实施和评价。❶

二、职教教师教育专业标准的开发策略

职业学校教师标准也是近年来我国职业教育领域研究的热点。国家层面和一些地区层面都制定了针对职业学校教师的标准，如教育部于2011～2015年组织职教师资培养院校开发的对应88个职教师资本科专业的"中等职业学校××专业类专业教师指导标准"，2013年发布的《中等职业学校教师专业标准（试行）》、重庆市政府于2008年出台的《重庆市中等职业学校专业教师能力标准（试行）》等。这些标准均是对中职教师的普遍

---

❶ 谢莉花.论职教师教育标准、体系及课程的构建［J］.职业技术教育，2012，33（7）：62－67.

要求，而针对教育阶段的，尤其是其中的专业和专业教学方面具体的特殊要求和标准还未进行充分研究，后者需要依据各专业领域及其对应的职业领域的特点而制定。

基于教育标准的职教教师教育将提升教师的专业化水平，促进职业教育质量的提高。在研究和分析我国当前职教教师标准的现状和借鉴国外已有经验的基础上，我国职教教师教育标准需要进行继续研究与开发。

（一）建立职教教师标准体系

职教教师标准体系涵盖各个标准的层次、类别、阶段、形式和相互之间的关联，如专业标准（通用标准）与专业特殊要求（主要指各教学专业的特殊要求和标准）之间的关联；教育标准（具体包含教育科学与职业科学视角下的标准）、专业标准（合格标准）与发展标准（进阶标准）之间的衔接；针对职教教师的资格标准的建立等。相应地，各类标准的质量保障体系也需建立，如能力表现指标和权重等。因此，在制定各项标准的摸索过程中，职教教师标准的体系大厦应当得到研究与建立，并提供相应的质量保障。制定职教教师标准需要考虑到教师的一般要求、职教教师的普遍要求和职业教育领域各类职业性专业的特殊要求。我国职教教师教育标准体系需要形成以职教教师教育（通用）标准、专业标准和课程标准为核心的标准体系。

（二）完善职教教师教育的通用标准

职教教师教育的通用标准指的是教师作为一门专业而言的职教教师教育阶段所需达成的能力要求，它是职教教师在培养培训结束时学习成果的总体体现。由于当前职教教师职前培养的非师范化，很多情况下教师在真正进入职业教育领域后才开始接触职业教育的相关专业内容。因此，职教教师教育的通用标准也应将职前培养、入职培训与在职培训统一纳入标准体系中，分不同阶段制定相应的教师教育通用标准。职教教师教育中需要体现"学术性""师范性"和"职业性"，教师教育的通用标准也需体现三性的学习结果内容，如职教教师在教育阶段所能达成的专业理论与实践、专业教学理论与实践、学生教育教养、专业发展等方面的能力。

（三）制定职教教师教育的专业特殊要求

通用标准是对所有职教教师教育在教育阶段人才规格的普遍性要求。而不同学科专业对教师尤其在专业和专业教学上又有各自的特殊性，如机械类专业领域的教师和经管类专业领域的教师在专业上和专业教学上的不同之处。因此，在通用标准的普遍要求的基础之上，职教教师所学专业的特殊要求也应得到规定。借鉴德国职教教师标准的经验，该"专业特殊要求"规定教师在本专业和专业教学上需具备相关的特殊能力要求以及达到这些能力要求的途径。具体地，第一，它突出职教教师专业的特殊之处，如与工程师专业的区别，与职业教育专业的联系等；第二，它描述该专业的具体内容，如该专业与其他职教师资专业相比的特殊性，对该专业的职教教师的专业能力和专业教学能力的要求，通过哪些具体的专业课程和专业教学论课程的培养培训能够达到这些能力要求。其中，专业能力指的是，例如理解、分析和评价专业相关的职业内容和过程、获得相关的职业实践知识等；专业教学能力指的是，如将工作内容与过程和教学内容与过程联系起来，进行课堂单元及内容的设计、实施和评价；职业工作研究方法的掌握和职业资格研究的实施等。相应的课程如专业相关的职业理论和实践课程，专业教学论课程等。

专业特殊要求的制定首先需要组建相应的专家团队，可以包含职教师资培养专家、职业学校教学专家和行业企业实践专家等，当前职教师资培养资源开发的各个专业项目组也正好集合了这样一批专业人员。其次，确定职教师资所学专业与职业教育专业及相应职业的对应范围，既考虑职教师资所有专业对职教教育所有专业的覆盖面，又考虑各个职教师资专业与职业教育相应专业和职业的指向程度。再次，对各个专业的职业教育教师的专业能力和专业教学能力进行调研、分析和总结，形成职教师资各个（职业性）专业的教师能力概貌。最后，根据能力要求开发相应的专业特殊课程内容。

本章小结

职业教育教师教育标准对于提升职教教师的专业化水平和促进职业教育质量的提高具有重要意义。我国职教教师标准在通用标准的制定方面已经具有一定的研究与开发基础，但在标准的类别、层面、结构和内容上还有待继续研究。当前，为了保障职教教师教育质量，职教教师教育标准的研制也正在进行之中。职教教师教育标准不仅应当考虑教师职前培养所需达到的能力要求，也应将职后培训部分进行一体化的设计。借鉴国外的先进经验，我国职教教师教育标准，尤其是其中的专业标准，应当在多方面进行研究与开发：建立职教教师标准体系，完善职教教师教育通用标准和制定职教教师教育的专业特殊要求。

（本章作者 同济大学：谢莉花）

职教教师专业素养提高的内涵与标准

教师是教育教学质量提升的关键。尤其是在中职学校硬件条件大幅改善的今天，中职教师的专业素养越来越成为突出的关键问题。学校内涵发展目标的实现离不开教师素养的提升，对教师专业素养内涵与提升途径的研究具有特殊重要意义。

第一节　职教教师专业素养的基本内涵

职教教师是教师队伍的重要组成部分，其专业素养是基于教师专业素养的具体与细化，研究中职教师的专业素养，必须首先弄清专业素养的一般内涵。

一、教师专业素养的研究

（一）教师职业标准视角的研究

不少学者和教师对作为职业的教师的职业素养进行了一般的研究。魏筠认为，教师的基本素养应具备以下三个方面的内容：独立人格、知识分子情怀和平等传递知识的能力。拥有独立人格意味着始终保有原则和坚定的信念，能够对自己的行为负责任，可以准确判断自身所处的文化环境和秉持的价值理念在多元文化时代当中的地位和价值，既不妄自菲薄也不盲目自大，既不歧视弱势文化也不惧怕强势文化。知识分子情怀所包含的专业知识、人文情怀和社会责任感三个要素中，尤其重要的是社会责任感。唯有强烈的社会责任感才能使教育者能够更多贴近时代脉搏，将教育与时代结合起来，使受教育者在当前纷繁复杂的多元文化背景中成长。平等传递知识的能力强调"平等"这一多元文化时代的重要准则，在平等中实现知识的传承❶。安红艳等研究指出，教师应具备的专业能力指的是教育教学能力，包括语言表达能力、课堂资源的开发与整合能力、课堂教学的组织与管理能力、反思与总结能力、终身学习与终身研究的能力、课堂教学设计与评价能力、协作与沟通能力❷。陈柏华等主要从教师专业素养的层面，分专业态度、专业意识、专业知识和专业能力四个方面来简述教师专业素养。按照教与学的维度把教师的专业态度分为教育信念、教学观、学生观和质量观。专业意识包括对自己过去专业发展过程的意识、对自己现在专业发展状况和水平所处阶段的意识以及对自己未来专业发展的规划意识三个方面。专业知识是一个合格教师的必备条件，它关系到学生能够从教师那里学到什么以及如何学的问题。不同学者对教师专业知识做出了不同的分类。专业能力指教师运用所学知识进行课堂教学与反思的能力，包括教学能力、教学研究能力和生涯规划能力❸。

总之，尽管对教师专业素养的研究分总体和局部的不同角度，但教学能力是学者们共同关注的焦点。这也正是教师职业与其他职业不同的关键所在，是教师职业之所以存在的立足点。专业知识的提升能力与知识传播能力可以说是教学能力的重要体现。

（二）专业学科的视角

在一般研究的基础上，一些学科教师结合学科特点对所在学科教师的

---

❶ 魏筠. 多元文化时代背景下的教师专业素养探析 [J]. 教育学术月刊，2011（4）：68 – 71.

❷ 安红艳，赵春玲. 教师应具备的职业道德素养和专业能力 [J]. 中国医药导报，2007（13）：130.

❸ 陈柏华，徐冰鸥. 发展性教师评价体系的构建——教师专业素养的视角 [J]. 教育理论与实践，2006（9）：50 –53.

职业素养进行了研究。董堂星等研究认为，教师专业素养具有十分丰富的内涵，主要包含师德素养、理论素质、学科能力和教育品质等。而音乐教师的专业素养在教师专业素养的基础上又包括了专业知识素养、专业技能素养、专业情意素养和教育教研能力素养四个方面❶。王云龙则对数学学科教师的素养进行了研究。数学素养是指个人受后天教育与环境的影响，通过个体自身的学习、认识和实践活动等所获得的数学知识、数学能力和数学思想观念的一种综合修养，也称为数学品质。要强调学生的数学活动，发展学生的数感、符号感、空间观念、统计观念，以及应用意识与推理等基本能力。要能从数学的角度提出问题、理解问题，并能综合所学的知识和技能解决问题，发展应用意识❷。

从学科视角研究专业素养既是所在学科教师专业素养研究的落地与实化，也反过来丰富了教师专业素养的视野与深度。"专业情意素养""发展应用意识"等都不失为具有创新性的研究见解。

（三）国外部分研究与实践

国外对教师的资格及素养要求也有一个由笼统逐渐走向清晰的过程。美国、法国、德国等国家也逐渐开展教师资格认证，以不断提高职业教育教师素质。美国国家层面的教师专业标准有四个：美国教师教育认证委员会发布的《国家教师教育认证委员会专业标准》、美国州际教师评估与支持联合会发布的《州际教师评估与支持联合会核心教学标准范型：一份州际对话资源》、美国国家专业教学标准委员会制定的《国家专业教学标准》、美国优质教师证书委员会制定的《杰出教师专业标准》。专业标准的核心要素主要包括专业知识、专业技能/能力、专业实践/表现、专业性情/品质/师德、专业理念/承诺五个核心要素❸。美国目前影响力最大的专门针对生涯与技术教育教师的职业能力标准是由全美专业教学标准

❶ 董堂星，衡文娟. 试论当前高中音乐教师的专业素养及发展途径 [J]. 新课程·中学，2012 (7)：83－84.

❷ 王云龙. 谈数学教师的专业素养 [J]. 吉林教育·综合，2012 (27)：30.

❸ 孙翠香."双师型"教师专业标准：构建背景、理念及内容架构 [J]. 国家教育行政学院学报，2012 (8)：70－74.

委员会开发的。所有标准基于对教师专业的 5 个基本观点：教师应对学生学习负责；教师应具备所教授学科的知识，并知道如何进行传授；教师有责任管理和监督学生学习；教师应系统反思其实践并从经验中学习；教师应是学习共同体的成员。生涯与技术教育教师标准是以优秀生涯与技术教育教师的专业实践为分析对象，专业标准涵盖了四大类 13 种专业能力❶。

在国际化、信息化、环境问题日益深刻的现状下，日本第 15 期中央教育审议会在题为《展望 21 世纪我国教育的前景》的审议报告中提出，学校、家庭和地区社会相互携手，重视"从幼儿期开始的心灵的教育"，实现"在'宽松'的教育氛围中培养'生存能力'"的学校教育基本方向的转变。面向新时代，教师应具有哪些素质能力？1997 年的日本教育职员培养审议会的审议报告曾对新时代的教师的素质能力作了一番描述，在今后特别需要的教师素质能力中，提出了"立足于地球视野而行动的素质能力""生存于变革时代的社会所应有的素质能力""教师职业所必然要求的素质能力"三个方面，并特别强调了今后需要有特长、个性丰富的教师人才的要求❷。

从既有研究情况看，国内外对教师专业素养的内涵均持综合而立体的观点。而且，其专业素养与作为教师的其他综合素养是一个密不可分的整体。对于不同国家、不同学科而言，既具有一般的要求，也具有一定的特殊要求。

二、中职教师专业素养的内涵与现状

职业教育教师与普通教育教师具有共同性，也具有其特殊性。中职教师是职业教育教师的组成部分之一，其教育对象的学习能力和基本文化素质的相对欠缺也对其专业素养提出了更高要求。

---

❶ 付雪凌，石伟平．美、澳、欧盟职业教育教师专业能力标准比较研究［J］．比较教育研究，2010，32（12）：81–85.

❷ 祁营．教师专业素养：日本的经验及对我国的启示［J］．现代教育科学，2011（11）：63–66.

（一）职业教育教师专业素养的内涵

中职教师是职业教育教师的重要组成部分。因此，基于职业教育教师一般视角的研究对理解中职教师的专业素养问题也有启发意义。樊艳君研究指出，现代教育对从事职业教育的教师的素养提出了新的要求。教师应具有新时代的教育精神；应具有先进的教育理念；应有合理的知识结构和较强的教学能力；具有反思能力；懂得培养学生的团队精神，这样才能适应职业教育的现代化发展与需要❶。也有学者认为，教师专业素质结构涵盖三大方面，即专业知识、专业能力和专业精神。这些教师的专业素质都是把教师视作一个充满生命活力的人，并能够关注教师个体在自身专业素质发展中所起的不可替代的能动作用，强调教师自身发展的需要、动机及由专业素质发展而带来的满足感❷。

因此，职业教育教师在培养学生团队精神、专业精神等方面的独特作用是无法取代的，职业教育教师必须具有能使学生通过学习具有初步的职场精神和习惯的能力和素质，这是职业教育教师的个性所在。

（二）中职教师专业素养的内涵

面对当前中等职业学校学生素质和学习成绩普遍下降的特点，不少研究者认为，中职教师需要有更高的专业素养。中职教育教师不仅要具备组织能力、教育机智能力、语言表达能力、了解学生的能力、自我控制能力等普通教师应具备的能力，还应具备培养发掘学生潜能的能力；赏识学生的能力；最大限度地理解、宽容、善待学生的能力；帮助学生确立目标，坚定信念的能力等特殊能力素养❸。还有教师对中职信息技术教师应具备的信息素养进行了研究，认为需要"有强烈的信息意识；对信息有较强的敏感度，认识到信息资源对教育教学的重要性；能准确、高效地解读和分析评价信息；能有效地获取和传递信息；能有效地将相关信息和所教学科整合；能利用相关信息创造性地解决实际问题；能熟

---

❶ 樊艳君. 职业教育教师专业素养的现代化建构 [J]. 当代教育论坛，2007 (2)：90-91.

❷ 何淑贞. 内尔·诺丁斯关怀理论下的高职教师专业素养 [J]. 职教论坛，2012 (17)：105-107.

❸ 李敬军. 中职学校教师应具备的特殊能力素养 [J]. 卫生职业教育，2005 (15)：7-8.

练地运用信息技术，提高教育教学效果；有较强的信息道德意识和信息安全意识；在教学过程中，注重对学生信息素养的培养；具有终身学习的意识❶"。

中职教师在进行知识和技能传授的同时，还要充分发挥在学生成长中的作用，因而对其专业素养要求更具有宽泛性。即使是专业能力传授和培养这个环节，中职教师也与高职教师具有一定的不同，必须有根据中职学生接受力制订特定教学方案的能力。

（三）中职教师专业素养的现状与问题

目前，在社会要求不断提高和教学对象质量不断变化的情况下，有些中职教师较好地适应了形势变化，但也有部分中职教师变得有些无所适从。施明香研究指出，有部分中职教师跟不上时代发展的步伐，故步自封，不思进取。如何帮助广大教师转变观念，不断提高自己的教书育人水平，是目前所有中职学校及中职教师自身急切需要解决的问题❷。也有学者对中职教师的理论素养问题进行了分析：由于缺乏教育教学理论传播的艺术，导致教师群体认识不到它的重要性，最终敬而远之，使理论似乎只有枯燥的灰色调。必须承认，我们的理论视野也比较狭窄，以至于往往缺乏理论鉴别力，但凡有一个理论出现，就蜂拥而上，奉为广泛而适用的真理。因此，改造理论的价值观，是一项迫切的责任。所以，我们有责任改造理论的面孔，使理论降到操作的层面，促使理论与实践有机结合。只有亲近理论，自觉提升理论素养，中职教师才可能真正地"站"起来；只有不断创造自己的理论，中国职业教育才可能真正强大起来❸。杜海斌对历史学科教师的素质分析或许也对我们思考中职教师基础文化课程教师的专业素养有一定启发。他指出，目前中学历史教师专业素质的状况令人担忧，非师范专业从教人员较多。存在问题主要有：依赖"教参"，缺乏教

---

❶ 张启珍. 浅析信息化教育环境下中职教师信息素养的培养 [J]. 甘肃科技，2007（1）：13，37.

❷ 施明香. 谈中职教师要面对与解决的几个问题 [J]. 职业教育研究，2011（11）：67－68.

❸ 张明新. 中职教师急需提升理论素养 [J]. 河南教育（下旬），2010（4）：15.

学创新能力；照本宣科，缺乏知识拓展能力；专业狭窄，缺乏知识综合能力❶。

因此，从既有研究看，中职教师专业素养的提升不仅仅是专业教学能力提升的问题，其教育观念、自我提升意识的转型与强化可能是其专业素养提高中更为重要的方面。

第二节　职教教师专业素养提高的问题反思

提高教师的专业素养一直是中职学校不断追求的目标，也采取了许多措施，取得了一定成绩。当然，还有不少方面需要进行改革和创新。

一、中职教师专业素养提高方面存在的问题

提高教师专业素养是一个系统工程，需要通过多种途径来进行。目前，尽管各层面进行了各种努力，但仍然存在一些不可忽视的问题。刘志奇研究指出，现在常见的促进教师专业素养提高的方法主要有：师徒结对子、读书、写反思、继续教育、上级部门专项专题培训等。观其效果，有的方式（如师徒结对子）能促进刚上岗的教师尽快提高专业素养，可一旦过了实习期，他们复制了基本的程序后，就自然融入了经验型的大队伍，能力上很难再有提高。有的方式（如各级的骨干教师培训）有利于培养教师"精英"，但他们的成就大多是以个人风格为主导，其他人不好模仿。上级培训部门的专题或专项培训多注重理论学习，与教师实践所需要的技能相去甚远，而理论中的条条框框根本无法运用到实践中去改进自己的教学，教师们经常这样描述培训效果：听时激动，说时心动，回来不动。偶尔开设数量相当有限的教育学科课程与教学研究活动，与在校活动内容、质量无大区别，其专业能力不能得到大的提高❷。黄杜鹃则将教师素养提高存在的问题概括为教师培训的外部条件不足，地方教育部门对培训人员

---

❶ 杜海斌. 新课改对教师专业素养的新考验 [J]. 历史教学，2006（2）：51–53.
❷ 刘志奇. 以形成性评价来促进教师专业素养的提高 [J]. 天津教育，2012（8）：51–52.

的情况审核不严，提升职业资格困难重重，企业实践难，校本培训没有很好开展等几个方面❶。陈志华则对中职数学教师素养提高中的科研问题进行了研究。他指出，虽然教育科研可以让人的素质和水平有质的飞跃，但是令人不得不深刻反思的是，大多数中职学校不仅没有大学的学术组织交流，连校际教研活动也很少，校内教研活动方式陈旧，许多中职教师的科研素养非常薄弱❷。

因此，中职教师专业素养提升的问题不仅仅表现在方式方法的科学性、持久性方面，也表现在引领力欠缺等方面。素养提升不是单一的和局部的提高工程，而是需要进行立体化设计的事情。

二、关于提高教师专业素养途径与方法的探索与实践

研究者对提高中职教师专业素养，进行了大量有效的实践，也提出了许多有针对性的意见和建议。马黎明结合关于美术课教师专业素养提升的专题研究指出，参与该课题研究的美术教师坚持对每堂课进行教学反思，并要求中学美术教师在教学之后用文字形式记录下来。因为一般思考容易淡忘，只有把实践经验记录下来，才能加深美术教师对教学设计、课例、案例的思考记忆。持之以恒，必能把经验的"点"连成"线"，最后铺成"面"，形成美术教师的教学体系，这正是中学美术教师专业成长过程中的宝贵"财富"❸。王崇明和董堂星则分别对思想品德和音乐教师的专业素养提升问题进行了针对性研究。王崇明指出，撰写教历是专业教师的起点，教学研究是专业教师的钥匙，教学合作是专业教师的点金术（包括学科内合作，学科间合作，课题合作，中小学与大学联合），教学反思是专业教师的加油站（包括反思日志，课堂教学现场录像、录音，听取学生的意见），理论学习是专业教师的源头活水（继续教育与校本培训相结合）❹。

❶ 黄杜鹃. 当前中职教师培训的问题 [J]. 教师, 2009 (20)：107 - 108.
❷ 陈志华. 中职学校数学教师素养的研究 [J]. 湖北农机化, 2012 (3)：49 - 50.
❸ 马黎明. 提升教师的专业素养：基于中学美术课的探索 [J]. 现代基础教育研究, 2012, 7 (3)：88 - 93.
❹ 王崇相. 提高初中思想品德课教师专业素养的途径 [J]. 课程教材教学研究, 2012 (Z4)：50 - 51.

董堂星指出，教师取得"专业素养"的途径有很多，包括读书学习、教学反思、同行交流、行动研究、专家引领、课题研究、网络研修、教师成长记录袋等❶。

还有的教师对提高中职教师信息素养进行了专门研究，并提出相关建议：一是加大信息基础设施的投入。学校在投入上应根据自身经济实力，向信息环境建设倾斜。争取每个科室都有电脑设备，每个教室都配置有多媒体教学设施，创建校园信息网，为教师信息素养培养打造良好的支撑环境。二是加强教师的信息技术培训。要对教师进行信息素养的教育和培训。要进行专门的信息技术运用培训，让教师掌握一定的计算机、网络操作技能，学会使用一些工具性软件，更重要的是要让教师转变教育观念，培养和强化信息意识。培训的方式可以是短期培训、校本培训、自发研修等。三是建立激励机制。信息素养是教师必须具备的职业素质，应把信息素养评估列入教师能力与业绩年度考核中，营造一个有利于提高教师信息素养的氛围。学校领导要采取积极支持的态度，对在教学中积极采用现代信息技术的教师给予奖励。同时，开展课程信息化技术比赛、课件制作比赛、优秀课堂评奖等，让教师们通过竞争，不断提高自己的信息素养，实现自我价值❷。

可以说，这些探索与实践是切中中职教师素养提高的关键环节所进行的突破与尝试，也在一定程度上为未来中职教师素养发展提供了可能的方向。

三、中职教师专业素养提升的实践反思

（一）学科化固守的突破与专业素养提升

从广义上理解，如前所述，有关理念、专业技能、教学方法均是专业素养的基本内容；而如果从狭义的角度来讲，专业素养只限定为专业能力提升和教育教学方法。对于中职教师而言，专业素养提升的一个前提和关键是教育观念的转型。这虽然是一个老话题，但依然是阻碍专业教师专业

---

❶ 董堂星，衡文娟. 试论当前高中音乐教师的专业素养及发展途径［J］. 新课程·中学，2012（7）：83－84.

❷ 黄小萍，潘毅. 浅论中职教师的信息素养［J］. 职业，2012（26）：38.

素养提升的一个根本性问题。观念转型的一个核心是树立平等和实事求是的观念，大胆突破学科化的固有思维。

多元文化时代呈现出价值观丛林、弱势文化歧视、两极分化等问题，而这在中职学校学生素质确实不容乐观的背景下显得尤为突出。中职教师只有充分考虑到中职学生状况的条件下，切实找到自身专业素养与实际教育教学之间的差距，并进行针对性提高，才能收到良好的效果。

与学生平等交往与对话，遵循当前学生素质状况，寻求专业知识和技能教授和传递的有效途径，切实找准学生知识和技能建构中中职教师的准确定位，这是其专业素养提升的关键环节。离开这一点，走学科化素养提升的老路，从效果和效率上讲都是不可取的。

（二）专业素养中的"专业性"

需要指出的是，突破学科化思维，并不是要求过度强调所谓的一般意义上的超越专业的素养培养。相反地，在中职教育发展多年、大量教师具有丰富实践经验的前提下，中职教师专业素养提升必须认真考虑如何遵循各自学科的特殊规律优化专业素养内容构成。

当前，学科内的教研组活动不可谓不丰富，但很多教研似乎仍然局限于学科化思维。因此，这里有一个张力与着力点的问题。也就是说，不同学科专业教师素养提升似乎一直在围绕着"如何体现某一个学科教育规律"这个问题展开。尽管这样的研究是必要的，但是，与普通教育有所区别的职业教育的分学科教育如何体现职业性，并与学生既有知识相融合，这个问题似乎仍然没有得到很好的解决。因此，增强职业学校不同学科教师之间的交流沟通，使各学科在交叉交流、比较鉴别中找寻自身的特殊性，并与职业教育规律结合起来，这是未来中职教师专业素养提升的必由之路。

项目化过程、仿真性实践中需要的是学生的综合能力，理想状态下，教师要具有综合能力，但是在目前条件下，项目化课程的深入开展和有效实施可能仍需探索。而且，项目化课程的实施单元也要求不同教师发展各自基于学科优势的高素质。

（三）专业素养提升中的思维能力培养

在具体学科中培养学生特定的思维能力，这似乎也是个老话题，但在实践中，不少中职教师并不能有效处理这个何为凭借，何为目的的问题。笔者自然不反对学科知识和技能的培养，但是在信息化时代，如果教师把大部分时间花费到具体的知识传授和技能训练上，必然会忽视专业化思维能力和解决问题能力的提升。

教师需要进行反思，既要反思单个节次的教学目标是否实现，更为重要的是反思学生整个专业化思维能力和解决问题能力的这个目的是否正在得到延展。

教师反思习惯的转向是必要条件，但在实践操作中如何找到与其他学科的共同点、不同点，并在整体上设计出协同培养的方案，这似乎并不是单个教师所能够完成的。

（四）中职教师专业素养培养中的立体化安排

尽管对采取多种途径提升中职教师专业素养具有共识，但是如何在实践中把这些共识转化为有效的培养方案、如何在课程编排中体现学科性、如何把专业知识能力提升与中职现有条件结合起来、如何把宏观层面的培养培训与教师实际需要结合起来，这仍然是需要认真研究的问题。中职教师专业素养培养的一体化安排，既需要参与主体的多元化（学生也不应缺位），更需要在切入时机、序列化实现方面进行综合考虑。

第三节　基于专业标准的职教教师专业发展

教师专业发展是指教师从新手教师走向专家教师的成长过程。职教教师的专业发展，是职业教育健康发展与质量提升的决定性因素。《中等职业学校教师专业标准（试行）》（以下简称《专业标准》）的颁布，进一步确立了职教教师的专业地位，规范了职教教师的专业准则，指导和引领着职教教师的专业发展。探讨基于教师专业标准的职教教师专业发展，既是对《专业标准》应有地位作用的理性审视，也是对职教教师专业发展的反省与尊重，更是促进职教教师专业发展，推动职业教育科学发展的重要保障。

一、立足《专业标准》，把握职教教师专业发展的核心内容

《中等职业学校教师专业标准（试行）》的颁布，不仅明确了中等职教教师的资格准入要求，阐明了中等职教教师的素质特性，也揭示了职教教师专业发展的核心内容，无论对教师个体的专业成长，还是对职业教育师资队伍建设都具有引领作用。

（一）复合型的专业角色

专业角色是指专业工作者在专业工作中的身份、地位及其相应的行为模式。它规约着专业工作者的角色扮演、社会责任与行为表现，而角色是个人社会化、专业化最显著的特征。阐明教师的专业角色是界定教师专业边界、履行专业职责、表现专业行为、促进专业发展的重要前提。在《专业标准》中，职教教师的专业角色有了明确的表述，这对职教教师重新认识自己的专业身份，重塑职教教师的角色形象，确立职教教师的专业发展目标无疑具有标杆性的作用。

一是做教书育人者。传道、授业、解惑是所有教师的天职，自然也是职教教师的天职。《专业标准》首先要求职教教师要具有教书育人的师德观念，要"热爱职业教育事业，具有职业理想、敬业精神和奉献精神"，要"依法执教"，要"教书育人"。关于如何承担教书育人角色，《专业标准》提出，要"树立人人皆可成才的职业教育观。遵循学生身心发展规律，以学生为本，培养学生的职业兴趣、学习兴趣和自信心，激发学生的主动性和创造性，"要"为每一个学生提供适合的教育"，要关爱、尊重、信任学生，"在教学和育人过程中，把专业理论与职业实践相结合、职业教育理论与教育实践相结合"，从职业教育观、学生观、态度、情感、教学策略等方面阐述了职教教师教书育人者的角色要求。

二是做学生职业生涯发展的指导者。这是职业教育赋予职教教师的特殊角色。职业教育具有鲜明的职业性，大部分职校生将直接面向未来的职业岗位，职业生涯教育是职业院校学生学习的重要内容。然而，长期以来，我们习惯把职业生涯教育片面地理解为就业指导，被狭隘地定义成了一门课程。相应地，职业生涯教育也成了承担该课程的老师的任务。职业

生涯发展具有丰富的内容体系，关系到学生职业知识的学习，职业观的形成，职业选择、职业规划、职业发展等能力的获得，可以说职业生涯发展伴随着人的终身职业过程。职业生涯教育是一个需要长期积累熏陶的过程，应该伴随着学生专业学习的整个过程，渗透在每一个教育教学环节，每位职教教师都有责任对学生开展职业生涯指导教育。

三是做学生健康成长的引路人。这一提法回归了职业教育作为教育的本质要求。立德树人是教育的第一要义。职业学校的学生正面临着职业观、价值观、世界观形成的关键时期，他们的思想还处于半成熟阶段，教师在传授学生专业知识与技能的同时，要"以人格魅力、学识魅力、职业魅力教育和感染学生"，"为学生提供学习和生活方面的心理疏导"，做学生健康人格塑造的引路人。

（二）三性统一的专业知识与能力体系

专业知识与能力是衡量职业专业性的主要指标，专业人员必须经过严格的专业训练才能掌握本专业的知识与能力，在一定程度上而言，专业知识与能力的水平决定了职业的专业化程度与水平。《专业标准》规定，职教教师的专业知识包括四个领域，即教育知识、职业背景知识、课程教学知识、通识性知识；专业能力包括教学设计、教学实施、实训实习组织、班级管理与教育活动、教育教学评价、沟通与合作、教学研究与专业发展。就学术性而言，《专业标准》不但要求教师掌握所教专业的知识体系和基本规律，熟悉所教课程在整个人才培养中的地位和作用，掌握所教课程的理论体系、实践体系及课程标准，而且对通识性课程提出了具体要求，突出强调了职教教师要具备全面的科学文化素养。就职业性而言，不仅要求职教教师了解职业背景知识，而且突出强调职业理论与职业实践的结合，专业课教师和实习指导教师要具有企事业单位工作经历或实践经验并达到一定的技能水平，要具有基于职业岗位工作过程设计教学过程和教学情境的能力。就师范性而言，不仅要求职教教师掌握丰富的教育教学知识，如技能型人才培养规律、学生学习特点与心理发展规律、德育理论、课程理论等，而且突出强调了职教教师的专业教学能力与教育管理能力，如基于职业岗位工作过程的教学设计能力、课程开发能力，激发学生兴趣、工学结合的教学实施能力，有效组织实习实训的能力，促进学生身心健康发展的班级管理与教育能力，开展科学的教育教学评价的能力等，这是职教教师与其他教育类型的教师以及专业人才相区别的重要特征。可见，职教教师所应具备的知识与能力是非常全面而且高度专业化的，体现了学术性、职业性与师范性的高度统一。

（三）跨界的教师专业社群

"教师专业社群是指教师和学校内同事和校外学者、专家、家长，组成一个社区，在民主、平等的气氛下进行专业对话，实施批判的反思，研究改进教学，并促进全体教师的专业成长。"❶ 教师专业社群是教师开展专业活动、探讨分享专业发展策略、提升专业能力的重要组织载体。职业教育的职业性以及职教师生教学活动的实践性特征，决定了职教教师专业社群的广泛性与复杂性。《专业标准》提出，职教教师要"具有与实训实习单位沟通合作的能力""要与同事合作交流，分享经验和资源，共同发展""与家长进行沟通合作，共同促进学生发展。配合和推动学校与企业、社区建立合作互助的关系，促进校企合作，提供社会服务"。可见，职教教师的专业社群是个典型的跨界组织，与校外、社会各界有着广泛的联系，这一方面需要职教教师有良好的沟通与合作能力，能够有效地与同事与家长、相关行业企业机构等各种社会力量建立紧密的联系，共同为培养学生服务；另外，需要职教教师有较强的组织能力与策划能力，能够有效地组织社群成员发挥各自优势，相互学习，共享知识、经验与资源，共同提高，从而促进职教教师专业发展。

二、完善《专业标准》，促进职教教师专业发展的质量提升

（一）制定分层分类职教教师专业标准

按照课程性质，职教教师可分为基础文化课教师、专业基础课教师、专业课教师、实习指导教师；按照专业类别，可分为工商、机械、电子等各专业学科和领域的教师；按照专业发展水平，可分为新手教师或成熟专

---

❶ 马超．教师教育实践的创新：教师专业社群［J］．教师教育研究，2011（6）：25.

家型教师等不同阶段的教师；从来源看，有从企业来的教师，有从高校毕业的教师等。不同层次、不同类型的教师拥有不同的专业知识结构与能力特征，他们的专业成长规律也具有明显的差异性。教师的专业发展也是分层次分类别的。"教师专业发展的分层就是在教师专业发展从入职到在职的各个阶段都设置了相应的资格或认可制度和标准""教师专业发展的分类就是各种不同类型教育的教师从入职到在职的各个阶段都设置了专门的资格要求或认可制度和标准"[1]。目前出台的"《专业标准》是跨入职业学校教师队伍门槛的最低准绳和基本要求"，[2] 不能满足整个职教教师群体的专业发展需要，不能充分发挥引领教师专业发展的作用，必须在现有《专业标准》的基础上，加快制定分层分类的职教教师标准。一是深入研究职教教师，尤其是"双师型"职教教师的专业发展规律，根据教师的不同发展阶段、发展水平确立相应的专业标准，引领职教教师的专业发展。二是按照专业大类制定各专业领域的教师专业标准。职业教育专业种类较多，专业更新较快，按照专业大类分类制定教师专业标准是个可行的选择。

（二）提供职教教师专业发展的路径支持

职教教师的专业发展既需要教师的自我学习与实践探索，也需要外部的支持与条件。《专业标准》对教师提出了资格要求，但未涉及教师通过何种途径获得这些资格，更缺少支持职教教师进一步成长的制度设计。今后在逐步完善各级各类职教教师专业标准过程中，应该为教师设计更多的成长通道，提升职教教师专业发展的质量与水平。

首先，要建立完善的职教教师继续教育制度。应该说，当前的职教教师不缺少继续教育机会，甚至有部分教师到了疲于应付培训的程度。然而目前大部分培训或由教育行政主管部门直接制定，或由学校统一安排，与每位教师的实际发展需求相脱节，更缺少根据教师专业发展规律，循序渐进的系统培训制度。为此，必须针对教师专业发展的阶段性、终身性，建

---

❶　和震，郭赫南．职业教育教师专业标准：美国教育与启示［J］．天津大学学报（社会科学版），2013（3）：242.

❷　黄尧．专业标准：中职"双师型"教师队伍建设的指南［J］．http：//www.edu.cn/shi_fan_news_409/20130927/t20130927_1023192.shtml.

立系统稳定的继续教育制度；采用自下而上与自上而下相结合的方式，由职教教师与专家共同确定培训内容；针对教师个人专业发展状态，开发个性化的培训方案，让每位教师都找到适合自己的成长路径。其次，要为职教教师提供及时的援助行动。职教教师的专业活动是一个跨界的活动，如教育教学中的校企合作、职教教师到企业实践等，都与社会、行业企业密切相关，而这些跨界活动有时仅凭教师个人力量很难完成，学校与相关政府部门应建立援助机制，帮助教师克服由于外界原因而造成的专业发展阻隔，消除教师的无助感，为教师的专业成长创造一个健康宽松的环境，让教师的专业发展更加积极主动。再次，强化校本培训。职教教师专业发展发生的主要领域在校园、在课堂，在教师的职业生活与日常生活中，校本培训应该是最直接最有效地提升职教教师专业发展水平的方式之一。校本培训应该充分尊重教师的主体地位，让教师充分表达培训诉求，做到为每位教师提供量身定做的培训。最后，加强学习型教师共同体建设。"教师专业发展不仅依靠自己，而且需要与他人的合作；不仅需要对教学实践进行反思，而且需要教学共同体的参与；不仅需要某些学科知识和教育学知识，而且需要建立一种合作的教师文化。"❶ 目前职教教师的专业社群仍然是以自然法则结合的松散型群体为主，如教研组、专业组、年级组或者一个班的任课教师及相关人员组成，很大程度上只是一种事务性的工作关系，在教师专业发展中发挥的作用不大。而学习型教师共同体是由具有共同愿景、价值观的教师或相关人员自愿结合，共享信息、经验、资源，共同学习，实现共同成长进步的紧密型组织。因此，要制定政策鼓励教师寻找合作伙伴，建立学习型组织，相互学习与支持，共同提高。

三、超越《专业标准》，实现职教教师专业发展的卓越追求

（一）努力塑造个性化的职教教师专业发展模式

职业学校的教育教学活动充满着不确定性。面对性格各异的学生个体，日新月异的教学内容，复杂多变的教育教学情境，可能出现的突发事

---

❶ 任其平. 论教师专业发展的生态化培养模式［J］. 教育研究，2010（8）：62.

件，教师必须随时做出适当的反应，选择有效的处理方式。不同的教师由于个性与教育教学理念、经验及水平的差异，会有不同的教育选择。即使同一个教师，面对相似的教学事件，由于学生的差异、时间地点环境的影响等，也会选择不同的处理策略。这些因素都决定着教师的专业成长路径必然是精彩纷呈的，教师的专业发展具有典型的个人特征。正如世界上没有相同的两片叶子，职教教师在不断地探索实践过程中，会形成带有鲜明个人特色的专业发展方式与水平，如特有的语言系统、授课方式、教学风格、教育策略等。然而，教师专业标准又是一个静态的、整齐划一的规范样式，如果仅仅囿于标准，只会塑造出呆板的、没有任何创新能力与教育智慧的机械的教育教学工具。"教师最需要的不是按照统一标准被集中'管理'，而是根据学校的具体情境被激励、被支持、被辅助。"❶ 因此，支持教师找到适合自己发展的专业成长方式，做出发挥自己特长的专业发展规划，形成个性化的职教教师专业发展模式，是职教教师专业发展的理想追求。一是鼓励职教教师大胆创新，主动发展。营造宽松的学术氛围，把专业发展的选择权、自由权还给教师。鼓励教师在教育教学活动中主动创新，善于突破，勇于进行教育教学改革探索。积极创造条件，为教师的专业发展提供平台与学习机会，制定相应的激励机制，发挥优秀教师的专业引领作用。二是建立多元化的职教教师评价机制。改变以往统一标准、注重结果的评价机制，针对不同专业特长的教师制定不同的评价标准，关注教师在专业发展过程中的成长和进步。每个教师都会有自己的专业特长，同时也会有相对薄弱的领域：有的职教教师善于讲授基础理论课程，有的教师善于指导实践，有的教师善于搞课程开发与教学设计改革，有的教师又长于与企业、社会各界打交道。有效的评价机制应该是因人而异，能够进一步激发职教教师的潜能，尽其所长。因此，必须根据不同学科、不同专业、不同发展水平的教师制定相应的评价标准，让每个教师都能找到适合自己的专业发展之路。

---

❶ 陈向明.教师专业发展和学习为何要走向校本 [J].清华大学教育研究，2014（1）：38.

（二）全面实现职教教师生命质量的提升

教师专业发展虽然受到普遍重视，然而，"已有的研究在教师专业发展的技术路径、业务素质提高方面展开带有工具性的描述，我们所认识和实践的教师专业化实际上是现代性意义上的技术型专业化，无论是技能熟练模式还是反思性实践模式，走的都是以教学技能的完善来实现教师专业化的道路。但这不仅难以使教师职业发展成为专业，反而会使教师职业和教育活动异化。"❶ 这种异化表现为把教育教学活动理解为师生之间知识传授与能力传授的物物交换过程，教师专业发展的焦点也在于教师作为教育教学工具所需要的专业知识与能力等要素。教师作为一个主动的、有独立人格的、丰富情感的社会人被忽略，师生之间的人际交流互动、生命与生命的碰撞、情感与情感的交融被悬置。叶澜教授曾提出，"没有教师的生命质量的提升就很难有高的教育质量，没有教师精神的解放就很难有学生精神的解放，没有教师主动的发展就很难有学生的主动发展，没有教师的教育创造就很难有学生的创造精神。"❷ 教师与学生在特定的学校场域中发生着千丝万缕的联系，教师作为独立的生命个体，其生命价值的追求与其职业生涯的发展息息相关。教师专业发展的最终目的不是教师作为教书育人工具的要素的增加，而是教师作为鲜活生命的完满发展，是教师实现职业价值与人生价值的结合。因此，职教教师专业发展要关注教师的内在需求。除了关注教师专业知识的增加、专业能力的提升、专业活动的效益外，更要关注教师作为一个鲜活的生命个体，在专业发展过程中的心理诉求、情感需要、内心体验。其次，要尊重教师的生命价值，回归教师的生活世界。教师的生活包括学校的职业生活以及家庭社会中的日常生活，这两种生活状态都关乎着教师的情感体验、内在需求，从而决定着教师的价值观、生活观以及职业观。因此，给教师以生命的尊严，尊重其生命价值，给教师以发展的空间与自由，包括教学的自由、研究的自由、学习的自由，是比任何技术路径更能强烈激发教师专业潜能的手段。实现职教教

---

❶ 石娟，刘义兵，沈小强．生命哲学视野下教师专业发展的愿景［J］．中国教育学刊，2015（3）：86.

❷ 叶澜，白益民，等．教师角色与教师发展新探［M］．北京：教育科学出版社，2001：3.

师生命质量的提升既是教师专业发展的内在动力，也是教师专业发展的卓越追求。

职教教师的专业发展随着社会经济文化的发展及职业教育改革的深入，不断地演绎和丰富，允许在教师专业标准基础上实现教师个人充分地、自由地专业发展，我们才能培养出充满生机活力、充满创新智慧的卓越的职教教师。

本章小结

职教教师专业素养的研究是职业教育教师能力和标准研究的重要组成部分，专业教学能力是其中的关键内容。随着新时代的新发展，中职教师专业素养的构成与发展也面临新的形势，必须更多关注核心素养以及以信息素养为代表的新技能。从中职素养提升的现实情况看，培训框架设计、培养培训内容、培养与培训的衔接度等均有待大力提升。从根本上提高中职教师的专业素养却不能固守学科化，需要处理好专业性与拓展性的关系，并在实践中进行立体化安排。必须坚持培养与培训一体化的设计思想。只有打造入职前培养和在岗培训的有效衔接，并打造一体化、立体化的培养培训体系，才能促进中职教师在新的时代背景下具有更多获得感，并为职业教育事业发展提供更为坚实的人力资源保障。职教教师专业发展是指教师从新手教师走向专家教师的成长过程，是职业教育健康发展与质量提升的决定性因素。《中等职业学校教师专业标准（试行）》的颁布，进一步确立了职教教师的专业地位，规范了职教教师的专业准则，为职教教师专业发展指明了方向。基于专业标准，应把握职教教师专业发展的核心内容。《中等职业学校教师专业标准（试行）》还有待进一步完善，通过制定分层分类的教师标准体系，为教师提供成长路径，提升职教教师专业发展的品质。职教教师专业发展应该超越现有的专业标准，努力构建个性化的职教教师专业发展模式，全面实现职教教师生命质量的提升。

（本章作者 中原工学院：陆俊杰；江苏理工学院：贺文瑾）

中职软件类专业教师标准研制的实践

"标准"是"衡量事物的准则",具有"规范、样板、尺度"等含义。在教育领域内,对专业教师制定的标准可视为规范和指导教师专业化发展的尺度。1986年美国卡耐基教育促进会和霍姆斯小组先后发布《国家为培养21世纪的教师做准备》和《明天的教师》报告内容,主张确立教师的专业地位,建立与教师专业化相应的衡量标准,以教师的专业化来实现教学的专业化。本章重点介绍中职校软件类专业教师标准研制的实践。

第一节 中职软件类专业教师标准的制定背景

一、概念界定:教师专业标准与专业教师标准

在我国,对于教师标准的权威发布起于1996年教育部颁布的《教师资格条例》,并于2000年颁布了《教师资格条例实施细则》;2012年,为了贯彻党的十七届六中全会精神,落实教育规划纲要,建设高素质专业化教师队伍,教育部研究制定了《教育部关于印发〈幼儿园教师专业标准(试行)、〈小学教师专业标准(试行)〉和〈中学教师专业标准(试行)〉的通知》,2013年9月又颁布了《中等职业学校教师专业标准(试行)》。

（一）职业学校教师专业标准

《中等职业学校教师专业标准》是国家对合格中等职业学校教师专业素质的基本要求，是中等职业学校教师开展教育教学活动的基本规范，是引领中等职业学校教师专业发展的基本准则，是中等职业学校教师培养、准入、培训、考核等工作的基本依据。

（二）职业学校专业教师标准

中等职业学校专业教师标准是针对中等职业学校特定专业的教师而制定的，它不同于教师专业标准，教师专业标准是一个通用标准，而专业教师标准具有明显专业特色，即不同专业具有不用的专业教师标准，专业教师标准更具有针对性。2012 年教育部与财政部联合推出"职业院校教师素质提高计划本科专业职教师资培养资源开发项目"，在全国范围内开展了150 个项目的专业职教师资资源包开发，其中包括了各专业教师标准的研究与开发。

职业学校专业教师标准是中职教师培养标准和中职教师教育质量评估的基础，是中职教师培养模式创新的依据之一。专业教师标准包含基本素养、专业能力和专业教学能力三部分。其中，专业能力包含特定专业的中职教师应该具备的专业理论知识和实践能力，以及相应的职业和工作过程知识；专业教学能力是帮助学生学习本专业知识和技能的能力，二者相互作用并有机结合，体现专业教师标准的专业性、职业性和师范性。

二、相关政策和规范

（一）"双师型"职教师资相关的国家政策

1.《国家中长期教育改革和发展规划纲要（2010～2020 年)》

把提高质量作为重点。以服务为宗旨，以就业为导向，推进教育教学改革。实行工学结合、校企合作、顶岗实习的人才培养模式。坚持学校教育与职业培训并举，全日制与非全日制并重。制定职业学校基本办学标准。加强"双师型"教师队伍和实训基地建设，提升职业教育基础能力。建立健全技能型人才到职业学校从教的制度。完善符合职业教育特点的教师资格标准和专业技术职务（职称）评聘办法。

2.《教育部关于进一步完善职业教育教师培养培训制度的意见》（教职成〔2011〕16号）

完善职业教育师范生实践实习制度。培养院校要不断优化职业教育师范生培养模式，加强与行业企业、职业学校的合作，强化企业实践和职业学校实习环节。职业教育师范生在校期间至少应有半年时间到企业实践和职业学校实习。

3.《国务院关于加强教师队伍建设的意见》（国发〔2012〕41号）

到2020年，形成一支师德高尚、业务精湛、结构合理、充满活力的高素质专业化教师队伍。专任教师数量满足各级各类教育发展需要；教师队伍整体素质大幅提高，普遍具有良好的职业道德素养、先进的教育理念、扎实的专业知识基础和较强的教育教学能力。

职业学校教师队伍建设要以"双师型"教师为重点，完善"双师型"教师培养培训体系，健全技能型人才到职业学校从教制度。

完善教师专业发展标准体系。根据各级各类教育的特点，出台幼儿园、小学、中学、职业学校、高等学校、特殊教育学校教师专业标准，作为教师培养、准入、培训、考核等工作的重要依据。

4.《现代职业教育体系建设规划（2014~2020年）》

推动职业教育融入经济社会发展和改革开放的全过程，推动专业设置与产业需求、课程内容与职业标准、教学过程与生产过程对接，实现职业教育与技术进步和生产方式变革以及社会公共服务相适应，促进经济提质增效升级。

（二）电子行业职业分类大典细目（2015年版）

1. 计算机软件工程技术人员

从事计算机软件研究、需求分析、设计、测试、维护和管理的工程技术人员，主要工作任务：

（1）研究、应用计算机软件开发技术和方法；

（2）分析项目或产品需求，编写需求说明书和软件设计文档；

（3）设计、编码和测试计算机软件；

（4）部署和集成计算机软件；

（5）编写和管理软件开发文档；

（6）维护和管理计算机软件系统；

（7）评估软件质量和软件过程能力，改进软件过程实施；

（8）实施软件质量保证和软件质量控制。

2. 计算机网络工程技术人员

从事互联网等计算机网络研究、设计、安装、集成、调试、维护、管理和服务的工程技术人员，主要工作任务：

（1）研究、应用计算机网络技术、体系、结构、协议和标准；

（2）规划、设计、仿真测试计算机网络系统；

（3）研究计算机网络安全性、可用性和可靠性，设计、实施解决方案；

（4）设计、安装、调试计算机网络设备；

（5）安装、配置网络操作系统、网络数据库和网络应用软件；

（6）设计、集成、管理计算机网络工程并指导施工；

（7）监视网络状况，管理和维护计算机网络系统；

（8）提供计算机网络系统技术咨询和技术支持。

3. 信息安全工程技术人员

从事信息系统安全研究、规划、设计、实施、评估的工程技术人员，主要工作任务：

（1）研究信息系统加密与解密、认证、存取管理、机密信息管理、防火墙、安全协议、安全技术；

（2）分析信息系统安全性需求，制定信息系统安全规则；

（3）设计、开发、评估信息系统安全解决方案；

（4）指导或实施信息安全方案；

（5）制定信息安全政策、策略，实施等级保护、网络隔离、安全监控；

（6）制定安全危害预防策略，发挥并解决信息系统中的泄密、病毒、攻击、信息篡改等安全问题；

（7）评估信息系统和安全性和安全等级。

4. 计算机程序设计员

从事计算机和移动终端应用程序设计、编制工作的人员。主要工作任务：

（1）分析开发需求；

（2）编写、提交模块设计详细文档；

（3）编写、修改程序代码；

（4）验证程序代码的正确性和模块功能的实现程度。

5. 计算机软件测试员

使用计算机及附属设备、测试工具、测试用例，验证计算机软件产品功能、性能及参数的人员，主要工作任务：

（1）使用功能测试用例等工具，测试计算机软件功能；

（2）使用性能测试用例等工具，进行计算机软件负载测试与压力测试；

（3）使用计算机及附属设备，测试计算机软件的稳定性和兼容性等参数；

（4）记录测试数据和案例；

（5）编写、制作测试报告。

三、国外不同模式教师标准的比较

不同国家的教师标准具有不同特点，纵览这些标准，大致为三种模式。

（一）与教师资格标准相分离的教师标准

与教师资格标准相分离的教师标准以美国为典型代表，在这种模式下，取得了教师资格，并不等同于达到了专业标准的程度，从取得教师资格到达到专业标准，还需要有一个漫长的认证过程。第二次世界大战后，美国政府和各专业教育团体为提高教师质量付出了很大努力，相继建立了一些全国范围内的教师考核机构，例如，INTASC 州际新教师评估援助联合会，INTASC 国家教师教育鉴定委员会，NBPTS 国家专业教学标准委员会。NBPTS 制定的标准主要是针对有经验的教师而设立的较高标准，在某种程度上，NBPTS 证书超越教师资格证书，是优秀教师的主要标志。NB-PTS 制定统一教师专业标准的目的是提升教师的专业地位并规范和拓展教学的知识基础，统一证书制提供了鉴别优秀教师的方法，鼓励学校加强教师间合作，减少对教师工作的官僚化控制，便于有效地利用教师资源，为开创更高的教学专业化水平提供了机会。统一证书制还引起了人们对教师教育课程和地方教师资格制度不足的关注，促进相应的质量保证体系进行配套改革，这也在另一个层面上推动了美国教师教育的发展。

（二）与教师资格标准相挂钩的教师标准

与教师资格标准相挂钩的教师标准的代表国家是英国和日本。

英国在 20 世纪 80 年代后开始重视教师标准的制定。1984 年，英国政府成立了教师教育资格认定委员会，在该委员会的推动下，1989 年，英国教育行政部门规定所有由地方政府兴办或补助的学校的教师必须是合格教师，并对合格教师的标准做了明确界定：①经教育科学部以及代表教育科学部的其他单位以书面形式证明的合格教师；② 研修下列课程之一：教育学士学位课程、教师证书课程、研究生教育证书课程或者同一水准的课程；③ 所有中小学新任教师都必须是既定条件的合格者。有符合教育与就业部所定标准的合格教师才能在公立学校中正式任教。1998 年 5 月，英国教育与就业部颁发了《职前教师教育课程要求》，其中包含了合格教师的标准。2002 年，英国教育与就业部对这一标准进行修改并简化，从专业品质与实践、知识与理解、教学能力三方面对教师标准做出了规定。

日本教师标准与英国相类似。日本教师资格证书制度在明治初年已创立，实行的是师范学校毕业资格制度。1949 年，日本颁布《教育职员许可法》，明确对教师资格做出规定。根据该法规定：师资培养要在高等教育机构进行，实行开放制，贯彻教师许可证制度，设定选修课程的标准；中小学教师须有教师许可证书，不履行者要罚款处分；教师许可证的标准由国家规定，都道府县教育委员会负责授予教师许可证。1988 年新改定的《教育职员许可法》设有三种教师许可书："专修许可证"相当于硕士课程毕业程度；"一种许可证"相当于四年制大学毕业程度；"二种许可证"相当于两年制短期大学毕业程度。1989 年，日本开始实行教师任职认定制度。其具体的做法是：学生大学毕业时取得"教师资格证书"，然后参加教师任用选拔国家考试，考试内容包括普通教养知识、专业专门知识与教育基础理论三方面，综合能力被认定为合格才可被任用为教师。

（三）分类分级型的教师标准

分级分类型教师标准的典型代表国家和地区是澳大利亚与中国香港地区。在这种模式中，教师专业标准被分为若干范畴，而每一个范畴又有总体标准与阶段标准。这种标准既保证了教师的总体质量，又有利于针对不同教师进行分层次评估，从而兼顾教师标准的合格性、高标准化。

20 世纪 90 年代以来，澳大利亚政府对教师教育进行了一系列改革，要求教师具备学术性、职业性、事业心和开拓能力等素质，目的在于促进教师专业化进程。澳大利亚联邦教育部提出了"面向 21 世纪的教师"决议，认为教师是创造澳大利亚美好未来的关键。

在中国香港，自 1992 年对教师专业化问题一直争论不休；直到 2002 年，才成立教师专业能力及在职专业发展专责小组，负责拟订《教师专业能力理念架构》，"架构"内所描述的教师专业能力，包括教师能有效地达到教育目标所需的能力、技巧、知识及态度；为反映其广阔的涵盖面，主要围绕教与学、学生发展、学校发展、专业群体关系及服务四个主要范畴的领域、分项及阶段描述组成；尽量顾及教师工作的复杂性，同时，在结构上亦提供教师专业发展的多元化模式。

澳大利亚政府制定的《教师专业能力理念架构》教师标准，对每一条标准进行分专业阶段的描述，与中国香港地区的标准相比，澳大利亚的标准更细致。每个领域皆有多个分项，而其中的阶段描述，列出教师在各专业阶段具代表性的专业能力。

以上三种模式的教师专业标准中，美国模式的专业标准强调标准的统一性与高标准化；英国与日本的教师专业标准呈现出合作性和合格化；而澳大利亚和中国香港地区的教师标准目的在于提升教师的专业能力，而不是要求所有教师达到统一的水平，教师和学校应用这个理念架构时，个别教师可作专业发展或追求卓越的依据，而学校则可吸引和培养不同才能及长处的教师。

第二节 中职软件类专业教师标准的制定依据

一、理论依据：教师专业素质和专业发展

教师专业标准不仅是教师质量水平的测定仪，也是指引教师专业发展的"灯塔"，在一定程度上规定着教师专业发展的方向。通过对已有相关研究的梳理发现，世界大多数国家在制定教师专业标准体系时，都是基于教师的专业素质和教师专业化发展规律两个方面。

（一）教师专业素质内涵

教师专业素质是指教师在教师教育和教育实践中获得的在教育活动中体现出来并直接作用于教育过程的心理品质，是教师从事教育工作的心理条件，包括三个相互作用的子系统：教育专业知识、教育专业能力和教育专业精神，其中教育专业知识和教育专业能力是教师专业行为的基础，教育专业精神是教师专业行为的动力和导向系统。从某种程度上说，教师专业标准的评价对象就是教师的各项专业素质。关于教师专业素质结构有很多学者都有所研究，其中比较有代表性的研究者及其观点如表7-1所示。

表7-1 国内研究者对教师专业素质结构的分析比较

研究者	教师专业素质内涵
林崇德	职业理想、知识水平、教育观念、教学监控能力以及教学行为与策略
叶　澜	专业精神、教育观念、专业知识、专业能力和教育智慧
唐　迅	文化心理素质、教育专业心理素质和人格心理素质
王长纯	所教学科知识、教育专业知能、教育专业精神
饶见维	教师通用知能、学科知能、教育专业知能、教育专业精神
朱宁波	专业理想、专业知能、教育智慧
唐松林	认知结构、专业精神、教育能力

从表7-1可以看出，各研究者对教师素质结构的划分虽然在表述形式上有所区别，但均是从专业知识、专业能力以及专业态度三个方面来分析教师素质结构。专业知识、专业能力和专业态度是构成教师专业素质的主

要部分，三者整体的发展水平决定着教师专业发展水平的高低。

（二）教师专业化发展

教师专业化是指教师在整个职业生涯中，通过专门训练和终身学习，逐步习得教育专业的知识与技能并在教育专业实践中不断提高自身的从教素质，从而成为一名合格的专业教育工作者的过程。包含双层意义：既指教师个体通过培养，从一名新手逐渐成长为具备专业知识、专业技能和专业态度的成熟教师及其可持续的专业发展过程，也指教师职业整体从非专业职业、准专业职业向专业性质职业进步的过程。

教师专业化有三类取向：理智取向、实践—反思取向和生态取向。理智取向主张教师要具有"学科知识"和"教育知识"，能帮助学生获得学科知识，如同大学生学习某一学科的学科知识和教育知识一样，需要接受正规培养培训；实践—反思取向不在于让教师获得外在的、技术性的知识，而在于通过"实践"来激发教师的"反思"思维，从而激发教师对于自身以及与专业活动相关的深入"理解"；生态取向指教师的专业发展不是依靠孤军奋战，也不是孤立地对其教学策略和风格进行形成与改进，而是更大程度上依赖于"教学文化"或"教师文化"，促进教师专业发展最理想的方式应当是合作的发展方式，构建合作的教师文化。

作为专业化的教师，必须具备从事教育教学工作的基本技能和能力，美国托莱多大学初等和学前教育教授吉比尼、教育研究和测量教授威尔玛用个人能力测验图分析评定实习教师的能力，评定的五个主题是：①计划教学材料/设备和评估；②教学策略、技巧方法；③学习者的交流；④使学习者专注于学习、对学习者施行强化；⑤职业准则。1994 年国家教委师范司颁布了《高等师范学校学生的教师职业技能训练大纲（试行）》，要求师范生具有独立从事学科教学工作的技能，该技能包括：教学设计技能、应用教学媒体技能、课堂教学技能、组织指导学科课外活动的技能、教学研究技能。

可见，软件类专业教师标准内容应体现软件类专业教师在专业知识、专业能力、专业态度、教育教学能力方面的要求，其中专业态度反映了软件类专业教师的人文素养和软件行业道德等。

（1）专业知识。专业知识是指一定范围内相对稳定的系统化的知识，涵盖专业基础知识和专业理论与实践知识。软件类专业教师的专业知识主要包括：高等数学、工程数学、离散数学、程序设计基础（C、JAVA）、数据结构、计算机硬件基础、数据库技术、操作系统、计算机网络、多媒体技术、计算机软件体系结构、软件设计模式、人机交互技术、软件工程、面向对象建模技术、软件开发工具实践、软件设计综合训练、软件项目管理、软件测试、信息安全等。

（2）专业能力。包括：A. 能适应发展的要求，具有获取知识的能力。包括自学能力、信息获取能力与表达能力等；学习教育教学理论，包括教育学、心理学、教学论等知识，具有一定的教学能力，能将所掌握的知识与技术科学合理地传授给学习者；B. 工程应用能力，包括系统级的认知能力和理论与工程实践能力，熟悉软件工程的国际标准，掌握软件设计与分析方法。接受企业一年的职业能力训练，具备一定的软件工程实战能力，成为一名合格的软件工程师；C. 具有创新能力，包括创造性思维能力、创新实验能力、科技开发能力、科学研究创新能力以及对新知识、新技术的敏锐性，具有国际视野和跨文化的交流、竞争与合作能力。

（3）专业态度。态度是一种稳定的行为倾向，其中职业道德是核心，人生态度是基础。《资治通鉴》上说"德者，才之帅也"。没有良好的职业道德，职业能力发挥必将大打折扣；没有积极的人生态度，职业生涯发展也会受到不良影响。关于专业态度的培养主要体现在文化类课程中，也渗透在专业类课程教学中。

软件类专业教师的专业态度体现在教师的人文素养和师德方面，主要包括：与软件行业相关的人文社会科学知识，包括文学、哲学、政治学、社会学、法学、心理学、思想道德、职业道德、艺术等，培养良好的人文社会科学素养、较强的社会责任感和良好的软件设计、开发、利用、管理和维护过程中涉及的工程职业道德。

（4）教育教学能力。主要包含：课堂教学和管理、教学设计、媒体选择、信息化教学手段、教学理念、教学评价、理论教学和实践教学等方面的能力。

二、模型依据：中等职业学校教师专业标准（试行）

为落实《国务院关于加强教师队伍建设的意见》的工作要求，进一步完善教师队伍建设标准体系，促进中等职业学校教师专业发展，教育部研究制定并发布了《中等职业学校教师专业标准（试行）》（以下简称"教师专业标准"）。该标准是各级教育行政部门对中等职业学校教师队伍建设和教师自身专业发展的基本依据，也是对教师进行培养培训的主要依据，还是中职学校对教师实施教师职业规划、教师岗位职责和考核评价、绩效评价等管理的依据。

（一）"教师专业标准"的基本构成

"教师专业标准"的主体部分，是由"基本理念"和"基本内容"构成的中等职业学校教师专业素质体系及基本要求，基本理念为师德为先、学生为本、能力为重、终身学习，专业标准涵盖专业理念与师德、专业知识和专业能力3个维度、15个领域和60个基本要求。

1. 专业理念与师德

专业理念与师德维度包含四个领域：职业理解与认识、对学生的态度与行为、教育教学态度与行为、个人修养与行为。理念与师德是教师最基本、最重要的要求，很大程度上影响着教师如何理解职业和职业教育工作，如何对待职业学校的学生，以及如何在职业和教学领域获得成长与发展。

2. 专业知识

专业知识维度包含四个领域：教育知识、职业背景知识、课程教学知识、通识知识。职业教育对于教师所应具备的知识的要求是全面的、多样的，更是与职业和实践密切相关的。职业学校的教师必须开阔视野，走出去，走向职场、走向社会、走向世界，把更多、更新、更专业的知识带给学生。

3. 专业能力

专业能力维度包含七个领域：教学设计、教学实施、实训实习组织、班级管理与教育活动、教育教学评价、沟通与合作、教学研究与专业发展，具体包括用工作过程导向进行教学设计，参与校本开发，运用理论与实践相结合的方法进行教学，全程参与实习实训，运用多元评价方法等。可见，职业教育对教师的能力要求涵盖了教育教学活动的全过程，职业学校的教师必须是一个"多面手"，才能胜任教学、实训、管理、评价与科研等各个环节的教育教学工作。

（二）"教师专业标准"的基本特征

与其他类型教师专业标准相比，职业教育教师专业标准的两个显著特征是职业性与实践性，强调工作经历和实践经验，紧盯专业发展方向，工作过程导向，理论与实践相结合，教师要将职业性和实践性贯穿于教学设计、教学实施、实训实习组织、教学研究与专业发展之中。

1. 贴近职业发展

在"职业背景知识"领域，"教师专业标准"要求教师了解所在区域经济发展情况、相关行业现状趋势与人才需求、世界技术技能前沿水平等；在"教学研究与专业发展"领域，要求教师结合行业企业需求和专业发展需要，制订个人专业发展规划。可见，无论是教育教学、学生就业，还是教师自身成长，都离不开职业发展，主动贴近职业发展是当好职教教师的关键。

2. 参与社会实践

"教师专业标准"指出，中职学校的专业课教师和实习指导教师要具有企事业单位工作经历或实践经验，并达到一定的职业技能水平；教师要参与职业实践活动，不断跟进技术进步和工艺更新，要通过参与专业培训和企业实践等多种途径，不断提高自身专业素质。

3. 促进理实结合

理论与实践结合乃是职业教育的生命力所在。"教师专业标准"提出，要运用讲练结合、工学结合等多种理论与实践相结合的方式方法，有效实施教学。职业教育的教学和育人不可脱离实践，只有把专业理论与职业实践相结合、职业教育理论与教育实践相结合，职业教育的特色才能得以充分发挥，职业教育的教学才能真正拥有灵魂。

4. 强化工作过程导向

根据"教师专业标准"的要求，教师在进行教学设计时，要基于职业岗位工作过程设计教学过程和教学情境。这不仅要求教师自身具备一定的实践经验，熟悉工作过程，更要求教师具备工作过程导向的教学设计能力，是对教师综合能力的全面考验。

三、学科依据：高等学校软件工程专业规范

2005年，教育部组织编写了软件工程本科专业规范，软件工程本科专业规范对于职业学校软件类专业教师标准的主要意义，在于它从学科和专业建设的角度明确了软件工程本科专业教师的专业知识和能力体系。

软件工程是一门用系统的、规范的、可度量的方法开发、运行和维护软件的学科，该学科的研究对象是软件系统，其学科特性是交叉应用性和工程实践性，软件工程教育需要强调基础理论学习和基本能力训练并重，学生只有在开发软件的实践中才能学习好和掌握好软件工程知识。目前，IEEE最新发布的软件工程知识体系（SWEBOK）将软件工程知识体系分解成10个知识域，即软件需求、软件设计、软件构造、软件测试、软件维护、软件配置管理、软件工程管理、软件工程过程、软件工程工具和方法、软件质量。与软件工程专业相关的学科有计算机科学、数学、工程学、管理学、经济学和系统工程等。

高等学校软件工程教育兼具教育属性和工程属性。软件工程的教育属性是引导学生对人类意识与智慧进行科学理解，增强学生运用软件本质特征解决具体问题的能力，培养的是软件工程基础研究人才。软件工程的工程属性是引导学生综合运用计算机科学、数学、管理学等学科的科学原理，借鉴系统工程的原则和方法，通过提炼、固化知识来创建软件，以达到提高质量、降低成本的目标，培养的是软件工程技术、管理和服务人才。软件工程的本科教育重点是培养学生软件工程学科的基础知识和基本实践能力，培养德智体美全面发展，掌握自然科学和人文社科基础知识、计算机科学基础理论、软件工程专业及应用知识，具有软件开发能力，具有软件开发实践的初步经验和项目组织的基本能力，具有初步的创新、创

业意识，具有竞争和团队精神，具有良好的外语运用能力，能适应技术进步和社会需求变化的高素质软件工程专门人才。

四、政策依据：教师资格考试大纲

在我国，教师资格是教师从业的前提条件。不同类型的专业教师必须通过相应的教师职业资格认证并获得资格证书，而教师资格认证的依据之一是教师专业标准。由于职业学校教师资格考试大纲目前尚在研究中，没有形成稳定的政策体系，因此项目拟参考中学教师资格考试大纲。

教师资格是国家对专门从事教育教学工作人员的基本要求，是公民获得教师职位、从事教师工作的前提条件。教师资格制度是国家实行的教师职业许可制度。《中华人民共和国教育法》和《教师法》明确规定，凡在各级各类学校和其他教育机构中从事教育教学工作的教师，必须具备相应教师资格，没有相应教师资格的人员不能聘为教师。教师资格作为一种法定的国家资格，一经取得，可在全国范围内不受地域、时间限制，具有普遍适用的效力，不得随意撤销。取得教师资格可在本级及以下等级学校和机构任教；中职校实习指导教师资格只能在中专、技校、职高或初级职业学校担任实习指导教师；高级中学教师资格与中职校教师资格相互通用。

教师资格认证必须经过综合素质、学科知识、教育知识和能力以及面试考试。中学教师资格认证考试遵循的标准为《中学教师专业标准》，其中：

（1）综合素质部分的考试目标为：

具有先进的教育理念。

具有良好的法律意识和职业道德。

具有一定的文化素养。

具有阅读理解、语言表达、逻辑推理、信息处理等基本能力。

（2）教育知识和能力部分的考试目标为：

理解并掌握教育教学和心理学的基础知识、基本理论，能运用这些知识和理论分析、解决中学教育教学和中学生身心发展的实际问题。

理解中学生思想品德发展的规律，掌握德育原则和德育方法，具有针对性地开展思想品德教育活动的能力。

掌握中学生学习心理发展的特点和规律，能指导学生进行有效的学习。

理解中学生生理、心理特性和差异性，掌握心理辅导基本方法。

掌握班级日常管理的一般方法，了解学习环境、课外活动的组织和管理知识，具有设计一般课外活动的能力。

掌握教师心理，促进教师成长。

从上述考试目标可以看出，中学教师资格认证主要从职业道德、基本素养、教育知识、班级管理等基本方面进行了认证考试，这些知识和内容同样适用于职业学校的专业教师，是制定专业教师标准的重要参考资料。

五、实证依据：调研数据及结论

为制定符合职业学校软件类专业教师标准，课题组通过问卷调查和实地考察的方式进行了大量调研，包括"中等职业学校软件类学生能力现状问卷调查""中等职业学校软件类专业教师教改科研能力现状问卷调查""中等职业学校软件类专业教师教学能力现状调查问卷""中等职业学校软件类专业教师专业能力现状调查问卷""企业对中等职业学校软件类学生的需求调查问卷"等。

问卷调查主要采用实地发放和网络填写两种方法，调查对象遍布江苏、福建、内蒙古、山东、安徽、河南、广东等全国大部分地区，包括中等职业学校部分教务人员、信息技术系主任、教研室组长和普通教师，其中61%为普通教师，调查对象中大多为本科毕业生、中高级职称、具有5年以上教龄，在技能资格证书方面基本具有高级工和技师资格。

调查对象主要分为非师范、普通师范和职教师范三类院校的毕业生，其中42.03%来源于非师范院校毕业生，36.23%来源于普通师范院校，仅有21.74%来源于职教师范类毕业生。可见，在职业教育快速发展的当今，职教师范类人才培养数量急需提高。

（一）中等职业学校软件类专业教师教学能力现状

在教学理念上，软件类中职教师需要在"职业教育教学能力""新知识、新技能、新方法"和"企业实践经验"方面进行提高训练（图7-1）。近1/3的软件类专业教师认为在专业发展方面需要加强先进的职业教育理论学习；50%的教师认为职业学校教师的专业知识结构中职业教育教学方法相当重要。

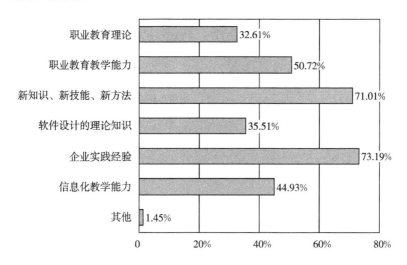

图7-1 软件类专业教师急需提升的能力

在教学实施上，大部分教师在备课、课堂教学时能依靠网络（77.54%）和教材附带资源（58.7%）来获取资料（图7-2）；理论教学中能采用案例教学、项目教学和演示教学等教学方法（图7-3）；在实践教学中能将具体操作方法与操作原理紧密结合。

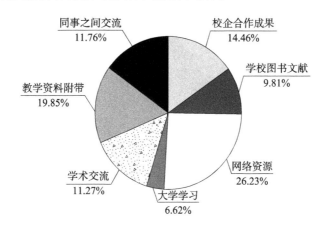

图7-2 中职软件类教师备课时主要参考来源

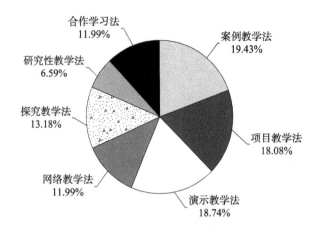

图 7-3　中职软件类教师教学中运用的教学方法

虽然中等职业学校软件类专业教师在教学能力和教学方法方面均能认识到实践创新能力培养的重要性，但在实践教学形式方面却主要是"上机操作""模拟演示"和"课程实验"，而"参观见习""企业实习"和"社会调查"相对比较少，由此影响了教师的教学质量的提高和学生创新能力培养的深度（图 7-4）。

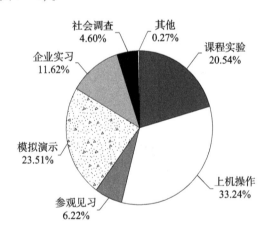

图 7-4　中职软件类教师主要实践教学形式情况

（二）中等职业学校软件类专业教师专业能力现状

中等职业学校软件类专业教师涉及的知识领域基本涵盖了软件开发的方方面面（图 7-5、图 7-6）。从数据频度来看，这些知识领域中"图像处理与数字媒体应用"最为普遍，其次为"办公应用"。可见，中等职业学校软件类专业教师的专业能力重在处理日常事务类的软件应用。另外，在对相关技能资格认证的态度方面，基本能认识到技能资格认证"含金量很高，能够反映出专业能力"，"有利于了解专业发展方向和发展趋势"，当然也"有利于专业教师的职称评聘"，"适应学校'双师型'教师要求和规定"。

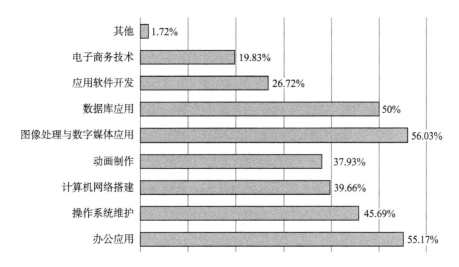

图7-5　中职软件类专业教师现有工作主要涉及的知识领域

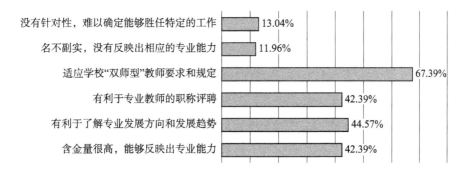

图7-6　专业教师对软件类相关技能资格认证看法

在编程语言方面（图7-7），目前中等职业学校软件类专业教师主要掌握了 C/C++/VC 和 VB 等经典编程语言，而对于较为先进的 C#、Delphi、PHP 等语言掌握较少；同样开发平台、工具软件和数据库系统也是以传统为主，分别以 Visual Studio、Visio 和 Access 为主（图 7 - 8、图 7 - 9、图 7 - 10）。由此可见，中等职业学校软件类专业教师在专业核心技术方面以传统常规技术为主，对于计算机软件类新技术、新知识应加强培养和训练。

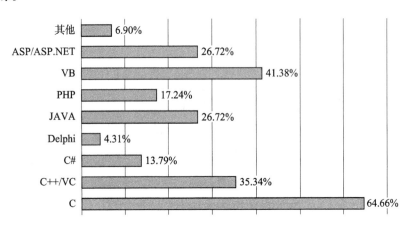

图 7 - 7　教师掌握的编程语言情况

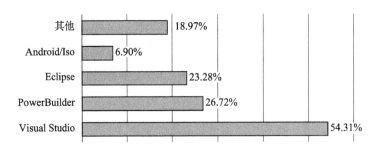

图 7 - 8　熟练使用的开发平台情况

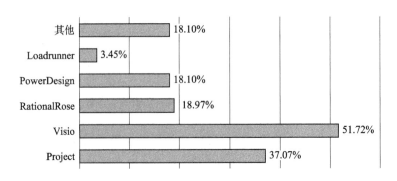

图 7 - 9　软件类专业教师掌握的工具软件情况

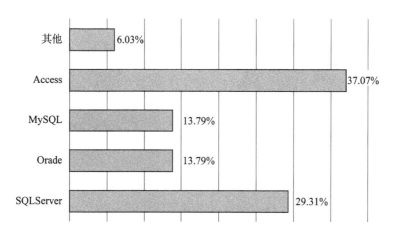

图 7 – 10　软件类专业教师熟练使用的数据库管理系统

　　在职业素养方面：普遍认为软件类专业教师应具备较强的学习能力、创新能力、沟通能力和应用能力，熟悉教师职业道德规范、职业教育法、软件技术行业规范、信息安全法、软件工程师职业规范等。

　　在专业发展方面，多数教师能积极参与教学计划的制订，参与人才培养方案的设计，在课程计划、目标设计、标准解读、大纲编写等方面做了相关工作；普遍认为在专业能力、教学设计能力和教学项目开发与实施能力方面最为重要，并且急需在新知识、新技术、新技能、先进职业教育理论学习和参与企业实践方面进行提高，这样有利于更好地指导学生的实践操作。

（三）中等职业学校软件类专业教师"教改科研"能力现状

　　从调查数据可知，大部分教师认识到科研的重要性，92.62% 的调查对象认为教学反思与研究对教学水平的提供有帮助，"偶尔会思考"教育过程中的一些现象和问题，主要承担校级和市厅级相关课题研究；但整体科研和教改参与度、参与层次较低，近43% 调查对象没有承担过横向科研项目，主要原因是教学工作量大，难以抽出时间进行科研，缺少相关的激励机制和研究环境（图 7 – 11）。

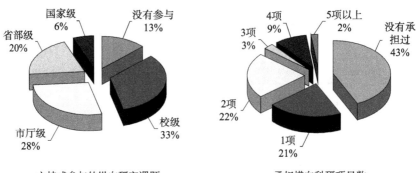

主持或参与的纵向研究课题　　　　　　　　承担横向科研项目数

图 7－11　职业学校软件类专业教师教改科研现状

（四）中等职业学校软件类专业教师招聘情况

职业学校在招聘软件类师资时，对各项能力要求的排序依次为掌握课堂教学组织与管理能力、软件设计开发与测试的过程方法技能、了解行业动态和需求、沟通能力、学术能力等。由此可见，中等职业学校软件类专业教师必须将专业技能、教学技能和行业现状结合起来才能胜任岗位需求。

（五）中等职业学校软件类学生的能力现状

1. 教师对学生的基本评价

主要从学生的自控能力、编程能力、应用程序开发等方面开展调查和分析。

① 教师普遍认为学生的自学能力较弱，仅有约15%的教师认为职业学校的学生自控能力很强；他们与大学本科生的关键区别是自学能力、程序编制和程序阅读能力；

② 软件类学生编程能力一般，但有一定基础；

③ 学生对于实践操作和理论学习两种不同性质的学习活动，更喜欢实践操作活动。

2. 学生自我评价

学生对专业喜爱度较高，但自学能力、自控能力较弱。专业学习中对程序设计虽然喜爱，但受到实际培养方法的影响，编程能力较弱，实践项目的参与度极低。

（六）企业对软件类人才的需求现状

1. 对中职毕业生的需求情况

调查对象大多属于民营中型企业，问卷填写对象以 5～10 年工作经验者居多，被调查企业中约 60% 愿意接受职业学校软件类毕业生就业。

① 职业学校软件类毕业生能胜任的岗位：软件测试、软件运维、软件编制、软件销售、软件设计等。

② 职业学校软件类毕业生的核心能力：程序编制、计算机基本原理与操作、操作系统应用能力（排名前三）。

③ 职业学校软件类毕业生应掌握的工具：JAVA、C、C++。

④ 职业学校软件类毕业生存在的问题：如何提高学生的自学能力和程序编制能力，并加强吃苦耐劳、虚心好学和诚实守信的教育。

⑤ 职业学校软件类毕业生的基本素养：吃苦耐劳、诚实守信和虚心好学。

2. 对本科层次人才的需求

该调查主要利用计算机学院长期合作的 20 多个大中型企业。

① 企业认为软件工程本科人才应掌握企业软件架构设计和模式应用、需求分析和需求管理以及 UML 等技术，能熟练掌握 JAVA、SQL、C、C++ 等编程语言，Project、Visio、CVS 等工具软件，SQL、Orcale、MySQL 等数据库管理系统，运用 JAVA 企业级开发和 .NET 开发平台，进行软件设计和开发。

② 企业认为软件工程本科人才应具备网站开发、数据挖掘、软件测试等方面的能力，在招聘人才方面主要通过专业能力测试、知识考试和心理测试等方法进行选择和甄别，企业重视软件人才的学习能力、协作能力、沟通能力、创新能力和自制能力。

综合以上调研数据分析可知：

① 强调职业教育方法和理论的学习。由于中职学生的自控能力比较弱、软件开发能力较低、综合能力不强，职业学校软件类专业教师首先必须掌握先进的职业教育方法和理论，通过自身魅力和能力感染学生，引导

学生树立学习信念；其次要创造真实的实践机会，让学生在专业素养、专业技能等方面获得提高。

② 强化教师教学、科研和专业能力的训练。职业学校软件类专业教师在教学科研和专业能力方面态度积极，有一定实践经验；能认识到教学与科研的相互促进作用；能积极参与专业建设；在教学中能主动使用各类信息化教学方法，重视实践教学指导；具备了软件应用为主的基本能力。但也存在一些急需解决的问题，如由于教学工作繁重而科研能力偏低的现象，企业实践机会少，对行业最新开发语言和开发平台等新技术、新技能的掌握程度低等。

③ 加强企业实践能力训练，培养"双师型"专业教师。获取企业实践经验是成为"双师型"教师的重要方法，是加强工程实践创新能力培养、提高实践教学能力和获得横向科研项目的重要途径。"双师型"教师已经成为职业教育教师的专属名称，是区别于普通学校教师的特指名词。职业教育离不开行业、企业，没有行业、企业参与的职业教育活动不可能培养出高素质劳动者和技能型人才，与行业、企业的紧密结合是中职教育区别于普通高中教育的最大特点，这个特点决定了中职教师要能配合和推动学校与企业建立合作互助的关系，促进校企合作。通过校企合作，教师到企业实践，了解行业发展动态，掌握技术进步情况，提高指导实践教学的能力，可以更好地提升教育教学质量。

第三节　中职软件类专业教师的培养标准与质量评价

专业教师培养标准的开发离不开专业教师标准的制定，其培养目标、培养规格、实现矩阵和培养模式等的设计依据是对应专业教师标准的具体内容。专业教师培养标准的建立和实施要求制定科学、合理、优质高效的人才培养方案及培养条件。

一、中职软件类专业教师的标准

（一）适用对象

中等职业学校软件类专业指中等职业学校信息技术类专业中软件与信息服务、网站建设与管理和计算机应用等专业。

《中等职业学校软件类专业教师标准》适用对象是由高等学校毕业，专门从事中等职业学校软件与信息服务、网站建设与管理以及计算机应用专业教学的专职教师。

（二）应用目标

《中等职业学校软件类专业教师标准》是培养中等职业学校软件类专业教师的软件工程本科专业毕业生的基本标准，是中等职业学校软件类专业教师入职的基本要求，是中等职业学校软件类专业教师开展教育教学活动的基本规范，是引领中等职业学校软件类专业教师发展的基本准则。

（三）基本理念

1. 师德为先

热爱职业教育事业，具有职业理想、敬业精神和奉献精神，践行社会主义核心价值体系，履行教师职业道德规范和软件类行业基本道德规范，依法执教。立德树人，为人师表，教书育人，自尊自律，关爱学生，团结协作。以人格魅力、学识魅力、职业魅力教育和感染学生，做学生职业生涯规划的指导者和健康成长的引路人。

2. 学生为本

树立人人皆能成才的职业教育观。遵循职业学校学生身心发展规律，以学生发展为本，培养学生职业兴趣、学习兴趣和自信心，激发学生的主动性和创造性，发挥学生特长，挖掘学生潜质，为每一个学生提供适合的教育方式和教育形式，提高学生的就业能力、创业能力和终身学习能力，促进学生健康快乐成长，学有所长，全面发展。

3. 能力为重

在教学和育人过程中，将软件类相关专业理论与项目实践相结合；将职业教育理论与教育教学实践相结合；将学校教育与行业规范相结合；将软件应用开发能力与行业最新研发动态相结合。遵循职业教育规律和软件类技能人才成长规律；提升教育教学专业化水平；坚持实践、反思、再实践、再反思的科学方法，不断提高专业能力。

4. 终身学习

不断顺应软件行业的发展趋势，更新专业知识和开发技能，学习和吸收国内外先进职业教育理念与经验；参与实际软件项目开发实践活动，了解软件类产业发展、行业需求和职业岗位变化，不断跟进软件设计、开发、测试等最新技术和理念；优化知识结构和能力结构，提高文化素养和职业素养；具有终身学习与持续发展的意识和能力，做终身学习的典范。

（四）基本内容

根据中职学校软件类专业教师的现状和需求，以及软件工程本科人才培养规范，将中职学校软件类专业教师标准设计为4大维度、16个领域和70个基本要求（表7-2）。

表7-2　中职学校软件类专业教师标准框架

维度	领域
职业理念与师德	职业理解与认识
	对学生的态度与行为
	教育教学态度与行为
	个人修养与行为
职业教育知识和能力	教育知识
	班级管理
	学生指导
专业知识和能力	学科专业基础知识与能力
	从事专业知识与能力
	行业企业实践能力
	职业岗位操作能力
专业教学能力	专业教育教学知识
	专业教学设计
	专业教学实施
	专业教学评价
	教学研究与专业发展

二、中职校软件类专业教师的培养标准

（一）培养目标

以专业教师标准为前提，以培养"双师型"软件职教师资为目的，以能力培养为导向，借鉴国内外先进的职教师资培养经验，制定适应时代要求的、可操作性强的软件工程专业教师培养标准。

（二）培养规格

1. 培养层次

适应中等职业学校从事软件与信息服务、网站建设与管理、计算机应用专业中相关课程教学工作、本科学历层次的软件工程专业职教师资。

2. 具体要求

思想品德要求：

贯彻党和国家教育方针政策，遵守教育法律法规。理解职业教育工作的意义，把立德树人作为职业教育的根本任务。认同中等职业学校教师的专业性和独特性，注重自身专业发展，具有热爱教育事业和有志成长为优秀的"双师型"教师的理想信念。恪守教师的职业道德规范，树立科学的价值观、正确信息伦理观，遵守软件行业信息化规范及相关法律和政策。具有实事求是、学风严谨、善于合作、勇于创新的科学精神。

业务要求：

（1）了解职业教育的系统理论、学习理论及教学理论，掌握职业教育心理学知识，了解中等职业学校软件类专业的人才培养目标、知识结构与能力体系，初步具备中职学校软件相关专业人才培养方案的设计能力。

（2）了解职业学校教育教学规律，掌握现代教育技术，具备将现代教育新理念、新技术应用于课堂教学的设计、实施及评价工作中的能力。

（3）掌握离散结构的处理方法，具有抽象、建模的能力。

（4）熟悉软件开发的常用工具，掌握软件设计、开发、测试和软件项目管理的规范与技术，具备一定的软件设计、维护、实施管理和评价能

力，获得计算机软件相关资格证书。

（5）具备指导学生参加软件创新创业大赛的能力。

（6）掌握一门外语，能比较顺利地阅读专业外文书刊。

（7）掌握文献检索、资料查询、收集的基本方法，具备独立获取知识和信息的能力。

（8）具有一定的工程质量和效益意识。具有国际视野，有终身学习与持续发展的意识和能力。

（9）具有创新意识、良好的沟通能力及团队合作精神。

（10）了解职业教育及软件工程学科前沿与发展动态，具备一定的科学研究和实际工作能力。

身心要求：

了解体育运动和心理健康的基本知识，掌握锻炼身体和心理保健的基本技能，养成良好的体育锻炼和卫生习惯，能够达到国家规定的大学生体育合格标准，具有正确的自我意识和良好的社会适应性，情感协调，个性完整，具有健康的体魄和健全的心理。

（三）专业教师标准实现矩阵

培养方案的课程设置基础是专业教师标准，即对应专业教师标准的 3 个维度，12 个领域，具体实现矩阵见表 7-3、表 7-4。

表 7-3　职业教育知识和能力实现矩阵

领域	实现课程
（五）教育知识	职业教育学 职业教育心理学 专业见习 社会调查 教育讲座（公共选修课） 专业教学论
（六）班级管理	教育心理学 班级管理 专业见习 专业教学论

续表

领域	实现课程
（七）学生指导	专业教学论 计算机系统概论 社会调查 专业综合训练 专业认证、学科竞赛等第二课堂 前沿知识讲座

表 7-4 专业知识、能力实现矩阵

领域	实现课程
（八）学科专业基础知识与能力	高等数学 离散数学 线性代数 概率与统计 计算机系统概论 计算机组成与结构 程序设计基础（C） 数据结构与算法 计算机网络 操作系统 专业英语、专业课程的双语教学
（九）从事专业的知识与能力	计算机组成与结构 数据库设计与开发 数据库课程设计 面向对象程序设计 软件工程 软件设计与体系结构 面向对象分析与 UML 人机交互技术 软件测试与软件质量 CASE 工具实践 WEB 程序设计 软件综合课程设计 新技术讲座

领域	实现课程
（十）行业企业实践能力	新技术讲座 行业报告 专业见习 社会调查 专业综合实训 第二课堂（社会实践、科研立项、学科竞赛等）
（十一）职业岗位操作能力	中间件技术 软件项目管理 自动化测试工具 网站设计与管理 Web 程序设计 软件综合课程设计 专业综合实训
（十二）专业教育教学知识	教育见习 教育实习 现代教育技术 教师技能训练 社会调查 专业综合实训
（十三）专业教学设计	专业教学论 班级管理 教师技能训练 专业综合实训 现代教育技术 教育实习
（十四）教学实施	专业教学论 教育实习 现代教育技术 班级管理 教师技能训练 专业综合实训

续表

领域	实现课程
（十五）教学评价	专业教学论 教育见习 教育实习 班级管理
（十六）教学研究与专业发展	职业教育学 教育见习 专业教学论 现代教育技术讲座 教育实习

（四）人才培养模式

软件类职教师资人才培养离不开行业和企业的参与，建立"融合—协同"的校企合作模式。通过"融合—协同"合作模式，将高等学校的教学内容、教学过程和大学文化与企业的岗位要求、开发过程和企业文化分别进行融合，从知识结构、能力素质和职业素养三个方面将大学软件类人才与企业工程技术人才进行对接，并通过目标协同、队伍协同、资源协同和管理协同等机制，培养既具有工程实践能力，又具有发展潜力的本科应用型人才。

"融合—协同"校企合作模式的内涵包括"一中心""二主体""三融合""四协同"（图7-12）。

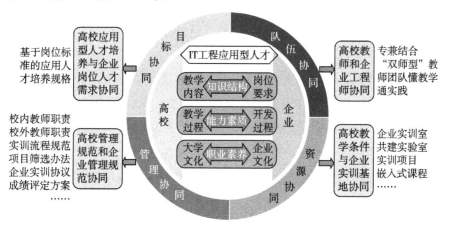

图7-12 "融合—协同"校企合作模式

"一中心"：以培养本科应用型人才为中心。

"二主体"：将高校与企业作为人才培养的双主体。

"三融合"：（1）教学内容与岗位要求相融合，使人才的知识结构与软件行业实际岗位中的最新技术、最新标准和最新规范相吻合；（2）教学过程与开发过程相融合，使学生在学习过程中体验实际项目开发流程，建立软件系统开发思维习惯；（3）大学文化与企业文化相融合，对学生既进行高级文化修养熏陶，又实施软件行业内的职业道德和规范训练。

"四协同"：（1）目标协同，将高校应用型人才培养目标与企业岗位人才需求目标进行协同，确保人才培养规格科学合理；（2）队伍协同，将具有丰富教学经验的高校教师和具有丰富工程开发经验的企业工程师进行协同，确保"懂教学""通实践"的"双师型"队伍有效建立；（3）资源协同，将高校现有教学资源和条件与企业实训基地进行协同，确保人才培养条件得以满足；（4）管理协同，将高校管理规范和企业管理规范进行协同，确保校企合作机制有效实施。

三、中职校软件类专业教师培养标准的质量评价

人才培养过程结束后，质量是否符合预先设计的标准，是任何专业办学的重要工作，但现在往往采用毕业生就业后的跟踪调查进行分析，缺乏明确的、具有实操性的质量评价体系，就如同产品没有质量检测这一环节。软件类职教师资本科专业培养质量评价标准的建立，有利于促进教育教学质量的提高，把好软件类职教师资的入口关。

培养质量评价标准的开发是在专业教师标准和培养标准制定的基础上进行研究与设计，开发过程主要包括组建团队、文件资料学习、调研分析、标准起草、内部研讨、修改、专家咨询、征求意见、标准制定等环节组成。开发的总体思路是：采用调查法、文献法、访谈法、比较分析法和经验总结法多种研究方法，在教师标准、培养标准的指导下，注重"双师型"职教师资三要素"学术性、技术性、师范性"的结合，以师范为导向，学术为基础，技术为关键，注意吸收国内外质量评价方法的最新研究成果，并注重业界对软件人才的需求调研，找到符合软件人才培养质量评

价的新方式新方法，构建先进、科学、高效的职教师资培养质量评价标准。

（一）评估模型的构建

教学评价是以教学目标为依据，按照科学的标准，运用一切有效的技术手段，对教学过程及结果进行测量，并给予价值判断的过程。教学评价是研究教师的教和学生的学的价值的过程。根据软件工程专业培养目标的特殊性，评价贯穿于软件工程专业学生大学四年教学与学习情况。评价的对象主要为专业、教师和学生，评价的主体是学校、社会评价机构、企业。借助在教育领域中应用比较广泛的 CIPP 评价模型，针对软件工程专业学习特点，以系统化的观点构建评价模型。

条件评价是对软件工程专业入学前的基本条件评价，是为了确定是否满足教育教学需求，从而确定如何应用有效资源达到培养目标。

过程评价是对教学过程的评价，为学校、教育工作者提供确实的信息反馈，不断修正和改进教学过程，提高教学效果。

结果评价是毕业生达成度的评价，评价贯穿于软件工程专业学生大学四年学习情况，为专业培养的决策者和实施者提供价值判断和分析。

评价模型见图 7－13。

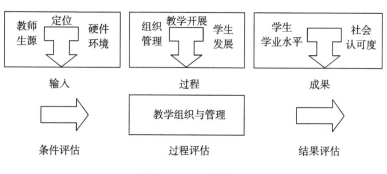

图 7－13　评价模型

根据评价模型，构建评价流程，评价贯穿于整个教学工作中。

一是条件评价

即明确软件工程专业培养目标、培养方案、生源、师资、设施设备、校企合作条件等。此阶段的评价，主要包括三个部分。

1. 培养目标与方案的制订：评价主体为学校，在学生入学前，学校组织专家检查专业的培养目标、培养方案是否合理与规范，与当前技术发展是否紧密结合。

2. 师资、设施设备、校企合作条件的评定：评价主体为学校，检查与评价专业教师的配备、实验实训设施以及校企合作的开展状况。

3. 生源的评定：评价主体为学校，根据培养目标要求，选择合适的生源，并在新生开学初，进行数学、英语的诊断性考试。确定生源是否与软件工程专业匹配，同时有针对性地设置课程。

二是过程评价

过程评价主要针对课程与教学实施情况、实践教学情况进行评价。一般包括对教学过程中教师、学生、教学内容、教学方法手段、教学环境、教学管理诸因素的评价。评价目的为确定或预测专业教学本身或实施过程中存在的问题，从而为决策者如何修正培养方案提供有效信息。主要包括4 个部分：

1. 教学文档检查：主要进行教案、教学课件、答疑、试卷、毕业设计等材料的规范化检查。任课教师必须完成所任课程教学文件的撰写与归档，包括课程计划、教案、课堂教学记录、学生考勤等。

2. 采取随机听课和抽查教师教学的方式进行常规性教学检查，认真填写听课表和教学检查记录表，收集相关信息并及时反馈到学院领导和教师本人，制定、落实整改措施，以达到对学院整体教学进行有效监控和管理的目的。

3. 实践教学检查评价：检查实践教学的准备、实施过程。

4. 教育教学改革：鼓励教师参与教育教学改革，把教学改革与教学结合起来，改善教学方法，促进教育教学资源的建设。

三是结果评价

主要针对学生的学业成绩、学生满意度、用人单位满意度等进行评价。评价主体为学校、教师、学生和用人单位。

1. 学生的学习成绩评价：评价主体为教师，利用量化的方式，对学生成绩进行分类统计，对学生在知识掌握和能力发展上的程度做出区分，同时，也是向家长、社会、有关部门报告和阐释学生学习状况，并采用预警机制，提醒学生出现学业问题。

2. 学生的满意度评价：评价主体为教师与学生，通过座谈会、网上评教、网上评学的方式获取信息。可以了解教师教学的效果和水平、优点、缺点、矛盾和问题，以便对教师考察和鉴别。有助于在了解教师状况的基础上，安排教师的进修与提高。

3. 就业对口率、用人单位满意度等评价：评价主体为社会评价机构与企业，社会评价机构应选择可信度高、执行能力强的机构，通过评价机构进行一年一度的毕业生跟踪评价，从而获取第一手资料。同时联系相关企业，让企业对学生进行评价。

（二）软件工程专业人才培养质量评价体系的构建

根据构建的评价模型及教育教学政策法规，依据指标体系构建的基本原则及指标筛选的原则和方法，结合软件工程专业的特点，课题组对软件工程专业人才培养质量评价指标体系进行了初步筛选，形成一套由 8 个一级指标、19 个二级指标组成的质量评价指标体系，见表 7 - 5。

表 7 - 5 初拟的评价指标体系

一级指标	二级指标
1. 定位与目标	1.1 办学定位
	1.2 培养目标
	1.3 发展规划
2. 招生	2.1 生源条件
3. 教师队伍	3.1 教师构成
	3.2 教师质量
	3.3 专业发展
4. 条件与保障	4.1 办学经费
	4.2 教学基本设施
	4.3 合作办学条件
5. 课程与教学	5.1 课程设置
	5.2 课程实施
	5.3 实践教学

续表

一级指标	二级指标
6. 学生发展与服务	6.1 学生发展支持
	6.2 学风
7. 组织与管理	7.1 管理机构
	7.2 管理制度
	7.3 质量保证与监控
8. 培养结果	8.1 毕业生质量

根据评价模型，评价分为条件评价、过程评价和结果评价三个阶段。

一是条件评价阶段

条件评价阶段主要分为 4 个一级指标：定位与目标、招生、教师队伍、条件保障。

1. 定位与目标：指在学生入学前，根据当前专业发展趋势和中等职业学校师资发展需求，合理进行办学定位，明确培养的基本目标及人才培养方案的制定与修改，及构建合理的发展规划。此指标主要评价"程度"，讲究合理不合理，是否具有现实意义。

2. 招生：主要用于判定学生的来源及基本水平，有利于确定评价对象的基本状况。

3. 教师队伍：指教师队伍的基本状况、教师的质量水平及专业发展，此指标以定性与定量的方式判定教师队伍的基本状况，提供了人力资源的保障。

4. 条件与保障：指本专业办学的基本要求，以确保专业人才培养的硬件支持，此评价主要以量化的方式进行。

二是过程评价阶段

过程评价阶段主要分为 3 个一级指标：课程与教学、学生发展与服务、组织与管理。

1. 课程与教学：指在教学过程中与教学有关的事物或活动，包括课程设置、课程实施、实践教学等，主要评价教学活动开展的合理性及有效性。

2. 学生发展与服务：指学生发展的支持及学风等，此指标主要考查学生的持续发展问题。

3. 组织与管理：指教学的规范化管理，主要包括管理机构的建设、管理制度的确立及质量保证与监控。

三是结果评价阶段

结果评价阶段包括 1 个一级指标：培养结果。人才培养最为关注的是人才质量，此指标主要指毕业生学业水平状况及毕业生的满意度。

本章小结

职业学校专业教师标准是中职教师培养标准和中职教师教育质量评估的基础，是中职教师培养模式创新的依据之一。本章以软件类专业教师标准研制为例，对教师标准、培养标准和评价标准进行阐述。中等职业学校软件类专业教师标准的研制主要依据《中等职业学校教师专业标准（试行）》、高等学校软件工程专业规范、中学教师资格考试大纲、各类调研数据和结论以及教师专业素质和专业发展要求等方面的内容，按照"师德为重、学生为本、能力为重、终身学习"理念，制定出 4 个维度、16 个领域共 70 个基本要求的"专业教师标准"。该标准适用对象是软件与信息服务、网站建设与管理以及计算机应用专业教学的专职教师，标准从"职业理念与师德""职业教育知识与技能""专业知识和能力"以及"专业教学能力"4 个维度规定了软件工程职教师资本科毕业标准。软件类专业职教师资培养标准以专业教师标准为依据，涵盖培养目标、培养规格、实现矩阵和培养模式。在培养模式方面，可建立"融合—协同"的校企合作模式，将高校教学内容、教学过程和大学文化与企业岗位要求、开发过程和企业文化分别进行融合，通过目标协同、队伍协同、资源协同和管理协同等机制培养既具有工程实践能力，又具有发展潜力的专业职教师资。针对软件类职教师资培养特点，对于培养质量的分析和判断可采用条件评价、过程评价和结果评价相结合的方式。

（本章作者　江苏理工学院：叶飞跃、戴仁俊）

中职应用化学类专业教师标准研制的实践

中等职业教育培养目标的定位是培养生产、管理、服务一线的应用型高技能人才和高素质劳动者，具有极强的职业定向性，教学内容强调本专业技能的实用性、针对性，及所学基础理论知识在实际中的适用性，这要求中职教师不仅要有普通教师的教育教学能力、扎实的专业知识与能力，更要有较强的专业实践经验与能力，既有一般教师专业能力的共性，又有中职教师的独特个性，是共性与个性的统一。

第一节　中职应用化学类专业教师标准的研发

一、中职应用化学类专业教师标准的研发背景

《国家中长期教育改革和发展规划纲要（2010～2020年）》发布之后，我国职业教育改革发展进入加快建设现代职业教育体系、全面提高技能型人才培养质量的新阶段。实现职业教育科学发展，进一步保证规模、调整结构、加强管理、提高质量，对中等职业学校教师队伍建设提出了更高的要求。为此，教育部明确提出，要以推动教师专业化为引领，以加强"双师型"教师队伍建设为重点，以创新制度和机制为动力，以完善培养培训

体系为保障，以实施素质提高计划为抓手，统筹规划，突出重点，改革创新，狠抓落实，努力开创职业教育教师工作的新局面（参见《教育部关于"十二五"期间加强中等职业学校教师队伍建设的意见》教职成〔2011〕17号）。

正是在这一背景下，教育部、财政部在"职业院校教师素质提高计划"框架内专门设置了培养资源开发项目，系统开发用于职教师资本科培养专业的培养标准、培养方案、核心课程和特色教材等资源。职教师资培养资源开发项目是支撑职教教师专业化的一项基础性工程，是加强培养培训能力建设的一个关键环节，也是对培养培训基地和职业技术教育研究的一次系统检阅。高质量地开展此项工作，有助于打破一直以来影响培养质量和规范性的一系列瓶颈，系统提升中等职业学校教师培养水平，推动教师增量问题的解决，也能够有效引导中等职业学校教师培训工作，推进教师存量问题的缓解。

职业教育肩负着培养国家经济发展高素质劳动者的重任。由于历史原因，职业教育教师一直缺乏明确的专业标准，严重影响了职业教育教师的专业发展，阻碍了职业教育质量的提升。直到2013年的9月，教育部正式印发了《中等职业学校教师专业标准（试行）》（以下简称《专业标准》）。这是新中国成立以来第一次针对中等职业学校教师制定的专业标准，对于促进教师专业发展、打造高素质"双师型"教师队伍、加快发展现代职业教育具有重要的现实意义。《专业标准》定位为国家对合格中等职业学校教师专业的基本要求，中等职业学校教师开展教育教学活动的基本规范，引领中等职业学校教师专业发展的基本准则，中等职业学校教师培养、准入、培训、考核等工作的基本依据，由"基本理念、基本内容和实施要求"三大部分组成，在内容和结构上突出体现了中等职业学校教师"双师型"特色。

为促进中等职业学校工业分析与检验、化学工艺和精细化工等专业教师的专业发展，建设相关专业的高素质"双师型"教师队伍，在进行文献研究的基础上，对化工企业和中职学校相关专业展开充分调研、研讨和总结。根据《中华人民共和国教师法》《中华人民共和国职业教育法》《中华人民共和国劳动法》和《中等职业学校教师专业标准（试行）》，以调研结论作为实证依据，研究制订《中等职业学校应用化学类专业教师标准》（以下简称《专业教师标准》）。

目前担负培养职业教育师资的院校所培养的学生，很难满足中等职业教育的需要，要么缺少师范性，要么缺少技术性，要么理论知识或实践动手能力不够，难以胜任中等职业教育的重任。所以，加强职业教育师资培养体系的内涵建设，开发专业职教师资培养标准、培养方案、核心课程和特色教材已是当务之急。

本项目旨在研究开发适应我国国情的职业教育师资应用化学本科专业培养标准，制订一套完善的职业教育师资应用化学本科专业培养方案，开发职业教育师资应用化学本科专业的核心课程和一批特色教材，建立配套的职业教育师资应用化学本科专业相关的数字化资源库和职业教育师资培养质量评价指标体系和保障机制。所开发的系列成果覆盖职业教育师资培养全过程，将促进职教师资培养工作的科学化、规范化，提升职教师资培养的整体水平，对全面提升职业教育师资培养体系的内涵，具有重要的意义。

中等职业学校应用化学类专业教师标准是针对工业分析与检验、化学工艺和精细化工等专业的中职教师的要求而制定的，该标准是中职教师培养标准和中职教师教育质量评估的基础，是中职教师培养模式创新的依据之一。

二、中职应用化学类专业教师标准的研发理念

1. 师德为先

热爱职业教育事业，具有职业理想、敬业精神和奉献精神，践行社会主义核心价值体系，履行教师职业道德规范，依法执教。立德树人，为人师表，教书育人，自尊自律，关爱学生，团结协作。以人格魅力、学识魅力、职业魅力教育和感染学生，做学生职业生涯发展的指导者和健康成长的引路人。

2. 学生为本

树立人人皆可成才的职业教育观，促进学生尽可能获得发展。遵循学生身心发展规律，以学生发展为本，培养学生的职业兴趣、学习兴趣和自信心，激发学生的主动性和创造性，发挥学生特长，挖掘学生潜质，为每一个学生提供适合的教育，提高学生的就业能力、创业能力和终身学习能力，促进学生健康快乐成长，学有所长，全面发展。

3. 能力为重

要求教师具备应用化学专业理论与职业实践相结合的教育教学和育人能力。在教学和育人过程中，把应用化学专业理论与职业实践相结合、职业教育理论与实践相结合；遵循职业教育规律和技术技能人才成长规律，提升教育教学专业化水平；坚持实践、反思、再实践、再反思，不断提高专业能力。

4. 终身学习

对教师终身学习与持续发展的意识和能力提出明确要求。学习应用化学专业知识、职业教育理论与职业技能，学习和吸收国内外先进职业教育理念与经验；参与职业实践活动，了解化工产业发展、行业需求和职业岗位变化，不断跟进技术进步和工艺更新；优化应用化学专业知识结构和能力结构，提高文化素养和职业素养；具有终身学习与持续发展的意识和能力，做终身学习的典范。

三、应用化学类专业教师标准的研发过程

图8-1为中等职业学校应用化学类专业教师标准开发的技术路线。

1. 组建团队

中等职业学校应用化学类专业教师标准开发组成员除项目负责团队之外，还联合了企业、行业协会、职业院校和职教师资培养单位等各方面的力量，共同开发中等职业学校应用化学类专业教师标准。开发组成员长期从事化学化工领域的教学科研、生产及管理、职教研究和本行业的职业技能培训及鉴定等工作。

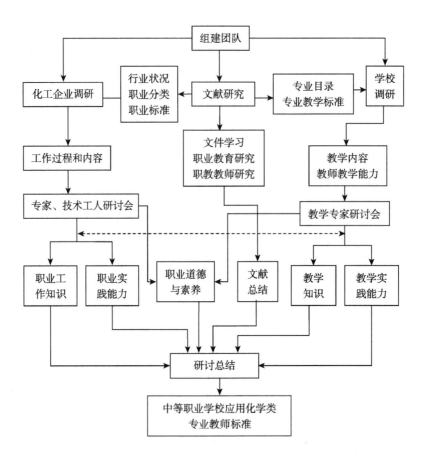

图 8-1 中等职业学校应用化学类专业教师标准开发的技术路线

2. 文献研究

文献研究包含对国家和地方的相关文件的学习、相关的教师和职教教师研究、职业研究和职业教育研究方面的国内国外文献的分析、总结和提炼。

（1）学习研究国家和地方的相关法律文件，包括《中华人民共和国教师法》《中华人民共和国职业教育法》《中华人民共和国劳动法》《关于实施中等职业学校教师素质提高计划的意见》《关于建立中等职业学校教师到企业实践制度的意见》及《中等职业学校教师专业标准（试行）》等。

（2）围绕化工行业发展趋势及人才需求状况、职业分类与职业标准、中职学校专业目录及专业教学标准、职教教师教学能力和职业教育教师标准等内容进行调研，分析、研究、归纳和总结已有的研究成果。

3. 企业调研

（1）在对化工行业发展趋势及人才需求状况、职业分类与职业标准等进行文献分析的基础上，在江苏省和辽宁省有目的地选择了化工行业中具有代表性的大、中、小型企事业单位，进行工作过程和内容的调研。

（2）通过企业的中高层管理人员、专业技术人员、车间班组长以及一线工人等多个视角，采用走访调研、电话访谈和问卷调研等方法，考察企业对中等职业学校化学工艺、精细化工及工业分析与检验专业毕业生的需求现状、企业岗位设置情况以及毕业生的工作过程和工作内容，听取企业对在岗中职毕业生职业道德素养和专业能力的评价及中职毕业生的职业发展情况。

（3）研讨分析各个岗位所要求具备的基本素养、基本能力和相关知识，确定中职毕业生需要具备的职业道德素养、职业工作知识和职业实践能力。

4. 中职学校调研

（1）在对应用化学类专业相关的信息和资料（如专业目录、专业教学标准等）进行文献分析的基础上，选取了开设化学工艺、精细化工和工业分析与检验专业的职业学校，通过学校的学生、专业教师及专业负责人三个不同层面，采用走访调研、电话访谈和问卷调研等方法，全方位、多角度地进行教学内容、教师职业道德素养和教学能力要求的调研。

（2）具体调研内容包括：现有师资构成（来源、学历、职业资格、职称、工作经历等）、中职学校对职教师资的需求、中职学校教师的教学特点和岗位特征、专业教师职业道德素养、专业教师的专业能力和专业教学能力现状、专业教师培训进修需求等内容。

（3）研讨分析确定作为合格的面向应用化学类专业的中职专业教师应该具备的职业道德素养、教学知识和教学实践能力。

5. 标准起草

（1）在文献研究、企业和学校的问卷调查与分析、走访调研、电话访谈和相关研讨会的基础上，中等职业学校应用化学类专业教师标准开发组召开了专门的研讨会，邀请了常州市石油化学产业协会朱庆坤秘书长、常州工程职业技术学院徐景峰教授以及常州市阳光药业有限公司吴建华高工等专家学者，共同进行分析、研讨和总结前期研究的成果。

（2）根据前期研究结果，按照专业教师标准的格式、结构和语言，起草了中等职业学校应用化学类专业教师标准（草案）。

6. 征求意见

中等职业学校应用化学类专业教师标准开发组主要成员专程到江西科技师范大学（开设中职师资应用化学专业），与学校相关领导、教务处主要领导、化学化工学院领导和相关专业教师进行研讨，针对中等职业学校应用化学类专业教师标准（草案）征求意见。同时，课题组成员分别与常州工程职业技术学院、常州市刘国钧高等职业技术学校和上海石化工业学校等相关职业学校进行走访座谈，广泛听取意见。

7. 评议论证

在征求意见和修订的基础上，项目开发组召开了专门评议论证会，对中等职业学校应用化学类专业教师标准（草案）进行了评议论证。在进行会议论证的基础上，又分别向专家指导委员会的专家汇报请教，得到了专家的进一步指导，并对前期的会议论证意见提出了具体的见解和评议，综合几位专家的意见形成了专家论证意见。

8. 不断完善

在前期工作基础上，继续深入学校和企事业单位调研，对专家的意见进行总结和分析，不断完善中等职业学校应用化学类专业教师标准。

第二节　中职应用化学类专业教师标准的调研

一、文献研究

1. 研究目的

（1）通过对化工行业发展趋势及人才需求状况、职业分类与职业标准方面的文献调研，为企业调研打下基础。

（2）通过对中职学校专业目录和专业教学标准的文献调研，为中职学校调研打下基础。

（3）通过文献调研，一是学习研究国家和地方的相关法律文件；二是对职业教育和职教教师研究（职教教师教学能力和职业教育教师标准等）的相关文献进行分析、归纳和总结，为制定面向应用化学类专业的中等职业学校专业教师标准奠定基础。

2. 研究内容

文献调研包含对国家和地方的相关文件的学习、相关的教师和职教教师研究、职业研究和职业教育研究方面的国内国外文献的分析、总结和提炼。（1）学习研究国家和地方的相关法律文件，包括《中华人民共和国教师法》《中华人民共和国职业教育法》《中华人民共和国劳动法》《关于实施中等职业学校教师素质提高计划的意见》《关于建立中等职业学校教师到企业实践制度的意见》及《中等职业学校教师专业标准（试行）》等。（2）围绕化工行业发展趋势及人才需求状况、职业分类与职业标准、中职学校专业目录及专业教学标准、职教教师教学能力和职业教育教师标准等内容进行调研，分析、研究、归纳和总结已有的研究成果。

3. 研究结果

课题组通过学习《中华人民共和国教师法》《中华人民共和国职业教育法》《中华人民共和国劳动法》《中等职业学校教师专业标准（试行）》《关于实施中等职业学校教师素质提高计划的意见》《教育部关于进一步深化中等职业教育教学改革的若干意见》《关于建立中等职业学校教师到企业实践制度的意见》《教育部关于制定中等职业学校教学计划的原则意见》和《重庆市中等职业学校专业教师能力标准》等国家、地方相关法律和文件，认识到我国目前非常重视职教师资队伍建设，早就开始了教师资格、标准的探索，但是缺乏职业教育特色，缺乏针对性、专业性和层次性。为加快建设一支数量充足、素质优良、结构合理、特色鲜明、专兼结合的高素质专业化中等职业学校教师队伍，教育部提出了"十二五"期间中等职业学校教师队伍建设的工作目标。

（1）职业分类与职业标准研究

根据化工生产的技术要求，化工职业的岗位群大致可分为化工工艺操作岗位群、分析化验岗位群、运转保障岗位群、管理服务岗位群、动力供应岗位群。

中职学校工业分析与检验、化学工艺和精细化工等专业的毕业生，主要面向的岗位群是化工工艺操作岗位群和分析化验岗位群。

化工工艺操作岗位群和分析化验岗位群相对应的国家职业标准，主要包括：化学检验工国家职业标准、化工总控工国家职业标准、化工工艺试验工国家职业标准、无机化学反应工国家职业标准、有机合成工国家职业标准和各种单元操作工（蒸馏工、萃取工、吸收工、结晶工和干燥工等）国家职业标准。

（2）中职学校专业目录及专业教学标准

通过文献研究得出结论，中职学校化学工艺、精细化工及工业分析与检验专业属于第二产业中涉及的石油化工类专业。

通过分析研究专业教学标准的主要内容，如专业名称、入学要求、基本学制、培养目标、职业范围、人才规格、主要接续专业、课程结构、课程设置及要求、教学时间安排、教学实施、教学评价、实训实习环境、专业师资等，对中职学校的教学有了进一步的认识，中职学校以工作过程为主线确定课程结构，以工作任务为引领确定课程设置，同时以职业能力为基础确定课程内容。要使教学标准得以实施，教师的素质是关键。随着对专业教学标准的认识的提高，对中职学校相关专业的专业教师的基本素养要求、应具备的专业能力和专业教学能力等方面也有了更进一步的认识。

（3）职业教育教师标准研究

通过文献研究，美、澳的职业教育体系以及欧盟努力建立的欧洲一体化职业教育体系代表着当前世界职业教育的 3 种不同发展模式，各具特色。通过对内容的研究，3 份标准都涉及的专业能力要素包括：了解学生、职业领域的知识和能力、设计学习活动、教学实施、评价、教师个体专业发展。美国标准突出学生发展，因而强化教师在帮助学生向工作和成人角色过渡中的能力，包括工作准备、管理和平衡各种角色、社会发展等方面，帮助学生实现从学习到工作的顺利过渡。澳大利亚和欧盟标准突出教师工作，因而质量保障、管理方面的能力要求在澳大利亚和欧盟的标准中占有相当大的比重。美国和欧盟的标准均非常强调建立合作关系，包括与同事的合作、与社会的合作、与其他教育机构的合作、与家长及社区的合作以及国际交流合作。澳大利亚标准中有两个要素非常值得关注：国际教育管理的能力、开发并培养持续发展的能力，这反映了职业教育的未来发展趋势，扩大国际交流合作和培养绿色技能人才。

国内的情况是随着国家对职业教育的重视程度加重，职教师资资格标准的制定也在不断完善。先是一些省市开发出了地方性标准，如《天津市中等职业学校教师资格教育教学能力测试标准》《重庆市中等职业学校教师能力标准》。2013年9月教育部颁布实施了《中等职业学校教师专业标准（试行）》。

（4）职业教育教师教学能力研究

本部分重点围绕国内外如何提高专业教师的实践教学能力的情况进行了调研。调研中发现国外的一些职业学校在提高教师实践教学能力上有许多可以借鉴的经验。一是职业教育教师入职准入制度，要加强实践技能或经历的考核，确保职前实践教学能力的基础；二是重视职前、职后培训及学习的连贯性，保证前后内容的衔接；三是有政府的宏观指导，制定相关的法律保障教师能力的提高；四是有专门的机构从事相关工作；五是重视和企业的联合，保证教师可以亲身参与实践。国内来看在国家和政府的层面上，制定了许多相关的政策。从其具体内容和要求来看，提高中职学校教师实践教学能力的有效途径主要集中在各级培训以及到企业实践两方面。各级地方政府以及中职学校也在这些方针的指导下进一步加强教师实践教学能力提高的相关工作。

（5）针对化工行业发展趋势及人才需求状况研究

文献研究发现，对于江苏省化工生产企业而言，优越的地理条件以及开放的经济环境所带来的是广阔的市场，国内化工产品需求量的不断递增、出口化工产品的不断增多，这些都为江苏省化工生产企业创造了良好的发展环境，也为中等职业学校工业分析与检验、化学工艺及精细化工专业的毕业生就业提供了机遇。

化工企业对于人才的需求情况调研发现，目前化工企业对人才学历的需求呈现出"两头小，中间大"态势。除个别研发类岗位外，化工人才学历不需要太高；企业需求最大的前三个专业是化学工程与工艺、高分子材料与工程和精细化工；热招的职位分别是操作工、工艺工程师、电气工程师、设备工程师、销售代表、销售经理；对于工作经验来讲企业往往根据职位高低、以及职位技术含量来确定对经验的要求。

二、化工企业调研

1. 调研目的

应用化学本科专业可以覆盖中职学校的工业分析与检验、化学工艺及精细化工专业。通过企业调研，调查人才链的最低端对中等职业学校化学工艺、精细化工及工业分析与检验专业毕业生的需求现状，考察企业岗位设置情况，分析各个岗位所要求的职业道德素养、基本能力和应具备的相关知识，从而明确中职专业教师应具备的职业道德素养、职业工作知识和职业实践能力，为面向应用化学类专业的中等职业学校专业教师标准的制订提供实证依据。

2. 调研内容

（1）在对化工行业发展趋势及人才需求状况、职业分类与职业标准等方面进行文献分析的基础上，在江苏省和辽宁省有目的地选择了化工行业中具有代表性的大、中、小型企事业单位，进行工作过程和内容的调研。

（2）通过企业的中高层管理人员、专业技术人员、车间班组长以及一线工人等多个视角，采用走访调研、电话访谈和问卷调研等方法，考察企业对中等职业学校化学工艺、精细化工及工业分析与检验专业毕业生的需求现状、企业岗位设置情况以及毕业生的工作过程和工作内容，听取企业对在岗中职毕业生职业道德素养、专业能力的评价及中职毕业生的职业发展情况。

（3）研讨分析各个岗位所要求具备的职业道德素养、基本能力和相关知识，确定中职毕业生需要具备的职业道德素养、职业工作知识和职业实践能力。

3. 调研结论

企业将中职毕业生的就业岗位定位为生产一线，企业希望中职生掌握一定的理论知识，具有较强的实践动手操作能力和工作适应能力，能吃苦耐劳，具有较好的职业道德，服从管理，忠于企业。从调研的结果来看，目前调研的中职毕业生在职业道德素养、专业知识和实践动手能力都和企业的要求有一定的差距，存在学生仅有一技之长，综合素质偏低，后续发展乏力等现象。但是，我们应该十分清楚地看到，我国的经济发展不仅需要一批勇于探索、锐意改革创新的高科技人才，但更需要千千万万既掌握操作技能又有一定技术理论的新型员工。所以中职学校的招生、教育和管理需要加大改革的力度，要求中职学校在中职学生培养过程中加强职业道德素养、专业知识和实践动手能力的培养。

（1）需具备的职业道德素养

企业对中职生是否具备吃苦耐劳、团结合作、积极向上、服从管理、忠于企业等基本的职业道德和素养十分看重。

（2）需具备基本知识和基本能力——化工工艺操作岗位群

岗位基本知识包括：化工生产中的机、泵、阀门以及其他单元操作设备的构造、特点、性能、操作、调节方法；化工生产的原料、工艺条件、典型化工产品的生产工艺过程；管路图、工艺流程图的识读；化学品性质、用途、制备方法、相互间的化学反应；安全用火、用电、高空和高温作业、容器操作等安全知识；测量仪表、典型的控制系统知识；产品检验知识；清洁生产知识；电工基础知识以及基本计算等知识。

岗位基本能力包括：化工生产系统操作和常用设备维护能力、现场化工仪表和控制仪表初步使用能力、初步识图和制图能力、环保意识和安全生产控制能力、了解化工企业管理及化工企业生产初步组织能力、无机（有机）产品质量检验能力、终身学习能力和一定创新能力。

（3）需具备的基本知识和基本能力——分析化验岗位群

岗位基本知识包括：基础化学、实验室基本操作、化学分析检测、仪器分析检测、实验室安全与质量管理和产品质量控制等相关知识。

岗位基本能力包括：企业对于分析化验岗位群的员工要求的行业通用

能力涉及以下几个方面：具有熟练进行分析与检验的动手能力；具有改进和设计实验方法和程序的能力；具有各种分析仪器设备使用操作、维修的能力和具有编写技术报告、总结归纳技术问题的写作能力及具有一定的学习和创新能力。对化学品进行分析与检验的能力要求如下：能按国家标准或行业标准，进行原料、中间产品、成品、废料样品的采集和制备；能正确解读化学品检验标准，能用化分、仪分技术检测化学品主含量及杂质含量；能正确处理检测数据、报告分析结果；能对检测过程进行质量控制及一定的学习和创新能力。

（4）中职专业教师应具备的专业理论知识、职业和工作过程知识及专业实践能力

企业化工工艺操作岗位群和分析化验岗位群所应具备的基本知识和基本能力，是对中职毕业生的知识与能力的基本要求。通过进一步的分析和研讨，在中职毕业生应掌握的基本知识和能力的基础上，反推提升归纳总结出中职专业教师应具备的专业理论知识、职业和工作过程知识以及专业实践能力，具体见表8-1。

表8-1　中职专业教师应具备的专业理论知识、职业和
工作过程知识以及专业实践能力

项目	专业理论知识、职业和工作过程知识以及专业实践能力分解		
专业理论知识	热力学知识、动力学知识、电化学知识、界面及胶体化学知识、量子力学基础和原子结构知识、分子结构知识、配位化学知识、元素化学知识、定量分析知识、有机化学知识、化工基本理论知识和化学信息及处理知识		
职业和工作过程知识	了解化工行业现状与发展趋势、应用化学专业与职业、应用化学专业知识体系、进行职业培训与技能鉴定、管理实验室		
专业实践能力	基本实践能力	基本操作技术	加热方法、煤气灯和酒精喷灯的使用、冷却方法、搅拌方法、气体制备净化和吸收、固液分离、沉淀转移洗涤烘干和灼烧、结晶和重结晶、试样的干燥、回流、蒸馏、高压钢瓶的识别和使用、压力的控制与测量、温度的控制与测量、流体的加料、常用电极的制备

项目			专业理论知识、职业和工作过程知识以及专业实践能力分解
专业实践能力	基本实践能力	综合实验训练	制备与合成、性质和表征
		基本物理量及有关物理参数的测定	基本物理量、热力学性质、电化学性质、表面与胶体和动力学性质的测定
		化工实验操作	化工参数的测定、简单二元系统精馏分离操作及管道阻力的测定
	工业分析与检验方向	选择和使用常用玻璃仪器和设备	
		采集和制备样品	
		分析准备	设计分析方案、配制溶液
		化学分析法	滴定分析法、重量分析法测定物质的含量
		仪器分析法	光谱分析法、电分析法分析样品、色谱法分离分析样品
		数据处理与分析	记录与运算测试数据、分析误差和撰写分析测试报告
	化工技术方向	化工工艺操作	工艺文件准备、设备检查、物料准备、开车运行与停车操作、事故判断与处理、设备保养与维护

三、中职学校的调研

1. 调研目的

调研人才链的中间环节——中等职业学校，考察中等职业学校教师的工作能力现状。调研对象包括中职学校应用化学类专业的学生、专业教师及专业负责人三个不同层面，力争全方位、多角度考察专业教师的工作能力，得出真实可信的第一手信息，确定中职专业教师应具备的职业道德素养、教学知识和教学实践能力，为面向应用化学类专业的中等职业学校专业教师标准的制订提供实证依据。

2. 调研内容

在对应用化学类专业相关的信息和资料（如专业目录、专业教学标准等）进行文献分析的基础上，选取了开设化学工艺、精细化工和工业分析与检验专业的职业学校，通过学校的学生、专业教师及专业负责人三个不同层面，采用走访调研、电话访谈和问卷调研等方法，全方位、多角度地进行教学内容、教师职业道德素养和教学能力要求的调研。

具体调研内容包括：现有师资构成（来源、学历、职业资格、职称、工作经历等）、中职学校对职教师资的需求、中职学校教师的教学特点和岗位特征、专业教师基本素养、专业教师的专业能力和专业教学能力现状、专业教师培训进修需求等内容。确定作为合格的面向应用化学类专业的中职专业教师应该具备的职业道德素养、教学知识和教学实践能力。

3. 调研结论

（1）对中职专业教师的综合评价

从整体看，中等职业学校化学工艺、精细化工和工业分析与检验专业的师资力量还是不错的，这可能与我们抽样选择的学校大多数为全国重点中等职业学校有关。中职教师普遍达到了中职学校对其知识结构、能力结构的要求，但各项素质尚待进一步提高。

① 专业教师的教育教学知识和职业工作知识相对缺乏

中等职业学校教师的知识结构包括专业理论知识、教育教学知识和职业工作知识三方面。调研显示，大部分中职教师对自身的专业理论知识很满意，而目前中等职业学校多数教师认为面对职业学校学生这一特殊群体，自己所接受的教育教学知识有很多不相适应的地方，在实际教学中与学生实际状况脱节。同时，教师普遍反映自己对所教专业的相关职业的现有工作程序及相关制度了解并不深入。中等职业学校学生对其所学专业对应的职业的相关了解主要是通过教师获得的，这显然不能很好地满足学生的需求。

② 部分专业教师的实践操作能力不强

中等职业学校中的多数教师，能较好地传授专业理论知识，但部分教师对自己所教专业相对应的职业群的实践操作技术并不了解，实践操作能力较差，所以在实践课教学中很难起到良好的示范作用，更不用提将基本操作技能传授给学生了。

③ 专业教师教学设计能力欠缺、教学方法单一

教学设计是成功实施课堂教学的基础，是从学科角度通过课堂实施人才培养的规划蓝图，同时，也是教师教学能力和水平的综合体现。调查发现，只有接近半数的专业教师觉得自己具备此能力，同时专业教学设计能

力也是中职教师希望通过职业培训获得或提升的主要能力之一，而且专业负责人也感觉目前教师专业教学设计能力不足，有必要在教学设计技能层面得到更多培训。

④ 专业教师的沟通协调和合作能力欠缺

综合来看，目前中职教师存在着沟通协调和合作能力方面的不足，而专业教师这方面能力的欠缺，不仅直接影响到对学生知识和技能的培养，也有可能会对学生的沟通协调和合作能力造成一些负面的影响。

⑤ 专业教师的科研能力相对薄弱

职教教师的教育科研能力薄弱，多数教师从未参加过科研项目，部分教师搞科研也是为了评职称，并且其中以学术性科研为主，没有适合其专业发展的应用性研究课题。这与职业教育迅速发展的要求不相适应，中职教师在接受新技术、解决新问题以及及时更新自身专业知识体系和能力结构方面，不能做到与时俱进，创新潜能较差，无法满足学生的新需求。

⑥ 部分专业教师的教育教学热情不高

中等职业学校教师的职业道德水平普遍较高，但是就其教育价值观而言，由于职教教师不能正确评价自己的职业，没有意识到职教工作的重要性，找不到自己的职业价值所在，导致自身职业认同感较差。此外，多数教师不能树立正确的人才观，认为自己的学生整体水平较差，无论自己怎么努力都不会取得突出的成就，因此容易产生强烈的无助感与挫伤感。对自己的教学没有信心，抱着得过且过的心态，久而久之容易产生教师职业倦怠，导致教育情感普遍较低，工作热情明显下降，不再想办法提高学生的学习质量，而仅仅把教学作为谋生的手段，内心存在一定程度的离职倾向，觉得如果有机会仍会选择别的工作。

（2）专业教师应具备的知识和能力

将调查结果综合汇总，结合中职学校教师的基本任务，明确了中职学校专业教师应具备的知识和能力，具体见表8-2。其中专业教师应需要具备的面向应用化学类专业的教育教学知识和专业教学能力，归纳总结结果如表8-3所示。

表 8 – 2　专业教师应具备的知识和能力构成

序号	项目	具体的知识和能力
1	专业知识	教育教学知识
		专业理论知识
		职业和工作过程知识
2	专业实践能力	基本实践能力
		工业分析与检验方向的专业实践能力
		化工技术方向的专业实践能力
3	专业教学能力	制订课程教学大纲、制订授课计划、设计教案、教学准备、实施教学、教学评价和教学指导、教学研究与专业发展、参与教学改革、学生管理与教育活动等

表 8 – 3　专业教师应具备的教育教学知识和专业教学能力构成

序号	项　目		具体知识和能力分解
1	教育教学知识		职业教育学知识、职业教育心理学知识和应用化学专业教学法知识
2	专业教学能力	制订所教课程教学大纲	解读课程大纲编写原则、确定课程大纲内容、明确大纲种类
		制订授课计划	解读培养方案、解读教学大纲、分析学情、分析教材、选择教学资源及确定教学进度
		设计教案	明确教学目标、分析应用化学及相关专业职业活动的特点、分析学习者、确定重点难点、确定学习载体（任务/项目）、落实企业教学、确定教学策略及教学评价设计
		教学准备	准备教学资源、布置教学情境
		实施教学	导入新课、情景导入、布置学习任务、处理突发事件及指导学生自评和互评
		教学评价	课后反思、确定评价内容、确定评价标准、确定评价方式和方法、评价组织与实施、评价分析和反馈调整
		教学指导	上示范课、说课、评课、指导参赛和组织实习实训活动
		教学研究与专业发展	提出教研课题与立项、组织开展教研活动、撰写研究报告、应用研究成果、撰写论文、参与精品课程建设、参与校本课程开发、跟踪学科和行业发展前沿、参加科研活动
		参与教学改革	现状调研与评价、提出教改方案、组织实施教改方案、评价教改效果
		学生管理与教育活动	班级管理、在教学中管理学生及就业创业指导

（3）专业教师需要具备的职业道德和素养

在企业调研中发现，企业对中职生是否具备吃苦耐劳、团结合作、积极向上、服从管理、忠于企业等基本的职业道德和素养十分看重，这对中职学校专业教师提出了更高要求，专业教师在教学过程中的言传身教对提升中职学生的职业道德和素养将具有重要作用。结合企业调研和中职学校调研的结论，通过研讨论证，认为中职学校专业教师应具备的职业道德和素养如表8-4所示。

表8-4　专业教师应具备的职业道德和素养

序号	项目	具体的知识和能力
1	职业理解与认识	贯彻党和国家教育方针政策，遵守教育法律法规
		遵守应用化学职业道德规范及教师职业规范，把立德树人作为职业教育的根本任务
		注重团队合作，积极开展协作与交流
		理解应用化学专业职业教育工作的意义
2	对学生的态度与行为	关爱学生、尊重学生和信任学生
3	教育教学态度与行为	树立育人为本、德育为先、能力为重的理念，重视学生的全面发展
		遵循职业教育规律、技术技能人才成长规律和学生身心发展规律，引导学生养成良好的学习习惯和职业习惯
		培养学生的动手能力、人文素养、创新意识、安全意识和环境意识
4	个人修养与行为	富有爱心、责任心，坚持实践导向，身体力行，做中教，做中学
		善于自我调节，保持平和心态，乐观向上、细心耐心，有亲和力

第三节　中职应用化学类专业教师标准的基本内容

为促进中等职业学校工业分析与检验、化学工艺和精细化工等专业教师的专业发展，建设相关专业的高素质"双师型"教师队伍，根据《中华人民共和国教师法》《中华人民共和国职业教育法》《中华人民共和国劳动法》和《中等职业学校教师专业标准（试行）》，结合化工企业、中职学校以及文献研究结果研究制定了《中等职业学校应用化学类专业教师标准》（以下简称《专业教师标准》）。该专业教师标准是应用化学专业中职教师培养标准和中职教师教育质量评估的基础，是应用化学专业中职教师培养模式创新的依据之一。

一、总体框架

中等职业学校应用化学类专业教师标准分为 4 个维度，包括：职业理念与师德、职业教育知识与能力、专业知识与能力和专业教学能力；含"教师职业理解与认识"等 16 个领域。

职业理念与师德一般是指对中等职业教育事业理念、基本知识和一般能力的认知与理解。职业理念与师德对应于《中等职业学校教师专业标准（试行）》中的"专业理念与师德"维度部分，以及"专业知识"维度中的"通识性知识"。具体包括教师职业理解与认识、对学生的态度与行为、教育教学态度与行为以及个人修养与行为。

职业教育知识与能力是指职校教师应该具备的职业教育学和职业教育心理学等相关知识，具有组织、管理和指导学生进行教育活动的能力。

专业知识与能力是指应用化学类专业的职校教师应该具备的专业理论知识和实践能力，以及相应的职业和工作过程知识。主要体现应用化学的专业性，在《中等职业学校教师专业标准（试行）》现有表述的基础上，增加了应用化学专业从业所应具备的专业理论知识和实践能力，以及相应的工作过程知识。

专业教学能力是指帮助学生学习应用化学专业的知识和技能而应掌握的教学知识与教学实践能力。主要体现中等职业教师工作的职业性，对应于"中等职业学校教师专业标准（试行）"的"专业知识"和"专业能力"两个维度的大部分内容。在这个基础上，"中等职业学校应用化学类专业教师标准"进一步体现了应用化学专业教学的专业特点。

中等职业学校应用化学类专业教师标准的总体框架见图 8 - 2。

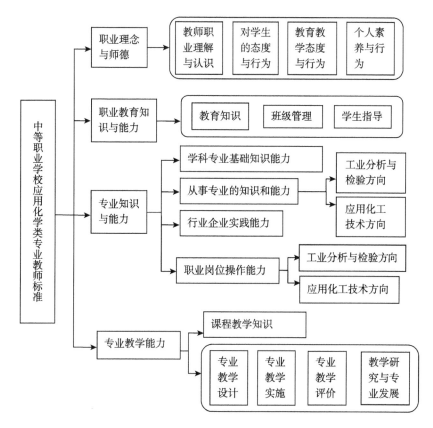

图8-2 中等职业学校应用化学类专业教师标准的总体框架

二、专业标准的实施要求

1. 各级教育行政部门要将《专业教师标准》作为中等职业学校应用化学专业职教师资队伍建设的基本依据。建立教师教育质量保障体系，不断提高教师培养培训质量。制定中等职业学校教师准入标准，严把教师入口关；制定中等职业学校教师聘任（聘用）、考核、退出等管理制度，保障教师合法权益，形成科学有效的中等职业学校教师队伍管理和督导机制。

2. 具有应用化学专业职教师资培养资格的院校，应将《专业教师标准》作为培养中职学校相关专业（工业分析与检验、化学工艺和精细化工）教师的主要依据。重视中等职业学校教师职业特点，加强专业建设，深化校企合作；完善教师培养方案，科学设置教育课程，改革教育教学方式；重视职业道德教育，重视职业实践、社会实践和教育实习；建立科学的质量评价制度。

3. 建议具有工业分析与检验、化学工艺和精细化工等专业的中等职业学校将《专业教师标准》作为教师管理的主要依据。制订相关教师专业发展规划，注重教师职业理想与职业道德教育，增强教师育人的责任感与使命感；开展校本研修，促进教师专业发展；完善教师岗位职责和考核评价制度。

4. 建议中等职业学校工业分析与检验、化学工艺和精细化工等专业的教师将《专业教师标准》作为自身专业发展的基本依据。制订个人专业发展规划，爱岗敬业，增强专业发展自觉性；大胆开展教育教学改革，不断创新；积极进行自我评价，主动参加教师培训和自主研修，逐步提升专业发展水平。

本章小结

职业教育专业教师一直缺乏明确的专业标准，严重影响了职业教育专业教师的专业发展，阻碍了职业教育质量的提升。为促进中等职业学校应用化学类专业教师的专业发展，建设相关专业的高素质"双师型"教师队伍，研究制定《中等职业学校应用化学类专业教师标准》。开发过程中遵循师德为先、学生为本、能力为重、终身学习的研发理念。通过文献研究国家和地方的相关法律文件、行业发展趋势及人才需求状况、中职学校专业目录和教学标准，为制订标准奠定方向；通过企业调研分析各个岗位的知识和能力需求，通过中职学校调研考察中等职业学校教师的工作能力现状，从而明确中职专业教师应具备的职业道德素养、职业工作知识、教学知识和实践能力，为标准的制订提供实证依据。根据前期研究结果，起草了专业教师标准（草案），并对草案进行多方征求意见和评议论证。在此基础上，继续深入学校和企事业单位调研，不断完善中等职业学校应用化学类专业教师标准。完成的专业教师指导标准分为 4 个维度，包括：职业理念与师德、职业教育知识与能力、专业知识与能力和专业教学能力；含

"教师职业理解与认识"等16个领域。该标准包括的中等职业学校专业有工业分析与检验、化学工艺和精细化工等，是应用化学类专业中职教师培养标准和中职教师教育质量评估的基础，是应用化学类专业中职教师培养模式创新的依据之一。

（本章作者　江苏理工学院：刘维桥、刘玉海）

"双师型" 职教教师培养培训的现状与提升

当前，我国职业教育处于大发展时期，国家制定了大量相关的政策，推动职业教育提高质量，提升层次。《国家中长期教育改革和发展规划纲要（2010～2020年）》《国务院关于加快发展现代职业教育的决定》等宏观层面的制度设计更是为职业教育大发展提供了良好的框架支撑。作为职业教育发展的重要保障条件之一，职教师资的供给是职业教育发展的重要保障。但是，当前我国职业教育师资培养培训仍然存在诸多问题，影响职业教育事业发展进程。在新的时代背景下，如何更好地进行职业教育师资培养培训，是全社会共同关注的问题。职业教育师资与普通教育师资有诸多不同，用技术学相关视角进行分析，可以为职业教育师资培养培训的质量提升和层次提高提供新的出路。

第一节 "双师型" 职教教师队伍建设的现状调查

我国正处于从制造业大国向制造业强国发展的进程，迫切需要培养培训大批高素质劳动者和技术技能型人才。习近平总书记指出，"中国作为制造业大国，技师技工应该成为人才基础""工业强国都是技师技工的大国"。近年来，职业教育得到党中央、国务院和各级地方政府前所未有的重视，形成了一个基本共识，推动产业优化升级、企业技术进步，需要加快培养大批高素质的技能型人才❶。技能型人才的培养，离不开"双师型"教师的储备。21 世纪以来，特别是"十二五"期间，我国在职教教师培养培训方面进行了一系列改革❷，《国务院关于加快发展现代职业教育的决定》（国发〔2014〕19 号）文件为"双师型"教师队伍建设做出了总体的规划和部署，从制度层面到操作层面提出系列重要的战略举措。此外，还有职业道德规范、职教师资培养和待遇等专项政策，为"双师型"教师队伍建设保驾护航。

为了客观、全面地探讨"双师型"教师培养培训方面政策法规的执行情况、执行过程中还存在哪些问题，笔者结合相关文献，通过问卷调查、访谈等方式对"双师型"教师培养培训现状进行了调查❸，问卷共设计 36个问题。课题组于 2014 年 7～12 月共发放 350 份调查问卷，收回有效问卷306 份，有效问卷回收率为 87.43%。同时，课题组选择了 3 位来自不同地区的"双师型"骨干教师分别进行了深度访谈，10 位专业骨干教师进行了座谈，调查对象涵盖范围较为广泛全面，具有一定的代表性。以下从三个方面对调查结果进行分析，并从不同的角度进行思考，提出相关建议。

一、师资结构情况

（一）来源结构：途径单一

从教师队伍构成来看，调查数据显示（见表 9 - 1），大学毕业后直接任教的职业教师占 61.11%，而从企业一线引进的教师仅占 12.42%。凸显了我国当前职教教师仍以校内培养为主，理论学习占据主导地位，专业实

---

❶　现代职业教育体系建设规划（2014～2020 年）［EB/OL］. http：//www. moe. edu. cn/pub-licfiles/business/htmlfiles/moe/moe_ 630/201406/170737. html.

❷　自 1996 年《职业教育法》颁布以来，相继出台了近 500 个教育类文件，各类教育政策出台最多的是职业教育。为建设一支高素质、高水平的职教"双师型"教师队伍，教育部联合财政部、人力资源与社会保障部等多个中央部委下发了一系列文件，有一揽子政策，还有专项政策，为"双师型"教师队伍建设保驾护航。

❸　问卷调查个体主要来源于江苏理工学院，该校是全国首批独立设置的职业技术师范院校（全国有 8 所），作为全国职教师资培训重点建设基地之一，每年为国家级、省级中高职骨干教师、学科带头人、人事处处长及校长等提供职后培训，调查对象涵盖范围较为广泛全面。

践环节学习占比较小，企业较少参与职教师资职前培养教育环节。毕业后直接任教的教师，普遍缺乏专业实践经历和实际工作经验，对专业技能的掌握欠佳，凸显了职业教育教师实践能力的缺失。同时也意味着，从企事业单位引进人才充实职业教育"双师型"教师队伍还存在较大的缺失，渠道不畅通。可见，问题的关键是"双师型"教师来源结构途径单一，职教教师有效供给不足。

表9-1　师资来源结构

来源	直接任教	其他单位调入	企业调入	其他	合计
人数	187	49	38	32	306
比例（%）	61.11	16.01	12.42	10.46	100.00

（二）学历结构：本科为主

从学历结构来看，博士、硕士、本科所占的比例分别为2%、36.4%、56.4%，拥有本科学历及以上的教师占主体地位，这意味着从学历资质上来讲，目前我国大部分"双师型"教师符合任职要求。与几年前相比，职教师资在学历层次上有明显的提高，但是这个比例与世界发达国家或地区相比仍有较大差距。国际上很多发达国家要求职教教师具备硕士以上学历（如德国要求博士），以此从学历层次保证职教师资的高素质。教师的学历层次是反映职教师资力量的一个重要指标。教师的素质是影响教学品质和学生素质的关键因素。如今，拥有硕士及以上学位已经是进入职业学校任职的重要条件。

（三）年龄和职称结构：青年和中级职称为主

从年龄结构来看（图9-1），31~39岁的教师占57.84%，说明目前中青年教师占大多数，特别是40岁以下的青年教师成为教师队伍的主力。师资队伍年轻化、有活力，但存在着活力有余而教学经验不足，企业经历很少，经验与经历欠缺等问题。从职称结构来看（图9-2），中级职称占50.33%，具有副高以上（含副高级）职称占比27.13%，高级职称的人偏少，当前主要存在师资结构失衡、骨干教师严重短缺等问题。教师的年龄结构影响教育的质量和效果，老、中、青应呈正态分布，40~49岁的教师应该是教师队伍中的中坚力量,需加大培养力度。

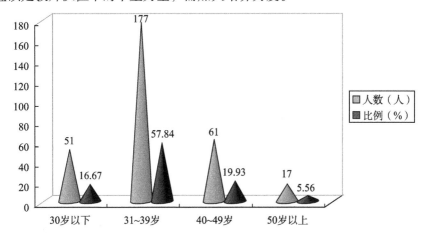

图9-1 年龄结构

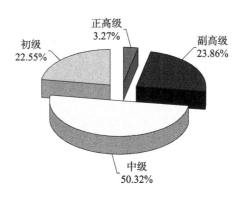

图9-2 职称结构

二、专业实践和培训经历

(一)教师准入制度不健全,职业资格制度实施的有效执行力欠缺

从职前接受过专业技能培训和教学技能培训来看(图9-3),累计培训超过3年的占13.1%,这部分人可能是从企业或者其他单位调入的,这与我们在师资来源结构的调查数据相符;值得注意的是,其中20.3%的人基本没有经过正式培训就走上了讲台。这说明职前教育实践、教学环节整体偏少,教师准入制度不完善。从有第二专业或其他资格证书来看(图9-4),有1个的占48.04%,有2个及以上的占26.47%,说明多数人是在职后教

学工作中再去培养"双师"能力，这种在职培养方式不但周期长，成本高，实践能力也不如从企业、服务一线引进的强，而且"双师"能力可能要"打折扣"。

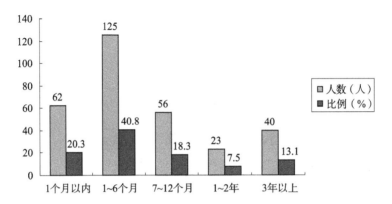

图9-3　职前接受专业技能培训和教学技能培训

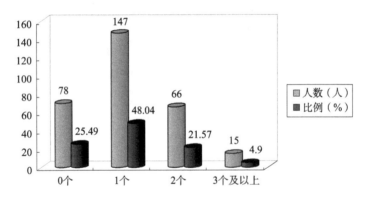

图9-4　有第二专业或其他资格证书

此外，通过访谈发现，即使是已经工作5年以上、拥有2个其他资格证书的老师大多数仍自我感觉与合格的"双师型"教师存在差距。这表明老师对"双师型"教师的素质结构、专业能力有比较清晰的认识，并没有简单地认为有第二专业或其他资格证书就是"双师型"教师。在有关职后培训需求的调查中，老师们也显现出他们对自身技能提升的主动性与积极性。

（二）职后培训有进一步合理规划的空间

调查显示，近三年参加2次及以上培训的老师占70.26%，但是也有

9.15%的老师之前没有参加过培训（图9-5）。同时，从近三年参加过的培训形式调查来看，主要有三种形式，到全国师资培训基地参加培训的占48.7%，到企业一线实践的占36.3%，参加校本培训的占34.3%，见图9-6。但在访谈和问卷开放题中，部分老师指出现实中存在形式主义、完成任务式培训，培训前不知道培训内容，接到通知后完全是任务式，不问教师个人发展和兴趣，也不管学校教学是否需要，2年内有的老师参加4个不同培训，很难真正掌握培训内容。也有老师提出"要真正深入到企业中去，参与企业工程设计等方面的工作。实践锻炼是提高'双师型'素质的最好方法"。可见，教师队伍整体发展规划、制度保障措施、个人职业拓展等方面还相对比较薄弱，职后培训有进一步合理规划的空间。

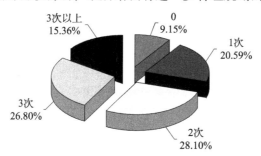

图9-5 近三年参加培训的次数

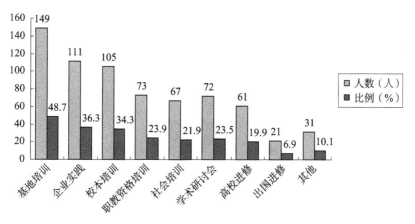

图9-6 近三年参加过的培训形式（多选题）

（三）教学任务重仍是参加培训的主要制约因素

根据调查统计，教学任务重、家庭负担重、学校没有经费支持、待遇基本没有变化等因素不同程度地影响教师参加培训的积极性（表9－2）。其中，57.52%的教师认为参加培训主要制约因素仍是教学任务重，而且访谈中还发现多数教师教学任务以外还要承担大量的事务性的学生管理等工作。调查显示，41.5%的教师平均周学时数超过16节（图9－7），工作量偏大，教师只能疲于应付教学任务，进行大量的"纸上谈兵"的演示，很难再把过多的时间和精力放在提高实践能力上。根据国家统计局公布的数据，如果以生师比26：1来计算，现在还勉强可以应付；但如果以20：1计算，缺口达到35万；如果以12：1计算，缺口甚至达到110万，而普通高中的生师比是13：1。因此，目前无论是中职还是高职，生师比都偏高，对提高教学效率很不利，尤其是对技能型人才的培养。学生参差不齐，最适合小班教学，大班教学无法满足技能训练的需要，导致理论与实践、知识与技能习得及习得过程难以做到一体化。教师教学能力、实践能力的提高需要教师不断反思，也需经过职后科学规范系统培训和提高。

表9－2 教师参加培训的主要困难（多选题）

参加培训的主要困难	人数	比例（%）
教学任务重，没有精力	176	57.52
家庭负担重，没有时间	99	32.35
学校没有经费支持	64	20.92
待遇基本没有变化，缺少动力	77	25.16
其他原因	18	5.88

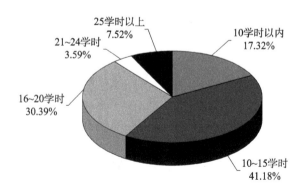

图9－7 平均周学时授课数

三、"双师型"职教教师培养培训的意愿和需求

(一)培训效果的总体满意度较好

调查显示,9.8%的被调查对象对"培训效果很满意",52.61%的认为"效果较满意",仅有2.94%的认为"不满意或很不满意"(图9-8)。说明在当前职教教师职前培养略显缺陷的状况下,国家及地方积极实施职教教师的职后培训,得到了广大教师的认可,接受培训的和没有接受培训的教师体验到这是一种有效地提高教师能力和专业发展的途径。访谈中多数被调查者认为,当前多数师范院校、职教师资培养学校教学实践环节时间设置整体偏少、效果难以保证,职前实践不到位,而"职后进修、培训"是"双师型"教师能力发展和提高的有效途径。

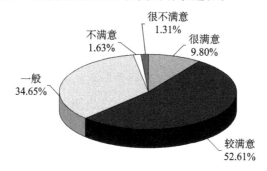

图9-8 对培训效果的评价

表9-3 接受培训的意愿

是否愿意接受培训	人数	比例(%)
无补贴,也愿意参加培训	103	33.66
有补贴,愿意参加培训	156	50.98
无补贴,不愿意参加培训	32	10.46
有补贴,也不愿意参加培训	15	4.90
合计	306	100.00

(二)接受培训的意愿较强烈

根据接受培训的意愿调查结果(表9-3),即使无补贴也愿意参加培训的教师占33.66%,而无补贴就不愿意参加培训的只占10.46%,仅有

4.90%的教师明确表示，有补贴也不愿意参加培训。显然，目前教师主动参加培训的主观能动性较强，意愿较强烈。

（三）提高待遇和职称是吸引教师参加培训的首选动因

根据调查，55.6%的老师认为在福利待遇上不合理，"双师型"教师相比非"双师型"教师差不多，"双师型"教师与待遇基本不挂钩，与待遇挂钩的主要是职称，因而缺少动力。访谈中，受访者指出，在产学研实施成果、技术推广应用、指导学生实践等方面表现优秀的教师，在职称评审过程中也没有得到应有的承认，因而积极性容易受挫。显然，提高待遇和职称是吸引老师愿意参加培训的首选动因。

四、思考与建议

职业教育是提高人力资源素质的重要途径，是为工作准备的，每一项工作都需要有相对专业的技能并且都能够丰富劳动力市场且使其多样化。❶一支高素质的"双师型"教师队伍是保障职业教育质量，推进我国现代职业教育快速发展的重要举措之一。基于我们的调查与思考，提出以下相关建议。

（一）加大经费支持，提供政策保障

一个国家的教育质量是无法超越它的教师的质量的。❷ 没有足够的资金保障，对"双师型"教师的建设构想、发展规划，只能停留在纸面上，难以实现。教师地位和水平的提高是吸引社会优秀人才从事职教教师工作的关键所在。❸ 首先，《教育规划纲要》提出要以提高质量为重点大力发展职业教育，并将提高教师地位待遇作为加强教师队伍建设的重要举措进行具体部署，政府须采取有效措施贯彻落实，增大对职业教育的投入力度，并保障相关教育经费的到位，为"双师型"教师的培养提供坚实物质基

---

❶ ［英］琳达·克拉克，克里斯托弗·温奇. 职业教育：国际策略、发展与制度 ［M］. 翟海魂，译. 北京：外语教学与研究出版社，2011：10.

❷ Moursher, M., Chijioke, C., & Barber, M. How the World's Most Improved School Systems Keep Getting Better ［R］. Mckinsey & Company, 2010：3.

❸ 钟秉林. 推进灵活多样培养 提高教师教育质量 ［J］. 中国高等教育，2010（19）：13–16.

础，如建立专项基金，以鼓励校企合作、支持教师在职培训。加大对农村和贫困地区职业教育支持力度，重视并解决欠发达地区特别是农村地区职教教师的工资待遇、住房等问题，切实改善教师的工作和生活条件。其次，加大对职业教育"双师型"教师培养培训工作的政策支持，通过政策引导"建设人人有技能的社会"人才观念的转变，正确引导公众舆论，为"双师型"师资队伍的培养创造良好氛围，进一步提高职业教育的吸引力。最后，就教育的促进和发展而言，任何一种力量都不如来自政府的行政力量重要和强大。❶ 政府应发挥好统筹、规划、督导评估等职能，加强组织领导，根据发达地区和欠发达地区的不同难点、不同发展阶段，统筹不同地区、不同类型院校，完善分级分类管理，吸引优秀人才从教、乐教。

（二）拓宽教育途径，完善培养体系

教师教育制度由封闭走向开放，已成为一种国际趋势。首先，建立科学合理的职教教师培养培训体系，实施更有作为的开放式的教师教育制度。在现有独立设置的职业技术师范学院，30 多所普通师范大学和综合性大学建立的职业技术教育学院，依托于普通高校和高职院校建立的 56 个国家级、300 多个省级职教教师培养培训基地组成的职教教师培养培训体系基础上，要有更多的综合性大学、文理大学进行非定向型教师培养。其次，提高入职培训的针对性、规范性。针对不同来源渠道的教师，选择培养培训内容，丰富培养培训形式，改善教师教育实践，提高教学技能和职业技能，使培养或培训更加有的放矢、行之有效，从而帮助教师提高工作岗位适应力。最后，通过立法形式建立相关硬性制度要求，促进职教师资在职培训的规范化，形成合理系统的激励机制，以及具体的操作办法和最新科学的培训内容。激励机制是促进职教教师接受培训的重要手段，联合国教科文组织早在 20 世纪 80 年代就正式承认在职教师享有接受继续教育培训的权利，同时提议建立教学休假和工资照发制度。因此，我们需要转变观念，在加强职前教师培养实践环节的同时，最重要的是把教师培养看作一个连续的过程，并设法促进这一过程。不能期望职前教师培养应该让

---

❶ 谌启标. 教师教育改革政策的国际比较研究［M］. 北京：法律出版社，2014：21.

全部教师都能准备好他们职业生涯的所有方面，而社会、学校期望获得的无所不能的实践从业者也是不现实。持续的教师培养是一个系统工程，课程设置要凸显专业性、实践性、应用性，为教师创造培训的机会，了解培训需求，注重培训效果，开展持续而多样化的职后培训，不断提升教师的知识和技能，从而培养出满足职业教育需求的核心教学能力，为职业教育提供稳定的教师来源，不仅满足教师数量的要求，更要满足职教教师质量和专业结构的要求。

（三）健全资格认定制度，增强制度执行力

现行的教师资格制度最大的缺陷就是未能突出职教教师的职业教育教学特点，对"双师"素质的考核能力有限，尤其是对"双师型"教师专业技能这一模块的考察存在盲点和不可操作性。美国著名的行政管理学者 G. 艾利森指出："在实现政策目标的过程中，方案确定的功能只占10%，而其余的90%取决于有效的执行。"❶ 这就需要健全"双师型"教师资格认定制度，严格准入制度，增强制度执行力，确保职教师资的质量水平。制定一套既具体又可操作的"双师型"教师认定标准。根据不同专业、不同岗位，制定有层次的标准体系，优化教师素质结构，提高职教教师培养质量，为职业教育提供稳定、高质量的教师来源。改革现行教师资格制度，对照职教教师的典型工作任务，教师资格考试笔试部分的教育学、心理学考试与职教教师面临的职业任务相关度较低，识记、理解类的试题与职教教师的实际工作普遍相去甚远，应用类试题与面临的实际工作任务有一定相关性，但分值比重太低。建议增加实际专业能力及技能测试，增加企业实际经历考察，以考察申请人的动手实践能力。同时，系统规划、研发相应的课程体系和质量标准，为职教师资认证制度的实施提供更大空间，增强制度执行力。

（四）完善职称评审制度，激发教师原动力

遵循教师成长规律和职业特点，完善"双师型"教师职称评审制度，是实现制造业强国、人力资源强国的创新举措之一。首先，"双师型"教

---

❶　陈振明. 政策科学——公共政策分析导论［M］. 北京：中国人民大学出版社，2004：10.

师职称评审条件应依据教师专业标准，注重教师综合素质，将理论教学和实践教学能力、教学业绩放在职称评审的首位，以提高其在工作中的积极性和创造性。其次，创新评价机制，建立教师社会服务成果认定评价体系，落实教师企业实践制度，把教师参与企业技术创新和发明等成果作为职称评审的重要依据之一。由教育行政部门、行业协会共同制定评价职教教师服务社会能力的相关指标和认定办法，建立"政、校、企"共建的社会服务平台，注重教师应用性社会服务成果的评价，鼓励教师紧跟行业技术发展步伐，引导教师深入企业，协同企业工程技术人员、高技能人才，对生产、服务和管理一线进行改进创新。再次，完善职称评审中有关科研能力的评价标准。实践证明，研究能力是教师专业成长的原动力，应用性科研是提升"双师型"教师职业素质的最佳途径。评审标准中要予以体现，鼓励教师立足校本研究，根据地方区域经济特色和教学需要，参与课程体系建设、行业调研、专业人才培养方案、课程标准及教材等研究，以行业真实项目指导学生参加各类技能比赛获奖等，让教师技术技能水平接受社会行业的挑战，凸显学校服务于地方经济的鲜明特征。最后，建立专家资源库，改善"双师型"教师职称评审制度，避免职称评审过程中的行政意志。专家资源库由专家学者、相关行业的资深专家和技术能手等共同组成，按专家、年龄等随机抽取组成评委会。同时，评委会组成人员的入选要严格把关，应选拔出政策观念强、作风正派、学术技术水平高的专家或学者。通过这些举措，从源头上保证职称评审的权威性、公平性。而职业教育职称评审制度的进一步完备与完善，有利于将职教"双师型"教师队伍建设推向科学化和常态化，进一步发挥"双师型"教师在高素质劳动者和技术技能人才培养过程中的价值与作用，提高职业教育社会影响力和吸引力。

第二节 "双师型"职教教师培养培训的技术学反思

2013年9月，我国颁行了《中等职业学校教师专业标准（试行）》，为职业教育师资培养培训提供了较为坚实的制度要求。由于职业教育师资的特殊性，从技术学角度进行研究既是职业教育师资的特性所决定，也可突破由一般教育学视野进行分析的局限，为相关理论分析和实践问题解决提供新角度。本节即从这一观点出发，充分契合职业教育师资培养培训的特点，以期有更多新的发现。

一、职教教师培养培训的技术学视角

本研究中，职教教师主要指在职业院校工作的正式在岗的专业课教师及实习实训指导教师，公共基础课教师不在本研究范围之内。专业课教师的专业化成长是职业教育得以开展的核心保证。

本研究中的技术相关学科含科学技术哲学、科技史、科技伦理等。从理论上讲，职业教育应该是技术学思想体现最为充分的教育类型。在这一点上，普通教育中的技术基础教育只是一种外围保障。职业院校的教育对于整个国民技术素养的提升具有特别重要的意义。本研究中的培养培训体系既包括高等院校承担的职业院校教师培养，也包括旨在提高职教教师素质和能力的各级培训。因此，是一个综合性的概念。

国内外学界关于职教教师培养培训的相关研究既包含理论的探讨，也包含对国内外具体实践的总结与概括。具体有以下几个方面：第一，关于三种主要职业教育教师教育模式的研究[1]。教师教育的培养模式，在不同国家及各国的不同发展时期均有所不同，大体上出现了三种不同类型的模式，即"定向型""开放型"和"混合型"[2]。第二，国外关于职业教育教师教育模式的研究现状及实践综述。舒尔曼最早提出了"学科教学知识"（PCK）教师知识理论框架[3]，其后科勒和米什拉对 PCK 进行完善，形成了"整合技术的学科教学知识（TPACK）"理论框架。Lave & Wenger（莱夫

---

[1]　李大寨. 我国职业教育教师培养培训模式研究 [D]. 西北农林科技大学，硕士学位论文，2012.

[2]　张晓蕊. 职业教育教师教育模式的创新与建构 [J]. 东北师范大学学报（哲学社会科学版），2012（1）：182 - 186.

[3]　徐万晓. 舒尔曼学科教学知识视角下对教师专业素养的新思考 [J]. 重庆电子工程职业学院学报，2012（1）：78 - 80.

和温格）首先提出了"实践共同体"的概念❶。这些理论思想都对教师教育产生了深远影响。实践上看，美国和英国实行的是开放型教师教育模式❷，澳大利亚建立了比较完整的师资培养、师资培训和师资管理制度，法国教师教育模式属于混合型模式，芬兰职教教师培养也经历了由分散到统一的路程，日本教师教育采用混合型模式。第三，国内关于职业教育教师教育模式的研究现状及实践综述。理论研究者指出，建构职教教师教育培养模式，可以概括为实践导向和理论模型导向两大路径。职业技术师范的研究及其实践的研究方面，既有对其合理性和功绩的研究，也相继形成了天津职业技术师范大学的"双证书、一体化"模式、河北科技师范学院的"三三四"模式、同济大学的"同济模式"等实践模式❸。但职业技术师范学院在办学中也出现了师资、培养目标、就业竞争力等方面的困惑与问题。其他学者还相继提出了多元共生的职教教师教育培养模式、职业教育教师发展的校企联合支持模式、"自由职业者"模式。

我国在职教教师资格、标准、条件等方面也进行了多层面的研究与探索。从主体上看，教育主管部门和学者均进行了相关思考与实践，也积累了一定的经验；从职教教师类型覆盖面上看，对包括专业教师、实习指导教师、兼职教师等方面都有涉及；从职业教育层次上看，对中职和高职教师相关要求均进行了研究探讨，取得了一定成效。我国职教师资培养培训的长期实践取得了显著成绩。2013 年颁布的《中等职业学校教师标准》（试行）从表面上解决了我国职教教师标准长期缺失问题，但教育部财政部斥资 1.5 亿元进行的职教师资培养标准相关研究却表明仍然有大量理论与实践问题有待探讨。职教教师资格等相关文件中对技术相关方面要求不明或不高也造成了我国职教教师标准历史欠账的累积❶。现代科学技术呈

---

❶ 李利. 实践共同体与职前教师实践性知识发展——基于教育实习的叙事研究 [J]. 教师教育研究，2014（1）：92 - 96，80.

❷ 刘光然，郭桂英，张召霞. 职教师资专业化发展有效途径研究 [J]. 电化教育研究，2013（1）：109 - 113.

❸ 杨静. 职教"双证书"一体化教育管理制度的构建 [J]. 天津电大学报，2015（1）：48 - 51.

❶ 聂伟进. 基于三种理念下我国职教教师资格制度问题分析 [J]. 职教论坛，2014（19）：23 - 27.

现更加活跃、突飞猛进的新态势，有可能导致一次新的世界经济浪潮的来临，作为对职业技术教育中重要角色的教师的研究不能无视新的技术生态。

二、技术学视野下职教教师培养培训的现状及问题

长期以来，我国对职业教育师资培养培训投入了大量物力、财力，也收到了较好的效果，为我国职业教育事业发展提供了坚实的保障，素质高、技能好、教育教学能力强的师资队伍已经成为大多数职业院校发展的重要保障。但是，由于多方面原因，我国职业教育师资培养培训还存在一定问题，亟须进行研究，并尝试通过多种途径进行解决。

（一）职教教师培养培训现状及主要成绩

经过长期努力，我国已基本形成一支数量充足的职业教育师资队伍，既包括大量公共基础课教师，也包括技能水平较高的专业课教师队伍[1]。仅从本研究的研究对象来看，职业院校的专业课教师数量和水平均有相当大程度的提高。

培养主体方面，我国曾经专门设立职业技术师范院校，进行职业教育师资培养，取得了良好的成效。虽然随着时代发展，一些院校在办学方向上有一定转型，但原来的职业技术师范院校依然大多保持了职业教师培养特色。加之一些综合院校也积极投入职业教育师资培养培训中来，职业教育师资整体供给呈现上升趋势。

培养培训体系方面，经过多年努力，国家建立了较为完善的职业教育师资培养培训体系，既有专门的职业技术师范院校的系列，也有国家级、省级职业教育师资培养培训基地，共同组成了一个较为完善的职业教育师资培养培训体系。

培养培训方式方面，目前，我国职业教育师资培养培训既有专业院校的专门化培养，也有院校帮扶、出国培养培训等多种途径，使相当一部分职业院校教师拥有了多种渠道来提升专业技能和综合能力，为其专业化成

---

[1] 龙俊. 关于职教教师专业化问题的探讨 [J]. 教育现代化，2016（4）：70 - 73.

长提供了坚实保障。

专业培养培训的深度和广度有了较大拓展，针对专业课教师的培养培训越来越多样和深入，参训教师不仅可以学习本专业门类内的专业知识和技能，也通过多种方式进行跨专业学习。这对于职业院校专业群的发展是一种重要保障，也收到了良好的效果。

总之，我国职教教师培养培训取得了举世瞩目的成绩，既实现了数量上的跃升，也实现了教师实践技能的提升，收到了良好的效果。目前，一支数量庞大、技能较高的职业教育师资队伍正在沿着专业化成长的道路不断前进。

（二）职教教师培养培训存在的主要问题

经过多种形式调研，职业教育师资培养培训方面还存在一定问题，这种问题有的来自制度设计本身的潜在缺陷，有的来自时代变化带来的新挑战。

第一，培养主体方面的优劣并存。虽然我国职教师资的一个重要渠道是通过职业技术师范类专业院校进行定向培养，但职业技术师范类院校在培养学生技术素养上既有优势也有劣势。优势是从入学便使学生具有较强的职业定向，劣势是单独的职业技术师范院校在办学实力、专业视野方面有一定局限，影响了职业教育师资的全面化发展。

第二，时间安排方面的困境。时间安排主要涉及两个方面，一方面是如何确定整体时长问题，另一方面是如何确定时间分配问题。这既有宏观设计上的问题，也有具体的操作细节问题。国家相继提出职业教育师资有一年企业工作实践经历，职业教育师资每年需到企业实践 1 个月等要求。但是，对于不同专业而言，这样的整体时长有时并不能满足教师的需要。尤其是对于一些近年来兴起的专业，专业课教师的知识水平和技能水平往往落后于现实，不利于人才培养质量提升。在时间分配方面，一个矛盾问题是，专业核心课程教师往往是最需要提升专业技能的。但对于大多数院校而言，这部分教师又是最为缺乏的，往往一个专业核心课教师要同时承担多门课程，教育教学任务极为繁重，往往没有时间接受时长较长的专业化培养培训。经常出现一个专业教师去培训，专业课课程整体后移等情况，甚至影响到正常的教育教学安排。

第三，专业对接度方面的错位。技术素养提升不是抽象的，而是具体的，最终目标是转化为教师面对实际问题时的判断力、理解力和处置力，必须结合具体专业进行针对性设计。但是，在培养培训实践中，专业课教师参加培养培训，往往接受的是专业化的技能操作培养培训，真正服务于技术素养的课程和教育内容非常缺乏，从而影响了教育教学效果。当然，专业技能提升是必要的，也是最需解决的短板问题。但是，对于教师职业而言，教育教学理念的更新却对其专业培养有决定性作用，直接影响到教学内容设计、教材选用以及具体的教学设计和课堂教学。在这一点上，不少培养培训机构的安排并不能满足实践需要。

当然，上述只是职业教育师资培养培训问题中的若干部分，在具体的细节安排中还有诸多问题值得注意，如培养培训模式、培养培训考核机制等。

总之，职业教育教师培养培训尽管取得了较大的成绩，但仍有许多现实问题有待解决。尽管有些问题是由时代变化引起的，可能无法在短期内解决，也是包括职业教育师资培训在内的整个教师队伍提升中的共性问题，但是，对于职业教育专业课教师而言，尽快提升技术素养却是更为紧迫的，也是需要更好制度设计的方面。

三、职教教师培养培训提升的技术学分析

职业教育师资培养培训的技术学维度分析，就是用技术哲学、技术社会学、技术文化学等学科门类的基本原理，主要从技术伦理、技术异化与批判、技术知识传播等视角进行分析。职业教育师资培养培训的技术学分析，需要对职业教育教师应具备的技术观念、教育观念、教学能力、学生观、角色定位等进行研究，并力图对职教教师标准做出具有相关技术学科特色的分析与建构。运用技术相关学科理论可以为职教教师技术素养培养培训提供具有深度和创新性的视野。

（一）职教教师技术观分析

职业教育教师的技术观即职业教育教师应该对技术持何种观点。这里

包含如何看待科学与技术的关系，如何看待技术发展和技术创新，以何种态度投入技术创新和技术教学中。

职业教育教师具有科学的技术观的重要意义包括以下几方面：第一，只有具备科学技术观，才能更好地看待技术发展，对技术动态保持敏感，对技术发展方向持辩证观点。第二，拥有科学的技术观，可以在具体的教育教学实践中更好地进行教学设计和教学实施。例如，恰当处理技术教育中知识和技能的切入顺序，选择适宜的教学方法。第三，职业教育教师只有具有科学的技术观，才能更好地引导学生投入技术创新实践中，并保持科学的态度。

职业教育教师必须知晓科学与技术的辩证关系，充分理解技术的相对性，并对科技史上科学发展和技术发展的相互作用和各自的相对独立性有清晰的认知。另外，对技术也要持辩证观点，对技术的危害和技术异化保持敏感，并对其危害性有充分的认知。更好地把握整体意义上的技术发展和单向技术发展的关系，更好地理解技术使用中正确使用和不良使用之间的辩证关系。

（二）职教教师教育教学观分析

在技术学观点看来，技术成长具有特定的规律，技术中的学徒制教育非常重要，也较为有效。技术教育中明言知识可以被教授，但是隐性知识则主要应通过领悟来实现。

在这样的背景下，职业教育教师应该如何看待职业教育，如何看待职业教育中教育的作用、教师的作用、如何更好地进行技术教育教学，均是职业教育教师教育教学观的重要内容。

良好的教育教学观不仅是教材编写、选用的指导思想层面的指针，也是具体教学设计中的实践指向。因此，职业教师的教育教学观不仅具有理论研究的意义，更具有很强的实践意义。

职业教育教师既需要认知职业教育中知识传授的重要性，确保教育教学的效率和质量，通过多种途径提高学生对知识和技能的掌握度；也需要认知到职业教育中的隐性知识学习必须经由学生主动建构来完成，高度重视学徒制的重要性，并在实践中按照现代学徒制要求进行教育教学改革。

（三）职教教师学生观分析

职业教育教师学生观即职业教育教师如何看待学生在教育中的角色定位，如何发挥学生在教育教学中的主动性，如何看待职业院校学生的素质，对其现状和发展趋势做出分析。

职业教育教师的学生观是教师进行教学设计和教学方法选用的最直接参考依据。在这一点上，目前存在的主要问题是，大多数职业教育教师对职业院校学生的基本素质持否定态度。这里的一个矛盾问题是，在看低职业院校学生的同时，不少教师又期望通过单一化的教育教学方法来实现学生的素质提升。

技术学的分析可以发现，职业教育教师必须将学生视为技术知识的掌握者，也视为技术知识和技术技能的开发者，更多地使学生在具体的实践中主动建构技术知识和技术操作能力。因此，必须对职业院校学生综合素质评价标准进行再思考。只有这样，才能促使职业教育教师对职业院校学生进行再评价，也才能在此基础上，对具体的教育教学实践进行新的设计和安排。

（四）职教教师角色定位分析

职业教育教师的角色定位即职业教育教师如何看待自己在教育教学中的作用，扮演何种角色。因此，职业教育教师的学生观和其角色定位是一个相对应的概念。

职业教育教师只有对其角色进行科学定位，才能更好地处理教育中的诸多现实问题，包括如何进行知识传授，如何进行技术技能培养，教育教学具体设计应该按照何种原则和标准展开，等等。

在技术学看来，从技术掌握和技术发展这个角度看，职业教育教师并不一定具有天然优先性。因此，职业教育教师必须以平等研究者的角色进入教育中。而且，对于技术批判思维、技术伦理意识培育方面，只有结合具体的技术实践才能更好地展开。在这一点上，单个的职业教育教师甚至无法与多个体的职业院校学生整体相比，因为他们有更多的技术体验。

第三节 "双师型"职教教师培养培训的技术学路径

我国职业教育教师培养培训在实践中积累了大量经验，也有许多成熟的做法需要坚持，有些还需要进行更多拓展和推广。本研究从技术学视野对职业教育教师培养培训进行分析，更多地侧重于职业教育教师技术素养的提升。

一、技术学视野下职教教师培养体系改革方向分析

职业教育教师培养体系即相对独立和专业化的职业教育师资培养机构设置及系统安排。在职业教育教师培养方面，我国既有专门化的职业技术师范院校的实践，也有非定向化的安排。在实践中，职业院校在进行师资队伍引进时，也大多并不局限于从职业技术师范院校选用毕业生。在一些特定专业领域，甚至不少院校还将目标设定在综合性大学的毕业生上。因此，对职业教育教师培养体系进行反思具有时代意义，也是现实的需要。

当然，随着职业教育日益普遍化和平民化，职业教育的师资培养也会走出一条逐渐开放化的路子。从技术学视角对职业教育教师培养进行反思需要从以下角度展开：第一，从技术发展的自身规律来看，专门化的培养是不是技术成长的最为有效的途径。第二，技术素养的提升（如技术伦理、技术批判）是不是专门化的职业技术培养机构所能承担的。第三，从技术学的视角看，我国职业教育教师如何达到更好的技术熏陶效果。

从技术发展规律和技术成长规律来看，我国职教教师培养方面，主要要从职业技术师范类院校的定位与转型、社会资源的广泛整合等方面进行改革与创新。职业技术师范院校转型为综合院校，虽然表面上看减少了职业教育教师供给，但也应从技术发展的要求进行尝试与理解。专门化职业教育教师培养机构的社会资源整合更具有迫切性，需要认真考虑和安排。

二、技术学视野下职教教师培训体系改革方向分析

职业教育教师培训体系也是一个综合性体系的概念，既包括国家层面

的培训体系设计，也包括省市地等基层层面的体系设计，甚至也应包括社会层面提供的职业教育教师培训服务供给。

调研发现，我国职业教育教师培训尽管取得了一定的成绩，但仍然存在质量有待提高、形式有待多样、规范化需要加强等问题。现代职业教育是一个日益开放的教育类型和教育形式，因此，充分发挥职业教育教师培训体系的重要作用是当前职业教育教师素质提升的重要组成部分。

技术学分析表明，职教教师培训提升和改革方面，主要应从培训主体、具体安排以及兼职教师与专职教师的沟通等方面进行改革与创新。培训主体上，应在依托现有职业教育师资培训基地的基础上，充分发挥社会组织等社会力量的作用，丰富培训主体，提升培训的竞争性。根据调研情况，职业教育教师培训安排上应该更为灵活，与职业教育教师实际情况相契合。另外，充分发挥兼职教师的作用，实现专兼无缝沟通，对于专业课教师技术素养提升也具有重要意义。

三、提升职教教师培养培训效能的政策建议

提升职教教师培养培训效能是个系统工程，应在顶层设计、体系框架、教育内容、实践安排等方面着手。

（一）顶层设计：加强技术学底色

职业教育教师培养培训的顶层设计中应加强技术学底色，既要在指导思想上充分考虑到技术批判、技术创新、技术伦理的基本要求，也要在基地选取、规划设计上考虑到技术素养提升的长期性和多元性，使职业教育教师有更多途径，以多种形式实现技术素养的提升。使专业课教师在提升实战性专业技能的同时，具有更为宽阔的技术学底蕴。

（二）体系框架：加强理论与实践的联结

在体系框架的安排上，应通过丰富培养培训模式，使职业教育教师有更多时间，以更为灵活的形式接触技术前沿，以更为真切的方式理解技术异化，从而实现技术学素养提升中的理论与实践的联结。

（三）教育内容：加强技术学基本素养教育

无论是专门化的职业教育教师培养，还是职业教育教师的职后和在职

培训，均应将科学技术哲学、科技史、科技伦理等内容列入其中。可以以专门化的课程形式出现，也可以知识模块等形式切入，使职业教育教师具有初步的技术学素养，为其以后在教育教学中进行更多体验奠定坚实基础。

（四）实践安排：增强技术学观察力培育

培育职业教育教师的技术学观察力，就是要使职业教育教师具有运用技术学基本原理对技术实训、技术指导等进行观察、分析、判断的能力。这是与具体的技术操作指导和技术观察相对应的一种能力。对于职业教育教师而言，这种能力的培育与技术操作能力一样重要，对教师角色而言甚至更为重要。

本章小结

职业教育是提高劳动者素质的重要途径，加强"双师型"教师队伍建设是推进我国现代职业教育快速发展的重要举措之一。通过问卷、访谈的调查方式，分析"双师型"教师队伍建设中存在的问题，并从不同的角度进行思考，提出相关建议。从技术学视野考察可以发现，我国职教教师培养培训还存在培养主体方面抉择难题、时间安排方面的困境和专业对接度方面的错位等问题。面向未来，我国职教教师培养要从职业技术师范类院校的定位与转型、社会资源的广泛整合等方面进行改革与创新，职教教师培训则主要应从培训主体、具体安排以及兼职教师与专职教师的沟通等方面进行改革与创新。提升职教教师培养培训效能是个系统工程，应在顶层设计、体系框架、教育内容、实践安排等方面着手，努力实现培养培训的一体化。我国职业教育教师培养培训必须尽早打破培养与培训相互脱节、关联度不高的状况，在技术积累与技术成长规律的整体关照下，在框架设计、体系架构、内容安排、实践锻炼等方面贯彻一体化设计理念，打造内外关联、前后衔接的培养培训体系。

（本章作者　中原工学院：陆俊杰；江苏理工学院：王碗）

第十章

"双师型"职教教师培养培训一体化的系统规划

所谓"一体化",是指使各自独立运作的单元组成一个紧密衔接与相互协作的有机整体,其核心思想是强调整体性、统筹协调和优势互补。自20世纪40年代末期以来,一体化已成为政治、军事与经济发展等宏观社会领域的重要战略改革趋向;在微观经济领域,一体化是当代企业管理的重要战略之一,又分为纵向一体化和横向一体化战略。在教师教育领域,长期以来存在职前与职后教育分离、培养机构与使用机构脱离、教育机构各自为政的分裂局面,各阶段教育缺乏有效衔接,相关资源缺乏整合,各主体优势缺乏协同。为改变这一情况,自20世纪80年代以来,世界各国越来越重视教师教育的一体化改革。与普通教育相比,职业教育是一个特别多样化、理论与实践关系密切的领域。中职"双师型"教师专业能力结构性更丰富,教师队伍结构性更复杂,来源更多样,以"双师型"职教教师为目标的培养培训工作更需要进行一体化顶层规划。

第一节 "双师型"职教教师培养培训机制的一体化

中职"双师型"教师培养培训是一个涉及面广泛、复杂而系统的、需要多方协同的、高度专业化的过程。促进"双师型"教师培养培训一体化的关键是强化顶层设计，即培养培训机制的一体化设计，要以机制的一体化协同各类管理和教育实施机构，激发其潜力，促进其改革创新与协同。

一、中职"双师型"教师培养培训机制一体化内涵

机制是指一个工作系统的组织或部分之间相互作用的过程和方式，它反映了事物各关键要素运动变化的"关键性"特征。教师培养培训机制一体化包括教师培养培训机构一体化和培养培训规范一体化，机构一体化需要规范一体化予以规定和保障，规范一体化需要机构一体化予以承载和运行，两者必须有机结合。只有完善机制一体化顶层设计，才能有效规范主体责任，促进资源整合与相互协同，更高效地进行中职"双师型"教师培养培训工作。所谓培养培训机构一体化，即要加强教师培养和培训机构的整合，重点建设培养和培训基地，加强培养和培训基地的有效沟通协调，强化培养基地的角色职责和基地之间的协同，以构建具有培养培训功能于一体的教师教育基地。职业教育教师的职前培养，既要在大学接受专业教育，也要在企业和中职学校进行学习与实践。有效的中职"双师型"教师培养必须要形成"政府、高校、企业和职业院校"四方的深度联动与协同。教师职前培训是使学生成为具备一定胜任力的职业教育合格教师，但在新教师入职之后，面对的是更加复杂、现实和多样的教育实践生态，新问题、新境遇、新挑战会不断涌现，也要应对来自政府、社会、家长和学生提出的新要求，高效率工作的压力巨大，这需要中职教师提高学习的自觉性，积极参加在职培训。职后培训是职业教育教师成长的加油站，是促成教师专业能力持续提升的重要路径。近年来，我国各级教育部门及政府其他相关部门强化教师职后培训工作，投入大量财力，创新培训机制与方式，有力地提升了中职教师的"双师素质"。所谓培养培训规范一体化，即要从教师职业活动过程、职业素质、成长路径的整体角度来设计教师培养培训的框架、标准、内容、实施方式，以及各培养培训机构的主体责任、各阶段的衔接和协同方式，它是教师培养培训机制一体化的核心。2013年教育部颁布的《中等职业学校教师专业标准（试行）》是中职教师培养培训的重要依据和一体化的重要成就。当前培养培训一体化的重点是

要加强"政校企校"协同和"职前与职后"衔接的规范制度，这是一个亟待政府和高校解决的问题。

二、中职"双师型"教师培养培训管理与实施机构一体化

从国情出发，我国教师培养培训机制一体化要坚持以省为主，教育厅主要负责推进和监督，高校为实施平台，联席会议为重要纽带。其中，教育主管部门要充分履行政策与制度制定、监督评估等管理职能，发挥一体化的主导功能，如通过资质认证来推进一体化。中职"双师型"教师培养培训是一个高度专业的工作过程，必须要有高度专业资质的机构来实施。专业资质认证需要从理论和实践两个层面以及理论与实践一体化的原则出发。一方面是高校教师培养培训机构资质认证，教育厅要遴选高水平院校来实施中职教师教育，并以资质认证为抓手提升高校的实践性理论素养和实践指导能力。另一方面中职教师培训机构的资质认证，教育厅要会同其他厅局遴选高水平企事业单位来负责教师培训，并着力提升教师培训机构的专业能力。其中，在教师教育实习方面，师范生进入中职学校实习，中职学校安排教师作为指导教师，一位教师面对一个或几个学生。如果学生有幸遇到优秀的、负责的教师，自然收获丰厚；反之，则收益微小。企业的实习情况也大体如此。因此，从一体化顶层设计出发，教育厅不仅要关注高校教师教育机构的资质认证，更要重视师范生学校和企业实习两个领域的资质认证、实习指导组织和有效性。

加强教师培养培训管理与实施机构的一体化，首先，要制定教师培养培训机构资质认证标准，并依据该标准确认一批能开展教师培养培训的机构。采取的办法是高校申报，教育厅审核方式。其次，建立教师培养培训管理与实施机构联席会议制度，设立常设委员会。省内所有进行职业教育教师培养培训的机构均要参加联席会议，选取代表性中职学校、企业与高校和教育厅师范处组成日常工作委员会。联席会议每年召开一次，共同商讨教师教育相关问题。常委会根据需要不定期组织讨论对话。建立联席会议制度是教师培养培训管理与实施机构的宏观一体化，对于中职"双师型"教师培养模式一体化、课程一体化和师资一体化发挥推动和保障作

用。倡导高校建立教师教育联盟，推进培养培训机构协同与资源共享。如华中师范大学整合校内外资源，牵头成立湖北省教师教育联盟，促进各学校发挥自身师资、课程和资源优势，推进联合培养和资源共享。●

三、中职"双师型"教师培养培训一体化设计的原则

我国教师教育一体化发展整体上还不够成熟，而职业教育复杂多样的特点以及"双师型"教师独特的素质要求，对"双师型"教师培养培训的一体化又提出了更高挑战。为有效推进中职"双师型"教师培养培训一体化，更高效、更高质量地推进中职"双师型"培养培训工作，进行一体化设计与实施时应注意以下几项原则：

一是系统性原则。中职"双师型"教师培养培训一体化涉及机构、规范、实施方式和课程等一系列要素，必须基于各主体专业能力、教师教育目标、教师职业成长规律，以系统性、整体性为基本原则，从宏观、中观和微观三个层面做好规划设计，加强国家、省和具体实施机构层面的职责定位与衔接，强化制度、机构、组织机制、实施方式、课程、评估等各要素的有机协调。

二是循序渐进原则。一体化既是一项努力追求的目标，更是一个不断领悟和发展的过程，不会一蹴而就实现。要依据客观条件和事物发展规律制定中职"双师型"教师培养培训发展规划，明确发展总目标、阶段性目标与任务。依据规划，随着客观条件的日渐成熟，循序渐进对一体化进行丰富和深化。

三是开放性原则。鉴于职业教育复杂多样的特点和"双师型"教师的独特素质要求，中职"双师型"教师的培养培训必须持有开放的、包容的、不断进步和学习的态度。或者说，开放就是意味着不断学习和思考，不断接纳、吸收和变革，它不故步自封、不居功自傲、不盛气凌人、不寻求同一。在推进中职"双师型"教师培养培训一体化过程中，要善于学

● 李向农，洪早清. 教师教育一体化背景下师范大学的教师教育变革与创新——以华中师范大学为例 [J]. 教师教育论坛，2014（4）：5-8.

习、讲求平等，加强政府、高校、中职校和行业企业的协同关系，要随着职业教育的发展不断创新，要吸收其他领域的成功经验，不断谋求自身的成长进步。

四是强化激励机制。推进中职"双师型"教师培养培训一体化，离不开各层面和各相关利益主体的努力与有效合作。要强化激励机制建设，最大限度地激发各主体的努力与合作潜力。政府层面要加强激励机制创新，激发政府部门、高校、中职校和企业落实一体化制度。从具体实施机构层面看，就是要强化设备、教师等资源建设与整合。比如，建立职校教师教育实习基地，加强基地的运作组织能力，按每年接纳实习学生数量给予专项支持，并加强评估督导。

第二节 "双师型"职教教师培养培训模式的一体化

中职"双师型"教师培养培训一体化的核心是培养培训模式的一体化，其主要包含"校企校"三元协同的横向一体化模式和"职前与职后"相衔接的纵向一体化模式。通过培养培训一体化设计，可以有效保障中职"双师型"教师的培养培训质量和持续的专业发展。

一、中职"双师型"教师培养培训模式一体化内涵

人才培养模式是教育领域的核心词，又是理解多样的一个词。教育部原副部长周远清认为，所谓人才培养模式，实际上就是人才的培养目标和培育规格以及实现这些培养目标的方法或手段。教育部在《关于深化教学改革，培养适应 21 世纪需要的高质量人才的意见》（教高〔1998〕2 号）中对"人才培养模式"的内涵描述为："人才培养模式是学校为学生构建的知识、能力、素质结构，以及实现这种结构的方式，它从根本上规定了人才特征并集中体现了教育思想和教育观念。"徐涵认为，人才培养模式是指在一定的教育理念指导下，教育工作者群体所普遍认同和遵循的关于人才培养的活动实践规范和操作样式，它以教育理念为基础，培养目标为

导向，教育内容为依托，教育方式为具体实现形式。❶

综合上述观点，我们认为，人才培养模式是在一定的教育理念指导下，为实现一定的人才培养目标而构建、运行的人才培养的机制、方式和方法，是一个"由始（初始状态）而终（目标）"的系统。人才培养模式的核心要素是人才培养理念、培养目标、课程模式、教学模式和评价模式。对于中职"双师型"教师培养培训模式而言，其人才培养理念与目标定位于"培养既有理论素养和现代化教学能力，又有实践素养和实践指导能力的合格教师"，在培养培训过程中兼顾"学术性、师范性和技术性"，注重实践导向。培养或培训课程目标是基于培养理念和客观条件而确定的。课程模式、教学模式和评价模式是基于人才培养理念、培养目标和现代职业教育课程与教学的相关理论进行设计的，必须要服务于人才培养理念和目标。所谓中职"双师型"教师培养培训模式一体化，首先要在理念上达成一致，以统一的理念指导培养培训目标、课程与教学实施模式、教学评价等具体的教育实践活动，形成一个目标一致、多元协同、前后衔接、理实结合的教育共同体。

二、横向一体化：三元协同培养

众所周知，中职教师"双师素质"要求教师需同时具备理论与实践能力，集学术性、师范性和技术性于一身。如此，单靠传统的书斋式的课堂教学是难以实现的。另外，从教师教育国际发展趋势看，教师教育的中心开始下移，由单纯以大学为基地转向把中小学作为教师教育的重要基地。❷因此，中职"双师型"教师培养培训需要依据中职"双师型"教师的独特要求，强化高校、中职校和企业三方协同机制，注重发挥中职校和企业等机构的优势资源。在这个模式中，高校主要负责教师专业理论素养和一定的实践能力发展，中职学校主要负责教师实践能力的磨炼和发展，企业主要担负教师专业实践能力的形成与发展。三元共生的关键体现在"三元协

❶ 徐涵，等. 职业教育人才培养模式创新［J］. 中国职业技术教育，2010（2）：8－11，16.
❷ 吴安春. 职前职后一体化教师培养模式的实践探索——兼议教师教育学科建设［J］. 大学·研究与评价，2007（12）：26－28.

同"。只有结成密切的三元合作共同体，才能优势互补，相得益彰。在三元协同中，合作是核心，高校是主导。

要加强三元协同的运行机制建设。首先，高校应联合中职校和企业成立教师教育委员会及分会，该委员会挂靠于高校及相关部门。借助于该委员会平台，高校、中职校和企业共商人才培养大计，研究人才培养目标、规划培养方案、设计培养方式、考核方式、教师团队建设等关键环节。其次，成立由三方专业人员组成的指导团队。❶ 聘请中职校优秀教师、管理人员、企业技术骨干、能工巧匠、大学教师教育学科负责人等组建教学指导委员会。在中职校建立学生教育实践学校，组建导师团队，优化学生实习组织和指导方式。在企业建立学生专业实践学校，组建师傅团队，强化企业实习的学习效应和专业能力发展。高校要优化大学课程设置、改进课程教学方式、提高课堂教学效率，培养学生具备较强的专业理论知识水平和科学素养。最后，要加强激励机制建设，尤其要激发中职校和企业的参与意愿，促进三元更好地协同。中职校和企业是培养中职"双师型"教师不可或缺的主体，只有两者深度参与、强化学生实践的学习效应，学生的实践才会富有收获。虽然，学生在实践过程中会参与学校和企业的相关活动，给学校和企业带来利益，但是对直接指导学生实习的指导老师和企业师傅而言，相应的津贴却十分少。适当增加中职校指导教师和企业指导师傅的实习指导津贴，有助于他们更认真负责地指导学生的实践。政府需要专项支持，强化中职校和企业、指导教师和师傅的责任意识。

三、纵向一体化：职前职后一体化

加强教师职前培养和职后培训的有机整合，实现教师教育一体化，是几十年来世界教师教育改革发展最为显著的特征。❷ 但当前，职教师资职

---

❶ 高忠明，肖莹. STPDS：职教专业课教师教育的新模式 [J]. 职教论坛，2013（6）：35 - 37.

❷ 肖瑶，陈时见. 教师教育一体化的内涵与实现路径 [J]. 教育研究，2013（8）：149 - 152.

前培养与职后培训脱节，二者缺乏联系，各行其是，相互隔阂，导致师范生对职业教育感到陌生，进入教师角色缓慢。因此，职前职后一体化的职教师资培养培训体系亟待建立。● 职前职后一体化打破了教师职前培养与职后发展相互分离的局面，建立起职前与职后相互衔接、内在统一的教师教育体系；它将教师教育的学历教育和非学历教育、正规教育与非正规教育有机结合起来，努力做到培养目标一体化、课程实施一体化、考核评价一体化和管理体制一体化。❷ 对中职"双师型"教师而言，教师教育职前与职后一体化就意味着重新理解"双师型"教师的内涵、工作要求和职业发展轨迹。职业学校教师的来源，基本上有三条主要途径：职业师范毕业生、非职业师范毕业生和企业人员，其"双师素质"水平各有不足。加强"双师型"教师职前培养，不仅意指强化职业师范教育，对于刚招录的非职业师范毕业生和企业人员也要予以重视。可以按照补偿性原则对新教师进行入职之前的短期培训。技术、劳动力市场、职业规范和学生都在不断发生着变化，职业教育要适应企业发展的新需求，就要不断加强自身的学习与变革。一名教师要成长为专家型教师，要了解技术、企业和学生，也需要不断学习与反思。因此，教师入职之后的培训就显得十分重要。

教师职前职后的纵向一体化，就是要从终身教育的理念、教师职业生涯的视角出发审视教师专业发展，协同好职前培养与职后培训的使命，尤其是系统规划教师职业生涯发展，规范教师职后培训，按阶段有计划地开展职后培训学习，提高教师培训质量和培训效益。构建教师教育职前职后一体化的结构体系，必须要在改革的整体方案中贯彻和渗透两个基本的理念：（1）在把教师的职前培养、新教师的入职辅导和在职教师的职后培训作为一个完整的过程来通盘考虑并进行全程规划与设计的过程中，各个阶段要前后贯通、相互衔接，一定要以终身教育思想为指导。（2）在培养目标的确定、教育内容的选择、课程结构的设置、培养途径的制定、教学方

● 贺文瑾. 完善培养培训机制，促进职教师资专业成长 [J]. 当代职业教育，2013 (11)：1.

❷ 刘义兵，付光槐. 教师教育一体化发展的体制机制创新 [J]. 教育研究，2014 (1)：111－116.

法的调整、职后培训的落实、教师资格证书制度的完善等方面，一定要以加强教师专业化发展为前提。❶

然而，要真正把教师职前培养和职后培训有效地统整起来，形成一个完整的教师教育体系，无疑是一项非常艰巨的开创性工作。❷为保障职前职后纵向一体化的实施，应加强体制机制建设和模式创新。首先，依据《中等职业学校教师专业标准（试行）》，进一步规划、明确教师教育职前阶段和职后阶段的主要目标、任务与内容，颁布职前与职后培训大纲，用以指导中职"双师型"教师培养培训工作。其次，明确主管部门的统筹协调作用，将职前与职后教育进行融合，职前教育要充分了解教师职业实践阶段的新要求、新挑战，改善及加强职前教育；职后培训要融合职前教育机构的专业力量。此外，应建立一批职前培养与职后培训两个功能于一体的教师教育基地，并切实加强这些基地的专业能力。最后，在中观和微观层面上，省级教育主管部门和高等学校要创新培养培训模式，将职前与职后、理论与实践以更为灵活多样的方式结合起来。

简言之，中职"双师型"教师培养培训模式一体化，就是"以教师专业发展为核心，科学构建教师专业发展的目标体系；以教师专业发展目标体系为依据，整体构建教师职前培养和职后培训相衔接的课程体系；以教师专业发展为纽带，创新高校、政府、中职校和企业四位一体的教师教育体制，形成'合作共建、联合培养、共生发展'的新机制"❸。

第三节　"双师型"职教教师培养培训课程的一体化

教师在工作过程中，面对的是整体性的教学事件，往往需要整体性思考。但教师教育课程一体化和整合性不够，教育教学内容与过程具有一定的片面性。在这种情况下，学习者的学习呈现分析性的离散学习状态，不能生成统合性认知框架，不利于学习者整体性的分析和完成中职教育教学

❶ 赵国金，高艳梅. 对新视野下我国职前教师培养模式的反思与建构［J］. 高等教育研究，2011（12）：29－30，31.

❷❸ 肖瑶，陈时见. 教师教育一体化的内涵与实现路径［J］. 教育研究，2013（8）：149－152.

工作任务。

一、培养培训课程一体化设计的内涵

课程建设与教学内容是教育的核心环节，构造一体化的课程体系是落实中职"双师型"教师培养培训一体化的关键。"一体化教师教育的培训目标和内容体系是对传统师范教师的革新，一方面，它对教师的专业发展进行整体目标设计，打破了传统师范教育对教师养成的割裂，关照教师专业发展不同阶段目标的整合，促进教师的终身发展。另一方面，它突破了传统师范教育的课程设计理念：在内容上，不仅关注教师职前培养的课程设计，还关注促进教师入职后进一步专业成长的教师教育课程内容上的衔接；在形式上，不仅关注传统师范教育的学科课程设计，更加关注课程资源的平台建设和专业能力训练综合课程的设计。"❶

要"根据一体化教师教育的目标体系，建立起教师教育各个阶段既各有侧重又有内在联系的相互衔接的专业内容体系"❷。中职"双师型"教师培养培训课程一体化可以从四个方面理解：一是职前与职后课程的一体化，职前教育侧重于培养初具"双师素质"的合格教师，同时奠定终身职业发展的基础；职后教育侧重于提升教师的专业能力，使新手逐渐成为专家型教师。要遵循教师专业化发展的阶段特征和要求，将中职"双师型"教师职前与职后课程衔接起来。二是教育类课程与专业课程的一体化，教育类课程肩负形成教师教育教学技能的目标，专业课程是教师教育教学的对象和内容，前者是师范能力，后者是专业能力，两者相辅相成，可以相互渗透，如可以在专业课程教学过程中渗透教师教育教学能力的培养。三是课程的理论性内容与实践性内容的有机协调，要将理论性知识和实践性知识在课程内容的组织、学习次序、学习时间方面恰当安排，提升学习成效。四是培养培训课程与学习资源的共享。高校、中职学校和其他中职教师培训机构在长期的教师培养培训过程中积累了比较丰富的教育资源，但这些资源处于比较分散和隔绝的状态，缺乏整合和共享。

❶❷ 艾兴. 一体化教师教育的专业建设内涵及核心内容 [J]. 教育研究, 2015 (8)：118 – 121.

二、推进中职"双师型"教师培养培训课程一体化

推进培养培训课程一体化是一个任务艰巨的系统性工程。在推进课程一体化进程中，首先，应基于中职教师专业标准、专业化发展目标和职业教育发展对教师提出的要求，明确职教师资职前培养与职后培训的课程目标，制定培养培训的课程标准。如针对国培项目，教育部制定了《"国培计划"课程标准（试行）》，并于 2012 年印发。该标准包括四个部分：培训目标、培训建议内容、课程设置与实施建议和主题式培训设计样例。其次，要科学设置职前职后一体化的课程内容，❶ 尤其要妥善处理"教育教学理论课程""教师专业能力实践课程""专业学科课程""专业实践课程"的比重、相互关系以及教学组织落实。再次，创新机制与方法，实施专项课程与教学资源建设项目，以及建立联合开发团队，进一步提升课程与教学资源建设的规模与质量。利用信息技术搭建共享课程与教学资源平台，促进课程与教学资源的整合与共享。

在课程一体化实践中，应遵循以下几项原则：一是要以中职学校专家型教师与教师专业化发展为指导。专家型教师具有专业化的知识、高效率的工作和创造性的洞察力等三个共同特征，❷ 它是中职"双师型"教师培养培训的本质目的，是职教教师教育课程一体化设计的根本纲领。二是坚持采取模块化课程设计模式。模块化在现代工业制造和经济管理等领域应用十分广泛，也是现代课程理论的重要课程模式。模块化强调标准性的接口和在模块内的创造性设计，具有独立性、灵活性、效益性等特征。当设计好一体化课程大纲后，各个培养培训机构可以据此就部分课程目标或内容开发课程内容与实施方案，并方便于其他培养培训机构使用。三是要坚持理论与实践相结合。理论与实践是两类不同的知识，相互之间具有比较复杂的关系。恰当安排两者的学习进程，能起到相互促进的作用。但如果安排不当，则不但不能相得益彰，其自身的学习质量也难以得到保证。如

---

❶ 陈颖．终身教育背景下的教师教育一体化 [J]．民办高等教育，2007（9）：29-32.
❷ [美] 罗伯特·J. 斯腾伯格，温迪·M. 威廉姆斯．斯腾伯格教育心理学（原书第 2 版）[M]．姚梅林，张厚粲，等，译．北京：机械工业出版社，2012：10.

传统上是先学习教育理论再进行教育实习，往往导致学生在学习教育理论时无的放矢、无精打采，而当开展教育实习时，又缺乏理论的思考与解释，不能进行理性的分析和问题解决。在职教师资的培训中，也要坚持理论与实践相结合的原则，如采取专题学习与交流研讨相结合，观摩考察与反思体验相结合，以问题为中心，以案例为载体，突出参与互动，总结提升教育教学经验等方式。❶

第四节 "双师型"职教教师培养培训师资的一体化

师资是影响教育质量的关键因素。鉴于职教教师教育的"学术性、师范性和技术性"要求，以及强烈的实践性和跨界性特征，为培养培训高素质的中职"双师型"教师，亟待打造一支高素质的一体化的教师教育团队。

一、一体化教师团队拥有一致的人才培养信念和目标

一致的价值观念是团队形成的基础条件和团队的基本特征，是保障团队采取一致行动的价值保障。一体化的中职"双师型"教师培养培训团队必须要持有一致的人才培养理念和目标，如此，他们才能采取一致的、适宜的、相互支持性的教育教学行动。中职"双师型"教师队伍是保障中职教育教学质量的关键因素，"双师型"教师高度结构性的专业能力培养需要多方协同参与。培养中职"双师型"教师是集体性责任，是高校教育类科目教师、专业科目类教师、行业企业和中职学校共同的职责，还需要政府政策的强力保障。在共同的职责下，从整体性、系统性出发审视"双师型"教师的培养培训工作，既要担负好自身的教育教学义务，也要渗透其他教育教学内容，促进其他教育目标的实现。

---

❶ 艾兴. 一体化教师教育的专业建设内涵及核心内容［J］. 教育研究，2015（8）：118－121.

二、构建"三元一体化"教师团队

前文论及中职"双师型"教师"三元协同"的横向一体化人才培养模式，其重要落脚点之一就是要具备"三元一体化"的教师队伍。教师专业发展需要教师培养培训全机构参与和整合，在职业教育教师培养培训师资方面进行一体化设计，统整高校、企业和中职学校组成高度协同的教师队伍，强化教师教育的精细化合作分工，促进各类教师资源优势互补。对于职业师范教育而言，职业教育学、职业教育课程与教学论、职业教育心理学等课程可以由高校教师和中职优秀教师共同教授。其中，高校教师教授一些比较理论性和基础性的知识内容，中职教师教授一些实践性强的内容，还可以合作将学生引入中职学校真实的课堂中去观摩和评课。通过将中职教师更早、更深入引入高校职业师范教育，以及高校教育类科目教师和中职优秀教师的深度合作，能尽早唤起职业师范生的角色意识，形成职业教育教师规范，能激发学生对理论知识的学习兴趣，增强对职业教育原理的理解，能学会观察分析教育现象，形成较强的教育教学能力，从而提升教育类科目教学的有效性。聘请企业技术骨干向职业师范学生讲述职业实践的发展、意义、技术工艺及前沿，还可以担任实践或理论课程的教学或指导工作。企业技术骨干在讲技术理论科目时，更能将理论与实践密切联系起来，会更生动和具有激励性。总之，企业技术骨干深度参与中职教师教育工作，可以更容易地激发学生的专业学习兴趣和信心，能更好地促进他们技术实践能力和职业规范的形成。而高校的学科型教师在参与学生企业实践及在与企业技术骨干的合作过程中，也能更深刻地领悟企业的技术发展。中职校和企业也能结成更紧密的关联，借助合作平台促进中职校教师专业发展。

当前，"三元一体化"的教师队伍远未形成，高校、中职校和企业之间的隔绝状态十分突出，这不利于"三元一体化"人才培养模式的落实。因此，政府教育主管部门需要优化教师队伍建设的顶层设计，创新教师队伍运行机制和模式，激发高校、中职校和企业组建"三元一体化"的教师团队。"三元一体化"教师团队由高校主导和具体组织落实，高校应以教师团队建设和协同为目标，加强教学组织制度与方式的改革创新。

三、打造"理实一体化"的教师队伍

培养中职"双师型"教师是一种高层次的职业教育，其师范性和技术性要求职业师范生一定要具备比较坚实的教育教学能力和技术实践能力。正如对职业学校教师"双师素质"的要求一样，要培养出具有较强实践能力要求的"双师型"教师，也同样需要从事教师教育的师资具备"理论与实践一体化"的能力和结构。因为我国高校从事职业师范教育的历史比较短，以及受普通教师教育和高校重理论轻实践的影响，职业师范教育的理论倾向比较突出，表现在：教育类课程和专业科目的理论性过强、理论内容过多、教学方式过于理论化，这不利于培养培训高素质中职"双师型"教师。此外，中职教师的培训工作也需要将理论和实践密切结合起来，培训不仅要发展实践能力，也应提升理性思考能力。因此，教师教育机构亟待打造出一支"理实一体化"的师资队伍。

对于"理实一体化"教师队伍，可以从以下两个方面予以理解：其一，从事教师教育的教师不仅应具备较强的理论或实践能力，比如高校教师通常具备较高的理论素养，来自于职业学校的教师和企业的技术骨干通常具备非常高的专业实践能力，他们还应该具备实践或理论能力，即高校教育类教师要对中职教育的实际情况和改革发展十分了解，熟悉职业学校的课程与教学改革，对中职教学具有一定的经验和感悟，专业类教师应对企业与生产过程有比较深刻的理解；来自于中职的教师应该具有比较丰富的教育理论；来自企业的技术骨干对技术原理也应比较熟悉。其二，理实一体化的教师队伍还可以从专兼职教师队伍的角度来看。兼职教师是做好中职"双师型"教师培养培训工作的重要组成部分，一般来自职业教育和专业技术实践第一线，具有丰富的实践经验和较高的实践能力。高校自己的专任教师，受制于高等教育体制性和组织性因素，总体是偏重于理论性和学问化的。在中职"双师型"教师培养培训过程中，既需要理论和学术的滋养，也需要师范和实践技能的锤炼，单纯一方来实施教育都不能达到

"双师型"教师培养的目标。因此，需要组成专兼职教师的联合舰队来协同完成职业师范的"双师型"培养目标。如《教育部办公厅关于做好国培计划教师培训机构遴选工作的通知》（教师厅〔2010〕14号）规定，"组建高水平专家团队，其中中小学教育教学一线的优秀骨干教师不低于40%。"

总体来讲，教师队伍一体化的核心思想有两个：打造理实一体化结构的联合舰队和提升教师个体理实一体化的水平。只有整合高校、中高职和企业的师资力量，强化高校教师培养培训师资队伍建设，落实主体责任，推进改革创新，才能保障中职"双师型"教师培养培训一体化的落实。

本章小结

一体化的核心思想是强调整体性、统筹协调和优势互补，是当前教师教育领域改革的重要趋向。推进一体化改革将突破中职"双师型"教师教育体制内长期存在的职前培养与职后培训脱节、培养机构与使用机构脱离、教育机构各自为政、资源缺乏优势互补与协同发挥的困境。本章从四方面探讨了中职"双师型"教师培养培训一体化顶层规划，分别是机制一体化设计、培养培训模式一体化设计、课程一体化设计和师资一体化设计。机制一体化强调培养培训基地建设和培养培训一体化规范制度的确立，认为应遵循系统性、循序渐进、开放性和激励性四个原则。培养培训模式一体化要以"双师型"教师专业发展为核心，要致力于形成一个目标一致、多元协同、前后衔接、理实融合的教育共同体，构建"三元协同培养"横向一体化和"职前与职后衔接"纵向一体化融合的教师教育新模式。培养培训课程一体化强调课程模式的适应性和课程内容的整合性，包含职前职后课程一体化、教育类课程与专业课程一体化、理论性内容与实践性内容一体化和课程与学习资源的共享。课程一体化要以中职学校专家型教师和教师专业化发展为指导，整体设计课程标准；采取模块化设计，凸显独立性、灵活性和效益性；要坚持理论与实践相结合。教师教育师资队伍一体化设计，以形成一致的教育信念为基础，以打造多元协同、专兼职结合的理实一体化的师资联合舰队和提升教师个体理实一体化素质为目标，旨在优化教师队伍结构，提升师资队伍素质。

（本章作者 广西师范学院：逯长春）

卓越职教教师培养培训一体化的教学设计

为推动教师教育综合改革，全面提升教师培养质量，教育部2014年发布了关于实施卓越教师培养计划的意见，对实施卓越教师培养计划的目标要求、分类推进卓越教师培养模式改革、建立高校与地方政府、中小学"三位一体"协同培养新机制、强化招生就业环节、推动教育教学改革创新，整合优化教师教育师资队伍和加强卓越教师培养计划的组织保障提出了具体意见。其中，"推动教育教学改革创新"是卓越教师培养计划的核心任务，因为它从最根本上决定了教师教育的质量。对于卓越职教教师的培养培训来说，明晰当前教育教学中存在的困境与问题，明确卓越职教教师教育的目标与理念，设计卓越职教教师教育的教学内容，为培养培训提供相应的支撑与保障，是卓越职教教师教育教学改革的重要内容。

第一节　职教教师培养培训过程的教学问题

我国职教教师培养培训虽然在几十年的摸索中取得了一定的成就，但相比于其他类型教师的教育而言，仍然面临着许多问题，最外显的问题就是职教师范生招生吸引力不足，对口就业有难度，导致职教师范生的培养出现了进出两难的困境。除此之外，更重要的是，职教教师培养培训在其教育教学过程中还存在着一些问题。

一、教育模式衔接不畅

当前，职教教师培养培训模式从培养机构来看，职前培养主要在单独设置的职业技术师范学院和普通大学的专业院系或职业技术教育学院中进行，职后培训主要分布在各个职教师资培养培训基地；从核心培养内容角度来看，其培养培训内容普遍挂靠于工程科学（或称专业学科），这一培养模式下职教教师的专业内容从属于工程师的专业内容，职教教师培养与工程师培养并无大异，当前职教教师企业实践要求的加大也正在弥补这一缺陷。总体看来，其机构设置未形成一体化的培养培训机构，培养培训内容难以贴近教师实际工作需要，培养培训所获得的理论知识难以有效地转化为教师的实际能力，培养模式难以成为促进教师能力整体持续提升的基础模式❶，职前培养与职后培训没有实现真正的衔接。

二、教育目标有偏差

就职教教师职前培养来说，一方面，培养目标的双重性要求使得所培养的人才必须既是高级专业技术人才又是职业学校教师，使原本比其他专业更具复杂性的职教师资专业的培养更加无所适从。所培养的职教师范生毕业后面临双重就业去向，使本来缺乏吸引力的职校教师职业更加缺乏竞争力。另一方面，由于双重性但又分割化的培养目标要求，职教教师教育在实际教育教学过程更为注重师范生实用的专业能力和部分教育教学能力的培养，而忽视了对师范生核心能力的综合培养，这对职教教师的职业归属感、个人的学习与成长，对后续职业学校教育教学活动中教学信念、实践智慧的形成与发展都有一定负面的影响。此外，职教师资培养的非定向性在一定程度上也导致了职教师资培养中理论与实践的分离，而将职教教师划分为理论教师与实践教师显然也满足不了职业学校的教学需求，同时，理实分离的职教教师培养出来的职教学生也适应不了现代社会经济发

---

❶ 徐国庆. 职业教育课程、教学与教师［M］. 上海：上海教育出版社，2016：234－239.

展对人才综合能力的需求，理论与实践的紧密结合是职教教师发展的必然趋势。

三、教育内容针对性不足

培养目标的非定向性及我国传统的大学课程体系的影响，导致培养内容的针对性不强。当前我国职教师资培养课程体系，从类型上看，大多由公共基础类课程、专业科学类课程和职业教育学类课程构成，各类课程又包含理论与实践两种形式的课程。从层次上分，可分为专业基础课、专业课和专业方向课。该课程体系体现了大学课程体系的一般特点，各专业可根据自身的特点和人才培养的要求构建系统性和关联性的具有实质意义的课程体系。而职教师资培养的专业课程大多由专业课程和占较小比例的教育课程叠加而成，使得培养的毕业生对职教师资专业很难产生专业和职业认同感；机械的课程结构也很难在他们脑中建构成完整的关于教师知识的结构体系，最终也只能培养出半个工程师加半个教师的半成品人才。此外，我国现有的职教师资培养的大多数课程一方面没有针对未来教师的能力需求来设置，另一方面对能够显现职教教师培养的特色课程的开发与实施较为薄弱。这也导致所培养的职教师范生缺乏对职业教育事业的认同感。例如，职教师资所学的工程科学化内容，一方面使得他们与其他普通本科专业的毕业生相比不具竞争力；另一方面也使得他们所学的内容与所需教学的内容存在很大的差距。

四、培养培训过程脱节

高质量职教师资的成长由集中的职前培养阶段和后续分散进行的培训环节共同促成，二者是无缝衔接、互相影响，或者说是交融地促进教师专业成长的两个接力环节，而实际上由于我国师范教育和教师教育体制上和管理上的差异，目前职教师资的培养培训处于实质上的脱节状态。这种脱节主要表现为以下几个方面：教育机构的脱节，高等师范院校承担教师的职前培养，教师教育学院、进修学校或是其他教育机构承担教师的继续教育，这种不同的分工使得高等师范院校的"学术身份"和教师培训机构的

"实践身份"之间难以融合❶；课程体系的脱节，职教师资师范教育阶段的课程主要由通识课程、学科专业课程和教育专业课程共同构成，其在以理论涵养职教师资专业底蕴的同时，也在不断加强实践教学以满足职业化导向的需要。但师范院校这种教学质量的提高，更多是局限在教育培养阶段，一旦师范生达到了相关毕业及证书的要求也就意味着这一个培养过程的结束，后续的入职培训则又是由培训机构另起炉灶进行，这时的培训内容更具针对性和指导性，但并没有和之前师范教育阶段呈现出直接的联系；认证及评估环节，培养环节发生在师范教育阶段，其相关的学习和教育结果由其所在师范院校进行评估和认证，教师培训更多隶属于政府教育部门，由其相应机构对培训合格者颁发结业及奖优证明，二者既无体系上的贯通，也无内容上的衔接。

五、实践教学质量不高

从关于职教教师能力需求的职校调研中获知，职教师资专业的毕业生在实践技能上并不占优势，这与我国当前职教教师教育中实践教学质量不高有很大关系。当前的实践教学普遍存在着组织不规范、理论实践两张皮、实践内容错位、带教师资队伍构成不合理等弊病。就职教师资培养所开展的校外实习而言，包含职业学校实习和企业实习，由于缺乏稳固深层的合作关系，实践教学的形式化、随意性和不规范性问题突出；师资专业某些实践教学的课程设置不合理，实践内容存在着与职业学校教育教学实践错位的现象，如工程技术实践与职业技术实践之间的错位；职教教师教育的师资队伍构成较为单一，缺乏一支能够实施"双实践"教学的高校"双师型"教师队伍；实践教学缺乏规范性的过程控制和结果反馈，尤其缺少实践中和实践后的理实结合和认知反思。

六、教学方法缺少职教特色

职教教师培养培训过程中的教学方法也并未凸显职教特色。其教学方

---

❶ 冯茹. 专业发展学校——教师教育一体化的实现模式［J］. 吉林省教育学院学报，2011（10）：51－53.

法一般是沿袭传统的教学方法，理论课采取讲授与讨论的方法，实践课采取"讲解—示范—模仿—练习"四步教学方法。这些传统的教学方法，"也就是所谓的灌入式、注入式方法，课堂上教师是中心、教材是中心，在整个教学中课堂又是中心"❶。而"大学老师的教学法对职教专业师资的教学方法也有较大影响"❷，职教教师在教学方法的运用上会模仿甚至照搬大学教师的教学方法。这些传统的教学方法只能有助于知识的传授，而对于在当今瞬息变化世界中最为关键的能力的促进却是有限的，也使得职教师范生在之后的职业教育教学中难以转变既有的思维与方法，而需花大气力去适应职业教育的对象与教学方法。

七、教师教育师资队伍不合理

当前教师教育的师资队伍主要单方面由高校的学科教师构成，而缺乏作为兼职教师的来自一线的职业学校优秀教育教学工作者和企业高技能人才，这使得职教教师的培养较为封闭，难以适应职业教育对未来教师的需求。

为解决当前职教教师培养培训过程中存在的诸多问题，尤其是其中的教育教学问题，适应国家社会经济发展和教育改革发展的总体要求，改革职教教师教育教学机制是必然趋势。以卓越职教教师培养培训体系的构建为契机，通过创新职教师资培养培训模式，建立协同教育机制，改革教育教学和提升师资教学质量，一方面可以培养一大批"师德高尚、专业基础扎实、教育教学能力和自我发展能力突出的高素质专业化"❸的职教教师；另一方面也以培养卓越职教教师为抓手，整体推动教师教育的整体改革创新，全面提高职教教师的教育质量。

---

❶ 别敦荣. 大学教学方法创新与提高高等教育质量［J］. 清华大学教育研究，2009（4）：95－101.

❷ 陈永芳，姜大源. 电气专业职教师资培养状况的调查及建议［J］. 中国职业技术教育，2004（34）：10－12.

❸ 教育部. 关于实施卓越教师培养计划的意见［Z］. 教师〔2014〕5 号，2014－08－18.

第二节 卓越职教教师培养培训的教学理念

卓越职教教师是"素质全面、基础扎实、技能娴熟，能够胜任理论和实践一体化教学的卓越中等职业学校教师"[❶]。卓越职教教师首先需要具有全面的职业素质，如职业理念与师德、专业理论素质、基本技能素质、个人素养与行为、科学人文素质和信息化素养等；其次，需要具备牢固的理论基础与高超的实践技能，在专业基础理论与教育教学理论方面的功底扎实，并且具有熟练的职业技术实践能力和职业教育教学实践能力；再次，需要能够综合发挥与运用自身的素养、知识和技能，胜任职业教育理实一体化的教学，引领职业教育的教育教学改革与发展。

一、卓越职教教师培养培训的理念

为达成卓越职教教师的能力目标，必须面向现代职业教育发展需要，建立健全高校与行业企业、中等职业学校的协同培养机制，探索高层次"双师型"教师培养模式[❷]。卓越职教教师培养培训的理念尤其需要体现以下几个方面：

（一）以人为本，能力为重

以人为本是教育的根本，人的全面发展是所有类型教育的基础和指向性目标，职教教师教育也不例外。职教教师教育中的以人为本，就是要以学生和教师为本，尤其要以接受职教教师教育的师范生为本，保障师范生的权益，尊重他们的选择和个性，提供高质量的教育教学，发现和挖掘他们的潜力，师生形成和谐的心理氛围，教学相长，共同进步，最终是要帮助职教师范生成人、成才，成为一名合格的职教教师。能力为重是现代社会对人才培养最核心的要求，职业教育要培养出高质量、能力强的学生，首先就要有高质量、能力强的职教教师，这就要求职教教师培养要做到以

---

❶ 教育部. 教育部关于实施卓越教师培养计划的意见 ［Z］. 教师 〔2014〕5 号，2014 - 08 - 18.

❷ 同上注。

培养教师能力为重。选拔乐教适教的学生进入教师培养的行列，以教师的专业发展为出发点，遵循教师成长的发展规律，分阶段地逐步提高教师的专业化能力。依据当前已经和正在开发的职教教师专业标准、专业教师标准、培养标准和职教教师资格标准中的能力要求，促进职教教师的职业理念与师德、职业教育知识与能力、专业知识与能力、专业教学能力提升，培养能力全面发展的职教教师。

（二）三性融合，理实一体

面向跨界的职业教育与职业院校学生的特点，卓越教师的培养尤其需要体现师范性、职业性、专业性三性融合和理论与实践一体化的特点。师范性、职业性和专业性三性共同贯穿于职教师资培养的始终，虽是不同的能力体现，但他们都是职教教师应具有的综合能力的不同方面，融合发酵方能形成职教教师在教育教学中的实际能力。这就要求职教师资培养在培养目标、培养过程、培养评价上都要做到兼顾师范性、职业性和专业性，时时融合，而不是将这三性简单地叠加在一起。三性融合的特点要求在培养主体上实现高校、职校与企业的三元合作，在培养内容上体现三性特点和融合特点的课程教学，在培养评价上建立三元参与的评价机制。理实一体的培养理念是由职业教育理实一体化的思想对职教教师理论与实践的综合能力要求决定的，职教教师培养中理论与实践相融合，尤其是要引入实践环境和实践人员，规范实践教学，提高实践教学的质量，才能培养出具备理论实践一体化能力和理论实践一体化教学能力的未来职教教师。

（三）培养与培训相衔接

对于职教师资的个人成长和实施培养和培训的教育机构来说，培养与培训两者相脱节的危害是多方面的。首先，这种教师教育一体化进程的缺乏无法给予职教师资个人专业成长以及终身学习以有效的支撑，学习者当前知识、技能的学习无法建立在清晰明确的既有框架上，一定程度上造成了学习上的重复、低效甚至是无效；其次，师范教育和教师培训体制之间的隔绝以及由此带来的在教学目标、课程体制、评估评价上的沟通缺失也无法给各自的教育教学实践提供有效的参考和借鉴，同时二者在某些具体教学上重合也会导致教育资源重复配置和闲置浪费；再次，对于职教教师教育实践来说，如果培养和培训环节完全脱节，那么培养环节中学术化倾向以及培训环节中的技艺化倾向等问题的解决就缺少了一条高效的解决途径；最后，二者在评估认证部分的脱节也给职教师资的职业生涯发展以及个人专业成长带来精神上和实质上的负面影响。面向卓越教师的教育来说，这种培养培训一体化在教育的效力与教师的专业化发展上更具重要意义。

二、卓越职教教师培养培训的教学特点

（一）高层次的职教教师教育教学目标

卓越职教教师是高层次的职教教师，虽然其层次不一定体现在高学历上，但教师必须具有与职业教育育人理念、职业教育专业教学相适应并能促进个体专业发展的职业能力。高要求和高层次的职教教师需要高尚的师德、正确的职业理念、全面的素质、扎实的专业基础与职业技术实践能力，更为重要的是需要具有较高的专业、职业教学能力，胜任和促进职业教育理实一体化的教学。

（二）高要求的职教教师教育教学过程

由于职业教育的跨界性、综合性和复杂性，作为定向培养的职教教师需要在多个领域分阶段地成长与发展，这在培养的时间、内容和层次上都有较高要求。培养时间上，职教教师的培养培训需要分阶段进行，包含了大学学习阶段、入职适应阶段、职后发展阶段等环节，这是一个前后衔接的完整过程，在这个过程中要合理安排理论教学和实践教学时间，为职教教师终身学习与专业发展提供有序衔接。一方面，职教教师的职前阶段是卓越教师系统积淀专业知识与能力的重要阶段，但试图在有限的大学教育阶段完成所有素质的培养也是不可能的。另一方面，如果缺乏系统的职教教师职前培养，而将素质不全面的半成品教师投入到职业学校，之后再花大力气进行大量的补充培训，这种目前来说看似高效的方法实际会造成对职教教师培养质量的极大折损。因此，职教教师教育过程的一体化、系统化设计尤为重要。同时，在培养内容上，兼顾师范性、职业性和专业性，

做到理论与实践相结合，不断提高实践教学质量。培养层次上，其层次提升不仅是形式上的教育阶段的拉长，更为重要的是职教教师培养需形成自身特色，形成符合职教发展规律的与职教师资人才培养相适应的特色课程、特色教学方法等。

（三）专业化取向的教师教育导向

教师是具有较强专业性的职业，专业化的培养过程是保证其具有专业水平和后续实现专业化发展的基础。卓越职教教师需要依据教师从新手到专家的专业成长规律，在专业化取向的职教教师教育中和在专业化的职教教师职业中不断成长，接受来自职业教育领域、职业领域和学科领域的新知识和新技能，逐步增强专业能力，最终成长为卓越的能够从事理实一体化教学的"双师型"教师。

（四）培养培训相结合的一体化机制

教师的培养与培训实质上应该是两个互相交融的过程，当前的教师培养需要在夯实教师的学科专业基础的同时，强化其实践取向，以缩小入职的差距❶，职后教师的培训同样需要注意教师的个人教育哲学、教学实践智慧等深层次的"软教育力"的提高❷。教师培养与培训的交融是二者能够一体化的前提，具体到卓越职教教师培养培训的一体化进程中，二者之间的融合基础可以体现在以下几个方面：一是方向一致的价值追求和目标取向，卓越职教师资的培养和培训都是要通过理论和实践的教学过程培养当前中等职业教育所急需的素质全面、基础扎实、技能娴熟，能够胜任理论和实践一体化教学的高素质的职教教师，以学生为本和实现自身专业化发展等是二者共同的要求；二是所依据的核心原则一致，在卓越职教师资的培养和培训过程中要时刻注意到职教师资培养的职业导向性、实践性、专业性、教育性以及师范性的多维结合，以高度的质量标准和过程要求保证职教师资的卓越性；三是职教师资的培养和培训过程及教学内容之间的紧密联系，职教师资的培养和培训都需要理论和实践结合。实践教学质量

---

❶ 宋萑，钟秉林. 走向实践与技艺化危险：中美教师教育模式改革研究——中美教师教育比较研究之二 [J]. 高等教育研究，2011（9）：64－69.
❷ 金建生. 当前中外教师培训的三维比较 [J]. 中小学教师培训，2013（1）：61－64.

的提高一直都是职教师资师范教育的攻坚难题。职教师资的职后培训也不只是一次性中断的技能学习，培训环节应作为教师专业化发展的一部分，为其夯实每一环节的培养质量。在课程及教学内容方面，卓越职教师资应掌握的教师职业道德，职业取向的专业知识和技能以及必备的教育学和心理学知识也是贯穿于整个培养与培训的过程中。

第三节　卓越职教教师培养培训一体化的教学改革

纵观当前职教教师培养存在的问题以及未来卓越职教教师培养的要求，笔者认为唯有进行职教教师培养的教育教学改革，才能逐步提高职教教师培养的专业性，保障职教教师培养的质量，使卓越职教教师成为职业教育改革发展的重要力量，促进职教教师专业化的成长与发展。卓越职教教师培养培训一体化的教学内容设计与改善，可以从能力目标、课程体系、课程内容、特色课程、实践教学、教学方法和质量评价多个方面进行综合考虑。

一、注重职教教师核心能力的培养培训

职业教育的发展要求未来职教教师具备专业方面和教育方面的专业化行动能力。除了专业知识传授和专业能力培养外，无论在总培养目标还是在各课程的分目标中都应体现出培养未来教师的核心能力，如方法能力、社会能力和个性品质，一方面，这是教师持续的专业发展和终身学习的基础；另一方面，这也是职教教师未来需要传递给职校学生的能力与品质。大学的专业教育在促进人才的专业能力方面是毋庸置疑的，而如何促进人才可持续发展的核心能力则是更加重要的方面。国外职教师资培养的经验告诉我们，核心能力应当尽可能连续地在大学学习过程中进行开发和促进，并且体现在不同的学习模块中，例如，研讨报告的独立计划和实施，职业教育实践研究的实施、记录与反思，专业教学或专业相关的项目实施和评价等。德国职教师资培养中的职业工作研究课程采用在理论与方法学习的基础上，职教师范生在导师的指导下独立地提出问题、设计方法、实

施调研、归档与总结、汇报与反思，在专业能力锻炼的同时也促进了核心能力的培养。因此，卓越职教教师核心能力的培养应与专业能力的培养相结合，在专业教育的整个过程中，在对培养方案、课程、教学、评价的设计与实施中，融入能够促进师范生核心能力提升的要素。

二、构建与能力体系相应的课程体系

建立与能力体系相应的培养培训课程体系，就必须对培养培训所面向的教师的"工作任务与职业能力进行系统、深入的分析"[1]。卓越职教教师资培养的课程体系需要由与职教教师能力体系对应的课程领域构成。职教教师所应具备及职前培养阶段所应培养的职业理念与师德、职业教育知识与能力、专业知识与能力、专业教学能力需要由相应的课程领域和具体课程来实现。根据能力体系中的能力维度、能力领域和能力条目，设置相应的课程类型、课程领域和课程。当然，课程领域之间是相互关联的，课程也可能是相互交叉的。与能力体系对应的课程体系具有以下特点：一是面向教师未来需达到的能力，使未来职教教师明确作为教师的能力要求，认识到课程设置的意义；二是体现"三性"和"三性融合"的特点，使未来职教教师明晰教师职业的复合性，体会到课程的系统性和关联性；三是体现知识、技能与素养结合的特点，使未来职教教师以能力提升为导向，全方位理解课程内容理论与实践的一体化。该课程体系首先能够提供给学习者一个概览性框架的认识和定向，如公共和职业素养类、专业科学类、职业教育学类、专业教学类、综合性课程等。其次，各课程类型及其下位的课程领域、模块和具体课程之间体现较强的系统性和关联性，以便有利于职教教师进行系统思考和全面发展专业化能力。

三、建设以实践为导向的课程内容

面对职业教育实践导向的发展需求，职教教师的实践能力显得越来越重要。近年来，政府部门发布了一系列促进职教教师实践能力培养的文

---

[1] 徐国庆．职业教育课程、教学与教师［M］．上海：上海教育出版社，2016：240.

件，职业院校也迫切需要提高在职教师的实践能力和引进具有实践能力的高技能人才，而现实是，无论是普通专业还是职教师资专业的毕业生都存在着实践上的缺陷。面对当前职业教育的现实需求与职教教师的能力缺陷，职教教师培养首先应当进行反思与创新。

职教师资类专业是具有较强实践性的应用型专业，仅有理论或仅有实践或理论实践分割的课程内容都是不适当的。卓越职教师资培养需要以培养教师的实践能力为导向，提高未来职教教师的实践能力，尤其是教育教学实践和职业工作实践方面的能力。针对当前职教教师培养的偏理论化的问题，职教师资培养需要建设以实践为导向的课程内容，构建体现职教师资培养要求的理论实践一体化课程。该课程内容的构建应以实践中职教教师的能力要求为导向，以教师的职业活动为核心，以教师的工作内容为抓手，整合相关的知识、技能和素养；围绕教师的职业工作任务进行构建，将实践世界的工作案例和教育教学案例以及最新的前沿知识和改革成果引入到培养内容中；在培养教师的专业能力方面，将专业科学理论、职业技术理论与专业和职业实践相结合；在培养教师的专业教学能力方面，将专业教学论与专业教学实践相结合；在培养教师的职业教育能力方面，将职业教育学理论与职业教育的育人与管理实践相结合，在专业学习的同时也融入实践中至关重要的教师职业道德与素养方面内容的培养。

四、开发具有特色的职教师资培养培训课程

如前所述，我国职教师资培养的课程由公共基础类课程，专业科学类课程和职业教育学类课程叠加而成。公共基础类课程是所有大学生必修的基础课程，职业教育学类课程所占比重较轻，专业科学类课程既有基础性和理论性的，也有应用性和实践性的课程，但是，其内容繁杂，指向专、精、深的学术性的内容较多，结构比例不合理，系统性和关联性不强，所占学时较多，因此在时间和容量上也挤占了对于职业教育教学来说重要的应用性内容，如实际中对于职教教师未来教育教学工作有直接影响的却是一般的专业基础和应用知识以及职业技术知识。因此，一方面，职教师资培养中各类课程的广度与深度是课程设置及比重设计需要考虑的问题；另

一方面，针对职教师资培养特色课程的开发与实施也是提高教师培养质量的重要方面。

针对职业教育和职教教师的特点，卓越职教师资培养课程除了专业科学类和职业教育学类课程外，还应覆盖关于职业工作与技术及职业工作、技术与教育三者相互关联的课程内容。这部分课程内容应体现较强的职业技术特色和职业教育特色，而非工程技术特点或普通教育特点。这些课程的培养目标及课程内容应体现将专业科学内容与职业工作世界和职业教育世界的内容结合起来的特点，教会未来职教教师整体地把握如何更好地适应与设计未来的职业工作和职业教育内容。就职教教师所需掌握的职业技术内容来说，它体现在三个层面：一是理论层面，职业教育领域内职业的发展与基本理论，如职业技术、职业劳动、职业规章、职业教育的发展与理论，职业与职业教育之间的相互影响等；二是方法层面，职业教育领域中职业的研究方法，利用职业研究的程序与方法，对不断变化与发展的职业技术工作进行研究，并且将研究结果与职业教育与教学结合起来；三是实践层面，职业领域中的职业技术实践，如电气自动化职业技术人员在自动化设备的生产和使用单位从事自动化设备的生产操作、安装调试、运行维护、维修检测、技术管理和销售服务等职业技术实践工作，未来职教教师应掌握这些职业技术实践内容，并在更高层面上对其进行反思以及结合职业教育教学进行设计。同样，职教教师所需掌握的职业教育教学内容也是如此。这些内容对于职教教师来说是切身相关的，相应的课程内容应当得到进一步的开发。

五、开展规范化和制度化的实践教学

实践教学是培养学生实践能力的重要手段，是提高学生综合素质的关键环节。对于面临着双实践挑战的职教教师来说，实践教学更是提高教师专业实践能力和综合素养的重要途径。实践教学的规范化和制度化是保障实践教学质量的关键。卓越职教师资培养中规范化和制度化的实践教学要求建立完整的双实践教学体系，确立严格的各个实践阶段的目标要求，建设稳固的校—校和校—企合作关系，聘请优秀的校外指导人员，保障充分的实践经费。职教师资培养机构需要与合作的职业学校和行业企业建立定期联系机制，与他们共同确定未来职教教师应达到的实践水平和标准，开发理实一体化的师范生双实践指导手册，制订详细的"实践前—实践中—实践后"的要求与计划，加强实践过程中双方导师的教学伴随与指导，突出实践后对实践学习的总结和对实践内容的反思。

六、创新以师范生能力培养为中心的教学方法

对于创新职教师资培养中的教学方法，国外大学教育的教学方法给了我们很好的启示。例如，德国职教师资培养以师范生为中心，运用形式多样的教学方法，包含研讨、讲座、练习、项目、实践等多种方式，其中以研讨课形式居多。针对不同的课程目标与内容，采取相应的教学方法来实施课程，促进师范生的行动能力。同时，也让师范生在多种教学方法中体验了方法的运用，促进他们的方法能力，也为未来职业学校教学做好准备。此外，尤其是以学生为中心的教学方法也促进了师范生的自主性、探究能力和合作能力，使师范生对某个问题或项目自我负责和合作式地展开计划、实施与评价。我国职教师资培养中，也应当采用灵活多样的、以促进职教教师能力发展和影响他们未来教育教学的教学方法。这就要求一方面，职教教师教育的高校教师需要转变观念，通过定期培训或深入职业学校一线，熟悉职业教育的最新改革与发展状况，掌握一定的以学生为中心的教学方法来培养师范生；另一方面，聘请职业学校教师作为兼职教师，使师范生了解和熟悉职业学校学生的特点和能力促进的各种教学方法，及早认识与适应职业性的教育教学。

七、建立科学合理的人才培养质量评价机制

目前，职教师资培养质量的评价，一方面缺少相应的培养标准和评价标准，另一方面多以培养机构单方面做出的教育输出评价为主，如学生的考试成绩，就业和升学率等，而由其他机构参与的多维度、标准化的评价却很少。作为用人单位的职业学校和职教师资专业毕业生本身都很少系统地参与教师培养的评价中。这也导致职教师资培养闭门造车，缺乏准确和

及时的用人反馈机制，培养的适应性和针对性不强。

卓越职教教师培养的质量评价机制的建立，一方面需要建立系统全面的教师培养质量保障体系及相关标准，完整分析教师培养系统的整个质量控制过程，含培养背景、输入、过程、输出和结果等，监控教师培养系统的运作，控制和检查培养的成果，如毕业生能否适应学校的工作岗位和改进教育教学，入职和专业发展是否顺利，社会满意度，学生反馈等，科学化地对职教教师的培养质量做出评价；另一方面，让职教师资培养的利益相关者参与到职教师资培养的质量评价中，如培养机构本身，作为培养对象的学生，作为用人机构的职业学校、社会机构等，全方位地对职教教师的培养质量做出评价。

八、构建卓越教师培养与培训的一体化机制

教师教育一体化是一个从宏观到微观的系统化的过程❶，教师职前培养与职后培训的有效衔接则是实现一体化过程的具体实施环节，它与宏观的政策指导以及微观的教学安排和教学内容共同构成了多维完整的教师教育一体化过程。师范生的培养和教师的培训是构成一个师范生从准教师阶段发展成为新手教师、合格教师最终成为专家型教师的必需环节，前者为其提供了发展的最初基础，后者则在其基础上实现终身的进一步发展，两者之间应是经过系统规划而实现前后衔接，同时又具有不同侧重点的两个教育阶段。教师培养和培训的一体化是提高二者教育教学及培训质量，实现教师的专业化成长，以满足职教师资人才需求的有效措施。

具体到职教师资培养和培训的过程中，实现二者的一体化可以从多方面着手进行：一是制定对职教师资的师范院校、教师教育培训部门、教师就职院校以及相关行业企业具有指导及约束作用的职教师资培养和培训一体化的政策，并提供专门的资金和人力保证一体化进程的顺利进行；二是实现职教师范教育体系和教师培训体系之间机构以及管理上的协调统合，以减少体制化障碍，促进教育教学资源共享，其具体化的实施措施包括：

---

❶ 余莲. 教师教育一体化的现状、问题与对策 [J]. 教师教育论坛，2013（9）：26 – 31.

建立信息共享数据库、匹配负责一体化的专业人员、常规合作会议的定期举行；三是不断探寻促进职教师资培养和培训一体化的新模式，普通教育领域中长期发展的教师专业发展学校，校本培训模式等有益的一体化经验可以批判性地借鉴到职教师资培养培训领域；四是促进职教师资培养和培训阶段在学习过程及结果上标准制定和认证评估的衔接与统一，以为职教师资的专业成长和职业生涯的发展提供资质上的证明和保障。

卓越职教教师培养培训是一项系统工程，其教育教学改革是工程建设的核心内容，除了在能力培养、课程内容、教学方式、教学评价等方面做出优化外，其改革还需要在有力的财政支持、顺畅的生源入口和出口、多位一体的协同培养机制、多元化的教师教育师资队伍等多个方面得到充分和有效的保障。

本章小结

卓越职教教师是符合我国职业教育发展需要的高层次职业学校师资人才，其教育应体现以人为本，能力为重，三性融合，理实一体和培养培训相结合的思想理念。在该理念的指导下，职教教师培养培训的教学设计，需注重职教师范生核心能力的培养，构建与能力体系相应的课程体系，建设以实践为导向的课程内容，开发具有特色的职教师资培养课程，开展规范化和制度化的实践教学，创新以师范生能力培养为中心的教学方法，建立科学合理的人才培养质量评价机制以及构建卓越职教教师培养培训一体化机制。

（本章作者　同济大学：谢莉花、余小娟）

职业教育教师培养培训一体化的基地建设

"师范教育或师资培训可以按就职前培训、就职培训和在职培训三个阶段进行。现在，人们把这三个阶段看成是一脉相连的三个组成部分。"❶职教教师教育也是培养培训一脉相承的一体化体系。全国重点建设职教师资培养培训基地是实现一体化功能的基本载体。通过回顾国家级职教师资培养培训基地建设的历史，展望基地建设的方略，对于加强载体建设，创新现代职教师资培养培训具有重要的现实价值。

第一节　国家级职教师资培养培训基地建设概况

一、国家级职教师资培养培训基地：建设历史

（一）全国重点建设职教师资培养培训基地建设

20 世纪 80 年代中后期，全国各地开始尝试依托普通高等学校和部分条件好的中等职业学校建设培训基地。20 世纪 90 年代末期，国家开始从普遍建立职教师资培训基地到重点建设基地的转型，提出"依托普通高等学校和高等职业技术学院，重点建设 50 个职业教育专业教师和实习指导教

---

❶ 胡森. 国际教育百科全书（第5卷）［M］. 贵阳：贵州教育出版社，1990：19.

师培养培训基地，地方也要加强职教师资培训基地建设"。● 1999 年 7 月，教育部《关于组织推荐全国重点建设职业教育师资培训基地的通知》，正式启动国家级职业教育师资培训基地建设。1999 年 11 月 30 日，批准同济大学等 20 所学校为首批国家重点建设职业教育师资培训基地。2000 年，教育部提出："经过 3～5 年的努力，教育部在全国重点建设 50 个功能齐全、管理规范、培养能力强、教学质量高、具有职教特色，能在全国起示范带头作用的职教师资基地，从而带动各地职教师资基地建设。各省、自治区、直辖市共建立 300 个左右主要面向本地的职教师资基地。"● 2000 年 5 月 17 日，批准东北财经大学等 24 所学校为第二批国家级职业教育师资培训基地。2001 年 3 月 5 日，批准华东师范大学等 8 所院校为第三批国家级职业教育师资培训基地。2003 年 11 月 3 日，教育部批准集美大学、华中科技大学为全国重点建设职业教育师资培训基地。2007 年 10 月 19 日，教育部批准北京理工大学、清华大学为全国重点建设职业教育师资培训基地。2011 年 7 月，教育部对国家级基地进行了评估，并将 4 个联合基地拆分为 8 个。2012 年 6 月 7 日，教育部批准重庆大学等 33 个单位为全国重点建设职业教育师资培训基地。● 由此，全国形成了基地网络，构建起了功能齐全、管理规范、质量高的职教教师教育体系（各批次基地如表 12 - 1 所示）。

表 12 - 1　国家级职教教师教育基地建设

基地建设文件	批准基地（个数）
《教育部关于公布首批全国重点建设职教师资培训基地名单的通知》（教职成〔1999〕4 号）	北京联合大学、同济大学、上海第二工业大学、天津职业技术师范学院、天津大学、天津中德培训中心、黑龙江商学院、吉林农业大学、山东工程学院（山东职教师资培训中心）、平度职教中心、河北职业技术师范学院、西北农林科技大学、西安交通大学、河南职业技术师院、顺德市梁銶琚中学、湖南农业大学、四川农业大学、东南大学、常州职业技术学院、扬州大学（20 个）

● 国务院批转教育部《面向 21 世纪教育振兴行动计划》的通知〔Z〕. 国发〔1999〕4 号.
● 教育部. 关于印发《关于进一步加强中等职教师资培训基地建设的意见》的通知〔Z〕. 教职成〔2000〕9 号.
● 胡斌武，叶萌. 国家级职教教师教育基地：问题诊断与建设策略〔J〕. 职教论坛，2015 (14)：4 - 7.

基地建设文件	批准基地（个数）
《教育部关于公布第二批全国重点建设职教师资培训基地名单的通知》（教职成〔2000〕3号）	吉林职业师范学院、哈尔滨工业大学、东北财经大学、辽宁仪器仪表工业学校、山西大学、河北师范大学、济南交通高等专科学校、西北轻工学院、广东职业技术师范学院、广西工学院、福建师范大学、厦门大学、湖北工学院、武汉职业技术学院、江西农业大学、湖南师范大学、南昌职业技术师范学院、重庆师范学院、云南省旅游学校、云南大学、贵州大学、安徽技术师范学院、浙江工业大学、浙江师范大学（24个）
《教育部关于公布第三批全国重点建设职教师资培训基地名单的通知》（教职成函〔2001〕2号）	华东师范大学、北京师范大学、西北师范大学、新疆农业大学、宁夏石嘴山职业技术学院、内蒙古农业大学、苏州工艺美术职业技术学院、电子科技大学（8个）
《教育部关于批准华中科技大学、集美大学为全国重点建设职教师资培养培训基地的通知》（教职成函〔2003〕6号）	集美大学、华中科技大学（2个）
《教育部关于批准清华大学、北京理工大学作为全国重点建设职教师资培养培训基地的通知》（教职成函〔2007〕6号）	北京理工大学、清华大学（2个）
《教育部关于公布全国重点建设职教师资培养培训基地、全国职教师资专业技能培训示范单位评估合格名单的通知》（教职成函〔2011〕8号）	将常州技术师范学院—中德无锡高级职业技术学校、湖北工学院—湖北啤酒学校、青岛海洋大学—平度职教中心、山东工程学院—巴伐利亚职教师资培训中心拆分为：江苏技术师范学院、中德无锡高级职业技术学院、湖北轻工职业技术学院、湖北工业大学、山东省平度市职教中心、中国海洋大学、山东巴伐利亚职教师资培训中心、山东理工大学（新增4个）

基地建设文件	批准基地（个数）
《教育部关于批准天津职业大学等33个单位为全国重点建设职业教育师资培养培训基地和神州数码网络（北京）有限公司等2个单位为全国职业教育师资专业技能培训示范单位的通知》（教师函〔2012〕5号）	教育部职业教育中心研究所、上海商学院、天津职业大学、东北农业大学、黑龙江建筑职业技术学院、辽宁省交通高等专科学校、邢台职业技术学院、河北工业职业技术学院、太原理工大学、陕西工业职业技术学院、内蒙古机电职业技术学院、山东省轻工工程学校、兰州城市学院、郑州轻工业学院、中原工学院、安徽职业技术学院、西藏大学农牧学院、兰州石化职业技术学院、新疆农业职业技术学院、新疆大学、重庆大学、重庆电子工程职业学院、成都市工业职业技术学校、昆明冶金高等专科学校、贵州交通职业技术学院、贵州轻工职业技术学院、湛江师范学院、广西师范大学、长沙民政职业技术学院、湖南铁道职业技术学院、漳州职业技术学院、浙江机电职业技术学院、南昌工程学院（33个）

93个全国级基地，布局情况为：除青海省、海南省、港澳台以外，29个省（自治区、直辖市）都有国家级基地，其中，山东省6个，北京市、江苏省各5个，天津市、上海市、河北省、陕西省、湖北省、湖南省、福建省各4个，黑龙江省、吉林省、辽宁省、河南省、四川省、重庆市、贵州省、云南省、江西省、浙江省、广东省、甘肃省、新疆维吾尔自治区各3个，安徽省、山西省、内蒙古自治区、广西壮族自治区各2个，宁夏回族自治区、西藏自治区各1个。基地依托的机构布局情况为：依托科研机构1所，普通高校59所，高职高专28所，中等职业学校（或职教中心）5所。59所普通高校中，理工类大学19所，农林商学类大学10所，师范类大学9所，职业技术师范学院8所，综合性大学13所。整体上看，基地专业与区域布局结构优化，特色明显，优势突出，发挥了综合功能，起到了示范、辐射作用，满足了现代职业教育体系建设对职教师资的需求。

（二）全国专业技能培训示范基地、企业实践基地建设

为了提高职业学校专业教师和实习指导教师的操作技能，教育部还持续开展了职业学校教师专业技能培训示范基地、职教教师企业实践基地建设。2001 年 3 月 5 日，教育部确定上海宝钢集团公司、海尔集团、四川长虹电子集团有限公司、中国第一汽车集团公司、东风汽车公司、苏州工业园区职业技术学院 6 家单位为全国职教师资专业技能培训示范单位。2007 年 10 月 19 日，教育部确定北京首都旅游集团有限公司、武汉华中数控股份有限公司 2 家单位作为全国职教师资专业技能培训示范单位。2012 年 6 月 7 日，教育部批准神州数码网络（北京）有限公司、浙江天煌科技实业有限公司 2 家单位为国家职业教育师资专业技能培训示范单位。同时，为了积极引导企业参与职教师资队伍建设，2010 年 11 月 30 日，教育部批准中国铝业公司、中国电力投资集团公司、神州数码（中国）有限公司、天津渤海化工集团、沈阳鼓风机集团有限公司、北京汽车工业控股有限责任公司、港中旅酒店有限公司、大连华录模塑产业有限公司、净雅集团、北京宅急送快运股份有限公司 10 家企业为全国职教教师企业实践单位。

目前，教育部依托高等学校、职业院校和企业，共计建立了 93 个合格的全国重点建设职教师资培养培训基地、8 个合格的全国职教师资专业技能培训示范单位、10 个合格的全国职教教师企业实践单位，各地也陆续建立了 300 个省级职教师资培养培训基地，基本形成了以全国重点建设基地为龙头、省级基地为主体、校本培训为基础、灵活开放的职教师资培养培训体系。

二、国家级职教师资培养培训基地：建设成就

93 个基地学校基本健全了组织机构，成立了职教教师教育专家委员会，成员包括职教专家、企业、职业院校、教育行政管理人员，以对基地建设提供智力支持；设有基地建设领导小组，包括学校分管副校长、各职能处室、后勤部门等负责人，建立了良好通畅的运行机制；设有职业教育研究所、专业课程与教学论研究所等教育教学研究机构，对接职业院校教师专业发展，开展了职业教育原理、职业教育课程与教学论、生涯教育与

咨询、培训与就业等研究，全覆盖、全方位服务于现代职业院校治理；设有工程技术训练中心、专业实验室等实训实习基地，有效开展技术技能训练。正是基地有整体协调、纵横向交织、资源整合的组织机制，职教师资培养培训取得了实效。

（一）构建了本科—研究生培养一体化体系

本科教育层次，20 世纪 70 年代末至 80 年代，国务院先后批准设立了吉林技工师范学院（1979 年）、天津技工师范学院（1979 年）、常州技术师范院校（1985 年）等 11 所独立设置的高等职业技术师范学院。80 年代末至 90 年代，原国家教委先后批准天津大学（1989 年）、浙江大学（1989 年）、湖南农业大学（1993 年）等 8 所高等院校设立职业技术教育学院或农村职教培训中心，逐步形成了以独立设置的职业技术师范院校和普通高校职业技术教育（师范）学院为主体的职教师资培养体系。目前，全国中等职业学校专任教师 84.41 万人，❶ 职教师范学院成为中等职业学校专业教师培养主体。

研究生教育层次，2000 年 5 月，国务院学位委员会决定在部分全国重点建设的职教师资培训基地学校开展中等职业学校教师在职攻读硕士学位。❷ 2001 年 3 月，教育部批准天津大学、同济大学、东南大学等 13 所高校为中等职业学校教师在职攻读硕士学位培养学校，形成了本科教育、研究生教育一体化培养体系。17 年来，累计招收职业学校教师在职攻读硕士学位 2 万余人，95% 以上的教师成为学校教学骨干和专业带头人。

（二）开展中等职业学校卓越教师培养计划

近年来，我国职教教师教育体系不断完善，教师教育改革持续推进，教师培养质量和水平得到提高，但也存在着教师培养的适应性和针对性不强、课程教学内容和教学方法相对陈旧、教育实践质量不高、教师教育师资队伍薄弱等突出问题。大力提高职教教师培养质量成为我国职教教师教育改革发展最核心最紧迫的任务。2014 年 8 月，教育部颁布《关于实施卓越

---

❶　教育部 . 2015 年全国教育事业发展统计公报 ［Z］. 2016.
❷　教育部 . 关于开展中等职业学校教师在职攻读硕士学位工作的通知 ［Z］. 教职成〔2000〕5 号.

教师培养计划的意见》（教师〔2014〕5 号），开展了"卓越中等职业学校教师培养计划改革项目"，所确定的改革学校与试点项目如表12-2所示。

表 12-2　卓越中等职业学校教师培养计划

序号	高校名称	项目名称
1	同济大学	国际合作背景下中职师资"四位一体"硕士学位研究生培养
2	天津职业技术师范大学	"四位一体"协同培养硕士层次"双师型"卓越师资的改革与实践
3	江西科技师范大学	"双师型"电子信息类职教师资培养
4	吉林工程技术师范学院	"校—企—校"协同育人、"——二—三课堂"立体设计——卓越职教师资自动化专业人才培养模式创新实践
5	天津职业技术师范大学	卓越职教师资培养的研究与实践
6	浙江工业大学	教育信息化背景下"理实交替式"卓越中等职业学校教师培养探索与实践
7	湖北工业大学	中职"双师型"卓越教师培养计划
8	河南科技学院	农科类卓越中等职业学校教师培养改革与实践
9	广东技术师范学院	基于"TLD-T"理念的美术与设计类卓越中职教师人才培养模式的构建与实践
10	湖南师范大学	卓越中职服装设计与工艺教育专业教师本硕一体化培养模式的探索

中等职业学校卓越教师培养计划旨在面向现代职业教育发展需要，建立健全高校与行业企业、中等职业学校的协同培养机制，探索高层次"双师型"教师培养模式，培养一批素质全面、基础扎实、技能娴熟，能够胜任理论和实践一体化教学的卓越中等职业学校教师。改革的重点是推进"三方共育"模式，培养高校不仅要和企业相结合，还要和地方中等职业学校相结合，建立高校与行业企业、中等职业学校的协同培养机制。"卓越计划"要求职教师范生在四年培养过程中，企业实践和职业学校实践要占到一年时间，一方面保证职教师范生在大学期间能够到职业学校进行教学实习，另一方面保证职教师范生可以到相关企业进行专业实践，使学生既能了解职业学校教学规律，又能获得企业经验，成为卓越的"双师型"教师。"卓越教师培养计划"进一步创新了职教师资本科—研究生培养一体化模式，深化了职教师资培养内涵。

（三）开展了多层次、多形式的教师专业化培训

国家级基地、省级基地开展了专业带头人培训、专业骨干教师培训、教育教学能力提高培训、高技能"双师型"培训、班主任与德育工作培训等多层次、多形式的师资培训项目，其中，国家级基地完成各类培训超过60万人次。各基地不仅成为国家职教师资培养培训基地，还成为现代职业教育科学研究高地、学术交流平台、区域职业教育政策与规划"智库"。可以说，18年来，国家级基地的发展历史就是我国职业教育不断加强基础能力、不断完善基本体系、不断提高吸引力和感染力的缩影，体现了对加快发展现代职业教育、加快构建现代职业教育体系的历史责任。

三、国家级职教师资培养培训基地：问题诊断

（一）培养培训体系割裂，教师成长立交桥有待搭建

职教教师教育既包括培养环节，也包括培训环节。大部分基地本身就是职教师资本科教育培养单位。2011年12月24日，教育部重申"基地中的普通本科院校都要建立具有教学、科研和统筹协调职能的职业技术教育（师范）学院"（教职成〔2011〕17号）。当前，一些基地还没有按照国家要求建立职业技术教育（师范）学院，缺乏培养体系，更没有形成高职、本科、研究生教育一体化培养体系；建立了职业技术教育（师范）学院的基地，也存在培养与培训体系断裂情况，职前培养与职后培训由不同教育行政部门管理，使得培养与培训缺乏衔接，缺失内在的连贯性和层次性，没有搭建起教师成长的立交桥。

（二）教师个性需求关照不够，培养培训实效性不高

审视很多基地，部分职业学校无法按期派出教师参加培训，学员报到率逐年下降；报到后，请假次数和天数较多，无法正常完整地完成培训。这一方面有职业学校的原因，另一方面也反映出基地对培训教师的个性需求关注不够，教师培训学分管理制度不健全，教师自我发展积极性不高，培训实效性不强，培训的吸引力、感染力有限。基地设施设备较为完善，但对职业院校教育教学实际情况了解不够全面、不够深刻；培训大多采取中班教学，有的甚至是大班教学，很难顾及教师的个性需求；培训内容与

方法相对陈旧，实践教学实践性不高；加之参训教师的专业背景各异、专业水平不齐、专业发展自觉性不同，很难兼顾各层次教师的个性需求，以致培训的针对性不强，实效性不高。

（三）校企合作机制不健全，培养培训实践性不够

基地培养培训需要观照利益相关者的诉求，需要充分调动企业的积极性，与行业、企业建立合作关系，共同组建校企合作委员会。然而，许多基地校企合作不够深入，产教协作机制不够健全，企业、行业参与积极性低，培训教师缺乏企业实践经验，来自企业的兼职教师不够充足，优势互补、资源共享的校企合作机制不够健全，难以形成共同建设实践基地、设计课程体系、开发课程资源、评价教育教学质量的氛围，导致培养培训的实践性较低，参训教师专业技能提升不够。

（四）质量跟踪不到位，长效机制不健全

虽然基地基本都建立有网站和培训平台，但是存在平台运行不畅与维护、更新不够及时情况，平台优质培训资源分享不充分，尚未构建成集展示与传播、学习与研究、互动与交流为一体的大平台；大多数基地主要是2~3个月的阶段式培训，培训前功课做得不够扎实，缺少学员需求调查，缺少针对性的项目设计和项目开发；培训后提升服务意识不强烈，跟踪回访不到位，对学员的后续发展不关注，对派出学校的需求不了解，培训的长效机制不健全。所以，基地培养培训应注重质量意识，注重长效机制建设，培训前能全面收集、分析学员的实际情况，有的放矢，提高培训的针对性；培训后能加强跟踪，强化反馈，提高后续服务。

（五）文化建设不给力，特色不鲜明

基地是文化传承创新的载体，是先进文化的创造者、传播者，应该加强内涵建设，重视学术氛围营造和文化生态建设，提高文化软实力，呈现基地特色。但是，目前，基地文化建设存在的突出问题在于：其一，特色不够鲜明。特别是拥有多个基地的省、市，基地间依据各自办学优势、准确定位、错位竞争、错位发展行动不够，同质性过强。其二，培训体系不健全。职教教师教育本应形成以国家级基地为主导，以省市培训机构为主体，以校本培训为基础，以现代远程教育为支持的国家、省、市、校四级

培训体系，应当实施培训机构标准化建设，推进市县级培训机构与科研、教研、电教等部门的联合与整合，但是，一些省市教师教育资源整合不够彻底，省际间比较优势不够突出，培训体系尚未构建起"培训机构开发竞争、参训教师自主选择"的机制，尚未形成"自我教育、岗位教育、学校教育有机结合"的教师专业成长模式。其三，基地文化提升不够。由于我国职教师资培养培训基地建设时间不长，文化积淀不够丰富，加之很多基地对文化建设不够重视，精神境界不够提升，学员文化生活不够丰富，以致基地的吸引力与感染力不够强烈，特色基地、品牌基地、示范基地不够鲜明。

四、国家级职教师资培养培训基地：建设方略

全国重点建设职教师资培养培训基地作为职业院校教师教育的主阵地、主渠道，在加快构建中国特色、世界水准的现代职业教育体系背景下，应加强基础能力建设，深化校企合作，创新培养培训模式，将基地打造成职业院校教师发展的高地、校政企协同创新的平台。

（一）以一体化建设为主线，构建教师发展立交桥，体现教师教育的终身性

教师发展具有一体化内涵，这就要求职教教师教育也要构建起一体化机制——从高等职业教育到应用技术本科教育再到研究生层次教育，形成一体化培养体系；从职教师资培养到培训，形成培养、培训一体化体系；从教育体系内的培养培训到政校企联动培训，形成一体化的保障体系。国家级基地应以"面向未来的教师、面向世界的教师""为国家而教"为引导，以建构教师成长立交桥为牵引，创新招生培养与教师岗位需求相衔接机制，探索实践综合素质评价、学业水平评价和高校招生考试相结合的"三位一体"综合评价选拔模式；探索实践"4＋2"培养模式，扩大面向一线教师的教育硕士培养规模，培养研究生层次人才，适应时下职业院校的教师需求；参照医疗卫生类人才培养制度，探索实践诸如"40岁以下教师每五年应到中等职业学校从事不少于一学期的教育教学工作，并作为职务职称晋升的重要依据"实践制度，提高教育者的企业实践经历和职业学校教育教学经验。国家级基地要坚持开放办学，着力跨界教育，打破地域

界限、学校界限、学科界限、课堂界限，优化学校和学院两个层面、课堂和课外两个空间、教学管理和学生（学员）管理两条线的组织管理架构和教学设计，完善教师成长的教育制度，形成"实践导向、任务引领"的教师教育特色，培养基础扎实、素质全面、技能娴熟，能够胜任理实一体化教学的"双师型"教师，促进教师培养、培训、研究、服务一体化，体现并实现教师教育的终身性、全面性。

（二）以内涵建设为核心，增强基础能力，提高基地教师教育的实效性

基地要满足教师需求，适应教师诉求，既要"仰望星空"，瞄准国家加快发展现代职业教育、构建现代职业教育体系目标，又要"脚踏实地"，着眼现代职业学校治理，提高治理能力。这就需要加强专业内涵建设，增强基础能力，改善实习实训条件，开发高水平项目，推进项目内容社会化、项目标准国际化进程；依据《教师教育课程标准（试行）》，深化教师教育课程改革，开设选择性、模块化、实践性教师教育课程，建设网络精品课程和特色课程，开展教学模式改革，改进教学内容，创新教学方法，加强实践教学环节，完善见习、实习、研习一体化的实践教学体系，增强学生（学员）感知、悟知、行知能力；加强教师团队建设，建设结构合理、素质优良、数量充足、特色鲜明的高素质教师团队；加强制度建设，建立健全教学管理、项目管理、学生（学员）管理等制度，形成制度文化；加强信息化建设，以先进教育技术改造传统教育教学，全面提升信息技术支持职业教育发展能力，以信息化促进职业教育现代化；❶ 加强品牌建设，发挥示范、辐射和带动作用。基地通过加强内涵建设，提高基础能力，实现专业设置与职业院校专业布局相对接，培养培训内容与职业院校教师教学能力标准相对接，培养培训规模、结构、质量与职业教育的发展相对接，从而提高教师教育的时效性和实效性。

（三）以校企合作为载体，创新企业实践，增强基地教师教育的实践性

职教教师教育的内涵十分丰富，需要有立体型支撑体系。"由于社会

---

❶ 教育部. 关于加快推进职业教育信息化发展的意见［Z］. 教职成〔2012〕5号.

生活的变革和科技进步及其对个人工作和环境的影响，认为学校可以独自满足人生所有教育需要的一种理想主义幻想已经破灭"。❶ 工业经济强盛国家都比较重视职业院校教师的企业工作经历或企业实践经验。在德国，职业学校教师入职需要有五年以上企业工作经历或经验；在澳大利亚，职业学校教师入职需要有三年以上企业工作经验；在美国，社区学院教师入职需要有两年以上实践经验。在我国，职业院校教师普遍缺失企业工作经历或企业实践经验。所以，国家级基地必须适应调结构、转方式、促升级的要求，构建起产学研结合、政校企联动的发展模式，形成资源共享、合作共建的合作机制。其一，按照"责权明确、优势互补、互利共赢"原则，建立"现代职业教育发展协同创新联盟"，与品牌企业、国家改革发展示范学校建立长期稳定的合作关系，共建实训实习基地、实验室，共享教师，共同开发课程，共同研制教材；为联盟企业解决技术难题，提供技术技能型人才；为联盟学校在发展规划、教师专业发展、品牌专业建设、课程改革、教学资源库建设、实训基地建设、教育信息化、数字化校园建设、智慧校园等建设提供技术支持和理论指导。其二，探索试点职业技术师范院校与中等职业学校共同建设"教师发展学校"。教师发展学校为职业技术师范生培养提供实践培训和岗位实习，选派优秀教师参与师范生培养，接受高校教师的挂职锻炼；高校指导教师发展学校开展教学科研和校本研修，共同研究和解决教育教学改革发展中的问题，促进教师发展学校教师的专业发展与专业成长。总之，以校政企协同创新为路径推进基地教师教育的实践性。

（四）以学科群建设为支撑，构建学术生态，提高基地教师教育的长效性

现代职业教育是职业性、教育性、学术性的统一，同样，职业院校教师教育也是职业性、教育性、学术性的统一。这就要求国家级基地在加强工程技术专业建设的同时，还要加强心理学、教育学学科等教师教育学科

❶ 国际21世纪教育委员会. 教育——财富蕴藏其中［M］. 北京：教育科学出版社，2000：92.

建设；不仅要适应战略性新兴产业、主导产业，加强优势学科建设，还要促进学科融合，构建学科群，形成学科生态体系，以主动对接区域经济社会发展重大需求，提高基地发展与打造区域经济"升级版"的"契合度"；精心打造协同创新体系，提高服务企业转型升级和职业院校创新发展的"贡献度"；切实增强解决经济社会发展重大问题的能力，提高基地成果转化为生产力的"聚合度"；着力培养创新创业人才，提高社会对教师教育质量的"满意度"。

（五）以组织文化建设为主题，增强文化软实力，提升基地教师教育的精神性

基地实力不仅包括物质硬实力，还包括文化软实力，归根结底是文化软实力的能量。文化才是基地发展的内动力，也是基地管理的最高境界。所以，国家级基地要把社会主义核心价值观纳入职业院校教师教育课程体系，融入教师教育全过程，注重职业院校未来教师气质培养，强化师德教育，重视教师学术规范教育、职业理想教育、心理健康教育、法制教育，形成适教乐教、长期从教、终身从教职业信念；❶崇尚"重在细节、贵在服务"培训文化，修德敬业，重视丰富学员文化生活，发扬艰苦奋斗、百折不挠的优良传统，保持锐意进取、严谨求实的工作作风，形成勇于创新、敢为人先的可贵品质，倡导为人师表、爱岗敬业、乐于奉献、宁静致远的精神风尚，形成高素质的师资队伍、高水平的管理队伍、高效率的支撑队伍，让社会各界都来关心基地的发展，让全体教师都来关心学生（学员）的成长，让全体管理人员都来关心教师的诉求，构建良好的基地精神文化生态。

第二节　职教师资培养培训重点建设基地案例探析

浙江省职业教育起步早，发展快，水平较为领先。浙江工业大学是以工科为优势学科的部省共建、省属综合性重点大学，2000 年 5 月 17 日，

---

❶ 教育部. 关于实施卓越教师培养计划的意见 ［Z］. 教师〔2014〕5 号.

教育部下发《关于公布第二批全国重点建设职教师资培训基地名单的通知》（教职成〔2000〕3号），学校被确立为全国重点建设职教师资培养培训基地。18年来，基地遵循国家级基地建设规律，修德敬业，以人才培养为中心，以师资队伍建设为核心，发扬艰苦奋斗、锐意进取的优良传统，保持勇于创新、严谨求实的基地作风，在人才培养、科学研究、社会服务和文化传承创新、国际交流与合作方面积累了宝贵的经验，反映了国家级基地建设规律，探索了一套国家级基地建设方略。❶ 其全国重点建设职教师资培养培训基地的建设与发展，一定程度折射了国家级基地的建设与发展，体现了基地的创业精神和对职业教育的历史担当。

一、强化内涵建设，提升基础能力

国家级基地要走内涵发展道路，通过内涵建设，夯实基础实力，提升培养培训能力。浙江工业大学全国重点建设职教师资培养培训基地在内涵建设方面，主要做到以下几点：首先，加强了组织建设，构建了更具灵活性的体制机制。学校设立了基地建设协调工作委员会、师资培养培训专家咨询委员会。协调工作委员会包括各职能部门，建立了通畅高效的运行机制；专家咨询委员会包括职教专家、企业、职业院校、职教行政管理部门等相关单位，通过对市场的准确把握，职业院校发展状况的问诊，职业教育政策与规划的定位，建立了良好的学术生态。其次，加强了专业建设，提高了实践能力。通过专业建设，改善了实习实训条件，实现了培养培训内容与职业院校教师教学能力标准相对接，培养培训模式与"双师型"教师素质要求相对接，培养培训规模、结构、质量、效益与职业教育发展的整体要求相适应。最后，加强了制度建设，形成了制度文化。通过建立健全教学管理、项目管理、学生（学员）管理制度，调动各方积极性，激发潜能，激发活力，形成了组织文化，提升了基地文化软实力。

国家级基地通过强化内涵建设，提高基础能力，从而放大基地功能，

---

❶ 袁新苗．全国职教师资培养培训基地建设方略——以浙江工业大学基地为例［J］．浙江工业大学学报（社会科学版），2012（2）：132-135.

提高基地建设效益。除了创造性完成国家级职教师资培养培训任务外，还可以开展省级师资培养培训，积极为区域产业经济转型升级和社会发展服务；深层次为政府职能部门提供决策咨询，推动地方职业教育的发展；指导职业院校课程与教学改革，推动并提高职业学校建设水平，从而形成集人才培养、科学研究、社会服务、学科建设四位一体的校政企协同创新平台。

二、形成培养培训一体化模式，构建教师成长立交桥

培养方面，20 世纪 80 年代，浙江经济快速启动，需要职业技术教育的快速发展以培养社会急需的技能型人才。为了适应职业院校对职教师资的需求，浙江工业大学利用自身工科优势，开始招收技术师范本科生，成为全国最早开展职业技术师范教育的地方本科院校。20 世纪 90 年代，浙江块状经济迅猛发展，高技能人才需求迫切，职业院校对职教师资的需求层次有所提高，据此，作为全国重点建设职教师资培养培训基地，提升了教育层次并开展了专业化建设。2003 年，作为浙江省最早设立的职业技术教育学硕士学位点，开始招收培养中职硕士研究生；2011 年开展了"中职类师资培养模式""中高职一体化培养模式"等国家教育改革实验，形成了从技术本科教育到技术师范本科教育再到研究生教育，从全日制教育到非全日制教育兼容的多层次有机衔接的一体化人才培养体系。培训方面，1999 年，设立了浙江省职教师资培训基地；2000 年，随着全国职教师资培养培训基地的挂牌，形成了从单纯的职教师资培养到培养培训一体化的职教教师教育体系。

国家级基地通过探索一体化发展模式，从而构建起职教教师成长立交桥。技术师范教育毕业生既可到中职学校任教，也可进入研究生层次学习；经过职业教育教学实践，既可参加国家级、省级基地的培训，又可进入研究生层次学习；既可在学校接受理论教育，又可到企业或行业开展技能训练，从而联通继续教育通道，有效促进教师专业化发展。

三、构建学科群，支撑培养培训体系

职教师资培养培训需要教育学学科的支撑，也需要工学学科和其他学

科的支撑。基地通过学科交叉融合，建设优势学科群，从而促进优质教育资源整合。浙江工业大学全国重点建设职教师资培养培训基地承担的培训专业主要是机械电子工程、电气技术应用、计算机科学与技术等专业。据此，教育学学科建设领域，从单一的职业技术教育学学科建设到教育学一级学科建设，从教育学学科建设到心理学学科建设，职业技术教育学充当了学科建设的"母机"，成为学科发展的"孵化器"；工程技术学科建设领域，建设成了机械工程、控制科学与工程等一级学科博士点并成为浙江省重中之重学科，由此形成了以职业技术教育学为圆心，以高等工程教育为基础，以心理学、先进制造技术与装备、机械电子工程、信息处理与自动化技术等学科为支撑的多学科融生共长的学科群，为职教师资培养培训构建起了坚实的学科支撑和良好的学术生态体系。

国家级基地通过构建学科群，加强专业集群建设，从而形成以国家级教学实验平台为引领、省部级平台为中坚、校院级平台为基础的创新人才培养条件保障体系；推进服务各级教育行政部门的职教政策咨询与规划，指导职业院校建设与发展；推动科学研究，提升社会服务能力，提高社会知名度与美誉度。

四、深化校企合作，促进校政企协同创新

浙江工业大学全国重点建设职教师资培养培训基地以长江三角洲地区经济社会发展需要为引导，以"卓越工程师＋教学良师"为人才培养目标，与浙江省各级职业教育行政管理部门建立了良好的政策服务机制，并与浙江华为通信股份有限公司、东方通信股份有限公司、杭州钱江集团有限公司等20余家企业成立了"职业教育发展创新联盟"。与杭州市开元商贸职业学校、杭州市人民职业学校、温州瓯海中等专业学校等20余所职业院校建立了长期合作关系。

国家级基地通过深化校企合作，推进产教协作，从而构建"合作办学、合作育人、合作就业"的发展模式，形成"资源共享、合作共建"的合作机制，保证参与各方利益，调动政府引导、企业参与、行业指导、学校主体办学的积极性，从而推动政校企联动发展，协同创新。

第三节　职教师资培养培训基地建设的校外实践教学

培养具有创新精神、实践能力、社会责任感、国际视野的职教师资，离不开实践基地的建设，包括校外实践教学基地建设。

一、职教师资校外实践教学基地建设的现实诉求

校外实践基地建设是打好学生基础的"第一枪"。职教师范生单单在书本上学到的知识是远远不够的，要从"学生"变成"教师"的有效途径就是通过校外实践教学基地的实践教学锻炼自己，实现自我成长。另外，中等职业学校的培养目标是在生产、服务一线工作的高素质劳动者和技能型人才，这就意味职业学校未来的"教师"也应该深入教学实践的前沿阵地，更好贴近教学第一线。加强高校实践教学成为高校培养创新型人才的重要途径❶。

校外实践基地建设是培养职教师资的"第一步"。校外实践基地不仅是学生成长成才的"热土"，也是学院老师学习锻炼的"成长营"。通过有计划地选送青年教师到职业学校实训处、学生处、教研室等相关岗位参观、考察，积累实践经验，可以弥补高校教师实践经验不足的短板，丰富其专业认知度。在中青年教师到职业学校锻炼的相关制度不断完善的同时，调动指导教师的积极性，引导和激励教师积极进行课改和教改，提升"双师"职业能力，有效地推动实践育人工作的开展。

校外实践基地建设是职业学校改革发展的"第一线"。职业学校在拥有精准的匹配度、充分的接纳能力和一定的合作热情的前提下，与高校展开多方面的合作，积极推动职业学校教学模式改革。由高校和职业学校"协同"制订校外实践教育的教学目标和培养方案，"协同"建设校外实践教育的课程体系和教学内容，"协同"组织实施校外实践教育的培养过程，

---

❶　胡斌武，钱柘，吴杰．职教师资校外实践教学基地建设探索［J］．中国高校科技，2016（10）：63－65.

"协同"评价校外实践教育的培养质量,形成校企同建、同管、同评的校外实践教学模式。这种模式的形成对于职业学校的改革和发展建设起到了至关重要的作用。

校外实践基地建设是社会创新发展的"第一扇窗"。校外实践教学基地建设,适应了当前社会发展的需求。从成果转化的角度来说,准"职教老师"的亲身体验和实际操作可以将高校的培养成果提前应用于社会实践,造福社会,成为国家创新创业工程的孵化器。实践基地的建设增强了职教师范生的工作适应性,提高师范生在就业中的竞争实力,为经济发展注入新的活力。

二、协同创新视阈下职教师资校外实践教学基地建设方略

协同创新是以知识增值为核心,企业、政府、知识生产机构(大学和研究机构)、中介机构和用户等为了实现重大科技创新而开展的大跨度整合的创新组织模式。从实践角度讲,协同创新分内部和外部两种,其中,外部协同分为价值需求上的协同、学科知识借鉴上的协同以及组织上的协同三个方面。基于协同创新理论,"浙江工业大学—永康职业技术学校实践教育基地"是浙江工业大学教育科学与技术学院与永康职业技术学院两所学校之间在相同的价值需求的基础上,达成组织方式上的协同结果。高校与职业学校通过签订"职业教育发展协同创新联盟"形成一种契约保障,这种契约精神强有力地推进了基地建设,也提升了基地视野与建设层次。

(一)以人才培养模式改革为核心,重构课程体系,创新企业实践

基于人才培养和人才成长规律,职业学校根据企业需求进行教学课程改革,与高校共同制订人才培养目标和人才培养方案,开展"订单式"培训,建立校企合作办学模式。在中国特色社会主义市场经济的背景下,积极主动与行业企业对接,结合区域技能型人才需求,创新人才培养模式,研制适应现代职业教育体系的人才培养方案。根据人才培养方案,以能力为本位,以岗位为导向,重点建设专业重构了基于职业学校教师工作特点和工作过程的课程体系,调整了课程结构,彰显实践课程特色,形成一套真正意义上的实践课程体系。

（二）以师资队伍建设为关键，打通实践路径，增强教学能力

由于高校合作的生产性企业有限，学生到企业实践有限，学生的工程技术训练是学生的"短板"。永康是"五金之都"，永康市职业技术学校现有实训楼面积达到10000平方米，专业实训设备齐全：钳工车间、车工车间、电工电子实训室、计算机实训室等24个种类47个实验实训场地。学校的设备设施达到浙江省领先水平，可同时提供2000名学生上岗实训。永康职业技术学校与当地及周边130多家大型企业开展了良好的校企合作，并引企入校，办有"校中厂"，有"模具研发中心"等一批生产性实训基地。高校学生直接到职业学校的生产性企业开展工程技术训练，一举两得，有效解决了"双师型"教师培养问题。在相关规章制度的保障下，教师深入实践基地熟悉了解职业学校情况，提高职业教师培养能力；在日常教学中，将协同创新的内涵嵌入教学目标中，培养学生的创新意识。永康市职业技术学校开设数控、模具、计算机等专业，与浙江工业大学技术师范生教育实习专业匹配度较高，可以顺利打通高校与职业学校之间的交流轨道，有利于调动指导教师的积极性，不断提高指导教师队伍的整体水平。

（三）以机制创新为动力，促进资源共享，保障基地运行

其一，创新共享机制。共享是实现协同创新的前提。只有先实现主体之间以及主体与外界之间的信息交流、资源共享，才能确保系统具有生存和发展的活力。不共享的协同创新如同一潭死水，毫无生命力可言。实践基地在承担本学院的学生校外实践教育任务时，在有条件的情况下，应向其他学院或高校开放，主动发布实践基地有关信息，根据接纳能力接收其他学院或高校的学生进入实践基地实践。其二，创新协同机制。高校为主导的协同创新动力机制是促使高校协同创新的动力源，高校主导的校外实践教学基地的建设为双方开展多方面的合作提供了条件，同时，开展多方面、多形式的合作也是校外实践教学基地建设长久发展的重要保障。永康市职业技术学校专业群设置、师资队伍、办学模式、科研能力、社会声誉，不仅满足了职教师范生教育实习任务，成为高校教学与科研基地，也成为高校校外"工程训练中心""高技能人才训练中心"，从而成为多功能教师发展学校。

本章小结

全国重点建设职教师资培养培训基地作为职教教师培养培训一体化的基本载体，作为高素质专业化职教师资队伍建设、职教教师专业化发展的主渠道，应该打造成教师教育圣地、科学研究高地、职业教育协同创新平台，构建起职业教育科学发展事业共同体。本章认为，18年来，全国重点建设职教师资培养培训基地扩大了规模，优化了布局，形成了网络，促进了职业学校教师专业化发展。在建设中国特色、世界水准现代职业教育体系的背景下，国家级基地要以建设职业学校教师发展一体化为主线，构建立交桥，体现基地教师教育的终身性；以内涵建设为核心，增强基础能力，提高基地教师教育的实效性；以校企合作为载体，创新企业实践，提高基地教师教育的实践性；以学科群建设为支撑，构建学术生态，提高基地教师教育的长效性；以组织文化建设为主题，增强文化软实力，提升基地教师教育的精神性。本章还对浙江工业大学全国重点建设职教师资培养培训基地建设进行了个例分析。该基地建设注重强化内涵建设，提升基础能力；形成培养培训一体化模式，构建教师成长立交桥；构建学科群，支撑培养培训体系；深化校企合作，促进校政企协同创新。基地建设折射出了其他国家级基地的建设与发展，体现了国家级基地的创业精神和对职业教育的历史担当。同时，本章还对职教师资培养培训校外实践教学基地"浙江工业大学—永康市职业技术学校"基地进行了个例探讨。认为校外实践教学基地建设是打好学生基础的"第一枪"，是培养职教师资的"第一步"，是职业学校改革发展的"第一线"，是社会创新发展的"第一扇窗"。职教师资培养培训一体化建设中，校外实践教学基地的有效路径在于：以人才培养模式改革为核心，重构课程体系，创新企业实践；以师资队伍建设为关键，打通实践路径，增强教学能力；以机制创新为动力，促进资源共享，保障基地运行。

（本章作者 浙江工业大学：林屺、沈吉、胡斌武）

职教教师培养培训一体化的企业实践

企业实践制度是指组织中高等职业学校教师到企业生产现场考察观摩、接受企业组织的技能培训、在企业的生产或培训岗位上操作演练、参与企业的产品开发和技术改造等行为的规范体系（法律、政策法规、部门规章及校内相关制度）。教师企业实践在职业教育教师培养培训体系中占有重要的地位，对促进职业院校教师的专业成长至关重要。

第一节　职业院校教师培养培训企业实践制度的变迁

一、职业院校教师培养培训企业实践制度的基本历程

中华人民共和国成立以来，我国相继出台了一系列职业院校教师企业实践的制度，以职业院校教师企业实践制度对职教师资培养培训的作用作为划分标准，可把变迁历程划分为四个阶段。

（一）企业实践是提高职业院校教师素质的重要途径（1949～1960 年）

中华人民共和国成立后，国家对传统的教育体制进行社会主义改造，逐步建立社会主义的教育制度，兴办新时期的职业教育，发展职业教育与发展普通教育同等重要，开始重视职业学校教师的培养培训工作。1949～

1960 年间，国家已经认识到企业实践对提高职业学校教师素质的重要作用，参加企业实践被认为是提高职业学校教师素质的重要途径。

由于当时没有专门培养职业教育师资的院校，职业院校教师主要是从职业学校的优秀毕业生中留任，再在学校和企业实践中加以培养培训。1952 年 8 月，教育部发布的《中等技术学校暂行实施办法》中指出："中等技术学校为培养技术课师资，得配备成绩优良的毕业生为技术课助理教师。中等技术学校为有计划地培养技术课专任教师，增强中等技术学校技术课教师的技术能力及提高企业或业务单位技术人员的科学理论水平，得与企业或业务单位试行建立定期交流技术课教师和技术人员的制度。"❶1955 年 3 月，劳动部召开第一次全国技工学校校长会议，指出："新教师的培养，目前主要应从技工学校的毕业生中选择优秀者，留校或送工厂在实际中有系统地培养。学校应组织现有教师学习马克思列宁主义理论，加强对教师的思想政治教育，提高其政治觉悟；并经常采用观摩教学、研究教育学的基础知识、组织教学成绩展览会和交流教学工作经验等方法，不断提高教师的业务能力。"❷

在此期间，主要依托职业学校本身和教师定期到企业或业务单位实践来培养职业学校教师，紧跟行业，教师企业实践制度自然滋生，形成学校和企业共生的教师培养培训制度。

（二）职业院校教师企业实践甚微（1960～1990 年）

伴随职业教育的发展及其对职业学校教师要求的提高，1960 年，经由国务院批准，劳动部开始着手在上海、天津、辽宁、河南筹建四所专门培养职业院校教师的技工师范学院。但是，由于贯彻 1962 年中央关于"缩短工业、文教战线、压缩城市人口"的要求，相关院校均已停止招生。后来，由于受到"以阶级斗争为纲"的"左"的思想影响，尤其是"文化大革命"使这种"左"的错误走到否定知识、取消教育的极端，从而使教育事业遭到严重破坏，大批中等专业学校和技工学校被迫停办，职业学校

---

❶❷ 曹晔. 我国职业技术教育师资培养的历史和现实选择 [J]. 教育与职业，2010（6）：5-6.

被摧残殆尽，职业学校教师的培养培训更是无人问津。

1978 年年底，十一届三中全会确立将以经济建设为中心，加强社会主义现代化建设，推动改革开放，各行各业迫切需要大量技术人员、管理人员、技工和其他受过良好职业培训的城乡劳动者。这是其时职业教育发展的重要动力来源。鉴于职业技术教育是当时整个教育事业中的薄弱环节，与国民经济的发展需要严重脱节，远不能满足我国生产、建设、管理和服务第一线对技术技能人才的需要。1980 年，国务院批转教育部、国家劳动总局的《关于中等教育结构改革的报告》。根据此文件精神，各地相继设立各类职业（技术）学校、职业中学、农业中学。师资严重不足，是制约当时发展职业技术教育的突出问题。经国务院批准，一些省、自治区、直辖市开始积极筹办专门为职业教育服务的高等师范学院，使专业师资有一个稳定的来源。于是，天津职业技术师范学院、吉林职业师范学院、常州职业师范学院、河北职业技术师范学院等相继建立，到 1989 年全国共有14 所职业技术师范学院和普通高校设置的首批职业技术教育学院（天津大学职业技术教育学院）。这是我国专门面向职业教育的高等师范教育类型。同时，还有一些省份在高等院校设立职业技术师资班、专业或系来培养职业教育师资。截至 1990 年，我国职业教育师资培养体系初见端倪，初步建立起独立设置的以职业技术师范学院和普通高校的职业技术学院（系）为主体的职业教育师资培养体系。

由于历史原因，十一届三中全会前职业教育事业遭受摧残，教师企业实践制度没有得以延续。改革开放后，职业教育重新得到重视，但是其时主要基于弥补师资数量不足和学历不高，职业教育师资培养基本上是沿用普通教育师资培育的学科模式，不注重与生产劳动相结合。

（三）职业院校教师企业实践开始走向制度化（1991～2006 年）

20 世纪 90 年代后，伴随党和政府工作重点的转移，我国进入社会主义现代化建设的关键期。当时，我国职业技术教育无论规模和质量还不能满足经济建设和社会发展对技术技能人才的需要，党的十三届七中全会再次提出要大力发展职业技术教育。这是国家战略调整的结果，是经济建设发展的需要。1991 年，《国务院关于大力发展职业技术教育的决定》提出未来职业技术教育发展的目标，把大力发展职业教育上升为一项国家战略。该文件第一次制定教师企业实践的相关政策规定，第一次提出要建立职业教育师资继续教育制度，鼓励企业接纳教师实习。此后，党和政府对此高度重视，相继出台若干政策法律规定（表 13 – 1）。

表 13 – 1　职业院校教师企业实践制度演进概览（1991～2006 年）

颁布时间	文件名称	若干重要规定
1991 年	国务院关于大力发展职业技术教育的决定	企业应该积极接纳职业技术学校师生到厂实习❶
1996 年	中华人民共和国职业教育法	企业、事业组织应当接纳职业学校和职业培训机构的学生和教师实习；对上岗实习的，应当给予适当的劳动报酬❷
1998 年	面向二十一世纪深化职业教育教学改革的原则意见	要采取教师到企事业单位进行见习和锻炼等措施，使文化课教师了解专业知识，使专业课教师掌握专业技能，提高广大教师特别是中青年教师的实践能力❸
2005 年	国务院关于大力发展职业教育的决定	建立职业教育教师到企业实践制度，专业教师每两年必须有两个月到企业或生产服务一线实践。企业有责任接受职业院校学生实习和教师实践。对支付实习学生报酬的企业，给予相应税收优惠❹
2006 年	关于全面提高高等职业教育教学质量的若干意见	要增加专业教师中具有企业工作经历的教师比例，安排专业教师到企业顶岗实践，积累实际工作经历，提高实践教学能力❺

如表 13 – 1 所示，国家相继出台若干职业院校教师企业实践的政策规定。然而，相关政策规定并不健全，而且缺乏可操作性。主要缺陷是未能制定对相关企业具有强约束力的法律规定，也没有制定促进地方政府和职业院校支持教师企业实践的政策。《国务院关于大力发展职业技术教育的决定》提出企业应该积极接纳职业技术学校师生到厂实习。《中华人民共

---

❶　国务院关于大力发展职业技术教育的决定［Z］. 中华人民共和国国务院公报，1991（36）.

❷　中华人民共和国职业教育法［Z］. 全国人民代表大会常务委员会公报，1996（4）.

❸　国家教委. 面向二十一世纪深化职业教育教学改革的原则意见［Z］. 1998 – 02 – 16.

❹　国务院关于大力发展职业教育的决定［Z］. 中华人民共和国国务院公报，2005（35）.

❺　教育部关于全面提高高等职业教育教学质量的若干意见［Z］. 中华人民共和国教育部公报，2007（5）.

和国职业教育法》提出企业、事业组织应当接纳职业学校和职业培训机构的学生和教师实习。《国务院关于大力发展职业教育的决定》提出企业有责任接受职业院校学生实习和教师实践。《面向二十一世纪深化职业教育教学改革的原则意见》提出要采取教师到企事业单位进行见习和锻炼等措施，提高广大教师特别是中青年教师的实践能力。《关于全面提高高等职业教育教学质量的若干意见》提出要安排专业教师到企业顶岗实践。一系列职业院校教师企业实践政策的出台体现出国家已经开始意识到职业教育教师企业实践的重要性，但是相关政策规定并没有得到较好落实，对推动职业院校教师企业实践的作用极为有限。

（四）职业院校教师企业实践制度体系形成期（2006 年至今）

2006 年以来，伴随推进职业教育内涵发展的需要，对职业院校教师已经提出新的要求，党和政府高度重视企业实践对提高职业院校教师专业素质的作用，已经初步形成职业院校教师企业实践制度体系（表 13－2）。

表 13－2　职业院校教师企业实践制度演进概览

颁布时间	文件名称	若干重要规定
2006 年	关于建立中等职业学校教师到企业实践制度的意见	一份专门规范中等职业学校教师到企业实践的文件，涵盖重要性、要求与主要内容、主要形式与组织管理和相关工作要求等❶
2006 年	关于实施中等职业学校教师素质提高计划的意见	培训任务主要由具备相关专业培训条件的全国重点建设职教师资培养培训基地和全国职教师资专业技能培训示范单位承担，同时吸收部分有条件的实训基地、企业参与，采取"基地培训＋企业实践"的模式进行，时间为两个月。参培教师先在国家公布的培训机构进行 1 个月的专业理论和教育教法培训，然后到对口企业进行 1 个月的企业实践活动，通过现场观摩、上岗操作等方式，熟悉相关专业领域的新知识、新技能、新工艺、新方法

❶　教育部关于建立中等职业学校教师到企业实践制度的意见［Z］. 中华人民共和国教育部公报，2007（Z1）.

续表

颁布时间	文件名称	若干重要规定
2010 年	国家中长期教育改革和发展规划纲要（2010~2020 年）	以"双师型"教师为重点，加强职业院校教师队伍建设。加大职业院校教师培养培训力度。依托相关高等学校和大中型企业，共建"双师型"教师培养培训基地。完善教师定期到企业实践制度❶
2010 年	中等职业教育改革创新行动计划（2010~2012 年）	完善职教师资培养规划，落实职教师资培训政策和制度，充分发挥独立设置职业技术师范院校和设在普通高校的职业技术教育（师范）学院的作用，扩大职教师资培养规模，探索职教师资校企合作培养模式。完善在职教师定期到企业实践制度，构建政府牵头、行业指导、企业支持的职教教师企业实践平台。遴选一批具有行业代表性的企业，与职教师资培养培训基地联合开展师资培养培训工作。遴选一大批本科及以上应届毕业生，到企业进行一年实践，并在接受专门培训后到中等职业学校上岗任教❷
2011 年	教育部关于进一步完善职业教育教师培养培训制度的意见	完善教师定期到企业实践制度。职业院校专业教师每两年必须累计有两个月到企业或生产服务一线实践。公共基础课教师也应定期到企业进行考察、调研和学习活动。各地教育行政部门要积极探索建立职业院校新任教师到企业进行半年以上实践后上岗任教的制度。要将到企业实践纳入职业教育教师继续教育统筹管理，制定企业实践管理办法，加强对企业实践工作的指导、监督和评估。教师企业实践情况考核结果计入本人继续教育档案。国家依托普通本科院校、职业院校和大中型企业，继续建设一批"双师型"教师培养培训基地和教师企业实践单位❸
2011 年	教育部关于"十二五"期间加强中等职业学校教师队伍建设的意见	校企合作开展教师培养培训的模式全面建立。把企业实践作为中等职业学校教师继续教育的重要形式，不断提高教师的专业发展能力❶

❶ 国务院．关于国家中长期教育改革和发展规划纲要（2010~2020）．2010-07-29.

❷ 教育部．中等职业教育改革创新行动计划（2010~2012 年）．教职成〔2010〕13 号，2010-11-27.

❸ 教育部．关于进一步完善职业教育教师培养培训制度的意见．教职成〔2011〕16 号，2011-12-24.

❶ 教育部．关于"十二五"期间加强中等职业学校教师队伍建设的意见．教职成〔2011〕17 号，2011-12-24.

续表

颁布时间	文件名称	若干重要规定
2013 年	中等职业学校教师专业标准（试行）	中等职业学校专业课教师和实习指导教师要具有企事业单位工作经历或实践经验并达到一定的职业技能水平❶

表 13 - 2 中，在正式制度层面，教师企业实践制度更加具体化，教师企业实践内涵更加明晰化，具有一定操作性。2006 年，教育部出台了《关于建立中等职业学校教师到企业实践制度的意见》。这是一份专门规范中等职业学校教师到企业实践的文件，内容翔实，涵盖重要性、要求与主要内容、主要形式与组织管理和相关工作要求等。同年，教育部和财政部联合下发了《关于实施中等职业学校教师素质提高计划的意见》。这是国家为切实提高中等职业学校教师队伍的整体素质，改革创新教师培养培训模式的有力尝试，明确职教师资国家级培训采取"基地培训 + 企业实践"的模式进行，时间为两个月。参培教师先在国家公布的培训机构进行 1 个月的专业理论和教育教法培训，然后到对口企业进行 1 个月的企业实践活动，通过现场观摩、上岗操作等方式，熟悉相关专业领域的新知识、新技能、新工艺、新方法，培训经费全部由国家承担，此项制度得到较好的贯彻落实。

2010 年，《国家中长期教育改革和发展规划纲要（2010~2020 年）》（以下简称《纲要》）出台。为加强职业院校教师队伍建设，《纲要》强调指出要以"双师型"教师为重点，依托相关高等学校和大中型企业，共建"双师型"教师培养培训基地，完善教师定期到企业实践制度。《中等职业教育改革创新行动计划（2010~2012 年）》《教育部关于进一步完善职业教育教师培养培训制度的意见》《教育部关于"十二五"期间加强中等职业学校教师队伍建设的意见》和《中等职业学校教师专业标准（试行）》等政策文件纷纷出台，一致要求推进职业院校教师企业实践制度改革，提

---

❶ 教育部. 中等职业学校教师专业标准（试行）. 教师〔2013〕12 号，2013 - 09 - 20.

出完善职业院校教师企业实践制度的若干规定。至此，人们对职业院校教师企业实践在加强职业院校教师队伍建设中的重要性已经达成共识，普遍意识到要促进职业院校教师定期参与企业实践，企业实践是提升职业院校专业教师专业素养的有效途径。

二、职业院校教师企业实践制度的国别比较与启示

德国、澳大利亚和美国等西方一些先进国家，不管是入职前还是入职后国家都制定严格的职业教育教师企业实践制度。他们在职业教育教师培养方面的先进经验，尤其是教师企业实践制度，可以为我国职业院校"双师型"教师的企业实践制度建设，提供一些借鉴。

（一）德国

德国"双元制"职业教育是一种企业作为"一元"、职业院校作为"一元"合作培养职业人才的一种模式，是职业实践与知识学习紧密结合的整体的职业教育观，也是德国经济腾飞的秘密武器。职业教育教师在整体结构上呈现"双元性"，"一元"是职业学校教师（Lehrer），分普通文化课教师、专业理论课教师和专业实践课教师，"一元"是企业教师或跨企业教育中心教师（Ausbilder）。职业学校专业实践课教师和企业教师或跨企业教育中心教师有类似的培养过程和能力要求，差别很小，统称为"企业教师"或"培训师"。职业学校普通文化课教师与专业理论课教师属于理论导向型的教师，不只是教理论，而是结合实践教理论，也可称"专任教师"。德国职业教育教师的培养培训是世界上最科学的，不管是企业教师还是专任教师，入职前要有企业工作的经历，入职后有法律规定教师还要企业实践。

入职前，成长为德国企业教师的过程为：主体中学（9 年）或实科中学（10 年）毕业后，接受 2～3.5 年国家认可教育职业并取得相应的职业资格证书，到企业工作 3～5 年获得较丰富的实践经验后，再到全日制 2 年或在职 4 年的师傅学校或专科学校学习，参加"企业教师资格考试"并取得相应证书，从而具备企业教师资格；成长为专任教师的过程为：完全中学（12 年）毕业或同等学力者获得高等学校入学资格，到大学学习，在此

期间还必须利用业余时间，尤其是假期到与其所选职业相同行业的企业里至少实习 1 年，大学 9 个学期结束后参加并通过第一次国家考试者，再到职业学校和教师进修学院里进行为期 2 年的预备见习，根据今后要教授的专业科目做相应职业学校的实习教师，参加并通过第二次国家教师资格考试，才有资格成为职业学校的教师。

入职后，无论是企业教师，还是职业学校专任教师，依据联邦《职业教育法》或各州《教师教育法》的规定，带薪参加各种形式的继续教育活动，提升教师的可持续发展力。企业教师作为企业雇员，企业与行业协会通过举办进修班和研讨会始终为企业的发展而不断地提升他们的能力，以适应企业自身管理、技术发展的要求，培训费用基本上都由企业承担。企业教师还可根据自身需要，参加一些自费进修班，劳动局会酌情提供部分学费资助。专任教师都有义务接受进修教育，比如说参加一些企业为推广新技术、新产品而举办的培训，参加学校提供的研讨会、经验交流会等。

德国职业教育教师基于企业和学校的两个学习平台，他们都有很好的培养和培训的途径及其要求，不管是企业教师还是专任教师都具有"跨界"能力。

（二）澳大利亚

澳大利亚职业教育的主要形式是"技术与继续教育"（TAFE），规模庞大，有州政府办的 TAFE 机构，还有联邦政府主办的理工学院（大学）里附设的 TAFE 机构，在经济发展中占有重要地位。澳大利亚职业教育师资队伍建设比较规范，不仅对职业教育教师任职资格有较高的企业实践经验要求，而且特别强调企业培训在促进职业教育教师可持续发展中的作用，入职后仍有严格的企业实践制度和要求。

入职前，澳大利亚职业教育教师最低要求是获得"培训与评估四级证书"（TAA – Training and Assessment IV）；教师的学历要求一般要具有教育学士以上的学历，或读完一种专业本科后再获得一个教育学士学历，一般没有具备硕士研究生学历的要求，也没有研究生学历要占多大比例的具体要求；专业教师则要求具有丰富的企业实践工作经历，必须具有 3～5 年从事本行业工作的实践经验。很显然，要成为一名职业教育教师，技能证书、教育学士、实践经验三者缺一不可。因此，澳大利亚 TAFE 机构的教师，不是直接从大学毕业生中招聘，而是全部从社会（行业企业）中选聘有实践经验的专业技术人员，让他们接受师范教育，掌握教育理论、具备教学能力后先做兼职教师，一般再经过 5 年以上的教学实践才能转为专任教师。这样一来，行业企业界人士不断地参与到职业教育中来，TAFE 机构就形成了一支专兼职相结合的师资队伍，这样不仅可以取长补短，优势互补，有利于职业教育师资队伍整体水平的提高，而且促使原有职业教育教师产生接受培训、进修的要求。

入职后，为了让职业教育教师吸收广泛行业知识，跟上企业技术发展的步调，胜任职业院校课程教学要求，澳大利亚政府非常重视职业教育教师的可持续发展，要求职业教育教师除参加各种新知识和新技术培训外，还必须经常或定期参加企业培训，去企业进行专业行业实践，每周可以在相关企业兼职工作 10 小时，并成为有关专业协会的成员，经常参加学校与社会联系的各种活动，接受新的专业知识、技能和信息，确保了教学不会脱离企业实际。澳大利亚还规定，教师在企业实践的相关费用由企业承担，企业为学校教师培训提供基地。

澳大利亚的这种职业教育师资要求，特别是对企业实践的要求，使得"技术与继续教育"机构的教师既能教书，也能指导实训，是名副其实的"双师型"教师。

（三）美国

美国没有中国式的中等职业教育机构，相关的职业教育在高中阶段以职业教育课程形式提供，更多的职业教育则在高等教育阶段的社区学院里进行。社区学院强调职业教育从学校到工厂的过渡，实施基于工作的学习，把职业教育与终身教育——生涯教育联系起来，而对实现这一目标发挥关键作用的教师，美国提出了很高要求，为此建立了职业教育教师的国家职业证书标准，要求教师获得与企业界和社区的合作，这是对职业教育教师能力的"跨界"诉求。

入职前，美国对从事职业教育的教师有严格的任职资格要求和选聘程序。美国规定，要成为职业教育教师，必须获得学士以上学位并在相关领域工作 1~2 年的优秀者，才能获得职业教育教师资格证书。除了要符合联邦政府职业教育教师资格证书规定的条件外，还特别强调要具有实践经验，对所教的技术课程有一年以上的工作经历及最新经验，或在合适的技术领域有 5 年以上的实际经验。能符合以上条件的，并不是很多。所以，美国更多地聘请社区内外有实际工作经验的各类专业技术人才作为兼职教师。

入职后，美国也非常重视职业教育教师的培训和提高。美国政府为有效促进行业界和职业学校的沟通，规定每年假期职业教育教师必须到企业一线工作，接触企业实际提高技术，基于技术来开发能力本位的教学项目和课程，为学生提供各种实践经验，能在实际应用的情境下整合文化课和技术课，提高生涯教育教学能力，服务于学生的工作，服务于学生的终身发展。美国还把教师企业实践作为教师晋级的主要依据之一。

美国职业教育教师的企业实践制度，跨越了传统学校的"围城"，是职业教育教师跨界能力培养的典型制度。

三、国外职业院校教师企业实践制度的经验与启示

德国、澳大利亚和美国在职业教育教师培养培训方面的先进经验，尤其是教师企业实践制度，无疑为我国"双师型"教师的企业实践管理，提供了有益的启示。

（一）严格选拔，注重企业实践经历

德国、澳大利亚和美国都对职业教育师资有严格的任职资格要求，但不唯学历，除了应该具备过硬的与职业相关的专业理论功底、专业技术能力外，同时还必须掌握与工作过程、技术和职业发展相关的知识，入职前都要经过严格的实践训练，企业工作经验必不可少。像澳大利亚，兼职教师的比重远大于专任教师。

而我国对职业教育师资还没有具体的任职资格要求，现有的职业院校教师，基本上都是由普通本科院校毕业直接进入职业院校任教，没有去过企业，缺乏企业实践经验。这类普通本科院校基本上沿用学科本位的模式培养职业教育师资。这种学科知识体系培养模式，不仅导致职业院校教师

的分析与解决生产实际问题能力和指导实训能力普遍很差，而且无助于将职业领域里的工作过程知识融入教育教学实践中，无助于提升学生或学员的专业素养，尤其是动手能力。

我国这种缺乏企业实践要求的职业教育师资培养体系是与职业教育对专业师资的要求相悖的，改革势在必行。作为国家层面，应尽快出台符合职业教育规律和特点的职业教育教师任职资格要求，建立广开师源制度，广泛吸纳一些具有丰富实践经验的企业技术、技能型人才作为职业院校的兼职教师。作为职业教育师资培养机构，应修订职业教育师资培养方案，不仅要注重系统知识的传授与掌握，更要注重校企合作，增加企业实践培养环节，让学生先进入企业再踏入职业院校大门。

（二）国家扶持，注重职后企业实践

德国、澳大利亚和美国联邦政府及其职业院校、企业和教师都认识到教师企业实践对职业教育教师成长与职业教育可持续发展的重要性和特殊性，特别强调企业实践在促进职业教育教师可持续发展中的作用，高度重视职业院校教师入职后企业实践工作。相关制度完善，有联邦《职业教育法》或各州《教师教育法》等教师企业实践制度；企业自愿接纳，并承担相应的费用；教师积极参与，被看成是自我专业成长的需要。

应该说，我国政府高度重视推行职业院校教师企业实践制度。不管是1996 年的《中华人民共和国职业教育法》、2006 年的《关于建立中等职业学校教师到企业实践制度的意见》《国家中长期教育改革和发展规划纲要（2010～2020 年）》，还是《教育部关于进一步完善职业教育教师培养培训制度的意见》等，都提到要推进加强职业院校教师企业实践。但这些促进企业支持职业院校教师实践的政策法规还不够健全，没有强制约束力，没有明确企业的责任，操作性不强，这使企业支持教师实践缺乏政策法律保障。既然政策制度没有明文规定企业有义务支持职业院校教师实践，加之企业以追求利益为宗旨，缺乏对职业院校教师企业实践重要性的认识，把接受教师企业实践作为一种负担，就不会积极配合职业院校教师实践活动。这样导致企业实践制度流于形式，实效性差。

要改变上述问题，可以通过修订《中华人民共和国职业教育法》或者地方职业教育校企合作法规，制定有关职业院校教师企业实践继续教育的刚性规定。如，企业必须接纳职业院校教师走进企业，提供教师企业实践活动支柱；政府要向企业提供具体优惠政策，提供经费支持；规定职业院校的管理职责与要求；规定教师企业实践是职业院校教师继续教育的必需内容，不是去企业盖个章而已，实质性地和专业技术职务评聘和工作绩效考核挂钩。

第二节　职业院校教师企业实践政策执行情况的调查

一、中职校教师企业实践政策执行的调查

(一) 调查方案

1. 调查方法

采用问卷调查与深度访谈。问卷调查了 26 所中职学校的 413 位老师，与 30 余中职学校领导和专业教师深度访谈。

2. 调查对象

鉴于江苏各地职业教育发展不均衡，本次调查覆盖苏南（苏州、无锡、常州、镇江、南京）、苏中（南通、扬州、泰州）、苏北（徐州、淮安、盐城、连云港、宿迁）。其中，苏南地区 6 所（武进职业教育中心、苏州高等职业技术学校、常熟职业教育中心、无锡汽车工程中等专业学校、无锡机电高等职业技术学校、南京下关中等专业学校），苏中地区 9 所（南通旅游中等专业学校、通州中等专业学校、启东中等专业学校、如皋中等专业学校、南通中等专业学校、如东中等专业学校、邗江中等专业学校、靖江中等职业学校），苏北地区 11 所（盐城阜宁高等师范学校、淮安金湖中等专业学校、盐城建湖中等专业学校、盐城机电高等职业技术学校、徐州丰县中等专业学校、泗洪中等专业学校、泗阳中等专业学校、宿城区中等专业学校、宿豫区中等专业学校、沭阳经贸高等职业技术学校、宿迁市中等专业学校）。接受本次调查的老师都曾参加过企业实践，共计413 人。

3. 调查内容

主要调查内容有：了解相关政策规定程度、教师重视企业实践程度和学校重视企业实践程度、教师企业实践收获预期、学校是否制定相关政策、学校主要派遣哪些教师、学校是否安排教师实践、教师企业实践时间安排、由谁决定教师企业实践、教师对企业的具体要求、学校选择企业有无要求、由谁制订教师实践计划、企业安排教师实践态度、学校组织教师实践形式、学校监督管理教师形式、教育主管部门检查监督、对教师企业实践的奖惩、提高教师积极性的举措、教师企业实践经费补贴、教师参加企业实践效果、对教师企业实践的评价和校企合作形式等问题，据此设计调查问卷与开展深度访谈。

（二）调查结果

1. 企业应对教师企业实践的态度消极

企业和学校是两种具有不同目标的组织。企业以盈利为根本目的，重经济效益；学校以培养人才为根本目的，重社会效益。尽管中职教师企业实践被理想家们赋予太多积极意义，比如为企业提供人力资源储备，协助企业科技开发，提高企业管理效益等，但是这种一厢情愿的愿望在日益加剧的企业竞争面前不堪一击。很显然，由于中职教师服务企业能力过于薄弱以及劳动用工制度的市场化等原因，当前中职教师企业实践既不能为企业带来人力资源补充，又不能给企业带来立竿见影的经济效益，还会影响到企业的正常运转，要求企业额外付出人力物力来配合教师实践，徒增商业机密外泄的忧虑。正是因为企业参与教师实践的动力严重不足，企业应对教师企业实践的态度普遍消极。

以江苏省为例，据调查，如表 13－1 所示，42.9% 的中职教师认为企业接纳教师实践的热情不高，没有安排合适的岗位和指导师傅，44.0% 的中职教师认为企业接纳教师实践的热情较高，安排较为合适的岗位和指导师傅，13.1% 的中职教师认为企业接纳教师实践的热情很高，根据实际需求安排合适岗位和师傅，认真指导。由此可见，只有极少数教师对企业接纳教师实践感到满意，40% 多教师认为企业接纳教师实践的热情不高，没有安排合适的岗位和指导师傅，其余介于两者态度之间。

表 13 - 1   企业安排教师实践的态度

	1	2	3	4	合计
人数（人）	177	182	54	0	413
百分比（%）	42.9	44.0	13.1	0	100.0

注：1—接纳教师企业实践的热情不高，没有安排合适的岗位和指导师傅；2—接纳教师企业实践的热情较高，安排较为合适的岗位和指导师傅；3—接纳教师企业实践的热情很高，根据您的实际需求安排合适岗位和师傅，认真指导；4—其他。

2. 满足教师企业实践需要的企业难寻

中职教师企业实践的重要性已经深入人心。中职教师对提供其实践机会的企业充满期待，这种期待体现在很多方面。以江苏为例，如表 13 - 2 所示，在对接受教师实践的企业的要求问题（多项选择）上，选择"资源共享""提供经验丰富的技师予以指导""提供真实的项目及真实的工作""共同承担培训经费""技术水平较高""职工培训基础较好""能与学校保持紧密联系，及时反馈信息"的人数比例分别为 74.1%、80.4%、72.4%、33.7%、51.8%、31.0%、53.0%。由此可见，教师们最希望企业能提供经验丰富的技师指导教师企业实践，大部分教师希望企业能实现资源共享并提供真实的项目及真实的工作，约计半数教师希望企业技术水平较高并能与学校保持紧密联系，及时反馈信息，少数教师希望企业能共同承担培训经费、企业职工培训基础较好。

表 13 - 2   教师对企业的要求

	1	2	3	4	5	6	7
人数（人）	306	332	299	139	214	128	219
百分比（%）	74.1	80.4	72.4	33.7	51.8	31.0	53.0

注：1—资源共享；2—提供经验丰富的技师予以指导；3—提供真实的项目及真实的工作；4—共同承担培训经费；5—技术水平较高；6—职工培训基础较好；7—能与学校保持紧密联系，及时反馈信息。

然而，鉴于地域、经济、政策等原因，加上中职学校专业门类多，满足中职教师企业实践需要的企业难寻，对于广大经济欠发达地区来说尤其如此。以江苏为例，据调查，相对落后地区苏北、苏中几乎没有能与中职教师实践要求相吻合的企业，中职教师主要去苏南地区企业参加实践。由于政府配套举措不到位以及中职学校的企业资源有限等原因，没有足够的、符合要求的企业资源是制约中职教师企业实践的重要因素。

3. 企业参与教师企业实践的深度不够

中职教师企业实践形式多种多样。作为重要的政策执行主体，企业在中职教师企业实践中的作用至关重要，主要体现在提供何种支持上。总体来说，中职教师企业实践流于形式，企业参与教师企业实践的深度不够，企业的支持远不能满足中职教师的期待。以江苏省为例，如表13-3所示，在学校采取何种形式组织教师企业实践问题（多项选择）上，选择"到企业生产现场考察观摩""接受企业组织的技能培训""在企业生产或培训岗位上操作演练""参与企业产品开发和技术改造"的人数比例分别为77.0%、68.8%、62.7%、39.5%。由此可见，按照比例从高到低，教师企业实践的形式依次主要是到企业生产现场考察观摩、接受企业组织的技能培训、在企业生产或培训岗位上操作演练，只有约40%教师参与企业产品开发和技术改造。访谈发现，不少教师主要是以带领学生到企业实习的形式参与企业实践，甚至盖个企业公章应付。

表13-3 教师企业实践形式

	1	2	3	4
人数（人）	318	284	259	163
百分比	77.0	68.8	62.7	39.5

注：1—到企业生产现场考察观摩；2—接受企业组织的技能培训；3—在企业生产或培训岗位上操作演练；4—参与企业产品开发和技术改造。

中职教师普遍对企业实践抱有高度期待，但是很显然，企业主要扮演提供考察观摩现场的角色，既没有实现与教师资源共享，未能向教师提供有力的指导，又没有提供教师企业实践的真实岗位。

4. 企业管理教师企业实践的机制缺位

学校和企业都应是管理中职教师企业实践的重要主体。然而现实是，除学校原因外，企业管理教师企业实践的机制严重缺位，既没有相关制度又没有专门人员，行业企业与中职学校沟通不畅，企业未能深度参与实践计划制订、实践过程指导、实践结果考核等方面，主要依靠教师的自觉，使中职教师企业实践基本上成为一种放任自流的行为。就制订实践计划而言，以江苏省为例，如表 13－4 所示，在谁来制订教师企业实践的相关计划与内容问题（单项选择）上，选择由校方制定，由企业制定，教师自主制定，校方与企业共同协商，学校、企业、教师共同协商制定教师企业实践计划与内容的比例分别占 12.3%、14.0%、16.7%、29.5%、27.4%。由此可见，由学校、企业、教师共同协商制定教师企业实践计划与内容的不到 30%，由校方与企业共同协商制定的约 30%，其余则是分别由校方或企业或教师单独制定。

表 13－4　由谁来制定教师企业实践的计划与内容

	1	2	3	4	5	合计
人数（人）	51	58	69	122	113	413
百分比（%）	12.3	14.0	16.7	29.5	27.4	100.0

注：1—校方；2—企业；3—教师自主制定；4—校方与企业共同协商；5—学校、企业、教师共同协商。

5. 规范企业接收教师实践的政策乏力

据调查，教师们普遍反映，规范企业接收教师实践的政策乏力是制约中职教师企业实践政策执行的重要因素。不管是国家层面还是地方层面，都已经制定一系列促进中职教师企业实践的政策规定。从《中华人民共和国职业教育法》（1996 年）、《教育部关于建立中等职业学校教师到企业实践制度的意见》（2006 年）、《国家中长期教育改革和发展规划纲要（2010～2020 年）》（2010 年）、《国务院关于加快发展现代职业教育的决定》（2014 年）到《教育部关于开展现代学徒制试点工作的意见》（2014 年）等，已经提出若干较为具体的中职教师企业实践政策规定。然而，规范企业接受教师实践的相关政策规定却很乏力。一是相关政策是引导性与鼓励性的，对规范企业接收教师实践丝毫不具强制约束力；二是相关政策主要是教育部门制定颁发的，行业企业主管部门未能深度参与到政策过程之中；三是相关政策未能明确规定企业的权责，未能制定更为详尽的规范企业接收中职教师实践的规定。如前所述，企业和学校是两种具有不同目标的组织，因此制定中职教师企业实践政策就应既要尊重企业的市场经济主体地位，又要促使企业履行其社会责任，坚持强制性与激励性兼顾原则。

二、推行职业院校教师企业实践制度的典型案例

（一）组建专业教师"混编团队"

江苏有一所国家示范性（骨干）高职院校，该校通信学院借助国家示范性高职院校建设的推动，与中兴通讯公司深度合作成立电信学院，共同进行专业建设、课程开发和教学组织，探索建立企业工程师和学院骨干教师组成的"教学混编团队"。中兴公司派出通讯领域培训大师进入学校课堂，按照核心岗位能力开发课程模块，形成项目课程体系，承担了六成专业课的教学。电信学院专业教师经常与企业工程师相互交流，使得他们对专业实践和应用前沿有了及时、准确的了解，教学及指导学生实践时更有针对性、效率也更高。

此外，合作企业免费为学院教师提供技术培训机会，教师每年可以轮番下企业接受 3 个月的现场培训。经过几年的项目运作，目前，混编团队中的专业教师都拿到了职业技能高级资格证书，成为名副其实的"双师型"教师。

（二）组织教师进企业接受专业实践

江苏有一所国家中等职业教育改革示范校，该校从变革办学模式入手，实行校企一体化人才培养工程。通过"实体共建、校企共管、人才共育、师资共组、文化共融"等方式，实现校企互惠互利、合作共赢。

为进一步提高专业课教师的专业技能教学水平，熟悉企业技术发展的最新动向，让学生学到实用的新技术、新工艺、新方法，学校主要采取了以下两大举措：（1）到企业建立名师工作室。这是国家中等职业教育改革示范校校企合作的一大创举。该校负责人说："名师工作室的建立，使学校的师资队伍建设工作有了质的提高，专业课教师与企业有了更加亲密的接触，同时也能结合自身特点为地方经济发展做贡献。"名师工作室成为职业学校与企业沟通的桥梁，能更好地实现教学与实践的结合。（2）派专业教师到企业锻炼。学校于 2012～2013 年选派了 11 位教师到扬州中安电

子有限公司、江苏宏信商贸股份有限公司、扬州市华东动力机械有限公司等 8 家企业挂职锻炼，协助企业开展产品研发、员工培训、市场经营等活动。利用暑假选派教师短期下企业锻炼。2013 年选派 37 位教师赴 27 家企业锻炼，2014 年选派 42 位教师赴 27 家企业锻炼，2015 年选派 68 位教师赴 45 家企业锻炼，2016 年选派 79 位教师赴 54 家企业锻炼。

（三）服务社会促进教师专业发展

江苏有一位机电专业的 Z 老师，他大学毕业带着对教师的崇敬和憧憬，走进了江苏省中等专业学校的大门。1995 年，刚工作没多久的他在江苏扬子江大酒店企业锻炼时，发现监控系统没有风阀位置，每次都要到风口去开启，这项工作做起来非常吃力。他用收音机音量开关原理，做了个模型让电压加到空调风阀那边，工程师就不用爬上去操作了。这项技术改造既节省了劳动力，又提高了生产效益。课堂上缺少教具教仪他就带领学生做，企业里的技术他也一个接一个地学，很快就成长为当地最年轻的高级技师。他还常常带领学生深入工厂车间、科研院所，寻找课题，帮助企业技术攻关，并先后主持设计了西安利君制药和内蒙古伊利公司中央空调电气系统、江苏仪征化纤空调机组自控工程、中国人民解放军新疆边防大楼电气自动采暖工程、泰州体育馆中央空调系统改造等项目。并在 2007 年向学校提出成立了科技发明小组和技术创新办，这样不仅他自身专业能力和水平在实践中不断提高，同时也为更多教师专业实践能力的提升提供了平台和机会。

第三节　企业参与职教教师培养培训一体化实践的行动策略

一、制定促进企业参与职业院校教师企业实践的政策法规

世界职业教育发达国家都把职业教育教师企业实践纳入职业教育校企合作的重要内容，并对职业教育校企合作立法。尽管《中华人民共和国职业教育法》规定"企业、事业组织应当接纳职业学校和职业培训机构的学生和教师实习；对上岗实习的，应当给予适当的劳动报酬"，但是该规定

既不具体，又不具强制性，不能发挥促进企业参与中职教师企业实践的作用。制定促进企业参与中职教师企业实践的法律法规是促进企业参与中职教师企业实践的重要举措，是确保企业参与中职教师企业实践的根本保障。首先，深刻认识到职业教育教师企业实践工作的跨界特点，以国务院为主导，由教育部联合财政部、国家税务总局、国资委、职业院校、行业企业、职业院校等利益相关者共同制定职业教育教师企业实践的法律法规。其次，充分发挥政府发展职业教育的主导作用，尊重企业的市场经济主体地位，坚持企业和学校双赢的原则，明确划分各级政府、教育部门、税务部门、业务部门、行业企业、职业院校等利益相关者的权责，制定职业教育教师企业实践的国家标准，规范职业教育教师企业实践的目标、主体、内容、程序、管理与考核等。最后，完善相关政策法规体系，统筹规划职业院校教师企业实践与职业教育教师培养培训体系建设，把职业院校教师企业实践作为职业教育校企合作的重要内容纳入职业教育校企合作政策法规体系之中。

二、出台落实企业实践政策法规的实施办法

相关政策法规只是对职业院校教师企业实践工作的原则性规定。鉴于各地普遍未能出台体现区域特点的、具有可操作性的实施办法，因此为执行相关政策法规，提高政策法规执行的效能，亟待研究出台落实中职教师企业实践政策法规的实施办法。首先，按照国家政策要求，根据地方实际，充分发挥地方政府尤其是省级政府的主导作用，省级政府要高度重视，统筹规划，明确地方政府、行业企业和职业学校职责，制订省级中职教师企业实践实施办法。其次，中职教师是重要的政策对象，中职学校是重要的执行主体，中职学校要充分认识到教师尤其是教师专业成长对提高教育教学质量的重要性，认真研究相关政策与学校实际，统筹规划教师企业实践与教师队伍建设，制订学校教师企业实践实施办法。最后，按照相关政策法规要求，相关行业企业及其主管部门要研究制订与落实中职教师企业实践政策相配套的、专门规范企业行为的中职教师企业实践管理办法，明确行业企业在中职教师企业实践中的具体职责及其相关问题。

现代职教教师教育：*培养培训一体化的研究*

三、为开展跨区域的企业实践提供基本条件

"巧妇难为无米之炊。"鉴于中职学校专业种类与数量众多，各地经济发展水平不一，区域产业结构不同，不管是发达地区抑或欠发达地区，满足中职教师企业实践需要的区域企业难寻已经从根本上制约中职教师企业实践的形式与效果。这就要求充分发挥省级政府的主导作用，为中职教师开展跨区域的企业实践提供基本条件。首先，省级政府要全面、准确地把握全省中职学校专业结构与区域布局，据此并根据相关政策法规，以省级政府为主筹集经费，采用市场机制，以项目招投标的形式面向全省或更大区域一大批能覆盖全省中职学校专业的相关企业进行项目招投标，确保全省各个专业中职教师都能有合适的企业开展企业实践。其次，重视发挥省级政府的主导作用，统筹协调职业学校与行业企业，统筹规划全省中职学校教师分期分批开展企业实践，使全省中职教师企业实践既能找到合适的企业，又能为中职教师企业实践提供充裕的经费支持，还能符合中职学校的实际并满足中职学校的需要。最后，强有力的考核监管机制同样至关重要。完善的中职教师企业实践考核监管机制是确保中职教师企业政策有效执行的重要制度保障。结合各地中职教师企业实践现状分析，要以省级政府为主导并充分发挥职业学校和行业企业的作用，既要建立较为完善的学校考核监管机制、企业内部考核监管机制，又要建立以省级政府为主导的中职教师企业实践考核监管机制，把考核监管结果与学校办学水平、企业实践相关经费划拨等结合起来。

本章小结

教师企业实践在职业教育教师培养培训体系中占有重要的地位，对促进职业院校教师的专业成长至关重要。中华人民共和国成立以来，我国相继出台一系列职业院校教师企业实践的制度，以职业院校教师企业实践制度对职教师资培养培训的作用作为划分标准，可把变迁历程划分为四个阶段：1949～1960年，视企业实践为提高职业学校教师素质的重要途径；

1960~1990年，职业学校教师企业实践甚微；1991~2006年，职业院校教师企业实践开始走向制度化；2006年至今，形成职业院校教师企业实践制度体系。以此四个阶段探讨新中国成立后我国职业院校教师企业实践制度的演变历程，探究职业院校教师专业发展的动力机制，推动职业院校教师企业实践制度的建设。借鉴德国、澳大利亚和美国等在职业教育教师培养方面的先进经验，尤其是教师企业实践制度，为我国职业院校"双师型"教师的内涵及其专业化发展，提供一些有益启示。以江苏省为例，通过调查中职教师企业实践政策执行现状，剖析中职教师企业实践政策执行梗阻的企业因素，列举了一些职业院校及教师个人在积极探索教师到企业实践的有效途径，提出促进企业参与中职教师企业实践的政策建议，以期能为推动职业院校教师企业实践制度提供参考和借鉴。

（本章作者　江苏理工学院：季敏、王碗）

第十四章

职技高师职教教师培养培训一体化的模式建构

职业技术师范教育是我国职教教师教育的重要组成部分，是职业教育师资来源和质量提高的重要保证。职业技术师范（以下简称职技高师）是培养职校教师的工作"母机"，承担着为职业学校培养专业课教师的重任。30多年来，职技高师自主创新，进行职教教师教育体系建设的有益探索，为建立有特色、高水平的职教教师教育模式奠定了比较坚实的基础。随着社会对职业教育师资需求的变化，我国传统的职教教师教育模式已不适应当前教师教育开放化、多元化的发展趋势和要求。就目前的状况来看，我国职教教师教育体系的布局和层次结构还不尽合理，培养培训相互衔接的一体化程度较低，职教教师教育体系的开放程度还不够高，职教教师教育的制度建设有待进一步加强和改进。

第一节 职技高师职教师资服务能力的实证研究

职技高师属于高等师范教育范畴，因其人才培养主要是为了满足职业院校的师资需求，具有鲜明的职业教育特征，从而有别于普通的高等师范教育。我国职技高师教育的开展始于20世纪70年代末。根据设置方式的不同，职技高师可分为两种类型，一类是独立设置的职业技术师范院校

（全国目前有 8 所），另一类是在综合性大学、普通师范大学及理工学院内，设置的职业技术学院（目前大约有 32 余所）。❶

一、职技高师发展概览

（一）职教特色明显，基本形成体系

早在职技高师设立之初，有关职教研究方面的专家学者就清醒地认识到，全国职业学校每年教师需求的规模巨大、专业构成复杂，仅靠新建的几所职技高师培养是远远不够的，职教师资培养的主力仍是广大普通高校。但是，职技高师在发展中，要不断研究探索职业教育的规律，培养出操作能力、知识传授能力长于理工院校，专业技术水平、动手能力强于普通师范院校，更符合职业教育发展需要的师资，起到职教师资培养的示范带头作用。❷

经过 30 多年的发展，职业技术师范院校，尤其是独立设置的职技高师，不仅在办学规模、专业数量方面有了长足的发展，而且在人才培养方面也探索并形成科学合理、特色鲜明的体系与模式。比如，江苏技术师范学院在校生规模，从 1985 年建校之初的 142 人，发展到目前的 18000 多人；专业设置由最初的 2 个专业，发展到现在的 14 个二级学院、60 多个本科专业和专业方向；探索形成了"学校有特色、专业有特点、学生有特长"的办学理念，毕业证书、专业技术等级证书、教师职业基本技能证书"三证书"毕业制，以及学术性、技术性、师范性"三性"和谐统一，既能从事理论教学，又能从事实践教学的"双能型"职教师资培养模式。

（二）职教师资服务能力突出，但出现弱化趋势

职技高师是为顺应职业教育的发展而生的，也是中国职业教育的特色之一，其创建的宗旨就是要培养职业院校发展所需的师资。从职技高师建立之初到 20 世纪末来看，其毕业生中绝大多数充实到了职业学校师资队伍中。形成这种局面的大体原因有：第一，职业教育尤其是中等职业教育发

---

❶ 张炳耀. 全国 40 所职技高师类院校教育情况调查报告 ［J］. 天津职业技术师范学院学报，2002，12（2）：7-11.

❷ 李之渤，刘春生. 对我国职技高师发展的几点思考 ［J］. 吉林教育科学（高教研究），1992（3）：8-12.

展迅速，急需大量的师资；第二，高校毕业生以国家分配的形式对口就业，跨区域、跨行业、跨专业就业的人很少；第三，职业学校师资引进，在学历要求方面，基本以本科为主。

进入 21 世纪以来，随着高等教育的不断普及，毕业生自主择业政策的实行，以及职业学校师资引进学历要求上的高移，职技高师毕业生中到职业学校从教的比例越来越低。这既与职技高师毕业生规模扩张过快、研究生教育得不到很好发展有关，也与其专业建设滞后，人才培养层次、水平不能适应职业学校教育发展的需求等原因有关。但现实情况是，几乎所有的职技高师都发展起了非师范教育，而其师范教育却急剧萎缩，职技高师教育教学改革的"去师范化"趋势越演越烈❶，在招生和在校生的占比方面下降尤为明显。从师范生的规模上看，上万人的在校生中，明确为职业学校师资培养服务的师范类学生往往不足千人。

面对中等职业教育占到高中阶段教育一半规模，高等职业教育迅速发展到已占高等教育半壁江山的现实，以及教育部统计所得的全国范围内职教师资仍大量短缺的问题和职业教育仍需大力发展的规划和决定。职技高师必须反观自建立以来，在职教师资培养方面所起的作用，通过历史的、比较的视野，明确自身在该方面贡献力的变化及其原因，为学校未来发展路径的选择、发展目标的制定提供参考。鉴此，本研究以独立设置的 8 所职技高师之一——江苏技术师范学院（以下简称江技师，现更名为江苏理工学院）为研究对象，通过文献检索、问卷调查等方式获取有关数据，以比较分析和相关分析为主要研究方法，对江技师 20 余年来职教师资服务能力的变化进行研究。

二、省域视野下职技高师职教师资服务能力分析

研究数据来源说明：江苏省高等教育的有关数据，来自 1990～2010 年《江苏省统计年鉴》；江技师的有关数据来自江技师校档案室和教务处；职

---

❶ 贺文瑾. 重构职技高师职教教师教育模式：问题与对策 [J]. 职教论坛，2010 (19)：48－49.

业学校师资情况的数据，通过抽样调查获得。分别在苏北（连云港市）、苏中（泰兴市）、苏南（常州市）各选 5 所职业学校，另在无锡、苏州各选 1 所职业学校进行调查。

　　本研究以职业学校引进教师中，江技师毕业生所占的比例，作为江技师职教师资服务能力的衡量指标（以下简称江技师职教师资服务能力），对可能影响该指标变化的因素统计、汇总得到表 14 - 1。该表显示，1990 ~ 2009 年，所调查的 17 所职业学校引进教师中，江技师毕业生占 17.59%，远高于同期该校毕业生在全省高校毕业生中的比例约为 0.83%，说明江技师职教师资服务的比较能力非常突出。但其年际变幅较大（图14 - 1），最高年份占到引进教师总数的 40.8%，最低年份仅为 3.8%。

表 14 - 1　全省高校毕业生、江技师毕业生与江技师

服务职教师资能力的相关数据

年份	1990	1992	1994	1996	1998	2000	2002	2004	2006	2009	合计
全省高校毕业生（万人）	4.34	4.26	4.47	6.12	5.73	7.57	10.41	19.74	25.73	41.27	270.81
江技师毕业生（人）	193	353	293	702	544	732	1507	1268	2324	2901	22384
江技师/全省高校毕业生（%）	0.44	0.83	0.66	1.15	0.95	0.97	1.45	0.64	0.90	0.70	0.83
引进教师（省内）	61	58	71	98	104	81	79	162	156	47	1899
引进教师（江技师）	8	7	13	14	33	16	16	19	6	3	334
引进教师江技师/省内（%）	13.11	12.07	18.31	14.29	31.73	19.75	20.25	11.73	3.85	6.38	17.59

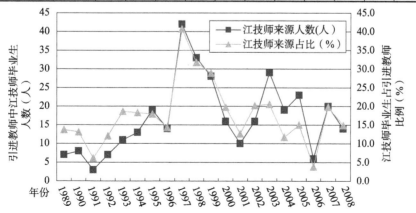

图 14 - 1　江技师职教师资服务能力年际变化

1990～2009 年，江技师毕业生占全省高校毕业生的比例平均为 0.83%（表 14－1），高于此值的有 11 年，这 11 年江技师职教师资服务能力指标为 20.1%，明显高于 1990～2009 年 17.6% 的均值；低于此均值的有 9 年，江技师职教师资培养服务能力指标为 14.46%，低于 17.6% 的均值。从而说明，江技师毕业生在全省高校毕业生中的占比，与其职教师资服务能力之间存在正相关关系。因而，要提高其职教师资服务能力，关键之一就是要提高上述占比，实质上是要使江技师毕业生规模之增速高于全省水平。

三、师范类教育对职技高师职教师资服务能力的影响

表 14－2 显示，1990～2009 年，江技师共培养师范类毕业生 11400 人，占毕业生总数的 50.93%。此间，调查的 17 所职业学校新进师资中，334 名来自江技师毕业生，其中 322 人为江技师师范类毕业生，占总数的 96.41%。可见，江技师为职业学校培养师资的功能主要靠其师范类毕业生实现。因此，江技师要保持和提高其职教师资服务能力，根本之一就是要保证师范类毕业生的规模，力求使其在毕业生中的占比保持在 30% 上下。

表 14－2 江技师师范类毕业生规模变化对其职教师资培养服务能力的影响

年份	1990	1993	1995	1997	2000	2003	2005	2007	2009	合计
江技师师范毕业生（人）	193	332	466	718	539	966	513	770	588	11400
毕业生中师范生占比（%）	100.00	100.00	100.00	100.00	73.63	57.13	28.02	34.41	20.27	50.93
职业学校引进教师中江技师师范生人数（人）	8	11	19	42	16	29	21	17	3	322
职业学校引进江技师毕业生中师范生占比（%）	100.00	100.00	100.00	100.00	100.00	100.00	91.30	85.00	100.00	96.41
职业学校引进教师来源中江技师/省内（%）	13.11	18.64	17.92	40.78	19.75	20.57	15.03	19.8	6.38	17.59

四、专业构成对职技高师职教师资服务能力的影响

(一) 从师范类专业的数量，及其与职业学校引进教师专业需求的匹配程度看

1990～2009 年，调查的 17 所学校共从省内引进教师 1899 人，其专业构成的 76.51% 与江技师开设专业一致，并且有 322 名教师毕业于江技师师范专业。对比发现，在职业学校引进教师专业构成与江技师师范类毕业生专业构成年际匹配的情形下，江技师师范类毕业生占到职业学校引进教师的 23.96%（表 14 - 3）。表 14 - 3 不同匹配情形的比较，说明江技师师范类毕业生专业构成与职业学校引进教师专业构成匹配程度越高，江技师服务职业学校师资队伍建设的能力也越强。因此，稳定和建设与职业学校专业发展相一致的师范类专业，是增强职技高师职教师资服务能力的重要保证。

表 14 - 3　江技师师范类毕业生占职业学校引进教师的比例

类别	调查学校引进师资总数	与江技师师范类毕业生专业构成总体匹配的师资数	与江技师师范类毕业生专业构成逐年匹配的师资数
人　数（人）	1899	1453	1344
江技师师范类毕业生的占比（%）	16.96	22.16	23.96

(二) 从专业的社会性、职业性来看

对江技师师范类分专业职教师资服务能力进行分析，得到表 14 - 4。将其与专业大类下江技师毕业生占全省高校毕业生的比例（表 14 - 5）进行对比，可清楚看出，江技师各专业毕业生在职业学校引进教师中所占的比例均高于它在全省高校相应科类毕业生中所占的比例。从而更具体地说明，在江苏众多高校中，江技师为全省职业学校师资培养服务的功能非常突出，也表明了职技高师自创办以来就与广大职业院校之间的天然联系，以及其职教"母机"的地位与功能。

表 14 - 4 还清楚地反映了江技师师范类各专业的职教师资服务能力情况，在职业学校引进教师专业构成与江技师师范类毕业生专业构成年际匹

配的情形下，各专业的职教师资服务能力从高到低排序依次为：财会、汽车服务工程、服装设计与工程、机械设计制造及其自动化、市场营销及经济管理、艺术设计及美术学、电子电气信息工程、计算机科学与教育技术、教育学、英语、化学与环境工程、汉语言文学、数学教育、体育。特别是前三个专业的职教师资服务能力达到 50% 的惊人水平，即被调查职业学校这三个专业的教师 50% 以上是来自江技师师范类毕业生。因工作之便，笔者与省内其他职业学校的校领导或管理人员有较多的接触机会，他们也多认为所在学校很多教师是江技师毕业生，有些专业这一比例甚至在70% 以上。

表 14－4　江技师分专业职教师资培养服务能力

专业类别	首届毕业生	占调查学校引进师资（省内来源）比例（%）		培养师范生（人）
		2009 年及之前专业匹配条件下	逐年专业匹配条件下	
机械设计制造及其自动化	1988 年	48.6	48.6	2087
电子电气信息工程	1988 年	33.0	33.0	1969
艺术设计及美术学	1990 年	34.7	35.2	934
财会	1991 年	55.6	55.6	1193
英语	1992 年	*13.4*	*13.9*	1296
汉语言文学	1992 年	2.2	2.4	132
体育	1992 年	1.0	1.1	60
教育学	1995 年	14.7	16.7	369
数学教育	1996 年	1.4	1.7	208
化学与环境工程	1996 年	4.6	7.9	652
市场营销及经济管理	1996 年	26.3	38.5	643
服装设计与工程	1996 年	52.9	52.9	468
计算机科学与教育技术	1998 年	19.6	24.3	1431
汽车服务工程	2001 年	50.0	55.6	257

表 14－5　专业大类下江技师毕业生占全省高校毕业生的比例

专业大类	经济学	教育学	文学	理学	工学	管理学
百分比（%）	3.01	0.34	1.24	0.59	0.95	0.09

试对导致上述各专业职教师资服务能力排序的原因进行分析，得出：（1）专业的职业（岗位）指向越明显，或者说其职业教育属性越突出，职技高师为其服务的作用就越强。比如，工科、财经类专业同社会经济及产业的联系，较文科、理科更加密切。（2）职业属性相对较弱，或普通高校开设较早优势明显的文理科专业，如教育、汉语言文学、英语、数学等，职技高师在这些专业上服务职教师资的能力相对较弱。广大职技高师在30多年的发展中，探索并形成的"职业性"办学特色，主要是通过这些职业属性较强的专业体现出来的，因而，继续拓展和建设职业属性较强的专业，就成为推动职技高师职教师资服务能力从规模特征向质量特征转变的主要途径。

五、职技高师职教师资服务能力的距离递减

本课题调查的17所职业学校，苏北（5所）、苏中（5所）、苏南（7所）从1989～2009年分别引进教师546人、642人、762人，其中来自江技师的毕业生为36人、116人、189人，占到各区域引进教师的6.59%、18.07%、24.80%，呈现出苏南＞苏中＞苏北的状况，说明江技师职教师资服务能力遵循距离递减规律。

江技师地处苏南地区的常州市，学生择校和就业都有就近选择的偏好，可能是其职教师资服务能力距离递减现象产生的主要原因。此外，江苏省内苏南、苏中、苏北三大区域从高到低的经济社会发展水平，以及与之一致的区域职业教育发展水平和对人才的吸引力，也对这一现象的形成具有助推作用。

六、结论

1. 1990～2009年，江技师毕业生约占全省高校毕业生总数的0.83%，但却贡献了职业学校（调查的17所职业学校）师资需求的17.59%，充分表明职技高师服务职业学校师资需求的突出功能和明显优势。

2. 职业学校来源于江技师毕业生的教师中，96.41%是师范类毕业生。可见，职技高师为职业学校培养师资的功能主要靠师范毕业生实现。

3. 职技高师在职业（岗位）指向明显的专业上，服务职业学校师资需求的能力越强。本研究中，职业学校财会、汽车服务工程、服装设计与工程三个专业的教师，50%以上是江技师师范类毕业生。

鉴于上述研究结论，职技高师要保持和提高其职教师资服务能力。保证师范教育的规模，以满足职教师资量的需求是基础；拓展和建设职业属性较强的专业，以匹配职教师资类的需求是关键；探索新型职教教师教育体系，培养具有"双师型"素质的专业复合人才，迎合职业学校师资队伍建设的需求是核心。此外，近年来职业学校师资引进学历要求上的高移，也促使当前一些还只有本科层次办学的职技高师，要加强学科建设，尽早取得硕士及以上的学位授予权，以更好地担当职教"母机"的角色。

第二节 职技高师职教教师教育实践的问题反思

2001年，《国务院关于基础教育改革与发展的决定》明确提出："完善以现有师范院校为主体、其他高校共同参与、培养培训相衔接的开放的教师教育体系。"现实的状况也正如此，由职业技术师范院校统一培养教师的传统格局带来了教师教育的封闭性和职教教师来源的单一性，不利于合理竞争。非师范院校特别是一些综合性大学则顺势而动进入职技高师固有的教师教育领地，且不用对其人才培养的教育教学环节做出任何必要的调整。同样不可忽视的是，越来越多的非师范院校毕业生甚至不需任何专门的教师教育教学训练就可以走上职校讲台。在培养培训职教师资方面本该发挥主导作用的职技高师，为什么主体地位日益旁落？反思当前职技高师职教教师教育实践存在的问题，主要表现在以下三个方面。

一、职技高师教育教学改革出现"去师范化"运动

从整体上看，当前我国职技高师的改革发展，依然缺乏明确的方向感和目标定位。由于缺乏国家顶层设计和应有的政策支持，缺少必要的规范和指导，使整个职技高师系统处于无奈又无序的发展状态。事实上，一些职技高师在不断提高其非师范专业比例，以扩展其生存空间，在学术水平

上极力追赶综合类院校的同时，对于为教师提供科学化的教育学科训练热情不高、力度不大，给人的感觉是在主动放弃承担职教教师教育的办学使命。一些不具备充足条件的职技高师院校不顾校情，盲目"跟风"，一味追求综合性发展目标定位，甚至急于更换校名，脱掉或甩掉"师范"的帽子，淡化或削弱了原有的职教教师教育的特色与优势。一些有实力的职技高师纷纷"改弦易辙"，谋求转型，● 虽然表面上是一种合情合理的办学方向变革，但其"合法性"似乎从未被正式认可过。转型发展所需政府教育政策支持的缺失，使致力于转型的职技高师更加步履维艰；对职技高师的诸多评估，又无不以综合性大学（院校）为标准，这对于职技高师院校自身的发展也是极为不利的。这些本身就反映了我国职技高师生存的尴尬与无奈。若职技高师的改革发展处于无助又无序状态，职技高师院校自身不能健康和谐地发展，甚至萎缩了，"被非师范彻底绑架了""被综合类改造革命了"，职教教师教育的边缘化和被削弱也就难以避免，职教教师教育模式的建构与发展自然也无从谈起。

二、职技高师教师教育定位呈现"泛专业化"倾向

职教教师教育实际上是一种集学术、技术、师范教育于一身的"双专业"教育，而一些职技高师既定的传统做法是，试图用有限的教学时间同时完成两种专业的教学目标，因此常常显得力不从心，往往是顾此失彼，导致培养的职校教师在学术性上"先天不足"，在技术性、师范性上"后天失调"，结果是两者都不能充分到位，形成了"两个小半桶水相加"的尴尬局面。从总体上看，职教教师教育的培养目标定位较低，专业口径过窄，导致培养的职校教师专业知识与实践能力的局限和创新意识的欠缺；技术师范教育特色不鲜明，学术性的专业课程比重偏高，职业教育学科课程比重较低，教育专业见习、实习落实力度不够，存在重理论、轻应用的问题，教育内容、方法和手段更新缓慢，在一定程度上影响了职教教师教育的专业水准。这些方面，无疑都在一定程度上弱化着职教教师教育模式

● 贺文瑾. 职教教师教育的反思与建构［M］. 哈尔滨：黑龙江人民出版社，2008：38.

构建的专业化前景，职技高师职教教师教育的质量也因此不断受到挑战、质疑和更多的批评。

三、职技高师教师教育制度显现"非整合化"局限

应当看到，我国高等职业技术师范教育体系基本上还是一个比较封闭的定向式和以终结型教育为主的体系，职教专业教师的培养在很大程度上局限在职前阶段和学历教育，职校教师的职后培训事业并未受到应有的重视。职技高师教育基本上还是一种"终结性"的教育，职前与职后脱节、条块分割、机制机构分离各自为政，教师教育课程体系低水平重复，内容重叠交叉。教师职前教育和职后培训长期隔离，违背了教师职业发展的特点；资源配置不合理等问题，影响了教师教育需求和职业教育供给的协调。由于相互之间缺乏统一的规划和有效的衔接，缺乏相应的协调与配合，各自为政的情况比较突出，使有限的职教教师教育专业资源得不到充分利用，难以实现资源共享。从目前状况来看，不少职技高师的职教教学资源分散，行政隶属关系错综复杂，体制分割使职教教师的培养、培训与在职进修受到很大限制。

总而言之，职技高师的职教师资培养模式比较单一，职教教师教育观念、课程体系、教学内容和教学方法手段严重滞后，已经不能适应职业教育现代化和实施素质教育的要求。职校教师学科结构不够合理，特别是个别专业教师严重缺乏，教师学历水平总体上偏低，专业化水平不高。对于这些问题和困难，职技高师要有清醒的认识，并采取有力措施加以解决，而建立专业化、多元化和现代化的职教教师教育模式已成为顺应时势之举。

第三节 职技高师职教教师培养培训
一体化模式建构的基本策略

1996 年，联合国教科文组织第 45 届国际教育大会强调"教师问题，特别是教师教育问题已经成为当代教育发展所面临的一个最为关键的挑

战。这一挑战所要求的不是按老办法去思考——在现代术语和技术的掩盖下——而是以全面振兴教师专业为框架，从根本上去重新思考传统的教师教育模式。"❶ 1999 年 6 月，在德国科隆举行的八国首脑高峰会议上，八国首脑讨论了 21 世纪的教育政策。会议发表了《科隆宪章——终身学习的目的与希望》，强调："教师在推进现代化和提高现代化水准方面，是最重要的资源。教师的采用、训练、配置及其素质能力的实质性提升，是任何教育制度取得成功的极其重要的因素。"综观世界教师教育的发展历程，比较国际教师教育改革创新的做法，审视当前我国职技高师教育的发展现状，不难看出，只有大力推进职教教师教育改革，才能提高我国职教师资的质量，职校教师队伍的建设才能走上良性循环的轨道。

面对国家大力发展职业教育的新形势，适应职业教育扩大规模和提高质量的需要，职技高师必须坚持职教教师教育在教育事业中优先发展，坚持职教教师教育以培育"双师型"人才为根本，全面协调、可持续发展，以促进职校教师专业化发展为导向，以创新一体化管理制度为突破口，以信息化带动职教教师教育现代化，着力完善职教师资培养培训体系，全面推动职教教师队伍建设工作，加快建设一支数量充足、质量优良、结构合理，适应职业教育以就业为导向，满足技能性和实践性教学要求的职校教师队伍，为实现职业教育持续快速健康发展提供有力保障，实现职教教师教育模式建构的战略性转变，不断开创我国职教教师教育改革发展的新局面。

一、以促进专业化的职校教师发展为基本目标

随着我国职业教育改革的不断深入，教师专业化发展已成为职教教师教育工作的必然趋势。1996 年，联合国教科文组织召开的第 45 届国际教育大会上对教师专业化达成了一致认识，提出"在提高教师地位的整体政策中，专业化是最有前途的中长期策略"。1998 年，在北京召开的"面向

---

❶ 人民教育出版社教师教育课题组. 教师专业化：新世纪教师教育的理念与改革对策——关于深化教师教育体制改革全面推进教师专业化的初步探索【R】. http：//bbs. pep. com. cn/thread－184096－1－1. html.

21 世纪师范教育国际研讨会"明确"当前师范教育改革的核心是教师专业化问题"。培养具有专业化水准的教师成为国际教师教育改革的目标，21世纪的教师必须是接受过专业化训练、有较高专业素养的教育专业工作者。教育部《关于"十五"期间教师教育改革与发展的意见》明确提出，我国教师教育改革与发展的基本原则就是"以教师专业化为导向"。职业教育工作的特殊性要求职校教师既是学科方面的专家，同时又是职业教育教学方面的专家，因此不断提高职校教师的专业化水平是现代职业教育改革与发展的内在要求。

职教教师专业化问题，不但依赖于职教教师教育专门化程度的提升和职教教育学科的科学化，而且依赖于职教教师教育理念的更新。职校教师专业化发展，是职校教师按照职业岗位需要，实现学科专业发展和教育专业发展的过程。要实现这一目标，职技高师必须创新职教教师教育体系，推动传统师范教育向以教师专业化为核心的职教教师教育新体系转型。从世界各国的情况来看，职教教师教育的专业化需要具备以下几个条件：一是确立职校教师职业资格证书制度；二是规范职教教师教育的专业训练标准；三是加强职业教育科学理论的学习；四是培养职校教师的职业教育和专业学科的科研能力。职教教师教育专业化是必然趋势，教师教育必须着力提高教师发展的专业水平。鉴于目前我国职校教师职业的专业化程度普遍不高，这就要求职技高师从教师职业基本技能训练的完善、教师培养培训制度的完善、教师个体职业生涯规划的发展等诸多方面，进一步促进职校教师专业化发展水平的提高，逐步使我国的职教教师教育走向专业化。

二、以培养"双师型"的专业复合人才为历史使命

教师的基本工作是有效地传授知识与技能，因此，教师既要学会教什么又要学会怎么教。职教教师教育应该是学科性与教育性，学术性、技术性与师范性，学科专业知能与教育专业知能的统一，是学科专业教育与教育专业教育的整合。职业教育与普通教育教师的主要区别在于，职业教育教师不仅要有学科专业知识，还要具备相当的专业实践技能，从严格意义上讲，只有成为"双师型"教师才符合职业教育的本质要求。具有"双师

型"素质的教师人数比例不高,"双师型"教师来源单一,培养力度不够,这些已成为严重制约职业教育发展的"瓶颈"。"双师型"教师的概念正是在以往职业教育中重理论、轻实践,师资队伍建设和评价上偏重理论水平的情况下提出的。所谓"双师型"教师,是指既具有教师系列职称,又具有在相关专业、行业领域实际工作的背景、经验及表征其水平的专业技术职务,集理论教学能力和实践教学能力于一体的专业课教师。不难理解,理想的职教教师在专业理论知识和专业实践能力上应呈现整合的"一",而不是目前所强调的"双"。

为此,职技高师要以促进人的全面发展为前提,以人才培养模式改革为突破口,全面推进素质教育和教育教学改革,从根本上改变长期以来我国师范教育人才培养的层次、结构和规模单一的状况,向新型职教教师教育体系转变。职技高师实现转型的根本标志,不在于学科专业是否齐全,而在于建立起职教教师教育的新范式,将专业教育与教师养成教育相对分离,实现学士后的教师教育,即职教教师教育的教育学院化,从而完成深层次结构的真正转换。学科型学院只承担学科专业教育,其学科水平应向综合大学看齐。技术师范教育从各学院中剥离,在"职教教师教育学院"的框架下进行资源重组,形成"第二专业"教育体系。该体系的建立不仅会有利于促进本科职技高师向教师教育为特点的综合化院校转型,同时也将给学生以充分的职业选择和个人发展空间,使教师专业教育成为在 3~4 年学科专业厚实学习基础上的二次选择,以便培养综合素质高、教学能力强的复合型人才。当然,职技高师实现职教教师教育转型并非一蹴而就的事情,需要做进一步努力。

三、以推进整合型的课程体系建设为改革抓手

课程是职技高师教师教育的核心,是教学育人的重要载体。概括地讲,职技高师课程的育人目标是"以育师为本",即通过职技高师课程体系的实施,培养符合时代要求的能胜任职业教育教学任务的职校教师。我国的职教教师教育课程改革需要考虑教师专业的"双专业"性质,把普通文化知识课程、学科专业课程、职业教育学科课程、职业教育技能课程和

职业教育实践课程合理地结合起来，根据不同层次的培养目标确定各类课程的结构以及所占的比重，并逐步把定向型课程模式转变为开放型课程模式，为我国职业教育培养高质量的职校教师。从发展的角度讲，职技高师课程改革旨在要求职校教师成为自主发展型教师，应该具备科学决策能力、反思批判能力、专业操作能力、创新研究能力、探究应用能力、沟通交流能力以及可持续发展能力等素质特征。

职技高师的职教教师教育能否获得社会认同、取得成效，关键在于它能否适应并引领职业教育的改革和发展。职技高师教育与职业教育是血和肉的关系。职技高师教育要面向职业教育，为职业教育服务，自然而然，职技高师课程改革就要关注职业教育课程改革的实际需要，为职业教育课程的顺利实施创造良好的师资条件。这是职技高师课程体系改革的具体着眼点和最终落脚点。职技高师的课程体系建设，必须坚持全方位为职业教育服务的办学方向，必须针对职业教育课程建设的现实，急职业教育课程实施之所难，想职业教育课程改革之所虑，谋职业教育课程发展之所求，主动适应职业教育的新需要，研究职业教育出现的新问题，积极引领职业教育的改革、创新和发展，为职校教师的自主成长提供动力支持。

四、以创建一体化的教师教育制度为管理保障

如何从教师专业终身发展的整体需要规划培育目标，协调机构功能，设置课程系统，改进教学方法，确定评价方法，职技高师不仅需要观念的创新，而且需要制度的创新。职校教师的专业发展贯穿于职前培养与职后培训的全过程，一体化是职教教师专业发展的必然要求。我国职教教师教育一体化改革，是依据终身教育思想、教师专业发展理论，试图对教师职前、入职和在职教育进行全程的规划设计，以构建教师教育各个阶段相互衔接，既各有侧重，又有内在联系的职教教师教育体系。形成开放的职教教师教育体系，其中非常重要的内容就是提倡"培养培训相衔接，职前职后一体化"，这是符合职教教师终身教育发展规律的。学术性、技术性与师范性，封闭定向型与开放非定向型，这两对矛盾是可以协调的，建立职教教师教育的一体化制度，无疑有利于使这两对矛盾达到"和谐"。通过

一体化制度的建立，将职前培养和在职培训整合为完全意义上的职校教师终身教育，为职校教师不断提高专业素质，促进其专业发展提供制度保障条件。不同层次、不同地域的职教教师教育机构的办学目标应不同，实现目标的方式也应不同。作为职教师资重点建设基地的职技高师要发挥骨干示范作用，逐步形成以培养、培训研究生层次的职校教师为主的新型职教教师教育模式，同时建设高水平、一体化的职教教师教育课程体系，推进职教教师教育的终身化。这是一个具有前瞻性的职教教师教育体系，是当今世界教师教育发展的基本方向。

总体来看，一体化的职教教师教育制度应该包括三层意思：一是"三段一体"，即职前培养、入职教育、职后提高三个教师教育阶段的一体化，一体化则将这三个阶段视为教师终身教育体系中互相联系、全面沟通、连续统一的整体系统，作为一个完整的过程通盘考虑，确定培养目标，选择教育内容，设置课程结构、培养途径与教学方法等，形成上下结合、内外融通的职教教师教育网络；二是"三位一体"，即职教教师教育培养主体的一体化，建立由职技高师、综合大学和职业院校共同参与的开放式的教师教育新体系。建立职业技术师范院校、综合型大学与职业院校的伙伴关系，建立一支既各有侧重又有合作，相互融通合一的职教教师教育的师资队伍。因为职教教师教育既要充分利用职技高师的资源，发挥高水平大学在教师培训中的作用，又要建立起在技术师范院校和职业院校教师培训系统之间资源共享、优势互补的协调机制。而充分利用职业院校的教育资源，走职教教师教育协作化、联盟化之路是完全符合我国国情的。因为它可以充分发挥职业院校在职业教育实践等方面的独特优势，一定程度上还能缓解职教教师教育专业师资紧张现状；三是"三教一体"，即学历教师教育与非学历教师教育相互补充、本科与研究生教师教育相互贯通、专业继续教育与岗位锻炼提高相互衔接的职教教师教育结构体系，实现职教教师教育的理论教学、教学研究与教学实践的一体化，坚持"跨越边界""打破隔离"，让职教教师教育各种机构、层次、方式和内容能够协同为职校教师专业发展服务。当然，职技高师构建一体化的职教教师教育制度是一个系统的复杂过程，同样不可能一蹴而就。

五、以实现特色化的三性和谐统一为核心战略

在我国高等教育实现跨越式发展的今天，高等教育市场的开放程度越来越高，高等职业技术师范教育正面临巨大的挑战，也蕴藏着重要的发展机遇。职技高师科学发展思路的核心，就是"提升质量，彰显特色"。这是在科学发展观的指导下，对职技高师发展的一种新的战略思考。提高办学质量，是职技高师立校的根本；突出办学特色，则是职技高师强校的基石。提升质量，职技高师必须深化教育教学改革，大力提高教师教育层次和水平，努力实现我国职教教师教育健康、可持续发展，为建设一支高素质职业院校教师队伍奠定坚实的基础。彰显特色，就是突出办学重心和工作重点，强化职业教育研究与职教教师教育的优势与特色，就是志在谋求职技高师发展的长远与全局。职技高师的特色是在历史发展过程中形成的，不可能一成不变；职技高师的特色也不是唯一的，而是有层次的。职技高师必须主动适应新时期教育改革的挑战，抓住机遇，锐意进取，增强核心竞争力，提高办学综合实力，进一步发展已经形成的职教教师教育的优势与特色，为大力发展我国职业教育事业做出更大的贡献。

走向开放、探究卓越是世界教师教育发展的共同走向。职技高师的职教教师教育应以"加强学术性，突出师范性，提高技术性"为战略举措，促进"学术性""技术性"与"师范性"的和谐统一，追求"综合性""服务性"与"适应性"的完美结合，实现"让每个教室都拥有最优秀的教师"的职业教育理想。职技高师构建三性和谐统一的职教教师教育体系，并非封闭式关门办学，而是希望在开放竞争中充分体现自身的特色和优势。职教教师教育模式的特色化并不是单一化，职技高师可以是多元化职教教师培养模式中的主体，但不应该也不可能垄断职教教师教育。因此，特色化可以看作与开放化同步进行的两个互促互进的过程。我们有理由相信，在建构特色化过程中，建立开放化职教教师教育之路将更加灵活多样和富有活力。

伴随我国教师教育的迅速转型，职教教师教育模式的创新和变革成为历史必然。建设具有中国特色、符合中国国情的职教教师教育体系，职技

高师需要依据职业教育学科发展的理念与方法，把握中国职教教师教育制度的特点与特色，建构指向中国职教教师教育实践的知识体系、科学路径和操作模式。

本章小结

职技高师是培养职校教师的工作"母机"。以独立设置的职技高师——江苏技术师范学院（更名前）为例，通过文献检索、问卷调查等研究手段，主要运用相关分析、比较分析的研究方法，对其服务职业学校师资需求的能力进行研究。发现，相比其他高校，职技高师职教师资服务能力非常突出；其中，师范类毕业生在该功能的发挥中，做出了96.41%的贡献；特别是职业指向明显的专业，其毕业生占到被调查职业学校师资的50%以上。职技高师的职教教师教育存在三大问题：教育教学改革出现"去师范化"运动，教师教育目标呈现"泛专业化"倾向，教师教育制度显现"非整合化"局限。建构现代职教教师教育模式，职技高师要以促进专业化的职校教师发展为基本目标，以培养双师型的复合专业人才为历史使命，以推进整合型的课程体系建设为改革抓手，以创建一体化的教师教育制度为管理保障，以实现特色化的三性和谐统一为核心战略。

（本章作者　江苏理工学院：贺文瑾、王继国）

综合性大学职教教师培养培训一体化的模式建构

职教教师教育奠定了职教教师专业化发展的基础，决定了职教教师职业成长的潜力，深刻影响职教教师队伍的整体质量，进而也是职业教育质量的重要决定因素。当前我国职教教师教育主要通过职技高师、普通高等院校的二级学院来进行。由于近年来普通高等院校向综合性大学发展的趋势及教师教育一体化的需求，在综合性大学中构建一体化的职教教师培养培训模式也成为必然要求。

第一节　综合性大学职教教师培养培训的发展现状

一、综合性大学职教教师培养培训的发展历史

我国职教教师体系化的培养培训可以追溯至改革开放初期。1979 年 2 月 26 日，国家劳动总局和教育部下发的《关于增设四所技工师范学院的通知》中提到，计划在吉林、山东、河南和天津四地各建立一所本科层次的技工师范学院，专门培养培训职业学校专业课教师。❶1982 年经过调整，

---

❶ 刘晓，沈希. 我国职教师资培养：历史、现状与体系构建 [J]. 河北师范大学学报（教育科学版），2013（11）：71 – 76.

停建河南、山东两所，吉林技工师范学院和天津技工师范学院办学招生。❶随后，全国各地纷纷展开职业技术师范学院的筹建工作。到 1989 年，全国各地共建立 14 所职业技术师范学院。❷ 为了进一步储备和补充职业学校教师力量，一些省市所属高等学校也纷纷设置了职业技术师范系、专业或职业技术师范班，将招生名额纳入高校招生计划，为职业技术学校培养师资。1986 年 6 月 26 日，国家教委颁发《关于加强职业技术学校师资队伍建设的几点意见》，其中提道：必须及时采取有力措施，建立健全职业技术教育培养系统，着力解决师资的培养和培训问题。文件明确提到要多方式、多渠道保证职业技术教育师资的稳定来源和培训在职教师，要利用不同类别院校的特色资源培养和培训职业技术教育师资（包括文化课、理论课和实践课师资），其中最重要的主体为职业技术师范院校、高等师范院校、综合大学、高等专科学校、教育学院和其他相关单位等。

从以上职教教师培养机构的发展历史来看，综合性大学初期是以开设职业技术师范系、专业或职业技术教育师范班，承担多方面的培训任务进入职业技术教育师资培养和培训领域。从综合性大学培养职教教师的历史来看，1989 年 10 月，国家教委首先批准天津大学、浙江大学成立职业技术教育学院，1993 年 4 月委托湖南农业大学、河北农业技术师范学院建立农村职业技术教育培训中心。它们的任务是分工承担中等职业学校校长、管理干部及师资的培养、培训工作，编写培训教材，开展职业教育研究与信息交流。1994 年以后，国家教委又同意同济大学、东南大学、西安交通大学、四川联合大学等高校设立职业技术学院。❸ 1999 年，教育部启动全国重点建设职教师资培养培训基地工作，批准天津大学、同济大学和东南大学等 20 所学校为首批全国重点建设职业教育师资培养培训基地。2000年，第二批全国重点建设职教师资培训基地如哈尔滨工业大学、厦门大学等 24 所学校获批。紧接着，2001 年，第三批全国重点建设职教师资培养培训基地共 8 所学校获批。截至 2016 年年底，依托高等学校建立的全国重

---

❶ 曹晔. 我国职业技术教育师资培养的历史和现实选择［J］. 教育与职业, 2010 (6): 5-8.
❷❸ 张祺午. 职教师资队伍建设 30 年［J］. 职业技术教育, 2009 (15): 26-34.

点建设职教师资培养培训基地中具备培养本科职教师资资格的学校有 62 所，职教师资培养培训专业点 300 个左右。其中，除去独立设置的职技高师外，共有 50 多所综合性大学参与到全国重点建设职教师资培养培训基地建设中。近年来，以全国重点建设职教师资培养培训基地为依托的职教教师培养培训体系逐步形成。综合性大学（含农业、科技、理工、商业、师范类大学）在该体系中的结构中扮演了主要角色。以综合性大学二级学院举办职教师资培养培训的模式已成为主要模式，成为独立设置的职技高师培养培训职教师资模式的重要补充，这也充分发挥了综合性大学学科专业多、师资力量强、生源素质高的优势。综合性大学的二级学院也在一定程度上积极参与到职教教师的培养培训工作中，为高质量的职教师资培养培训贡献力量。

二、综合性大学职教教师培养培训模式的特点

从职教教师培养培训机构的发展历史来看，与独立设置的职技高师培养培训模式相比较，综合性大学职教教师培养培训模式具有独特的优势。综合性大学能够在学科专业、生源吸引力、师资力量、设施设备等方面为职教教师培养培训提供综合一体化的教学资源和高质量的施教与受教的人才资源。综合性大学职教教师培养培训在此基础上，如果能够配套以充分的政策支持和人力与物力的投入，并遵循职教师资培养培训的基本规律，发挥综合性大学在职教教师人才培养上的特有优势，来满足当前我国职业教育与培训领域对职教教师人才的综合化高质量需求。

（一）兼具覆盖性和调节性的专业设置

职业学校的专业门类设置是职教教师培养培训专业领域及专业设置的重要依据。我国 2010 年新修订的中等职业学校目录中专业类达 19 个，专业数增加到 321 个，而单独设置的职技高师的职教教师专业对职业学校专业的覆盖程度较为有限，需要依靠综合性大学的专业广度优势来满足专业化的职教教师培养培训需求。一般而言，综合性大学的学科及专业设置门类繁多，且较为齐全，职教教师的培养培训在综合性大学既有的成熟的专业基础上进行，不仅能够解决大部分的教育投入问题，而且能有效地调解

专业覆盖率的问题。综合性大学的学科及专业优势明显，为职教教师的培养培训提供可持续发展的基础，也为职教教师素质的进一步提高创造了有利条件。

此外，随着职业世界的快速变化与职业学校专业设置的持续发展，职教教师培养培训的专业设置也会随之进行调整。综合性大学办学经验丰富，具有较强的内部调节功能，举办教师教育具有较大的灵活性，能根据社会需求的变化，不断调整专业设置、招生规模，而不影响学校的生存和发展❶。相比于单独设置的职技高师，综合性大学举办职教教师培养培训的内生性、灵活性与发展性具有较大的优势。

（二）吸引更广泛的职业技术师范生源

基于当前我国职业教育发展和社会大众对职业教育认可程度的实际状况来看，单从职业教育与培训领域内部着手来系统提高未来职教教师的整体质量，往往会因生源条件有限而陷入低质循环的困境。综合性大学作为高等教育的传统载体，凭借其在生源招收上的独特优势和吸引力，从入口环节上保障了职教师资人才的高质量性，在实现职教教师教育改革与发展的良性循环中扮演了重要的角色。

综合性大学在生源招收上的优势主要体现在以下几个方面。首先，受传统技艺教育偏见和现实中职业教育经济、社会及政治地位较低的影响，职业教育（包括职教教师教育在内）在社会大众中认可程度和吸引力都较为有限。而综合性大学凭借其传统优势和良性发展而享有较高的社会声誉，在提供高质量的教学和配套完善的保障措施的前提下，由综合性大学部分承担职教教师培养培训任务将会大大改善职教教师教育生源招收情况；其次，就我国综合性大学和职技高师的发展规模和地区分布情况来说，前者无论是院校数量还是分布结构上都占有较大优势，由此综合性大学在提供教育教学资源的数量和选择上也就更为丰富多样；最后，综合性大学在职教教师教育的生源招收类型上也较为宽泛，除了主体上经由高考

---

❶　江苏省教育厅师资处调研组. 发挥综合性大学优势，办好教师教育 [J]. 江苏高教，2002（4）：31－34.

选拔的高中毕业生以外，职业院校的优秀毕业生也是综合性大学师资人才培养的重要来源。

（三）拥有较为专业稳定的教育者队伍

职教教师教育是一个极为复杂的过程，它需要经历从职前的师范教育到入职教育再到职后持续不断的教师培训的完整的纵向发展过程，以帮助未来职教教师实现师范生向新手教师到合格教师到骨干教师再到专家教师的发展。具体到教师教育的内容上，职教教师的培养培训需要在横向上实现对师范生基础素质、专业知识与技能、教育教学知识与技能等多方面教学内容的融合，同时理论与实践的综合发展也是职教教师教育贯通始终的基本要求。综合性大学高质量的师资队伍优势能够为职教教师培养培训的多方面要求提供较为专业且稳定的师资保障。首先，高质量的综合性大学教育者队伍能够为职教教师教育提供最前沿的专业知识与技能教育；其次，综合性大学在教师配置上的多元性能够为职教师资的综合素质发展提供多方面的指导；最后，较为隐性也最为深刻长久的影响来自大学教师的人格魅力和大学精神在职教教师的个人成长以及后续教育教学活动中发挥正面引导作用。

（四）享有较为优越的实训与实习资源

综合性大学的实验条件完善，实训基地功能齐全，产学研结合紧密，配合以高水平的理实一体化专业教师的实时指导，能够为职教教师专业技能的养成提供最核心的教学保障。在实习条件上，综合性大学能够在保证职教教师实习具有专业针对性的同时，还能够依托于综合性大学的丰富资源，为职教教师的实习场所及合作对象提供更为广泛的选择空间，保证了"双师型"职教师资人才培养的高质量。

（五）彰显深厚的综合性大学精神文化

大学精神是大学的灵魂之所在，正是由于大学中大学人文精神，"才使大学成为海上的灯塔，指引着社会向着更美好的地方前进。"总体上，综合性大学在长期历史发展中涵养的精神文化底蕴对大学中人的影响是潜移默化且深刻长久的。具体到职教教师的培养培训上，其所在的大学能以大学所独有的精神文化、心理氛围对职教教师的看问题角度、思考问题的思维模式、解决问题所处的立场等产生较为立体、全面的影响，这彰显了大学育人、成人之功能，为职教师资人才进入社会，乃至能够承担教书育人职责打下了坚实的基础。综合性大学基础深厚，学术水平较高，教育资源丰富，有利于促进职教教师的创新精神，提高职教教师的综合素质。

独立设置的职技高师虽然满足了部分专业的职教师资需求，但仍无法满足快速发展的职业教育对更广泛专业教师的需求，因此，需要发挥综合性大学学科专业多、师资力量强、生源素质高的优势，积极参与职教教师培养工作，快速培养高质量的职教师资。❶综合性大学职教教师的一体化培养培训作为职教教师教育的重要构成部分，能够发挥自身系统内的独特优势，完善职教师资培养培训，并配套以必要的保障及支持措施，能够在职教师资的培养培训中发挥事半功倍的作用。

第二节　综合性大学职教教师培养培训的问题分析

尽管综合性大学进行职教教师培养培训有很大的优势，但是在培养培训理念和课程教学等方面依然存在很多问题，影响了职教教师培养培训的数量和质量，也最终影响了整个职业教育的发展。

一、运行体制不健全，难以保证培养培训的有效衔接

（一）缺乏有效政策保障，综合性大学的教师培养被边缘化

国务院于1999年在《中共中央国务院关于深化教育改革全面推进素质教育的决定》中做出"鼓励综合性高等学校和非师范类高等学校参与培养、培训中小学教师工作、探索在有条件的综合性高等学校中试办师范院校"这一决策，但是在具体实施中还缺乏相应的操作办法和保障措施，对高校参与教师教育的前提条件，教师资格，课程设置，院系合作和考核评估都没有明确的规定。首先，引发了高校是否具备开展职教师资培养培训

---

❶　彭明成. 我国综合性大学的职教教师教育：回溯、反思与前瞻［J］. 职教论坛，2014（19）：18－22.

活动资质的质疑；其次，导致职业技术教育学院在综合性大学的地位缺乏保障，与大学其他普通院系相比处于弱势地位。"在综合性大学的教育院系的师范专业，其学术地位相对于学校的普通专业通常较低；由于历史原因，教育科目的学术力量相对于师范院校较弱，在专业与师范教育的夹缝中生长困难颇多。"❶综合性大学一直以来都是以普通高等教育学术性为目标，未能很好地顾及职教师资培养这样的应用性专业。职业技术教育学院在综合性大学的地位较低，师资配备薄弱，规模太小，有的高校甚至削减到只办一个职教师资专业或者完全取消职教师资培养。不仅硬件如此，而且生存环境较差，人才培养、队伍建设、科研成果按照普通高等教育的学术标准来要求，不仅抹杀了职业教育的特色，在比较中也使职教学院自觉低人一等。❷职业技术教育学院在观念和政策上都未得到学校的充分支持，职业教育以及职教教师教育的发展和改革也受到很大的限制。

（二）教育目标设定割裂，培养与培训缺乏统筹的管理机制

当教师教育理念由"一次教育"向"终身教育"转变，意味着培养与培训在教师专业发展中的地位齐肩并重。而当前在综合性大学中学术性质的培养仍是首位，培训工作因具有计划性质和委托性质，综合性大学二级学院只是起到了参与教学、部分规划的作用，将由教育主管部门统筹的校本、市级、省级和国家级培训任务纳入学院层面的教育规划之中。两个阶段的教育目标缺乏连续性、关联性，处于割裂状态。

职前培养与职后培训机构的一体化是真正实现职前职后一体化的前提条件之一。❸当前绝大多数的综合性大学二级学院以全国重点建设职教师资培养培训基地的身份同时承担着职教教师培养和培训工作，但在培养培训的执行过程中仍缺乏管理上的统筹规划，并未建立培养工作和培训工作的内在联系。教育活动的执行机构进行整合后，仍然是各行其道、各负其

---

❶ 徐朔. 职教师资培养的基本属性和课程设置问题 [J]. 职教通讯，2005（10）：12.

❷ 曹晔. 我国职业技术教育师资培养的历史和现实选择 [J]. 教育与职业，2010（6）：6 - 7.

❸ 牛小玲. 中小学教师职前培养和职后培训机构一体化的研究 [J]. 高教学刊，2015（6）：53 - 54.

责，与过去并没有什么大的区别。●机构的整合，只是形式上的统一，并不等于自然过渡至一体化管理。例如，职前培养计划主要由二级学院学科委员会制订、学校教务处审批，每年定期接受学校层面的教学质量监控和学科评估；职后培训计划由二级学院的培训部门根据国家级培训、省级培训或市级培训的任务制订和规划，接受任务下派的主管部门的监控和评估。针对不同的上级管理部门，培养和培训的院系管理形成两套机制，在方案制订、质量监控和评估等方面尚未形成一体化机制，缺乏统筹性。

二、专业设置规范性不足，难以贯穿职教教师整个成长路径

（一）专业设置缺乏政策文件的有效指导

在综合性大学的大环境中进行职教教师教育，其专业设置不可避免地具有学科体系专业设置的烙印。专业设置是职业学校、高校适应社会需求、保证人才培养质量的关键环节。职教教师的专业性及其与教育系统、职业世界之间的关联，最突出的就体现在教师教育的专业设置上。

《普通高等学校本科专业目录（2012）》是综合性大学设立专业的政策指导文件。它解决了先前职业技术师范类专业不在其设置范围内的问题，初步认可职业技术师范类专业专业地位，在"特设专业"分类下设置了11个职教师资专业，从属于3个学科门类中的7个专业类（表15-1）。

表 15-1 我国普通高等学校本科专业目录特设
专业中的职业技术师范类专业（2012 年）

学科门类	专业类	专业
08：工学	0802 机械类	080211T 机电技术教育
		080212T 汽车维修工程教育
	0807 电子信息类	080716T 应用电子技术教育
	0816 纺织类	081604T 服装设计与工艺教育
	0827 食品科学与工程类	082707T 食品营养与检验教育
		082708T 烹饪与营养教育

● 钟祖荣. 教师教育一体化的反思与教育学院发展的选择［J］. 职业教育研究，2011，23（6）：9-13.

续表

学科门类	专业类	专业
09：农学	0901 植物生产类	090110T 农艺教育
		090111T 园艺教育
12：管理学	1202 工商管理类	120213T 财务会计教育
		120214T 市场营销教育
	1209 旅游管理类	120904T 旅游管理与服务教育

特设专业目录部分改善了我国职业技术师范类专业名称混乱的局面，如部分职教教师培养机构统一使用了"应用电子技术教育"这一专业名称。但是，7个专业类的11个职业技术师范类专业远不能满足我国职教教师培养培训的需求，规范化专业目录的缺乏引发诸多问题。诸如，无专业目录支持下的职教教师专业设置困难重重，难以找到可靠的官方设置依据，无法获取社会各界的认可，引发各界对此的质疑；职业技术师范类学生本身面临各种困境，因缺少指导性文件，缺乏对专业内涵和职教教师职业的透彻理解。

（二）专业设置难以体现教师教育的专业特性

根据学科门类与专业类设置的职业技术师范类专业，一方面缺乏对职业教育专业的覆盖性，另一方面也未显现出职业技术师范及职业教育的特性。我国职业技术师范类专业设置没有科学统一的依据，仅仅利用综合性大学的学科优势，进行专业设置也往往没有说服力，导致职业技术师范类专业设置处于极其尴尬的境地。职教教师的培养培训专业没有根据职业教育领域的专业分布及结构来进行科学合理的构建，而只是凭借学科专业的推导进行设置，无法体现培养培训的规律和职业教育的特性。许多综合性大学的二级学院并没有真正获得综合性大学的学科优势，学校基于自身发展考虑，将原本设置的职教教师专业逐渐削减，这与当初基于专业优势在综合性大学建设职教学院培养职教教师的初衷是相违背的。

在现行的专业结构下，职教教师的培养培训工作依据的专业分类是不一样的。职教教师的培养专业是参考《普通高等学校本科专业目录(2012)》进行设置，而职教教师的培训专业一般对应中等职业学校的专业类别。由于职业学校与综合性大学的专业性质不同，两者在专业分类与结构上均存在较大不同。职教教师教育专业设置在中等职业学校专业目录和高校专业目录的模糊映射之下，综合性大学职教教师教育的专业设置和内涵界定没有统一规定，在专业设置时缺乏明确、有效的参照。这造成了教师培养与培训模块不对应的问题，不利于职教教师的专业发展。

三、课程教学缺乏特色，难以培养出符合职业教育发展的专业教师

（一）课程建设上理实分离，极少体现三性融合

在培养课程设置上，综合性大学二级学院与职技高师具有相似性，毕业时所需的学分也大致一致，只是在学术性上由于受综合性大学的影响比职技高师的要求更高。职教教师培养的课程大致分为三部分：公共基础课程，学科基础课程与专业课（含理论与实践课程）和教育类课程。课程学时分配比例上，各职教学院大致相同，公共基础课程与专业课程的比例大致相当，一般共占总学时的80%以上，而教育科学类课程（含教育学、教育心理学、专业教学法、教育实习等）一般在20%以下。课程内容开发上，与职教教师直接相关的特色课程主要体现在占比例较低的职业技术实践类课程与职业教育学类课程上。

这种加法型课程建设，一方面导致理论与实践课程之间的分离，另一方面也促使"学术性、师范性、职业性"相互之间的隔离，最终未能有效促进职教教师专业化能力的形成。"通过对教学计划的分析可以看到，一半以上的教学内容（公共课和基础课）没有（职业）目的性，教学计划的制订者在此并不指望建立起这些教学内容与职业和劳动世界的直接联系，确定课程结构和教学内容的指导思想主要是促进知识发展和智力开发。"❶在该培养培训模式与课程设计下，由于追求综合性大学的学术性与无目的的通才教育，职教教师特有的专业化水平却没有能够得到明显和有效地促

---

❶ 赵志群. 关于职业学校教师的职业及其专门化问题的研究［J］. 河北职业技术师范学院学报（社会科学版），2002（1）：22.

进，最终导致职教教师在专业技术理论与实践上没有体现职业技术性，在教育教学理论与实践上也没有真正迎合职业教育自身的特点。

（二）职前培养与职后培训的课程内容未实现衔接

当前，从参与职教教师培养培训的综合性大学发展现状来看，有些高校出于自身的发展定位，已经或逐步退出职教教师教育领域，有些是因为申请到了职教教师培养培训项目而开展职教教师教育，也有的只是负责职教教师的职后培训，这些综合性高校在对职教教师教育课程的建设上没有长期稳定的规划。即使是同时承担职教教师职前培养与职后培训的综合性高校，基本上也是培养归培养，培训归培训，两者的课程体系各自为政，课程内容之间缺乏有效衔接。尽管培养与培训的师资来源有差异，但也未从总体上根据职教教师的专业发展的特点和规律，进行系统规划和整体设计。职后培训的形式和内容基本还是从职业教育理论与方法、专业知识与技能训练、企业实践、教育教学实践四个模块提升教师的素质，教育过程中重理论轻实践，轻视教育观念的更新和创新能力的培训，力求面面俱到，但针对职业学校教师教学中实际问题解决的课程太少，职后培训的针对性和有效性不足，不能体现在职前培养基础上的发展性、上升性、连续性和整合性❶。职教教师职前培养与职后培训的课程内容交叉重复，未形成真正的衔接，因此也很难引领高质量"双师型"教师的专业成长。

综合性大学所具备的专业学科优势，如果没有针对职教教师培养的特殊性进行合理应用与转化，该优势对于促进教师培养本身以及后续职业教育的进一步发展都显得较微弱。综合性大学传统的专业科学知识与职教教师所需掌握的职业科学知识存在部分交叉，但不能完全取代。当前，职业学校工作导向的课程改革也要求职教教师具备相应的综合职业行动能力，因此，无论在职教教师的培养过程中还是在培训过程中都应当重视该方面能力的促进与发展。

---

❶ 钟启泉，王艳玲. 从"师范教育"走向"教师教育"［J］. 全球教育展望，2012（6）：25.

四、教师教育者队伍偏理论化，缺少理实一体化的师资力量

（一）专业化的教学与研究队伍力量薄弱

在教育者队伍上，尽管综合性大学具有较强的专业院系的师资力量，但是单纯的专业科学的内容并不能与职业世界的应用性、操作性内容相匹配。未来的职校教师尤其应该掌握专业相应职业领域的职业技术性内容，才能够胜任培养技术工人的教育教学活动。综合性大学的教师在面对职教教师这样的对象，也应该改变思维，对症下药，开发适合的教学内容和采用相应的教学方法，才能培养出和职业教育要求相符合的职教师资力量。

此外，职业技术教育学院教育学的教学与研究力量较弱，针对职业教育学理论与实践进行教学和研究力量更弱，而能够将职业教育学理论与相应的专业科学内容结合起来的专业教学论研究队伍更是微乎其微。这支队伍的建设也应受到重视，因为职教教师教育不是"专业 + 教育学 + 心理学"的简单叠加，职教教师的综合职业能力应该体现在专业科学理论与实践和教育科学理论与实践的融合上。职教教师专业化程度也不仅仅体现在教育科学的理论和实践上，更重要的体现在对职业世界工作内容和职业实践的理解和把握上，而专业教学论师资队伍正是能够一体化地促进未来教师的专业教学能力。

（二）对职教教师发展特有规律认识不足

对于教师来说，其发展就是通过职前师范教育阶段、入职教育阶段以及职后培训阶段，借助直接的教育教学资源、培训资源以及间接的制度、物质、资金等资源，在结合自身条件的基础上实现螺旋式的上升发展。这种发展结果直接表现为一个有志成为教师的个体实现了从师范生到新手教师到合格教师再到专家型教师的成长。教师发展是一个有规律可循的复杂过程，需要人力、物力、资金及制度等多方面的匹配，在保障措施较为完备的情况下，教师发展的效果如何直接取决于教师自身和进行教师教育的专业人员。从施教的角度来看，一支高质量的教师教育队伍是教师发展的主导因素之一。所谓高质量，一是该教师队伍自身拥有较高的专业素质与

教育教学素质；二是要懂得教师发展规律，言传身教，实现理实一体化的教学，促进所教教师个人及团队的整体成长。

职教教师发展在遵循一般教育发展规律的同时，也因其自身的领域特殊性，而呈现出职教教师发展特有的规律。首先，职教教师培养的对象，相对于普通教育而言，在学习目标、态度及行为习惯上都呈现出较为明显的整体性差异；其次，职教教师的教育教学目标更具职业导向性和工作针对性，在教学内容和方法的要求上也更趋实践及工作取向，这些都决定职教教师整体素质要求的特殊性，而承担职教教师教育的教育者队伍只有懂得这一规律并且加以利用，才能有效地实现培养培训一体化的目标。

第三节　综合性大学职教教师培养培训一体化模式建构的基本策略

所谓一体化教师教育，是为了适应学习化社会的需要，以终身教育思想为指导，根据教师专业发展理论，对教师职前、入职和在职教育进行全程的规划设计，建立起教师教育各个阶段相互衔接，既各有侧重又内在联系的教师教育体系。[1]职教教师教育亦是如此，应着重统筹协调，合理配置师资与资源，普遍性的一体化设计[2]。在综合性大学中构建多方对接和合作的职教教师培养培训一体化模式是遵循职教教师专业发展客观规律，满足教师教育发展切实需求的必要之举。

一、建构资源均衡、运行机制健全的一体化教育环境

"师范教育"向"教师教育"迈进，"一次教育"向"终身教育"转变，职教教师教育的实施主体需及时转变教育理念，将培训置于与培养同等高度，在规划培养方案时考虑到未来可实施的培训方案，利用培训中遇到的问题反思培养设计的缺陷。培养是职前准备，促进未来教师基本的专

---

[1]　刘捷. 专业化：挑战21世纪的教师 [M]. 北京：教育科学出版社，2002：170.
[2]　孙绵涛. 论教育体制及其改革的基本内容 [J]. 教育研究与实验，1992 (4)：16 – 19.

业素质；培训是职后提升，是对教师职后综合性专业能力的提升与深化。在人才教育的规格上，培养更多的是提供基础性、规模性和长效性的知识和能力，培训则更多地提供延展性、个性化和新兴性的知识和能力。

在教师职前培养和职后培训过程中必定会有诸多资源的交集和重叠，职前职后一体化发展有利于统整各种教育资源并充分利用。❶综合性大学的职业技术教育学院承担职教教师培养培训工作，已初步完成机构及人员整合，实现了形式上的一体化。但教师教育的一体化不仅局限于形式上的整合，而且也要求内在的系统性、统筹性、全面性的融合。职教教师培养和培训是学历教育和非学历教育的结合，需要立足教师专业发展理论，进行长远的规划与设计，使教师教育的各个阶段之间相互衔接，并各有侧重，均衡课程、教师、实训、考评等资源，实现资源的最优配置，建立健全的一体化运行机制。

在培养培训的一体化机制运行之中，教育机构也需形成职教教师培养培训成长路径的追踪机制和互动机制。职业技术教育学院可为学生（学员）建立培养培训的档案，记录学生（学员）的成长，形成职教教师培养培训成长路径的追踪机制。同时，在培养培训过程中，促进学生和学员的交流与沟通，为其提供职前职后交流平台，既让学生在培养阶段深入实践，了解职后发展的可能性，同时也让培训成员反思自己在培养阶段的成长，形成学生学员互动机制。

二、建设职前培养与职后培训的一体化专业设置体系

我国高校专业设置采用的是规范式的专业设置模式，教育部颁布的《普通高等学校本科专业目录》是各高校专业设置与后期修订的依据。根据《普通高等学校本科专业设置管理规定》第六条规定，特设专业是满足经济社会发展特殊需求所设置的专业，在专业代码后加"T"表示，特设专业每年动态调整。建议以国家职业分类中的职业类别及中高等职业学校

---

❶ 付光槐，刘义兵. 论教师教育一体化发展保障机制的构建 [J]. 教育理论与实践，2015 (25)：35-38.

专业目录中的专业类别为参考，在《普通高等学校本科专业目录》中的"特设专业"持续增补职业技术师范类专业目录，统一专业名称，确定专业内涵，承认其合法地位，使职教教师教育获得用人单位及社会各界的认可，也才能使政府在对专业的宏观布局与调控中，为专业发展提供政策性、财政性或引导性的支持，以缓解职教教师教育专业设置发展滞后的困境。

培养培训的专业设置需在兼顾综合性大学专业设置所具备的学科性、基础性、适应性的同时，对应职业院校的需求，避免专业设置冗杂、重复或者不足。在参考职业分类的职业类别和职业院校专业类别和考虑教师培养专业与培训专业一体化覆盖的前提下，职教教师教育专业设置应在专业宽口径培养模式下，设置多个专业深化方向，以实现职教教师发展需要具备的平台性基础能力与深化方向的专业能力。

三、开发基于能力发展逻辑的一体化课程体系

教师专业发展一般都经历从新手教师到合格教师到骨干教师再到专家型教师的发展阶段，在此过程中，教师的能力也越来越专业化。横向上，教师的工作领域主要涉及课堂教学、课程开发与专业建设。这些工作领域在不同的发展阶段其侧重也不一样，如新手教师主要集中于课堂教学能力的提升，而专家型教师则在专业建设能力上有更高的要求。此外，教师不仅需要具备理论素养与实践能力，还需要在发展过程中能够突破传统的工作模式容纳新的理念，具备将理论转化为实践的能力。针对教师的各个专业发展阶段，需要进行教师能力需求的层级化分析。

专业发展取向或能力取向的职教教师培养方案设计需要依据教师工作实践设计培养培训课程体系。而建立能力取向的培养培训课程体系，就必须对培养培训所面向的工作领域的工作任务与职业能力进行系统、深入的分析❶。工作任务与职业能力分析与描述技术就成为开发适切的职教教师教育一体化课程体系的关键。

---

❶ 徐国庆. 职业教育课程、教学与教师［M］. 上海：上海教育出版社，2016：240.

培养培训内容需要体现系统化与针对性的特点，其中，培养内容需要构建职教教师教育教学的整个理论与实践体系，而培训内容则需贴近教师工作的实际需要，并能够将培养培训内容有效地转化为实际能力。因此，需要在对职教教师工作任务与职业能力系统分析与提炼的基础上，建立能力导向的培养培训课程体系。在教师教育一体化课程体系的框架下，有必要推进基于理论实践一体的课程群和能力训练平台的建设，以及教师教育一体化课程资源的建设，并且完善教师教育一体化师资队伍建设机制，以实现教师教育资源统整，满足教师专业发展需要[1]。在课程教学实施时，采用"做中学"的方法培养职教教师能力[2]。

四、构建"校—企—校"职教教师教育共同体

构建"校—企—校"（综合性大学、企业、职业学校）职教教师教育共同体是职业教育的本质要求。鉴于职业教育的性质和特点，职教教师面临的挑战主要来自职业教育教学工作以及劳动世界工作两个方面。因此，职教教师教育力量除了培养高校外，还应该有职业学校和企业参与其中。综合性大学二级学院应当借助高校的声望和力量，在职教教师教育过程中与一些职业学校和相应的企业建立紧密联系，找到共同点和结合点，既为师资培养，也为职业学校发展以及企业人力资源开发和技术革新等方面进行多方合作。如果没有这两方的参与和合作，单单依靠高校很难培养出高质量的师资。因此，三方合作机制的建立，既是职教师资培养的重要基础，也是其质量保障。

构建"校—企—校"职教教师教育共同体也是教师教育一体化发展的要求。职教教师教育一体化的发展也对综合性大学中从事职教教师教育的高校教师提出了特殊的要求。高校教师的教学观念，教学内容以及教学方法等都会对未来的职教教师产生重要影响。因此，进行职教师资培养培训的高校教师尤其是专业课教师应该首先转变观念，开发符合职教教师工作

---

❶ 陈时见，王雪．教师教育一体化课程体系的构建与实施［J］．教育研究，2015（8）：109－112．

❷ 徐国庆．职业教育课程、教学与教师［M］．上海：上海教育出版社，2016：249．

特点的课程，并且获得相关的学校教学和企业实践经验。此外，职业学校教师以及企业的专业技术人员也可以成为职教师资培养培训的兼职教师，综合性大学二级学院聘请他们从职业学校角度或企业角度与未来的职教教师进行交流学习，使职教教师对技术工人的工作与职教教师的工作及要求有更明确的认识。同时，这也加强了三方之间的合作，为学院的发展与职教教师的成长奠定良好的师资基础。

因此，综合性大学职教教师教育必须打破单一的学校本位培养模式，构建"校—企—校"职教教师教育共同体，三方联合培养，全面提升学生的综合职业能力。大学、企业和职业学校作为职教教师教育的三方主体，充分利用三方的优势资源，共同合作，联合培养职教教师。一是由大学、企业和职业学校三方代表成立职教教师教育教学委员会，由教学委员会共同决策，共同制定培养目标，并开展专业设置、教学计划、课程开发、教材编写等方面的工作。二是构建大学教师、企业实践专家和职业院校一线优秀教师相结合的"教师教育者"队伍，分工协作，全程参与，联合培养。❶三是安排职教教师参加相关企业实践工作，掌握并熟悉与本专业相关的典型职业工作任务和工作过程；到职业学校参与职教教育与教学的全过程，了解职业学校学生的发展特点与规律，承担专业相关的教育教学工作，在实践中不断反思，形成实践性智慧，促进自身的专业成长。四是综合性大学利用自身的学术科研优势，为企业的技术革新和职业学校的课程与教学改革提供有力的技术支持和智力支撑，保障"校—企—校"职教教师教育模式的可持续发展。

本章小结

综合性大学初期以开设职业技术师范系、专业或职业技术教育师范班，承担多方面的培训任务进入职业技术教育师资培养和培训领域。在以

---

❶ 彭明成. 我国综合性大学的职教教师教育：回溯、反思与前瞻 ［J］. 职教论坛，2014（19）：18－22.

全国重点建设职教师资培养培训基地为依托的职教教师培养培养体系中，综合性大学二级学院举办职教师资培养培训的模式已成为主要模式，成为独立设置的职技高师培养培训职教师资模式的重要补充，充分发挥综合性大学学科专业多、师资力量强、生源素质高的优势。在综合性大学中构建职教教师培养培训一体化模式，是促进教师教育发展的切实需求，亟须反思当前综合性大学在职教教师培养培训过程中存在的问题，如运行体制不健全、专业设置规范性不足、课程教学缺乏职教特色和教师教育者队伍结构偏理论化等。遵循职教教师专业发展的规律，积极建构资源均衡、运行机制健全的一体化教育环境，建设职前培养与职后培训的一体化专业设置体系，开发基于能力发展逻辑的一体化课程体系和构建"校—企—校"职教教师教育共同体，以实现职教教师教育多方对接与合作的一体化模式。

（本章作者　同济大学：谢莉花、唐慧）

职业教育教师一体化培养机制的协同建构

教育部《关于实施卓越教师培养计划的意见》提出，建立健全高校与行业企业、中等职业学校的协同培养机制，探索高层次"双师型"教师培养模式，培养一批素质全面、基础扎实、技能娴熟，能够胜任理论和实践一体化教学的卓越中等职业学校教师。这为职教教师教育改革指明了新的方向。积极探寻高校、职业院校与企业一体化协同培养卓越职教教师的可能性与契合点，全面建立协同培养新机制，是解决当前职教教师教育困境，转变职教教师培养方式，提高职教教师培养质量，实现职教教师专业化发展，完善现代职业教育体系，推动职业教育健康发展的重要战略。

第一节　职教教师一体化培养机制的内涵解读

职教教师高校、企业、职业院校一体化协同培养机制是指高校、企业、职业院校三者作为培养主体，按照一定的理论基础与原则组建一体化的协作共同体，以培养高素质职教教师为目标，分工合作，责任共担，资源共享，利益共享，共同培养高素质职教教师的教育教学组织活动、过程和方式的总称。高校，不仅指专门培养职教师资的职业技术师范院校，而且包括普通师范院校以及其他各类综合性高校。虽然目前我国已有部分普通高校承担职教师资培养任务，然而，毕竟培养规模小，不仅不能满足职业教育快速发展的需要，而且许多高校的职教师资培养日益边缘化，甚至有一批高校已停止职教师资专业的招生。在我国职教教师培养体系不完善的现状下，专业覆盖广、学术水平高、基础条件好的各类综合性高校在职教师资培养中更应该发挥积极的作用。企业，指具备一定的生产、经营规模，在生产经营、技术应用等方面走在发展前沿的企业。职业院校，包括中等职业院校和高等职业院校。职业院校是未来职教师资工作的场所，是他们学有所用的领域、学有所思的源泉、学有所创的平台，职业院校在职教师资培养中发挥着不可替代的作用。

在高校、企业、职业院校一体化协同创新培养职教师资运行机制中有两个关键词汇。其一是一体化，即原本作为独立主体的高校、企业和职业院校，在培养职教师资的活动中必须形成一个有机的整体，拥有共同的目标与行动策略。一体意味着这种结合不是松散的，而是密切联系、休戚与共的，是以某种形式成为一个新型个体，有自身的组织体系与运行规律。协同，即互相配合，共同合作。正因为任何一个原有单独的主体都不具备完成职教师资培养重任的所有条件，所以三者之间需要互相配合，互为条件，互相补充，取长补短，资源共享，共同完成培养高素质教师的活动。

高校、企业与职业院校一体化协同培养职教教师是对传统职教教师教育模式，乃至传统教师教育模式的彻底变革，打破了教师教育定向培养与开放培养的二元划分的局限，是职教教师教育的彻底转型。它打破了教师培养由高校独自承担、封闭培养的传统，按照教师专业化发展要求，通过高校、企业和职业院校的合作，共同构建职教教师的知识与能力体系。高校、企业、职业院校三者是共存共荣的共生关系，高校职教师资培养质量的改进与职业院校教育质量的全面提高、企业人力资源状况的改善与技术进步紧紧联系在一起，形成互相依存、互相作用、协同生存与发展的关系。首先，三者是平等合作的伙伴关系，在职教师资培养活动中，虽然各自承担的任务不同，但承担的责任是一样的，地位是平等的，工作方式是合作的，失去任何一方的合作，都难以培养出符合职业教育发展需要的合格的、高质量的职教师资。其次，三者是利益共享的利益相关者关系。对高校来讲，它可以通过与企业合作改善实训设备，增加实训场所，提高职教师范生的实践动手能力，利用职业院校为职教师范生提供高质量的教育实习，提高其教育教学能力。对企业来讲，通过与高校、职业院校的合作，可以获得优质人力资源的补充，能够利用学校的资源进行员工培训，通过与学校进行科研合作，解决企业的技术难题。对职业院校来讲，能够优先挑选高质量的职教教师，能够得到高校专家的指导，提高已有教师队伍的质量，能够与高校合作进行教育教学研究，提高学校教育教学水平，能够利用企业培训学生和教师的专业实践能力。因此，高校、企业、职业院校的利益是相关的，应该共谋职教师资培养大计，共建职教师资培养模式，共赢职教师资培养成果，使三方合作不断深化，不断提高职教师资培养质量，成为我国职教师资培养的专业化方式。

第二节　职教教师一体化协同培养的价值诉求

职教教师培养需要高校、企业、职业院校一体化协同培养，既是现代职业教育健康快速发展的要求，也是人们对职教教师培养规律探索的结果，更是学校形态的职教教师培养遭遇困境后的必然选择。

一、职业教育的改革发展呼唤职教教师培养必须采取高校企业和职业院校一体化协同培养

职业教育具有鲜明的职业性与社会性特点。为了培养适应生产服务一线要求的工程师、高级技工和高素质劳动者，职业教育必须加强与企业的沟通与合作，依托行业企业办学，加强教学过程与生产过程的对接，让学生在企业真实的生产现场学习，掌握生产一线需要的知识、技术与技能，提高学生的就业适应能力与竞争力，实现与就业岗位的无缝衔接。同时，培养学生了解企业生产实践过程与企业文化，帮助学生更好地融入企业与社会。为此，职业院校大力推行工学结合、校企合作的人才培育模式，这是遵循职业教育发展规律，体现职业教育特色，培养高素质技术技能人才的必要途径。"职业教育工学结合、校企合作的人才培育模式，决定着职

教师资的培养也需要加强政府、学校、企业等相关部门的多元合作。"❶ 作为合格的职教教师，必须有较强的专业实践能力和丰富的实践经验，在美国、德国、澳大利亚等职教发达国家，都把若干年的职业经历作为职教教师必备条件之一，强调了教师的职业经历、能力以及对职业世界的了解。因为作为职业教育一线的教育工作者，必须有丰富的企业实践经验，通晓行业企业的发展背景，把握企业的运行规律，掌握企业的生产技术现状，了解企业对人才的实际需求，才能更好地传授知识与技能，更好地培养企业需要的人才。由于我国教育制度与资源所限，目前还很难对所有的职教教师提出这样的要求，因此，校企合作也必然成为职教教师培养的主要途径。只有通过紧密的校企合作，未来的职教师资才有可能了解企业生产、经营活动，获得经济发展的各类信息；才有可能掌握专业实践技能与应用技术，获得丰富的实践经验；才能在未来的职业教育教学活动中充分地开展理论教学与实践教学，培养出符合社会经济发展的技术技能人才。

二、职教教师的实践性本质特征决定职教师资培养必须采取高校企业和职业院校一体化协同培养

职教教师具有独特的职业素质特征，其中最重要的一点就是既具有所有教师必须具备的教学实践性特征，又具有职教教师特有的专业实践性特征，这是"双师型"职教教师的主要职业特征之一。

教学本身是一种实践。作为职教教师，除了掌握专业理论知识与技能外，更重要的是能够设计与组织实施教学，有效地把知识与技能传授给学生，传授效果不是拥有的知识本身能决定的，而是由这些知识与技能，以及教学方法、教学组织、师生关系、教学设备、教学环境等多重因素决定的，具有实践性、个人化以及情境性等特征，是教师个人在具体的教育教学情境中综合调用各类专业知识与能力形成的一种新的实践能力，是无法完全复制的，正所谓教学有法但无定法。因此，为职教师范生提供职业院

---

❶ 刘晓，沈希. 我国职教师资培养：历史、现状与体系构建［J］. 河北师范大学学报（教育科学版），2013（11）：73.

校多样化的现实情境，培养他们的教育教学实践能力，是培养卓越职教师资的重要途径。职业院校是培养职教师资不可或缺的主体。

职教教师同时具有鲜明的专业实践性特征。作为职教教师，既要会"动口"，能向学生传授专业理论知识，也要会"动手"，能规范地进行技能操作示范，指导学生实践，这是"双师型"教师的基本要求。《中等职业学校教师专业标准（试行）》规定，教师"要参与职业实践活动，了解产业发展、行业需求和职业岗位变化，不断跟进技术进步和工艺更新"，在专业能力方面，"中等职业学校教师要基于职业岗位工作过程设计教学过程和教学情境；运用讲练结合、工学结合等多种理论与实践相结合的方式方法，有效实施教学；掌握组织学生进行校内校外实训实习的方法，安排好实训实习计划，保证实训实习效果；具有与实训实习单位沟通合作的能力，全程参与实训实习"。这些素质的养成，需要在职教教师培养过程中加紧校企合作，让职教师范生在企业环境中得到充分的锻炼与培养，形成对企业运作全面的了解，技能操作的熟练掌握，以及企业技术更新、岗位要求、发展趋势的把控。《教育部关于进一步完善职业教育教师培养培训制度的意见》也提出，"培养院校要不断优化职业教育师范生培养模式，加强与行业企业、职业学校的合作，强化企业实践和职业学校实习环节。职业教育师范生在校期间至少应有半年时间到企业实践和职业学校实习"。正是由于当前职教教师职前培养校企合作不力，职教师范生的专业实践能力不足，造成职教师资队伍"整体素质不高。多数专业教师缺少企业工作经历，对生产和服务一线了解较少，教学能力特别是专业技能水平和实践教学能力偏弱。'双师型'教师不足"[1]。因此，加强校企合作，必然成为职业教育教师培养的重要选择路径。

三、学校形态的职教教师培养的困境需要职教师资培养必须采取高校企业和职业院校一体化协同培养

改革开放以来，伴随着职业教育的发展，职教师资培养也日益受到重

---

[1] 鲁昕. 在全国职业教育师资工作会议上的讲话，2011 年 12 月 28 日，http：//www. tech. net. cn/web/articleview. aspx？cata_ id＝N002&id＝20120104094336693.

视。从 20 世纪 70 年代末开始，为了大规模培养职教师资，我国专门建立了培养职教师资的高等学校——职业技术师范学院，发展最盛时期曾经达到 14 所。此后，为了进一步加强职教师资培养，作为上述政策的补充，又在传统师范大学和普通高校中设置二级学院（系或班），培养职教师资。"截至 20 世纪 80 年代末 90 年代初，我国职业教师师资培养体系初见端倪，初步形成了独立设置的职业技术师范学院和普通高校的职业学院（系）为主体的职业教育师资培养体系。"❶ 然而，此后形势却急转直下。一方面，独立设置的职业技术师范学院有的被合并，有的改弦易辙，参与职教师资培养的普通高校也从最辉煌时的 160 所减至 32 所。"截至 2001 年 7 月 31 日，全国共有 32 所普通高校建立了职业技术教育（或师范）学院或职业教育系承担职教师资的培养工作。目前，这 32 所已有部分不再培养职教师资，独立设置的职业技术师范院校只剩下 8 所。"❷ 而 8 所院校中也有部分学院开始转型成综合型学院，师资类专业数和学生数大为缩减，已经背离了职业技术师范学院建校初衷。这是一个令人尴尬的现象，我国职业教育的快速发展令世人瞩目。另一方面，作为其工作"母机"的职教教师教育却日渐衰弱。为此，《教育部关于进一步完善职教教师培养培训制度的意见》提出，独立设置职业技术师范院校师范类专业招生数原则上不少于招生计划的 1/3，以此规范和保障职教师资的培养规模。然而，这并没有从根本上改变职教教师教育的困境。

这种困境由来已久。早在 20 世纪 90 年代中期，职教教师的培养就遭遇过诟病。用人单位反映，其培养的毕业生专业理论不及综合性大学培养的学生，教育教学能力不如传统师范大学培养的学生，实践操作能力又不如职业院校学生。职业技术师范院校为此也积极进行教育教学改革，探索了诸如"双证书"制、三元制等人才培养模式，努力实现学术性、师范性、技术性和谐统一的职教教师教育特色。然而，一方面由于职业教育发展对职教教师的要求普遍提高，而职业技术师范院校（专业）发展历史较短，培养层次较低；另一方面更为重要的是，职教教师教育仍然采用的是

---

❶❷ 曹晔. 我国职业技术教育师资培养的历史与现实选择［J］. 教育与职业，2010 (6)：5, 6.

普通高校或师范院校的人才培养模式，学校是唯一办学主体，教学以理论课堂为中心。当职业院校已经在轰轰烈烈开展校企合作、引企入校、学生顶岗实习、订单培养等人才培养模式改革，职教课堂实现了理实一体化教学、项目教学，职教教师要求达到"双师型"标准、必须定期下企业实践等，如果职教教师培养仍在学校象牙塔中独舞，如何能培养出与企业、职业院校发展改革步调一致的人才？部分综合性大学职教师资培养的情形也大抵如此，而且往往更加被边缘化，得不到学校优质教育资源的支持。因此，高等院校主动寻求企业与职业院校的协助，建立健全一体化协同培养职教教师的创新机制，是恢复和复兴职教教师培养的必然选择。

第三节　职教教师一体化培养机制建构的协同策略

教育部出台的《关于实施卓越教师培养计划的意见》已就建立高校、企业、中等职业学校协同创新培养卓越中等职业学校教师提出了总体要求和目标任务，当前的关键是如何落实。"教师教育改革的关键是体制机制问题"，❶ 因此，构建一套规范各主体行为、促进其协同创新的运行机制显得尤为重要。

一、建立完善的制度系统，确保一体化协同培养的制度创新性与实践性

（一）构建职教教师高校、企业和职业院校一体化协同培养机制需要严密的顶层制度设计

政府应是一体化协同培养卓越职教师资的主要推动者。高校、企业和职业院校协同培养职教师资是个难度极大的跨界合作，涉及三个培养主体的责权利。这三个主体性质不同，在管理机构、价值追求、组织结构、运作过程、发展规律等各个方面不仅相去甚远甚至会有冲突，然而一体化协

---

❶ 刘川生. 加快体制机制创新深化教师教育改革 [J]. 中国高等教育，2010（15，16）：24.

同培养职教教师必然要求其合作必须是深度融合且长久持续的，贯穿于职教师资培养全过程，只有这样才能彻底解决已有培养模式的弊端，真正培养出卓越的职教教师。显然，这是事关职教师资培养的百年大计，不是个别学校、企业甚至相关行政部门能够协商解决的问题，必须从国家制度层面予以明确与保障。当前迫切需要解决的主要问题有：一是从国家制度层面及法律高度明确各培养主体的责任权利与义务。从职业教育倡导校企合作的经验和教训来看，"政府就不能仅仅'要求'与'指导'，而任凭产学合作停留于民间层面，要努力创造国家层面的合作平台"❶，而国家层面的政策制度是最基础的平台与保障。虽然很多地方政府也出台过一些校企合作的政策规定，但由于缺乏法律法规的刚性约束，往往变成一纸空文。一体化协同培养机制首先体现在国家法律制度上的创新，要敢于消除以往相关政策制定的非强制性、政策内容的过度泛化，以及政策执行的过度弹性等导致校企合作不力的制度因素，打破管理与培养主体壁垒，大胆革新，从国家制度层面、法律执行高度对高校、企业与职业学校协同培养职教师资做出明文规定，明确界定三大培养主体的责权利。二是尽快制定参与职教师资培养的高校、企业以及职业学校的遴选标准，对三个培养主体进行资质认定，颁发资质认证证书，只有这样才能激励各培养主体积极创造条件，主动协同合作，确保职教师资的培养质量。三是建立激励制度，对参与企业职业院校给予社会荣誉以及财政、税收等物质化的奖励制度，营造支持职教教师教育的舆论氛围，鼓励更多优秀的企业与职业院校加入职教师资协同培养团队，促进职教师资培养朝更高层次、更高水平发展，为我国职业教育事业的发展奠定更加牢固的基石。

（二）构建高校、企业和职业院校一体化协同培养机制需要灵活的本土化制度创新

职教教师培养是一个长期性的教育过程，影响因素很多，如高校的专业设置，所在区域的社会经济发展状况，合作企业职业院校的类型、规模、分布等。高校在寻找合作企业、职业院校时，必须因地制宜，在国家

---

❶ 徐国庆. 修建职教发展的高速公路［J］. 职教论坛，2007（10）：1.

制度框架下，根据本校专业特色、所在区域产业特点、教育教学效益等，积极探索适合自身可持续发展的合作方式与机制。首先，高校要充分认识一体化协同培养卓越职教师资的不可替代性，主动寻求外界合作，争取更多有利的资源提升人才培养质量。其次，高校必须按照职教教师专业标准与发展规律重构职教教师培养模式与教育制度。一体化协同培养给传统的教师教育制度提出了挑战。在教师教育领域，高校与中小学校有合作的传统，但与企业缺少合作培养经验，而且这种合作更为复杂，难度更大，需要高校有勇气打破已有的办学惯性，从管理体制、人才培养制度、教师的教育教学等进行全方位的变革，认真研究卓越职教教师的成长规律，积极探索协同职教教师培养制度。最后，一体化协同培养机制有多种实践模式和实施途径。一体化协同培养职教师资机制实质上是指高校、企业与职业院校如何合作运行职教师资培养过程，因为各高校、职业院校、企业的状况千差万别，合作方式的选择应是三方基于共同利益共同协商。实施一体化协同培养职教教师既需要国家层面的制度设计，规范各主体的责任权利与义务，使其落到实处，又需要各个协同体选择适合自身发展的协同方式，使其发挥效益。因此，构建高校企业职业院校一体化协同培养职教教师机制需要在国家制度框架下进行细化，在本土化制度上进一步创新。

二、确立共同愿景，确保一体化协同培养目标的一致性与引领性

共同愿景是组织中所有个体持有的对组织未来发展目标一致的看法与展望，它是引领组织运行的行动纲领与行动目标。"目标的一致性，可以减少成员之间冲突的数量和强度，进而改善组织活动总体协调。"❶ 只有具备共同的理想目标与价值追求，才能在今后的发展过程中保持行动的一致性。作为职教教师培养共同体，高等院校与企业、职业院校是否具有共同的组织愿景，是一体化协同培养职教师资得以实现并持续运行的基础。

首先，全体成员要充分表达并形成高度统一的共同愿景。共同愿景是

---

❶ 赵英. 协同创新：教师教育改革有效推进的必然路径［J］. 贵州师范大学学报（社会科学版），2012（3）：144.

一体化协同体各个成员共同表达的目标诉求，不是占主导地位一方领导层意志的体现，也不是资源优势一方特权的彰显，而是全体成员共同关心、共同参与、共同分享的过程。充分尊重高校、企业和职业院校各自意愿的充分表达，寻找全体成员共享的目标、使命与价值，在最大程度上取得共识是形成共同愿景的关键。尽管高校、企业与职业院校各自担负着其他重大的使命，但在这个协同体中培养卓越的职教师资是一致的目标，这是协同体得以形成与发展的前提。

其次，全体成员要充分认可共同愿景并努力达成行动一致。共同愿景的形成，必然涉及团体与个体、个体与个体的利益冲突，也不可能保证每个个体利益的最大化，但是一旦达成了共同愿景，全体成员必须要严格遵循并努力付诸实施，需要有勇气突破当下条件的局限，去创新创造、去开天辟地。对于高校、企业与职业院校来说，每个个体都是一个目标明确、组织严密、运行复杂的自组织系统，有相对的封闭性与独立性，更有很大的异质性与冲突性，但面对共同愿景时，必须持有高度统一的认可度，并能把这种认可度直接投射到各自的运行体系中，寻找到创造出这种共同愿景的有效行动，这样才能保证共同愿景得以顺利实现。

三、协调各主体的利益分享，确保一体化协同培养机制的动力驱动性与持久性

利益是构建协同创新培养机制无法回避的问题，"而形成稳定的协同机制，根本在利益协调"。[1] 从职业教育职前培养阶段的实习见习与职后教师企业培训制度的现状看，由于事先没有明确双方的利益关系，往往存在这样的看法，即职业院校和企业参与职教教师培养培训只对高校或教师有好处，显现出高校一头热现象，缺乏可持续性及时效性。要打破这样的合作僵局，确实需要从法律与利益两方面来保证。国家和地方性法规的规定，强调了协同培养的义务性与责任性，建立紧密的利益关系，则能保证这种协同培养更自觉更持久。

---

[1] 张力. 产学研协同创新的战略意义及政策走向 [J]. 教育研究，2011（7）：20.

首先，要运用全方位的利益调节手段。利益既包含经济利益，也包含一些非物质利益，如社会声誉等。在协调培养共同体利益时，要充分运用各种调节手段，实现共同体的整体利益最大化。其一，职教教师培养是一项基础性教育工程，需要国家或地方政府运用财税政策、资金支持等多种经济手段支持高校企业职业院校协同培养职教师资。企业毕竟是独立的经济实体，它的生产经营过程决定其必须以营利为目的，职业院校教育教学活动任务艰巨，参与职教师资培养，势必影响日常的企业生产过程和职业学校的教学，耗费其一定的资源。政府部门对此必须有明确的利益补偿机制，鼓励企业和职业院校参与的积极性，保护它们的合法利益。此外，职教师资的培养成本远远高于其他教育。从世界职教发达国家的经验来说，职教师资培养的周期应该更长，如在德国，至少需要 6 年，在美国，通过不同途径取得临时教师证的教师将综合在一起，为取得专业教师证而进行 4～5 年的课程学习❶。在当前我国各类高校普遍缺乏职教师资培养积极性的现状下，更需要国家制定相应的倾斜政策，扶持高校举办职教师资培养专业，以适应我国快速发展的职业教育。对提供教育实践的职业院校，也要设立专项资金与经济补偿，保护他们的利益。其二，培养职教师资是一项利国利民的基础工程，全社会都应该积极参与并给予支持。为此，要授予参与培养的企业与职业院校相关的荣誉，提高它们的社会声誉与地位，引导全社会尊重与支持职教教师培养工作。

其次，要兼顾内外部利益的协调。从利益相关者视角看协同体，既有三个基本主体之间的相互利益，也有每个主体的内部利益。虽然创建共同体的目标是追求共同体利益的最大化，但同时不能忽视单个主体的内部利益。尤其要重视的是各主体内的人的要素利益。面对新的任务和目标，人们的责任与义务也更加繁重。对于高校教师来说，他们既要做好教书育人的工作，还要指导职业院校教师的专业发展，同时为企业的技术创新出谋划策。对于企业技术人员而言，要承担培养卓越职教师资的师傅责任。对

---

❶ 徐国庆. 美国双元制职业教师培养模式研究——以俄亥俄为例［J］. 全球教育展望，2011（8）：88.

职业院校教师而言，也要做好未来职教教师的导师，指导他们的教学实践，要把他们的宝贵经验传授给职教师范生。伴随责任的加剧，如何保障他们的利益，是共同体必须面对的重要问题。只有每个主体的内部利益得到保障，每个要素的创新能力得到充分的张扬，整体利益才可能产生持久的最大化。

最后，要确立长远利益观，积极探索新的利益生长点。职教师资的培养是职业教育的基础性工程，功在当代，利在千秋，有其长期性、效益滞后性的特征，如果一味追求立竿见影式的眼前效益，恐怕有违协同培养初衷。因此，确立合理的长远利益观显得十分必要。此外，协同培养职教教师的方式也对高校、企业和职业院校提出了更高的要求，要求三方能在协同培养过程中形成良性互动，提高自身的合作参与能力，既能充分发挥各自的分工优势与潜能，尽己所能相互弥补不足，为对方提供支持，创造更多的效益和价值，又能在优化职教师资培养过程中产生新的合力，积极探索新的合作途径，形成乘数效应，促进职教师资培养不断优化，促进合作走向深入，实现可持续发展。

（四）构建多样化的合作平台，确保一体化协同培养路径的开放性与灵活性

一体化协同机制的运行需要借助一定的平台与实体开展。高校、企业与职业院校应该根据培养目标定位、专业设置特点、内外部资源等，选择适合的合作方式，构建多样化的合作平台与实体，探索开放灵活的协作培养路径。

一是灵活运用各种短期性平台，适时开展职教教师培养。高校、企业与职业院校由于各自的需要，都有些校企合作、产学研合作、教学研究等方面的合作，这些合作可以作为职教教师培养平台加以设计与利用。最常见的就是校企之间的产学研合作，常常以学校的研究课题或企业的技术创新项目的形式呈现，这些项目既是科学知识的创新过程，也是科学知识转化成现实生产、科学与技术相结合的过程，更是培养创新型人才的有效载体。在这个研究过程中，可以吸收职教师范生参与，设计一些他们力所能及的工作与实践环节，这样既能让学生从教师、工程师那儿学到先进的理论知识，又能了解生产实践中的新技术、新工艺，培养学生的创新与科研能力。这是一个非常好的提升职教师范生创新能力的平台。职教师范生参与职业院校的课题研究，能够及时掌握职业教育改革发展的前沿领域，把握职业教育教学规律，了解职业学校现状，为更好地担当职教教师角色做准备。

二是要加强建设长效性合作平台，保障教师培养的稳定性与长效性。职教师资培养是一个系统过程，要培养出高素质、专业化的职教师资，最终必须依靠系统化的培养，因此，必须加强建设长效性合作平台。

构建职教师资培养的现代学徒制模式。这是一种高效的协同培养职教教师的重要平台，能够充分利用企业职业院校的优势资源，在生产实践与教育教学实践的真实情境中培养职教师资。职教师范生既是高校的学生，也是企业学徒与职业院校见（实）习教员的身份，他们既需要在高校学习一定的理论知识，也必须有相当的时间在企业实际的生产岗位进行技术技能训练，在职业院校一线接受职教教师的言传身教，学习内容与未来的岗位要求直接对接，可以增强职教师范生学习专业理论与教育科学理论的动机，提高他们的教育教学实践能力，同时能够帮助师范生确立牢固的专业思想。为此，高校、企业与职业院校必须共同制订课程教学计划、共同开发课程和实施教学，尤其要对企业的生产实践和职业院校的教育教学实践进行教学化处理，让学生真正做到做中学、学中做，培养出符合职业教育发展需要的"双师型"职教教师。

实施系统化的企业实习与职业院校实习制度。实习历来被视为培养职教师资的重要环节，"教育实习甚至被看作'一个教师职业准备中唯一的、最有力的介入'"[1]。由于职教教师的双实践性特征，职教师范生需要进行企业生产实习与职校教育实习。必须突破以往师范生在毕业前夕一次性实习的制度壁垒，根据不同年级学生的特点以及教学内容、学生发展阶段，制订相应的实习计划，在整个培养期间循序渐进地进行企业与职业院校见习或实习，构建系统化的企业实习与职业院校实习制度。企业与职业院校

---

❶ 王少非. 教师教育课程的实践取向：何为与为何 [J]. 教师教育研究，2013（5）：74.

要提供相应的机会与岗位，为学生实习创造条件，让学生真正融入企业与学校运行的各个领域与环节，深入开展实习实践活动。

建立职教师资培养实践基地。实践基地是培养学生实践能力与开展职业准备教育的重要场所。基地的选择要强调高标准，企业必须是在同行业中居于领先地位，愿意为职教师资培养提供设施设备以及技术人员。职业院校也要选择教育教学水平较高的学校，为师范生提供高水平的专业指导。这些基地除了参与协作培养的企业、职业院校外，也可以选择符合标准的其他企业与学校，这样可以为职教师范生提供更多的实践机会。

实行三导师制。选拔企业、职业院校优秀工程师、教师，与高校教师共同组成导师团队，指导职教师范生的学习。导师团队既要分工又要协作，除了承担不同的课程教学任务，指导学生时各有侧重外，导师之间要经常沟通、协调，为学生的专业学习与发展共同制定规划与指导策略，形成教育合力。比如，如何把企业生产中需要的技术技能转化成教学项目，既要让师范生知道教什么，又要指导他们如何教，做到教学内容选择与教学方法运用的高度统一十分重要。因此，高校、企业与职业学校教师要共同探讨学科理论发展、企业生产需求、职业院校学生的学习特点与教学规律等，在此基础上进行职教教师教育课程开发与教学方法改革，加强教材开发、专业教学法等教育学科内容，改革以往课程内容与企业、职业院校现实需求脱节，学生教学能力培养不足等弊端。此外，三方导师应该互相深入对方工作一线加强了解，开展实践活动。要培养卓越的"双师型"职教教师，首先要加强导师团队的自身建设，构建起"双师型"的导师团队。三导师制，能够全方位地给予职教师范生有针对性的指导，能够让学生较好地把高校学到的科学理论知识与企业的生产实践需要、职教教师的教育教学知识紧密联系在一起，培养学生的全面素养。

本章小结

现代职业教育的改革发展，职教教师的实践性本质特征以及学校形态的职教教师培养的困境，决定了职教教师培养必须由高校、企业和职业院校一体化协同培养。明确厘清一体化协同培养机制的内涵，对培养卓越的"双师型"职教教师具有重要的现实意义。本章积极探索一体化协同培养机制的构建策略：建立完善的制度系统，确保一体化协同培养的制度创新性与实践性；确立共同愿景，确保一体化协同培养目标的一致性与引领性；协调各主体的利益分享，确保一体化协同培养机制的动力驱动性与持久性；构建多样化的合作平台，确保一体化协同培养路径的开放性与灵活性。

（本章作者　江苏理工学院：贺文瑾）

职业教育教师一体化培训体系的实践建构

党的十八届五中全会提出，坚持创新发展，必须培育发展新动力，优化劳动力、技术、管理等要素配置，加快形成有利于创新发展的人才培养引进使用机制❶。"十三五"时期，我国由制造大国转向制造强国战略目标的实现，技术人才成为关键因素。高水平的职业教育师资队伍则是一线技术人才培养的先导，是职业教育快速发展的重要保障。研究和解决职教师资培养培训问题，是提高职业教育人才培养质量，办好职业教育的当务之急。然而，当前职业院校教师队伍的整体水平难以适应知识创新、科技创新和教育创新的需要，成为制约现代职业教育加快发展的"瓶颈"和"短板"，亟须中央和地方加大支持力度予以解决。《国务院关于加快发展现代职业教育的决定》（国发〔2014〕19号文件）提出：到2020年，形成适应发展需求、产教深度融合、中职高职衔接、职业教育与普通教育相互沟通，体现终身教育理念，具有中国特色、世界水平的现代职业教育体系。同时，中央财政继续加大经费投入力度，在"十一五""十二五"的基础上，出台了《教育部　财政部关于实施职业院校教师素质提高计划（2017~2020年）的意见》（教师〔2016〕10号）文件，支持实施新一周期职业院校教

---

❶ http：//bg.yjbys.com/gongzuobaogao/20333.html.

师素质提高计划，重点加强"双师型"教师培养培训，提升中高职教师素质协同发展能力，推进校企人员双向交流合作，旨在通过示范引领、创新机制、重点推进、以点带面，全面提升职业院校教师队伍整体素质和建设水平，加快建成一支师德高尚、素质优良、技艺精湛、结构合理、专兼结合的高素质专业化的"双师型"教师队伍。这为构建现代职业教育教师培训体系，培养大量优秀的"双师型"教师，进一步明确了方向，提出了新的更高要求。因此，加强和改进职业院校教师培训工作，显得尤为迫切。

第一节 国家级职教师资培训开展的现状分析

国家级职教师资培训是指由中央财政支持，教育部组织实施，全国重点建设职教师资培训基地承担，面向全国中等职业学校在职教师的教育培训活动。目的是提高中等职业学校教师队伍的整体素质特别是实践教学能力，提高职业教育教学水平；优化教师队伍的素质结构，适应职业教育扩大规模和提高质量的需要，为职业教育持续快速健康发展提供强有力的保障❶。作为职教师资队伍建设重要组成部分的职教师资培训工作，是同我国的职业教育事业相伴而生的。并且，随着我国职业教育事业由规模扩张的外延式发展向质量提升的内涵式发展的转型，对职业教育师资队伍建设的要求也从数量足够向质量更高转变，职教师资培训在师资队伍建设中的重要性和急迫性便越加凸显。

一、国家级职教师资培训开展的背景分析

改革开放以来，在国家的高度重视及相关政策的推动下，我国中等职业教育事业发展突飞猛进。从表17-1可知，在校生人数由1978年的52.9万人猛增至1998年的1128.9万人，年均增幅高达16.5%，在校生职普比也从0.03∶1上升至1.20∶1（最高值为1995年的1.30∶1）。1999年，我国高等学校开始扩大招生，普通高中在高中阶段教育中优势凸显。中等

---

❶ 教育部，财政部．关于实施职业院校教师素质提高计划的意见．教职成〔2011〕14号．

职业学校在校生规模尽管也有快速的增长，但是在校生职普比却从 1999 年的 1.06∶1 降至 2003 年的 0.60∶1，中等职业教育的发展进入相对的"困难期"。

表 17 - 1　1978 ~ 2011 年我国高中阶段在校生人数统计

年份	1978	1980	1985	1990	1995	1998	1999	2000	2003	2005	2009	2011
职业学校在校生（万人）	52.9	121.5	404.6	584.9	924.3	1128.9	1114.9	1055.8	1174.9	1530.7	2041.4	1969.2
普通高中在校生数（万人）	1553.1	969.8	741.1	717.3	713.2	938	1049.7	1201.3	1964.8	2409.1	2434.3	2454.8
职普在校生比（%）	0.03	0.13	0.55	0.82	1.30	1.20	1.06	0.88	0.60	0.64	0.84	0.80

注：所有数据均根据中华人民共和国国家统计局数据库相关数据分析所得，网址 http://www.stats.gov.cn/tjsj/ndsj/.

中等职业教育在校生规模的迅速扩张，导致职业学校师资需求量大增的问题，20 世纪 80 年代初期国家就开始重视，并在有关文件中提出，通过积极筹办职业技术师范学院、聘请兼职教师、进行职教师资培训等途径，加大职教师资队伍的建设力度。其中，职技高师在服务地方职教师资需求方面发挥了重要作用。比如，作为八所独立设置的职技高师之一的江苏技术师范学院（2012 年更名为江苏理工学院），1990 ~ 2009 年，共培养毕业生 22384 人，约占全省同期高校毕业生总数的 0.83%，却贡献了全省中等职业学校师资需求的 17.59%，其服务职教师资的功能非常突出。❶

在高校尚未开始扩招，中专校毕业生分配制度还没取消之前，职业学校的社会美誉度及吸引力很高，比较容易引进到所需师资。因此，1985 ~ 1998 年，尽管中职在校生规模扩张很快，但是职业学校教师的数量也呈同步快速增长，从而使生师比保持在 13.1∶1 以下。这个阶段，职业学校师资

---

❶　王继国，贺文瑾，褚亦平．职技高师职教师资服务能力实证研究——以江苏技术师范学院为例［J］．职业技术教育，2011，32（25）：31.

队伍建设主要是满足量的需求。1999～2003 年，是我国中等职业教育发展的转折期，同普通高中的比较优势开始转为劣势，在校生职普比从 1.06 降到 0.60（表 17-1），教师数量也由 1985 年的 85.9 万人减少到 2003 年的 69 万人。正是从这一阶段开始，中等职业教育提高人才培养质量的诉求逐渐凸显。尽管根据职业教育生师比反映出来，教师数量短缺仍是职业教育发展中的主要问题，但是如何提高现有教师队伍的教学水平，尤其是实践教学水平，则成为职业教育质量提升的关键。正如时任教育部副部长吴启迪在"中职教师素质提高计划"启动新闻发布会上（2007 年 1 月 25 日）指出的，"提高职业教育办学水平和质量的关键在教师。没有一支高素质的教师队伍，就不可能有高质量的职业教育。因此，必须把加强教师队伍建设摆在职业教育发展中的重要位置。实施中等职业学校教师素质提高计划，是国家大力发展职业教育的一项重要举措，是适应职业教育提高办学质量和水平的客观要求，是落实《国务院关于大力发展职业教育的决定》，切实加强职业教育师资队伍建设的迫切需要"❶。

1999 年，教育部根据《面向 21 世纪教育振兴行动计划》中，"1999 年、2000 年，在全国选培 10 万名中小学及职业学校骨干教师（其中 1 万名由教育部组织重点培训）；依托普通高等学校和高等职业技术学院，重点建设 50 个职业教育专业教师和实习指导教师培养培训基地，地方也要加强职业教育师资培训基地建设"的要求和部署，决定在两年内分三批遴选确定 50 个全国重点建设职业教育师资培训基地。由此拉开了国家级职教师资培训的序幕。

二、国家级职教师资培训开展的现状

全国职教师资培训基地建立后，积极开展职教师资培训项目的研究和开发，初步形成了涵盖教师和校长岗前培训、在职提高、高级研修等培训活动的项目体系。据不完全统计，2000～2004 年，全国重点建设职教师资

---

❶ 刘琴. 中央财政投入五亿 教育部财政部联合推出中职教师素质提高计划启动 [EB/OL]. 中国教育新闻网，http://www.jyb.cn/cm/jycm/beijing/zgjyb/1b/t20070126_62567.htm.

基地按照《面向 21 世纪教育振兴行动计划》提出的"跨世纪园丁工程"工作部署，由中央财政支持，完成中等职业学校骨干教师和校长国家级培训任务，培训教师 799 人，校长 78 人❶。

2006 年，教育部为了贯彻落实《国务院关于大力发展职业教育的决定》（国发〔2005〕35 号）关于实施"职业院校教师素质提高计划"的精神，切实提高中等职业学校教师队伍的整体素质，优化教师队伍结构，完善教师队伍建设的有效机制。中央财政计划投入 5 个亿，到 2010 年培训 15 万名中等职业学校（含办学特色鲜明、成绩突出的技工类学校）专业骨干教师，其中中央财政重点支持培训 3 万名，省级培训 12 万名。

2011 年，为了贯彻落实全国教育工作会议精神和《国家中长期教育改革和发展规划纲要（2010～2020 年)》提出"完成一大批'双师型'教师培训，聘任（聘用）一大批有实践经验和技能的专兼职教师"的工作要求，教育部、财政部决定 2011～2015 年实施职业院校教师素质提高计划。计划在五年内投入至少 26 个亿，组织 45 万名职业院校专业骨干教师参加培训，其中中央财政重点支持培训 10 万名（中高职各 5 万名），省级培训 35 万名(注：职业院校教师素质提高计划"十一五"期间只针对中等职业学校教师队伍建设，"十二五"期间则涵盖了中高职教师队伍建设）。

三、国家级职教师资培训存在的问题分析

（一）培训基地中学校多企业少，不符合专业教师实践能力提高的现实需求

开展职教师资培训的目的是提高职业学校骨干教师的动手能力和实践水平，推动"双师型"教师队伍的建设。其中，隐含的事实就是，目前我国职业学校专业教师的动手能力和实践水平相对欠缺，不能满足职业教育质量提升的需要。从我国职业学校教师的来源看，重庆市中职教师有

---

❶ 国务院办公厅. 加强职业教育师资队伍建设［EB/OL］. 中华人民共和国中央人民政府，http：//www. gov. cn/ztzl/content_ 370746. htm.

85.12% 来源于高校毕业生，6.24% 由企业调入❶；广西中职教师 54.6% 来源于高校毕业生，13.0% 从企业调入❷。同职业教育发展水平较高的国家相比，我国职教师资的入职培训起步较晚，而且缺乏统一标准。因此，企业实践经历不足或缺失仍是当前我国职教师资队伍质量提升中最突出的问题。

《教育部办公厅 财政部办公厅关于组织实施中等职业学校专业骨干教师培训工作的指导意见》中指出，实施中等职业学校专业骨干教师培训"为中等职业学校造就一大批专业理论水平高、实践教学能力强，在教育教学工作中起骨干示范作用的'双师型'优秀教师和一批高水平的职业教育教学专家"。从职业教育"术科"教育的属性来看，其培养的人才是以动手能力、实践水平见长的技术技能型人才，因此，职教师资培训无论是提高教师的专业理论水平，还是增强其企业实践能力，最终的落脚点都是要提高教师的实践教学水平。从这个视角上审视"双师型"教师的内涵，其核心素质还应该是实践教学能力，因为这才是职教师资与普教师资"质的区别"，而教师实践教学能力的形成与提高，前提和关键就是其企业工作和企业实践经历的有无及长短。但是，从教育部公布的《65 家全国重点建设职业教育师资培养培训基地、全国职业教育师资专业技能培训示范单位评估合格名单》来看，仅有北京首都旅游集团有限责任公司、中国第一汽车集团公司、东风汽车公司、武汉华中数控股份有限公司、四川长虹电子集团有限公司 5 家企业，其余 60 家全部为学校。由于国家级职教师资培训人数由"十一五"期间的 3 万人猛增到"十二五"期间的 10 万人，为了顺利高效地完成培训任务，2012 年教育部新增了 35 家单位为全国重点建设职业教育师资培养培训基地及技能培训示范单位（教师函〔2012〕5 号），从而使全国重点建设职业教育师资培养培训基地及专业技能培训示范单位总数达到 100 家，但其中也只有 7 家企业，数量和比例严重偏低。

---

❶ 邓泽军. 中职教师教育的问题分析及对策探讨——以重庆市为例 [J]. 职业技术教育，2009，30（22）：58 – 60.

❷ 林春丽，郭正波. 中等职业学校教师队伍现状及其对策探讨——基于广西中等职业学校抽样调查 [J]. 徐州师范大学学报（教育科学版），2012，3（2）：89 – 92.

"全国重点建设职业教育师资培训基地多数是普通高等学校，其建立的职教师资培训基地具有硬件设施和软件设施条件较好，但这些基地没有完善的实训场所，在实训操作课程方面与教师希望强化专业技能的内在要求差距较大"❶。

另外，2006～2012年各基地培训名额分配来看，作为职教师资技能培训示范单位的企业平均接培人数明显低于学校类基地（表17-2）。当然不排除这些企业的培训能力有限，但该现象也反映出在国家级职教师资培训中，企业作为弥足珍贵的培训资源，有着院校类基地无法企及的真实的生产、管理、服务场景，参训教师有着真实的实践动手机会，但是在该培训中它们的潜力没有得到最大程度的发挥。

表17-2 国家级职教师资培训任务分配汇总

年份（年）	培训人数（人）		接培基地数		平均接培人数（人）	
	总数	其中：企业培训人数	总数	其中：企业数	所有基地平均数	企业平均接培人数
2006～2007	11750	270	62	2	195.83	135
2008	6850	442	61	4	112.29	110.5
2009	5750	311	64	4	89.84	77.75
2011	10000	507	65	4	153.84	126.75
2012	10000	514	94	6	106.38	85.66

注：资料来自教育部有关文件，并对其进行处理所得。

（二）参训学员选报监督不力，影响培训的整体效率

教育部、财政部《关于组织实施中等职业学校专业骨干教师培训工作的指导意见》中明确规定了参训教师的条件及遴选办法，其中"参加专业骨干教师培训的对象必须是中等职业学校教学一线的专业课或实习指导课骨干教师，具有中级及以上教师职务，从事职业教育教学工作5年以上，年龄不超过45周岁"。并要求"参加国家级培训的教师人选，由省级教育、财政部门组织推荐并负责资格审查。培训机构要对参训教师的资格进

❶ 王凤慧，周志刚. 我国职教师资培训基地发展问题与对策分析［J］. 中国农机化，2011（5）：135.

行复核，发现不符合条件的，要商推荐部门进行调换。中等职业学校要按照有关规定要求，积极推荐教学一线骨干教师参加培训。各地要认真做好参训教师的遴选工作，按照公开、公平、公正的原则，严把资格条件，规范选拔程序，完善工作办法，加强监督管理"。

但是，通过访谈式调查发现，几乎每个国家级职教师资培训基地和每批培训学员中，总有少数一些参训教师所教专业与参训专业不太一致或者相去甚远，更有一些学校非教学人员被派到基地参加培训。究其原因有：(1) 有的中职学校专业课教师紧张（2011 年全国中职学校生师比高达 22.2∶1），学期中间要承担繁重的教学任务，暑假期间还要出去招生。当培训活动安排在暑假期间时，学校在派出专业教师参加培训上，还稍微从容一点，但从 2012 年开始，部分国家级职教师资培训被安排在了学期当中，如此一来，在专业课教师不能派出的情况下，只能从基础课、文化课教师甚至非教学人员中选派。(2) 也有学校把外出培训看作对教师的一种福利，在这种思想指导下，对参训教师的遴选就不会是主要考虑专业是否对口的问题。面对中职学校推选出来的参训教师专业不符的情况，教育部、财政部文件中提及的监管部门为何没有监管到位呢？作为资格审查方的职业学校所在省份的教育、财政部门，对上面提到导致该问题出现的两方面原因基本上也知情，因此出于对职业学校工作的理解，对此种问题也不便过于严格。作为参训教师资格复审的培训基地，当然不希望参训教师专业不太对口和水平参差不齐的情况出现，因为这种情形下统一的班级集体式授课效果会大打折扣，而分层小班化教学必然要大大增加培训成本。但是，"好在"主管部门对培训质量没有量化的考核标准，描述性的考核评价指标弹性很大，因此培训基地大多出于培训效益（较低的边际成本）的考虑，对参训教师专业不对口的问题持包容态度。

（三）培训前期调研力度不够，培训内容针对性不强

同济大学的陈永芳博士根据《教育大辞典》对培训的解释，提出培训的三个特性：第一，受训对象的现状依赖性。培训属于再教育或专门训练，针对特定的群体而进行，这一群体具备基本相同的某一方面的基础，培训在这一基础上设计；第二，培训目标的预估性。培训是短期的，针对一定的预设目标组织和规划；第三，培训过程的补差性。培训是为了填补受训对象某方面的现状与一定的预估或预设目标之间的差距❶。通俗地讲，如果把培养过程看作是"播种"，那么培训过程就是"补种"。根据培训的特性，国家级职教师资培训就是针对中等职业学校在职教师的专门的、短期的、补差式的再教育，其内容设计要突出针对性，力求培训效果的最大有效性。要达到这样的目的，必须基于对参训教师教学水平、实践能力、课程开发能力、专业建设能力等现状的了解与分析，在此基础上制订培训方案，实施培训计划，而这些信息的获得没有捷径，只有借助周密细致的调研才可能实现。

在通信便捷、手段多样的今天，开展调研工作应该是非常高效的。但实际上，在国家级职教师资培训中培训机构对送培单位、参训教师的调研开展得很少，因而培训内容的针对性、培训结果的有效性难以保证。造成这种局面的根源在于国家级职教师资培训的完全行政化及计划性。该培训项目由教育部、财政部组织实施，划拨全部培训经费，各省区、各培训机构培训名额及专业的分配都由教育部完成，而对培训过程缺乏有效的监管与调控，对培训结果的评价简单且模糊。正是如此，培训机构在制订培训内容、实施培训计划时，主要考虑的是自身的办学条件、师资力量、硬件设施等方面的便利与否，既不了解学员的培训需求，也不了解学员所在单位的具体情况，整个过程，计划性有余而针对性不足❷。

（四）培训活动缺乏定制的教材，教学活动存在较大随意性

国家级职教师资培训基地自建立至今已经有近20年的发展历程，尤其是"十一五"和"十二五"期间，教育部、财政部提出"实施职业院校教师素质提高计划"以来，该项事业更是得到了空前的发展。2006～2015年，中等职业学校教师素质提高计划将完成8万人次的国家级培训任务（2006～2010年3万人次、2011～2015年为5万人次）。可见，近年来国家

---

❶ 陈永芳. 中职教师培养培训体系的内涵及其衔接［J］. 职业技术教育，2009，30（25）：52－55.

❷ 贺文瑾. 论我国职教教师素质提高的政策转轨［J］. 职业技术教育，2010，34（31）：55－59.

越来越重视职教师资队伍的建设，财政投入也从"十一五"期间的 5 亿元增加到"十二五"期间的 26 亿元。正常情况下，作为国家投重金、花大力气组织实施的全国性职教师资培训活动，而且已经进行了十几年，且培训周期也由过去的 8 周延长到现在的 12 周，参加培训的教师在培训过程中应该是有参考教材的。但是，通过与部分基地管理人员的访谈及查阅公开发表的有关研究成果，发现截至 2013 年正在进行国家级培训的各基地，学员培训教材的使用存在以下三种情况：（1）参训学员有统一教材，教材主要是"十一五"期间国家财政支持，由全国重点建设职教教师培养培训基地开发的 80 个专业培训包（每个培训包财政拨款 50 万元）。如果所开设的专业没有开发过培训包，则由相关学院的教师指定或推荐教材给学员。（2）参训学员的教材由基地单位统一指定或推荐，但并不是"十一五"期间开发出来的培训包。（3）参训学员没有培训教材。

如果要求所有基地都按照开发出来的培训包进行培训肯定是不切合实际的。一是因为受训学员的专业水平存在明显的个体差距，培训内容要在统一基础上，尽可能地关照个体的特殊需求；二是各培训基地在专业优势上各有不同，院校类基地专业理论、科研方面的优势突出，而企业类基地专业实践水平优势更为明显，立足基地自身优势制订培训方案和内容，才能保证培训的高质量，彰显其培训特色。但这并不是说职教师资培训可以没有教材，因为如果长达三个月的培训，学员手中没有教材，那么他们就没法了解这次培训较为详细的内容，也无从着手制订自己的培训学习计划，也无法进行课前预习，这样没有准备的听课或者实践之于学员的收效可想而知。没有教材的培训带来的另一个问题就是上课教师所授内容随意性较大。对于大部分学校的教师而言，给培训班上课属于副业，除了能拿到点兼课费外，这种业务对其年度工作考核及职称晋升等方面几乎无所助益，因此参与积极性不高，大多是出于对行政命令的服从与执行。此外，院校人才培养在专业方面首先考虑的就是知识的系统性，而培训却在内容的安排上主要是讲究其针对性，因此培训内容的选择、教案的准备、教材的编写相对更为耗费精力。2012 年之前的国家级职教师资培训一般放在暑假期间，从 2012 年开始这类培训开始在学期中也有安排，这样一来培训基地的教师既要给校内全日制学生上课，还要给培训班的学员上课，显然更加精力不济。从培训基地的角度来看，因为培训内容既有针对性，又有时效性，当年开发或编写的培训教材对于该批学员是适用的，但很可能不适用于下一批学员，况且教育部分配给基地的培训任务其专业构成每年也是有变化的，因此，从经济效益角度考虑，基地自己开发编写培训教材是不经济的行为。正是在上述诸多因素的综合作用下，不少国家级职教师资培训基地没有为学员制定统一的教材，如此一来培训质量必然要受到影响。

（五）培训质量评价标准模糊，指导性不强

国家级中职教师培训是一项层次高、涉及面广、经费投入巨大、持续时间较长的培训项目。按常理，一般项目的立项、实施、结项等每个环节都有相应的监督评价机制，即应该有与项目对应的一套科学完整的评价体系。事实上，即便当前各种层次、形式和内容的中职教师培训在全国各地如火如荼地开展，但是到目前为止还没有一套科学合理的评价体系对培训过程进行有效监督和对培训质量进行科学评价，培训评价理论研究和评价体系的建设落后于培训实践。

2011年，教育部对全国重点建设职教师资培养培训基地进行了一轮整体评估，并且公布了具体的评估工作方案（以下简称"基地评估方案"）。本次评估是为了全面总结和评价"全国重点建设职教师资培养培训基地"十余年来的建设成绩和存在的问题，并为教育部"十二五"期间如何进一步做好职教师资培养培训工作提供意见和建议。由于本次评估侧重是对基地职教师资培训工作的评估，因而其评估工作方案中的"评估指标体系"可以看作目前我国职教师资培训方面最具权威的评估体系。

该体系共设了5个一级指标、16个二级指标和32个三级指标，其中三级指标分为15个重要指标和17个一般指标。通过研究该评估指标体系，发现存在以下几方面的问题或不足：（1）体系不完备。一套完备的评估体系包括指标体系、权重体系和标准体系，而该评估体系中的权重体系仅在三级指标中以"重要指标"和"一般指标"加以区分，没有赋予明确的权重数值，且在一级和二级指标中没有进行权重上的区分。这样，一来无法反映现实活动中同级指标对上级指标贡献率或重要性上的差别，二来很难用直观的数据反映各项指标在系统中的重要程度。（2）标准模糊。评估体系中，各指标标准的制定是打分的直接依据，也是评估工作开展的前提和基础。在"基地评估方案"指标体系 32 个三级指标的评价标准中，仅有 5个采取了量化的标准，绝大多数采用的是定性描述标准，只用些形容词、副词等在语言表述方面加以区别。比如，"重视"与"高度重视""有保障"与"基本有保障""规范"与"基本规范"，等等。正是因为定性描述的指标太多，使得在据此分级赋分时就比较困难。"基地评估方案"的评估标准只给出 A、C 两级，介于此间的为 B 级，C 级以下的为 D 级。整个评价体系因此显得粗糙，评估结果以及反馈意见也很难做到精细，评估的指导作用也大打折扣。（3）评价重心不突出。本次评估主要针对的是基地的职教师资培训工作，因而评估的重心必然是职教师资培训开展的准备、过程及结果评价。从评估指标的设置来看，一级指标"培训工作"下设 3 个二级指标，少于一级指标"管理工作"和"培训条件"下的 6 个和5 个二级指标数；"培训工作"下有 7 个三级指标，也分别比"管理工作"和"培训条件"少 6 个和 3 个；评估体系中的 15 个重要的三级指标也平均分布在上述三个一级指标下。理应作为本次评价核心的"培训工作"其二级、三级指标绝对数和相对数都比较少，重要指标数也不占优势，这些情况反映出该评估体系存在评价重心不突出的问题，进而也影响到评价的质量。

（六）培训周期延长，培训效率反而下降

国家级中职教师培训采取"基地培训＋企业实践"的模式，"十一五"期间培训周期为两个月，参培教师先在培训基地进行 1 个月的专业理论和教育教法培训，然后到对口企业进行 1 个月的企业实践活动。"十二五"期间，培训周期延长到 12 周，其中在基地集中培训 8 周，到企业实践 4周。与"十一五"相比，"十二五"期间国家级职教师资培训周期延长主要是增加了学员在基地集中培训的时间。

培训时间延长带来以下几方面的问题：（1）原来基本可以在暑假期间完成的培训现在已经没法完成，如此势必要影响送培学校的教学安排，使

得本来专业教师就紧缺的职业学校更难派出专业骨干教师参加国家级培训，派出专业不对口或者非专业课教师参培的可能性也随之增大，进而影响到基地的培训质量。（2）培训时间的分配就由原来的基地学习和企业实践1：1的比例调整为现在2：1的比例。企业实践时间占比的减少明显跟我国中职教师队伍企业实践经历缺失、实践教学水平亟待提高的客观需要不相符合。（3）在培训基地缺少培训教材、学期中培训教师精力难以兼顾、合作企业参与培训积极性不高等条件的制约下，原本两个月时长的培训安排，已经令基地管理者比较头疼，学员到了培训的后期也明显兴致大减，培训的效率与时长呈现出负相关的走势。自2012年起学员在基地的集中学习由原来的一个月增加到了8周，培训相关方的压力也越发增大。（4）由于参训教师大多是学校的教学和管理骨干，随着培训周期的延长，为了能方便中途返校处理学校相关事务，参训教师在选择培训基地时，交通便利与否、距离远近等因素成为必须考虑的问题。相对而言，基地能够提供什么样的培训内容，以及是否切合自身的需要等与培训质量息息相关的因素，在选择中的影响力有所减弱。这种状况的出现也成为培训质量提高的潜在阻力。

四、研究展望

国家级职教师资培训中存在上述诸多问题，严重影响培训的效率和质量。从问题所涉的相关主体来看，主要包括以教育部为主的各级教育行政主管部门、国家级培训基地、送培学校、合作企业等组织，以及参培教师、培训教师（含实践指导教师）、培训管理人员等个体。不少专家学者提出改革培训方式、更新培训内容、完善考核机制、激发企业参与等方法和策略，以提高培训的质量。笔者认为，问题的关键是如何从根源上触发、调动培训相关方的积极性和参与热情。从上述相关主体对于国家级职教师资培训的价值取向来看，大体可以分为责任与利益两方面。其中，各级教育主管部门主要是责任感使他们需要对投在该项目上的经费负责，需要对我国职业教育事业的发展负责。落实到具体的行动中，就是要制定科学、合理的培训领导、组织、实施、监督、评价方案，并建立长效的改革完善机制，关键在于如何调动其他各参与方的积极性。其他各参与组织的价值取向既有责任的完成也有利益的诉求，需要自身进行合理的平衡。但是，从近些年项目运作的情况来看，这些参与组织基本上以责任完成的价值取向为主。在市场经济的大环境下，利益诉求的无法有效实现必然会影响到这些参与组织持续参与的热情。对于培训活动参与的个体而言，参与的积极性主要来自利益的驱使，以及基于利益实现基础上的责任感。因此，如何使培训的内容、过程、结果、评价更加符合参与个体的知识与技能、教学与科研、职称与职务等方面提升的需求，就成为调动其参与热情的关键。总而言之，可以尝试以培训活动中各参与主体价值需求的实现和满足为考量，系统地变革培训活动中的相关机制，以期实现国家级职教师资培训最大的协同效益。

第二节　高职院校新教师职业素养提升培训有效性研究

"高职院校新教师职业素养提升培训"项目是江苏省"十三五"期间新增的高等职业教育教师培训（以下简称"高职师培"）项目，旨在帮助高职院校新入职教师形成良好职业道德和积极的职业心态，提升综合职业素养，为教师生涯奠定良好基础。

一、项目基本情况

项目按照预定改革思路，大胆探索"互联网＋交互式"培训模式的创新与实践。经过五所承训任务的本科高校三年的努力，现已取得明显的成效，形成了具有江苏高职师培特色的教师培训模式。

（一）新教师职业素养提升培训项目改革思路

新教师职业素养提升培训项目"互联网＋交互式"培训模式改革的基本思路是："以学习者为中心，以问题需求为导向，以互联网为手段，以学习任务为驱动，以考核促成效"，体现"培训方法突出行动导向与任务驱动，培训形式融集中培训、小组研修（学习社群）与个人在岗学习于一体，互联网线上线下学习贯穿培训全过程"的江苏高职师培新特色。

（二）新教师职业素养提升培训内容模块设计

新教师职业素养提升培训课程模块由职教理念、职教教学、职教研究三部分组成（表17-3）。

表17-3 新教师职业素养提升培训课程模块

教学模块	课程目标	课余与在岗研修（在线学习）	集中培训阶段内容
职教理念	提高高职教育理论水平与素养	高职教育政策法规；教师礼仪；高职学生培养与管理；教师职业生涯与专业成长；教师职业道德；职教改革名家讲座	职教改革理论；班主任工作答疑交流会；师德报告会；教师职业生涯设计与专业成长体验报告会
职教教学	形成初步的教学设计、实施与评价能力及教育技术应用能力	高职教育教学基本知识；职教教学能力训练作业（单元教学设计、教学录像、微课视频等，与集中培训课目任务配套）	高职院校教学团队主持：人才培养方案与课程开发教学文件解读；课程教学设计与行动导向教学方法；课堂管理、学习评价与反馈；现代教育技术与教改（全程行动导向）
职教研究	提升职教研究素养，为教师生涯奠定基础	高职教科研方法；完成一份课题申报书	学员科研问题研讨与课题申报案例点评会
培训实践	观摩教学与研讨；全省新教师教学竞赛		

二、项目评估维度与评估体系建立

培训效果的评估必须依靠一定的技术手段，通常，问卷调查与统计分析是最为简单有效的方式。因而，评估指标体系的设计是评价培训项目绩效是否达成了预定培训目标的关键。我们对"有效性"的理解是建立在"培训项目是否对学员产生了积极的影响，这种积极的影响表现在学员能力的提升，态度的改进与行为的变化"的假设基础上，从而制定问卷调查量表，并借鉴柯克帕特里克的四阶段培训效果评估模型，设计新教师素养提升项目的评估体系（表17-4）。

现代职教教师教育：培养培训一体化的研究

表 17-4 培训效果评估指标

评估维度	主要指标内容	性质
培训出勤率	参训考勤情况；参训自愿性与主动性	客观评价；过程评价；直接评价
学员考核通过率	结业率；个人与小组完成各阶段任务情况；教学竞赛获奖情况	客观评价；过程评价；直接评价
学员满意率	对培训内容、形式、方法、考核、师资的分项调查情况	主观评价；结果评价；直接评价
对承训单位意见	培训单位的管理、保障条件等情况	主观评价；结果评价；间接评价

三、项目评估指标的应用

（一）学员基本信息分析

学员基本信息

表 17-5 学员基本信息汇总

项目	选项	江苏理工学院（101 人）	淮阴师范学院（94 人）	南京师范大学（100 人）	南通大学（100 人）	扬州大学（102 人）	总数（497 人）
性别	男	48.50%	34.04%	27.00%	40.00%	30.39%	36.02%
	女	51.50%	65.96%	73.00%	60.00%	69.61%	63.98%
年龄	A. 21~30	75.00%	77.66%	80.00%	81.82%	77.78%	78.46%
	B. 31~40	24.00%	22.34%	18.00%	18.18%	21.21%	20.73%
	C. 41~50	1.00%	0.00%	20.00%	0.00%	1.01%	0.81%
学历	A. 本科及以下	13.86%	20.21%	18.00%	15.00%	16.83%	16.73%
	B. 硕士	80.20%	78.72%	79.00%	72.00%	75.25%	77.02%
	C. 博士	5.94%	1.07%	3.00%	13.00%	7.92%	6.25%
毕业院校	A. 国内综合	56.44%	48.94%	51.00%	59.18%	59.41%	55.15%
	B. 国内师范	8.91%	18.09%	16.00%	12.24%	7.92%	12.53%
	C. 国内工科	18.81%	15.95%	16.00%	14.29%	11.88%	15.35%
	D. 国外高校	12.87%	10.64%	8.00%	13.27%	14.85%	11.92%
	E. 其他	2.97%	6.38%	9.00%	1.02%	5.94%	5.05%

项目	选项	江苏理工学院 (101 人)	淮阴师范学院 (94 人)	南京师范大学 (100 人)	南通大学 (100 人)	扬州大学 (102 人)	总数 (497 人)
入职途径	A. 高校毕业生	59.41%	62.37%	62.63%	66.00%	67.33%	62.96%
	B. 企业调入	32.67%	22.57%	24.24%	20.00%	19.80%	23.28%
	C. 中小学调入	0.00%	5.38%	4.04%	1.00%	0.99%	0.81%
	D. 高校调入	5.94%	2.15%	3.03%	5.00%	4.95%	4.05%
	E. 其他事业单位调入	4.95%	5.38%	5.05%	3.00%	6.93%	4.05%
	F. 其他	2.97%	2.15%	1.01%	5.00%	0.00%	4.86%

注：本章所有数据以 2016 年信息为例。

（二）评估指标分析

1. 培训出勤率

从现场抽查与在线考勤数据分析及专题调研结果看，全省出勤率为 97.9%。依据调查问卷统计，由图 17-1 可知，54.34% 的新教师是因学校、院系的任务要求参加本次培训，42.02% 的人是由于自身迫切的学习意愿。由此可以看出，新教师学习自愿性、主动性与出勤率的对比关系存在矛盾。说明：一方面新教师教学功底弱，教师职业角色意识不强，但是惰性惯性力阻碍其主动性、积极性；另一方面当来到培训点后，新颖的培训形式与"繁重而充实"的培训生活又吸引了他们，因而总体出勤率较高。

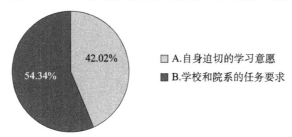

图 17-1 培训学员参培自愿性

2. 学员考核通过率

2016 年全省参培新教师 497 人，顺利通过考核结业的 493 人。其中 50 人获得培训优秀学员称号，4 人获得教学竞赛一等奖，6 人获得教学竞赛二等奖，10 人获得教学竞赛三等奖。

3. 学员满意度

培训项目综合情况打分 80～90 分（满意）的占比为 58.38%，90 分以上（很满意）占比 26.11%，50 分以下（不满意）占比仅为 2.02%。总体满意率为 85.49%，见图 17－2。

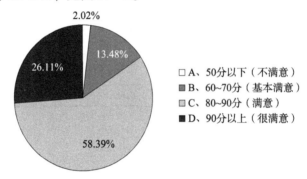

图 17－2　培训综合满意率统计

分指标统计如下。

（1）培训课程内容满意度

图 17－3、图 17－4 显示，60.97% 的学员认为培训内容设置科学，符合要求，有 28.77% 的教师认为培训内容偏重理论，未体现职教特点；但认为"培训内容过于陈旧，没有时代性"的占比最低。

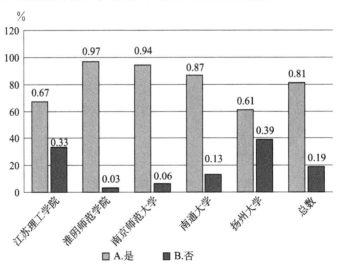

图 17－3　培训课程内容满意度

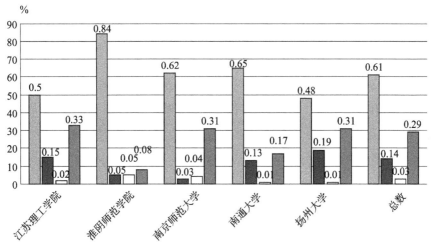

图17-4 培训课程内容分项调查情况

（2）培训师资满意度

图17-5显示，参培学员对培训项目五个主要素满意度排名进行调查表明，学员最满意的是培训师资，满意率为43.26%，第二位是培训课程，满意率为41.25%。图17-6显示，最喜欢的培训师资是高职院校教师，其次是行业、企业专家，再是高职理论专家，对研究人员及本科院校教师的需求最低。

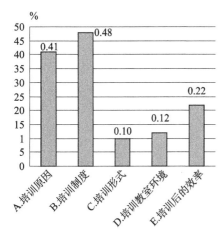

图17-5 培训项目五个要素排名情况　图17-6 最喜欢的培训师资情况统计

（3）培训形式满意度

图 17－7 显示，培训单位在集中培训外，安排了小组学习、社群学习与在线学习任务，平均满意率为 81.05%。安排的学习任务满意率排在前三位的项目分别是"小组研讨"69.62%、"撰写培训日志"54.12%、"阅读指定书目"50.10%，而复习白天培训内容的仅占 28.97%，辅导团队辅助教学占31.79%。图 17－8、图 17－9 显示，88.62% 的学员认为培训单位辅导团队帮助学员完成《学员任务书》达到了预期效果。79.43% 的学员认可小组辅导团队作用。图 17－10 显示了教学观摩与竞赛促进培训效果的情况。

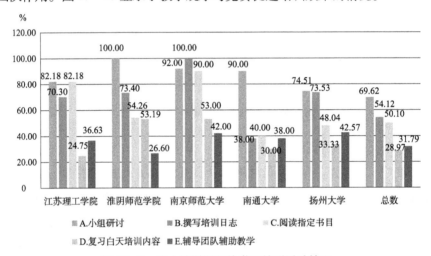

图 17－7　集中培训课程外学习社群活动情况

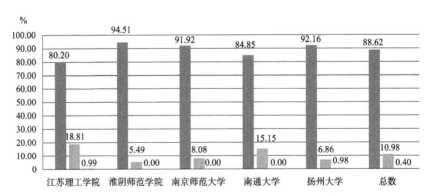

图 17－8　培训单位帮助学员完成任务书情况

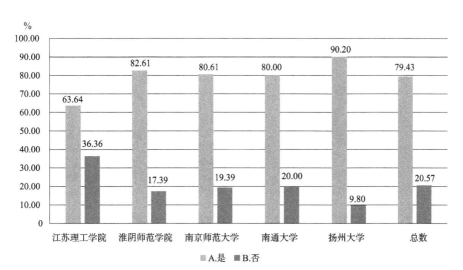

图 17－9　学员认可教辅团队情况

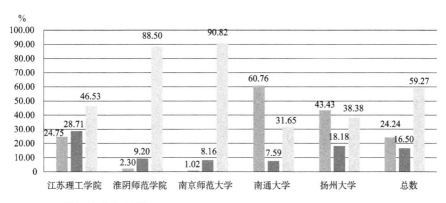

A.没有组织教学观摩课

B.简单组织了大家听了教学观摩课

C.认真组织学员听了教学名师的教学观摩课，并让我们进行专题研讨和教学反思

图 17－10　教学观摩课组织情况

（4）培训方法满意度

图 17－11、图 17－12 显示，48.79%的集中培训课程有互动与练习，仅 4.48%的教师反映有的课程基本无互动。表明行动导向、任务驱动教学法让学员得到充分的互动体验。最有效的培训方式依次是课堂互动交流（51.51%）、小组研讨（47.28%）、教学观摩和教学竞赛（46.88%）。

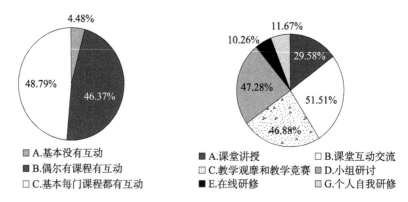

图 17-11　授课教师与学员互动练习情况　　图 17-12　最有效的培训方式方法统计

4. 对培训单位的意见

仅个别承办单位的 23.12% 的学员，对其后勤保障与生活条件提出整改建议。各承训单位对学员管理采用的信息化平台等手段较认可，认为其便捷性、有效性令人满意，但对学员派出单位在整个培训项目中的主体作用不明了。

四、效果评价与反思

（一）总体有效性评价

根据"出勤率、学员满意率"等四维度有效性评估指标体系的分析结果，新教师职业素养提升项目确实体现了培训模式的创新与特色。

一是学员的积极性得到充分的调动，尽管本项目完全不同于以往讲座式、报告式培训项目，培训周期近一年且全程贯穿任务与要求，"累但快乐着！"却是学员们普遍的反映。

二是行动导向教学模式，以赛促练等培训方式方法改革使学员教学能力得到迅速提升；基于互联网的数字资源培训课程在岗学习、小组合作与学习社群互动与集中培训学习融为一体的学习形式认可度较高，说明项目改革贴近了时代、贴近了青年。

三是学员收获感巨大，项目结业率高，优秀学员比例高。特别是为项目打造的全省新教师教学竞赛效果明显，在全省高职院校引起反响，正朝着专业化、正规化省级新教师教学能力竞赛迈进。

（二）问题和建议

1. 培训内容进一步固化。调研表明，仍有部分学员认为培训内容偏重理论，未体现职教特点。今后，要进一步加强培训内容的模块化、科学化，精讲多练的培训改革要继续加强。凡不宜讲、不需讲的内容要坚决清理。例如师德等内容，要大力推广部分承训单位"采访身边师德故事，学员交流报告会"等深受学员欢迎的学习形式。

2. 师资队伍进一步固化。调查表明，学员更加偏爱高职院校教师。因此，今后将"更加强调任务驱动""更加依托互联网学习方式增进交互""更加推进高职名师教学团队进入本科院校培训基地"，以三个抓手打造江苏省品牌师资培训队伍。

3. 培训责任进一步固化。为强化本项目绩效，今后要抓住"教辅团队、集中培训课程、过程管理"三个要素，使集中授课课程更加具有整体性、针对性、系统性，要进一步明确"学员、培训教师、承办基地、派出学员单位"的责任主体意识，使培训项目各环节体现协作性、衔接性、贯穿性。

第三节　江苏职业院校教师培训一体化的实践探索

"十二五"期间，江苏省围绕加快发展现代职业教育目标，充分整合省内外优质教育资源，大力实施职业院校教师素质提高计划，不断提升师资队伍建设"契合度"和服务发展的"贡献度"。至今，江苏的职业教育主要质量指标居全国第一位，职业院校技能大赛实现八连冠，现代职业教育体系加快构建❶。本节通过对江苏省职教师资培训现状的调查，探寻职业院校师资培训一体化构建的实践路径，希冀为全国职教师资培训的改革创新提供参考。

---

❶　http：//www.ec.js.edu.cn/art/2016/1/22/art_4340_187607.html.

一、江苏职业院校教师培训的现状

（一）取得的成效

1. 注重顶层规划，科学构架培训体系。江苏省高等职业教育教师培训中心（以下简称"高职师培中心"）对国家级和省级培训进行统筹规划，对本省高职教师培训项目及内容做了顶层设计，设计出 3 个层次 7 个类别的培训内容。3 个层次分别是专业带头人的高端研训、骨干教师提高培训、青年教师企业实践培训。7 个类别的培训分别是：提高学术水平的高级访问学者个人和团队研训、提升专业和课程建设能力的骨干教师培训、加强青年教师工程背景的企业顶岗培训、提高新教师基本功的职业素养培训、及时发现并解决问题的教育热点和难点培训、学习海外先进职教理念的出国培训和师资培训管理干部专项培训等。同时，要求各高职院校结合自身实际，制订校级培训规划。这样，就形成了国家、省和学校各有定位，又相互错位的"三位一体"培训内容体系，使每一个教师在不同的发展阶段都能根据自己的发展要求，选择所需的培训。

2. 规范项目管理，不断强化培训能力。高职师培中心出台了《江苏省高等职业院校教师培训项目管理办法》等政策文件，规范培训管理工作。在相关文件的约束下，高职师培中心在机构遴选、项目准入、经费使用等各个环节严格管理，把考核验收作为强化培训效果的重要抓手，保证培训工作高效、稳妥推进。2011～2015 年，在绝大多数省份尚不能完成培训任务的情况下，该中心不仅完成了教育部下达的培训任务，还接受省外委托，为其他省份培训职教师资。该中心较好地发挥了江苏高职教师培训的辐射效应，为全国高职教师培训做出了贡献。

3. 加大投入力度，切实提升培训效果。江苏省教育厅高度重视高职院校教师的培训工作，一方面发挥政策引领作用，使全省高职院校积极参与教师培训，鼓励教师到省内外高校进行访学研修；另一方面加大经费投入，支持职教师资培训。"十二五"期间，江苏省高职院校教师培训累计投入近 1.22 亿元，其中中央财政投入 3860 万元，省级财政投入 8315 万元。各高职院校也加大教师培训经费投入，编制教师培训规划，开展了各具特色的校本培训项目，促进了教师专业培训的发展。自 2012 年以来，江苏省 86 所高职院校共有 14916 名教师参加了各类培训项目，参培人数占全省高职院校专任教师总数的 39.2%。同时，该省不断加强高水平培训基地建设，与中兴通讯、三星电子等大中型企业开展深层次的校企合作，全面提升教师专业素质、教学水平和企业实践能力，培养出一批高素质、专业化的职教师资人才。

（二）存在的不足

1. 培训项目偏重普惠性，内容形式针对性不强。目前，职业院校教师培训注重规模，在培训项目的开展上注重普惠性，在培训专业上注重大而全。培训的学科专业门类及其课程与高职院校的人才培养目标结合度不够，导致参培教师的激情不高。培训多采用课堂讲授法来授课，"满堂灌"的做法忽视了高职教师的特点。培训没能充分考虑受训者的"数字化"和"移动化"习惯，挫伤了学员学习的积极性、主动性，影响了培训效果。现阶段，"双师型"高职教师的培训尚没有形成科学的进阶体系，没能充分重视不同来源、不同专业、不同层次、不同阶段教师的成长需求，致使对教师的培养培训存在碎片化现象。

2. 培训过程管理相对薄弱，校企合作深度不够。高职师资培训最大的难点是企业实践培训，这是全国众多职教师资培训亟待改革的问题。由于缺乏政府的有效监管和保障机制，培训机构难以获得更多企业的支持，企业参与教师培训的动力不足，一些省级培训机构所依托学校与企业间的合作流于形式。这导致受训教师到企业实践的机会少、时间短，培训的深度不够，专业技能培训效果不尽如人意。另外，培训规模大小也影响培训过程的监管与校企合作的范围，各培训单位的培训条件和水平参差不齐，增加了培训管理的难度，难以推进校企合作的深度。

3. 培训偏重教师专业学识，师德培训显示度不够。从历年的职业教育教师培训来看，主要重视对教师的业务培训，重点放在教育教学水平提升方面，忽视了对教师职业道德的培训。现代科学技术的发展是人们合作探索的结果，师德教育关系着高职院校技术人才的品德培养，事关生产技术的合作。在科技创新由"产学研政"合作走向"产城融合"、国际合作的新阶段，只有把强化师德意识放在职业教育工作的首位，才能培养出乐于合作、善于合作的优秀技术人才❶。

二、职教师资培训发展的影响因素

职教师资培训在发展中会受到多方面因素的影响和制约，如健全完善的培训管理制度、操作性强的培训实施方案、高水平培训教师队伍、科学的培训过程管理、深度合作的培训实训基地、安全有序的培训后勤保障、健全的评价考核体系等。从责任主体这个层面来看，政府及主管部门、培训机构和送培学校三方在培训中都应该起到重要的作用，扮演着重要的角色。但实际上，这三者往往缺乏紧密的沟通、联系和配合，没能做到"三位一体"。

（一）政府及主管部门层面

国家虽然高度重视职业院校教师培训工作，相应出台了诸多政策文件，对职业院校师资培训管理提出了指导性意见，但地方政府及其主管部门配套制定的职教师资培训政策还不完善、不具体，难以适应新时期培训发展的需要。如关于教师企业实践，地方政府只是转发了教育部等七部门印发的《职业学校教师企业实践规定》通知（教师〔2016〕3号文件），尚未根据通知结合地方特点出台地方的管理规定，地方企业的参与积极性不高，教师企业实践还很难深度推进实施。再如，教育部的多个文件中都明确要求地方加强教师培训的绩效考评，并出台相关的考核办法，但地方主管部门鲜有出台具体的、可操作性强的培训奖惩办法，致使绩效考评缺乏依据，很多地方出现了干多干少一个样，干好干坏一个样，甚至出现干与不干一个样的状况，使教师培训实施单位相关人员培训积极性受到很大影响。由于现有的职教培训政策落实不到位，加之各级培训的面广量大，主管部门受多方面因素影响，对职教师资培训的过程缺乏严密的监管，再加上地方政府对培训费用投入还远远不够，在经费管理使用上还不够灵活，这些都是影响职业院校教师培训质量的重要因素。

---

❶ 李梦卿. 双师型职教师资培养制度研究［M］. 武汉：华中科技大学出版社，2012：5.

（二）培训机构层面

国家或省市设置的各培训机构，业务水平参差不齐，传统的培训观念浓厚，缺少学习和交流，创新意识淡薄。通常，各省市主管部门多把业务管理培训机构设置或挂靠在下属单位，这造成一些培训单位把培训工作当作一项任务。各培训单位一味追求培训的数量（批次和人次）和经济效益，缺乏质量意识和社会责任意识。目前部分培训单位存在被动接受培训任务的现象，对于培训工作缺乏系统性的规划，在培训的内容设置、组织实施和结业考核等方面缺少科学、严谨的态度；培训形式和手段单一，与需求匹配度不高；对承担培训工作的师资没有建立专家资源库，常常出现临时聘请外部人员授课的情况；学习社群和辅导团队流于形式，作用凸显不够；对培训的专业课程，很少建立专题资源库，未能充分利用网络教学手段与学员进行互动；培训单位与各送培学校沟通不够，也很少把学员的培训情况反馈给各学校。

（三）送培学校层面

近年来，国家对职业院校教师培训力度不断加大，职业院校教师受训的机会增多。然而，部分院校在教师培训进修上缺少选派工作的科学规划，主要体现在培训目标不清晰，导致盲目性、随意性选派，经常出现培训需求错位。高职院校的教学任务重，师资力量薄弱，部分学校担心送培会影响本校的教学工作甚至招生工作，不愿意选送或多送教师参加培训。尤其民办高职院校，即使送出去培训的教师，还经常被学校召回，严重影响了培训效果。另外，送培学校缺乏教师培训考评和激励的长效机制。由于培训的经费全额由国家承担，个别学校把培训当作教师的福利，只管送出不管质量。笔者调查发现，多个学校的教师外出培训政策不科学、不合理，培训成效考评和激励措施都欠缺，对教师培训学习内驱力的刺激程度不够。还有就是不少学校虽然高度重视师资队伍发展，认真审慎地制订了各自的"十三五师资队伍发展规划"，但是其中关于教师培训的规划多是孤立的，没有很好地与"国培"和"省培"对接，缺乏互补性和系统性。

除此之外，教师个人方面的因素也制约着培训的发展。高职院校年轻教师多，承担的教学任务和家庭事务都比较繁重，难以接受全脱产的培训。部分教师长期从事社会兼职工作，兼职时间与培训时间冲突，面临两难选择。部分教师缺乏职业危机感和进取心，缺乏主动、勤奋的学习意识，参加培训带有一定的"功利性"，内驱力严重不足。

三、完善职业院校教师培训体系

经过多年的实践探索，江苏职业院校师资培训工作应按照"需求本位、绩效引领、特色培育、内涵发展"的总体思路，以"五个坚持"为抓手，即坚持以学习者需求为中心，高度重视需求调研；坚持以培训绩效为基础，重视课程体系建设；坚持以培训模式创新为手段，扎实提升核心竞争力；坚持以学习任务为驱动，高度重视学员学习目标管理；坚持以管理制度落实为保障，高度重视监督考评机制建设。

（一）加强培训制度建设，形成科学的培训体制机制

针对目前教师培训政策制度不健全，教师专业认定标准还不明晰，教师国内外进修、参加企业实践等培训进修政策制度还不够完备等情况，建议上级主管部门和职业院校尽快修订、完善职教师资培训的相关政策，为职教师资培训工作的顺利开展指明方向和保驾护航。特别是涉及企业实践方面的政策，国家相关部委应尽快制定专门的"校企合作"培训政策，以完善"校企合作"培训中的资金投入和运行管理机制。结合职业教育的特点，按照培训教师的专业标准来细化培训条款和内容，更关键的是要由相关部门监管培训政策法规的实施，防止培训过程中出现各种政策法规或制度执行上的偏差，使校企合作培训实现"三赢"❶。

（二）强调需求调研，满足教师学习需要

好的培训质量和实效，求真务实的培训需求调研是前提。让学员从学有所获到学以致用，提升培训实效，做精做优培训项目。要逐步改善学员反映的培训项目设计中存在的针对性不强、内容宽泛、实践性内容较少、课程灵活性不够、课程前瞻性不足等问题，实现培训内容由"承担培训机构能提供什么"向"高职教师需要什么"转变。根据不同类型、不同专

❶ 孙翠香. 我国职教教师培训：现状、问题及改进策略 ［J］. 职教论坛，2013 （35）：4 - 9.

业、不同层次的学员制订差异化培训方案与培训内容；培训课程设计要"接地气"，在考虑现实需求的基础上，开发主题聚焦性强的系列化培训课程，建设实用性强的培训课程体系，不要求一个培训方案所安排的课程面面俱到，而要求所有的课程设计体现一个鲜明主题，从而更加细化、更加深入、更有针对性地开展各类培训项目。

（三）重视培训课程开发，突出培训重点

培训单位要以"双师"素质为重点，一是利用校外资源，搭建校企合作平台。学校与企业共同制订教师培训目标和方案，突出专业课程培训的实践环节，明确企业实践内容的占比。探索小专业和特殊专业培训课程开发，由高职院校与企业联合开发、协同申报培训项目。二是注重培训课程开发的时效性，适应社会经济发展和"互联网＋"对教育的新要求。如江苏高职师培中心在最新的培训计划课程开发中就设置了教师热点和难点问题培训。三是注重培训项目专业的细分，将项目设计到二级甚至三级专业开展培训。通过细化，增强培训针对性，解决现有项目主题不够突出、内容广而粗等问题。四是重视新教师职业素养提升培训。当前，高职院校的新教师绝大多数是综合性大学（非师范院校）的毕业生，普遍缺乏系统的教育教学理论和方法。主管部门和培训单位必须开发和实施高职师资职前培养项目，帮助新教师树立崇高的职业理想，形成良好的职业教育教学理念，从而提升新教师的综合职业素养。

（四）聚力职业教师培训师队伍建设，组建专兼职结合的培训队伍

职业教师培训师是指为职业院校教师提供培训服务的教师。当前，困扰和影响培训质量和效果的主要原因是缺乏优秀的职业教师培训师。培训项目的吸引力以及培训质量的好坏，职业教师培训师起到的作用至关重要，在目前尚缺乏统一的职业教师培训师标准和职业教师培训师认定机构的情况下，各级培训机构应根据各自实际情况，逐步探索并组建专兼结合的培训师队伍，尽最大可能地满足教师培训的需求。近年来，我国一些职业院校根据《国务院关于加强教师队伍建设的意见》（国发〔2012〕41号）文件的精神，建立了类似教师教学发展中心的新型组织，完善教师培养培训体系，让教师的培训培养有了专门负责部门和较为专业化的管理服务队伍，使教师培训工作的计划性、系统性和科学性有了较大提升。江苏省高等职业教育教师培训中心充分发挥平台优势，开发了"江苏省高职教师培训师资库管理系统"，按文化素养类、职业教育基本理论类、教师专业发展类、专业理论类、专业技能类五大类别在全国范围内遴选优秀职教师资，师资库实行动态管理，根据专家培训教学效果的评估反馈，定期进行调整和补充，逐步实现全省高职教师培训师资资源的合理配置和共享共用。

另外，江苏省高等职业教育教师培训中心还在新教师职业素养提升培训项目上组建专家团队，实行首席专家负责制，由首席专家主持培训课程设计、资源开发、实践教学等，对部分重点课目进行行动导向教学模式的全程指导与跟进，不断提升培训教师的专业素养和能力，建立稳定的培训师资队伍。

（五）鼓励培训模式创新，激发教师学习热情

培训主管部门和培训单位在各类培训项目上，首先，要突出需求导向，以提升"双师"素质为重点，推动职业院校与行业企业建立合作机制，联合开展教师培养培训。其次，要注重培训质量和实效，逐步完善以专家讲授为主的课堂教学培训模式，积极探索理论传授与实践操作相结合、集中授课与师生互动相结合、分组交流和自我研修相结合、线上互动和线下面授相结合等方式，形成有利于高职教师专业发展的培训模式。最后，要积极应用新媒体技术，充分依托信息化手段，激发培训对象的学习热情。随着科技的发展和社会的进步，人们使用手机等移动设备可以随时随地进行社交，开展商业活动，搜索信息，进行文化娱乐等各种社会活动，当然还包括学习。培训单位应该关注"移动学习"的可能性，将移动技术与教师培训结合起来，使学员学会如何把这些技术应用到课堂教学中❶。

在专业培训的同时，还要重视师德方面的培训项目开发。加强师德建

---

❶ 联合国教科文组织国际教育局．教育展望169：移动学习支持下的教师培训与课程开发［M］．上海：华东师范大学出版社，2015：7.

设，是新时期职业院校师资队伍建设的一项重要任务，是教师培训工作的重要内容之一。但在所有的培训项目中，师德培训可能是最难的，因为师德常常是内隐性的。所以，在职教师资培训工作中，我们要积极探索和创新师德培训模式，把师德方面的名师请进培训现场，以典型案例和现身说法的方式，来提高师德培训的实效。

（六）重视培训基地建设，促进培训项目公平竞争

针对教育教学类、科学研究类、实践能力类等不同类型的培训项目，培训主管部门首先要进一步完善培训基地管理办法，建立相应的遴选标准和评价体系，形成一批实训条件好、内涵建设水平高的培训基地，形成覆盖一定区域的职业教育学科体系、适应教师队伍建设需求的培训网络，实现培训单位多元化。其次，建立基地工作评估和动态调整机制，不断优化基地的区域和专业布局，在现有培训项目申报制度基础上，引入竞争择优机制，逐步开展高职教师培训项目招标制，提高项目资源配置效益，提高资金使用效果，使培训项目更加公开透明，促进高水平培训机构和优质资源脱颖而出。如江苏省的省级培训项目，以往是由省内重点和特色本科院校承担，从 2016 年开始，将把培训单位扩充为：省内重点和特色本科院校、国家示范性高职院校、职业教育科研单位、获江苏省品牌专业（A类）高职院校、优秀的社会培训机构以及特邀单位。这将打破多个培训项目长期固定由同一单位承担而缺乏竞争的现状。再次，培训基地要做好师资库建设，科学遴选培训教师，注重教师选聘的多元化，包括本科院校教师、行业企业教师、高职院校教师以及政府管理部门具备资格人员或社会培训机构教师等，特别是行业企业教师必须占一定比例。

（七）强化督导评估制度，健全培训考核体系

除了上述国家和各级政府层面的政策制度，各培训主管部门、送培学校和培训单位也要在不同层面共同研究制定相关培训考核制度，如培训单位要出台《教师培训过程量化考核细则》，送培学校要制定《教师培训任务和效果量化考核标准》等，使教师培训考核形成闭环。在建立培训目标管理考核机制、完善培训质量评估体系的基础上，建立教师培训档案，注重培训前的调研、培训中的考核、培训后的跟踪。培训主管部门对培训单位的培训项目进展、培训课程内容、师资队伍力量、培训经费使用等情况，组织专家进行定期检查，对培训效果进行总体性绩效评价。同时搭建网络互动平台，利用微信、QQ等即时通信工具，加强对培训工作的信息采集、分析和研究，及时发现新情况、解决新问题。明确各级教育行政部门和学校的相关职责，突出培训工作在教师各类考核以及专业技术职务晋升中的重要性。

（八）注重内涵建设，打造培训品牌

在"十三五"期间，职业院校教师培训工作围绕品质提升，致力打造特色，在统筹实施培训项目的基础上，突出工作重点，重点培育和打造特色品牌项目。坚持以点带面，积极探索项目评审、项目实施、过程监管、项目考评等工作的新路径，并以此为突破口，发挥示范效应；积极开展"最佳培训项目"评选活动，遴选一批精品培训项目，把着力打造特色培训项目作为实施职业院校教师培训品牌化发展战略的重要途径和方式。

如江苏省高职教育教师培训中心在优化传统培训项目的基础上，着重支持和培育特色品牌"高职院校新教师职业素养提升培训"项目，该项目打破传统项目培训模式，尝试分阶段、系统化培训，将培训分为集中培训、小组在线研修和在岗研修三个阶段，充分利用互联网技术，开展网上教学辅导、自学交流、网上作业、网上评教等多种综合教学服务，实现线上线下衔接。为保障项目的顺利实施，中心专门成立了"新教师职业素养提升培训工作组"，下设方案、资源和评价等3个小组，工作组先后五次在常州、扬州、南通、淮安和南京召开现场会议，解决项目中的具体问题。为规范项目实施，出台项目实施意见、学员考核办法、项目评价体系、教学竞赛活动等一系列政策文本。为检验培训效果，充分发挥"教学竞赛"在今后新教师职业素养提升中的引领示范作用，进一步促进新教师更新高等职业教育教学理念，提升教学能力，成功举办了首届"启航杯"江苏省高职院校新教师教学竞赛。通过两年多的努力，该项目得到了江苏省教育厅领导、高职院校和广大新教师的充分认可和积极评价。

本章小结

国家级职教师资培训是职教师资队伍建设的重要组成部分，是我国职业教育事业质量提升和可持续发展的重要保障。依托全国重点建设职教师资培养培训基地，该培训项目实施数十年来已经完成5万余人次的职业学校校长、骨干教师的培训，有力地推动了我国职教事业的发展。但是，在项目的实施中仍存在一些问题，影响培训质量的提升和项目预期的实现。例如，培训基地中学校多企业少，不符合专业教师实践能力提高的现实需求；参训学员选报监督不力，影响培训的整体效率；培训前期调研力度不够，培训内容针对性不强；培训活动缺乏定制的教材，教学活动存在较大随意性；培训质量评价标准模糊，指导性不强；培训周期延长，培训效率反而下降等。本章简要概括江苏省"十三五"高职教师培训重点改革项目——"新教师职业素养提升"项目的创新与特色，从出勤率、学员满意率等四个方面构建培训有效性评价指标体系，对高职师资培训改革项目的实践结果进行评估，为进一步创新发展提供科学依据。通过对江苏省职业院校教师培训现状的分析，指出当前职教师资培训工作存在的不足。从政府及主管部门、培训单位、送培学校等层面剖析职教师资培训发展的影响因素，结合"十三五"时期职业教育的创新发展，经过多年的实践总结和真实案例，提出职业院校师资培训工作应按照"需求本位、绩效引领、特色培育、内涵发展"的总体思路，以"五个坚持"为抓手，积极构建职业院校教师培训一体化工作格局。职业院校教师培训工作应围绕品质提升，致力打造特色，在统筹实施培训项目的基础上，突出工作重点，重点培育和打造特色品牌项目。

（本章作者　江苏理工学院：王斌、王继国）

主要参考文献

一、书籍（26 本）

[1]［英］琳达·克拉克，克里斯托弗·温奇．职业教育：国际策略、发展与制度
[M]．翟海魂，译．北京：外语教学与研究出版社，2011．

[2]［美］罗伯特 J. 斯腾伯格，温迪 M. 威廉姆斯．斯腾伯格教育心理学（原书第 2
版）[M]．姚梅林，张厚粲，等，译．北京：机械工业出版社，2012．

[3]［美］Lynda Fielstein & Patricia Phelps. 教师新概念——教师教育理论与实践［M].
王建平，等，译．北京：中国轻工业出版社，2002．

[4]［日］佐藤学．课程与教师［M］．钟启泉，译．北京：教育科学出版社，2003．

[5]［加］迈克·富兰．变革的力量［M］．中央教育科学研究所、加拿大多伦多国际
学院，译．北京：教育科学出版社，2000．

[6]［英］罗博·麦克布莱德．教师教育政策：来自研究和实践的反思［M］．洪成
文，译．北京：北京师范大学出版社，2009．

[7] 联合国教科文组织国际教育局．教育展望：移动学习支持下的教师培训与课程开
发［M］．上海：华东师范大学出版社，2015．

[8] 联合国教科文组织 21 世纪教育委员会．教育——财富蕴藏其中［M］．北京：教
育科学出版社，1996．

[9] 联合国教科文组织国际教育发展委员会．学会生存——教育世界的今天和明天
［M］．北京：教育科学出版社，1996．

[10] 冯忠良，伍新春，姚梅林，等．教育心理学（第二版）［M］．北京：人民教育出
版社，2001．

［11］傅道春．教师的成长与发展［M］．北京：教育科学出版社，2001．

［12］贺文瑾．职教教师教育的反思与建构［M］．哈尔滨：黑龙江人民出版社，2008．

［13］崔景贵，夏东民．江苏现代职业教育体系研究［M］．北京：知识产权出版社，2014．

［14］胡森．国际教育百科全书（第5卷）［M］．贵阳：贵州教育出版社，1990．

［15］赵志群，白滨．职业教育教师教学手册［M］．北京：北京师范大学出版社，2013．

［16］谌启标．教师教育改革政策的国际比较研究［M］．北京：法律出版社，2014．

［17］教育部师范教育司组织编写．教师专业化的理论与实践［M］．北京：人民教育出版社，2003．

［18］李梦卿．双师型职教师资培养制度研究［M］．武汉：华中科技大学出版社，2012．

［19］李其龙，陈永明．教师教育课程的国际比较［M］．北京：教育科学出版社，2002．

［20］徐国庆．职业教育课程、教学与教师［M］．上海：上海教育出版社，2016．

［21］李方，钟祖荣．教师专业标准与发展机制——教师专业化国际研究译文集［C］．北京：北京出版社，2004．

［22］刘捷．专业化：挑战21世纪的教师［M］．北京：教育科学出版社，2002．

［24］陆炳炎．一体化：师范教育改革的思考与实践［M］．上海：华东师范大学出版社，2000．

［25］吴全全．职业教育“双师型”教师基本问题研究——基于跨界视域的诠释［M］．北京：清华大学出版社，2011．

［26］崔景贵．积极职业教育范式导论［M］．北京：知识产权出版社，2015．

二、部分学术论文（76篇）

［1］Mourshed, M., Chijioke, C., & Barber, M. How the World's Most Improved School Systems Keep Getting Better. ［R］. Mckinsey & Company, 2001.

［2］艾兴．一体化教师教育的专业建设内涵及核心内容［J］．教育研究，2015（8）．

［3］安红艳，赵春玲．教师应具备的职业道德素养和专业能力［J］．中国医药导报，2007（3）．

［4］别敦荣．大学教学方法创新与提高高等教育质量［J］．清华大学教育研究，2009（4）．

［5］ 朱旭东．论我国教师教育体系的重建［J］．教师教育研究，2009，2（6）．

［6］ 曹晔．我国职业技术教育师资培养的历史和现实选择［J］．教育与职业，2001（6）．

［7］ 陈柏华，徐冰鸥．发展性教师评价体系的构建——教师专业素养的视角［J］．教育理论与实践，2006（9）．

［8］ 陈时见，王雪．教师教育一体化课程体系的构建与实施［J］．教育研究，2015（8）．

［9］ 陈永芳，姜大源．电气专业职教师资培养状况的调查及建议［J］．中国职业技术教育，2004（34）．

［10］ 陈永芳．中职教师培养培训体系的内涵及其衔接［J］．职业技术教育，2009，30（25）．

［11］ 邓丽芳．职业规范、职业精神与职业责任——论高校教师职业道德教育［J］．高教论坛，2015（10）．

［12］ 邓泽军．中职教师教育的问题分析及对策探讨——以重庆市为例［J］．职业技术教育，2009，30（22）．

［13］ 钟秉林．推进灵活多样培养提高教师教育质量［J］．中国高等教育，2001（9）．

［14］ 樊艳君．职业教育教师专业素养的现代化建构［J］．当代教育论坛，2007（2）．

［15］ 付光槐，刘义兵．论教师教育一体化发展保障机制的构建［J］．教育理论与实践，2015（25）．

［16］ 高校教师素质测评体系研究组．高校教师素质测评体系初探［J］．清华大学教育研究，1998（2）．

［17］ 高忠明，肖莹．STPDS：职教专业课教师教育的新模式［J］．职教论坛，2013（6）．

［18］ 耿洁．我国职业教育经费投入现状与对策研究［J］．中国职业技术教育，2015（2）．

［19］ 管培俊．改革创新，加快转折，实现教师教育的跨越式发展［J］．中国高等教育，2003（24）．

［20］ 何淑贞．内尔·诺丁斯关怀理论下的高职教师专业素养［J］．职教论坛，2012（7）．

［21］ 贺文瑾．论我国职教教师素质提高的政策转轨［J］．职业技术教育，2001，34（3）．

[22] 贺文瑾. 完善培养培训机制，促进职教师资专业成长 [J]. 当代职业教育，2013 (11).

[23] 贺文瑾. 重构职技高师职教教师教育模式：问题与对策 [J]. 职教论坛，2001 (9).

[24] 胡斌武，钱柘，吴杰. 职教师资校外实践教学基地建设探索 [J]. 中国高校科技，2016 (10).

[25] 胡斌武，叶萌. 国家级职教教师教育基地：问题诊断与建设策略 [J]. 职教论坛，2015 (4).

[26] 胡晓琨，闫智勇. 职业教育实训基地建设的困境与抉择 [J]. 职业技术教育，2013 (34).

[27] 钟启泉，王艳玲. 从"师范教育"走向"教师教育" [J]. 全球教育展望，2012 (6).

[28] 钟祖荣. 教师教育一体化的反思与教育学院发展的选择 [J]. 职业教育研究，2011，23 (6).

[29] 黄旭华，李盛兵. 中世纪大学执教资格授予权博弈——基于分权制衡的视角 [J]. 教师教育研究，2014 (6).

[30] [德] 联邦职业教育法（BBiG）[J]. 姜大源，刘立新，译. 中国职业技术教育，2005 (32).

[31] 姜大源. 职业教育：技术与技能辨 [J]. 中国职业技术教育，2008 (34).

[32] 雷忠良. 转制型高职院校高层次教师队伍建设的对策研究 [J]. 高教探索，2015 (7).

[33] 李栋学. 制度建设：职教师资队伍建设的保障（上）[J]. 职教通讯，2006 (9).

[34] 李敬军. 中职学校教师应具备的特殊能力素养 [J]. 卫生职业教育，2005 (5).

[35] 李利. 实践共同体与职前教师实践性知识发展——基于教育实习的叙事研究 [J]. 教师教育研究，2014 (1).

[36] 李向农，洪早清. 教师教育一体化背景下师范大学的教师教育变革与创新——以华中师范大学为例 [J]. 教师教育论坛，2014 (4).

[37] 付雪凌，石伟平. 美、澳、欧盟职业教育教师专业能力标准比较研究 [J]. 比较教育研究，2010，32 (12).

[38] 刘川生. 加快体制机制创新深化教师教育改革 [J]. 中国高等教育，2011 (5，6).

[39] 刘晓，沈希．我国职教师资培养：历史、现状与体系构建 [J]．河北师范大学学报（教育科学版），2013（1）．

[40] 刘义兵，付光槐．教师教育一体化发展的体制机制创新 [J]．教育研究，2014（11）．

[41] 刘雨涛．高职"双师型"教师胜任特征"洋葱"模型的构建 [J]．中国教育学刊，2014（S5）．

[42] 刘育锋．对《中华人民共和国职业教育法》修订的若干思考 [J]．职教论坛，2011（6）．

[43] 刘育锋．对制定我国职教教师资格制度基础的研究 [J]．中国职业技术教育，2009（27）．

[44] 刘育锋．论澳大利亚职教法对我国职业教育法修订的借鉴意义 [J]．职教论坛，2011（1）．

[45] 鲁昕．必须把职教师资队伍建设摆在更加突出的位置 [J]．职业技术教育，2009（5）．

[46] 鲁昕．职业教育，加快适应经济新常态 [J]．职业技术，2015（2）．

[47] 周元才，闫智勇．高职院校师资队伍建设三重困境之质辩 [J]．职教论坛，2011（30）．

[48] 马振华．技能积累与经济发展的关系模式——兼论我国技能积累的模式选择 [J]．工业技术经济，2009（8）．

[49] 聂伟进．基于三种理念下我国职教教师资格制度问题分析 [J]．职教论坛，2014（19）．

[50] 牛小玲．中小学教师职前培养和职后培训机构一体化的研究 [J]．高教学刊，2015（6）．

[51] 彭明成．我国综合性大学的职教教师教育：回溯、反思与前瞻 [J]．职教论坛，2014（9）．

[52] 师范教育一体化课题组．教师教育一体化国际（实践）背景 [N]．华东师范大学校报，1998（2）．

[53] 石生莉．教师文化研究新取向：教师新专业文化的确立 [J]．教育理论与实践，2006（1）．

[54] 宋萑，钟秉林．走向实践与技艺化危险：中美教师教育模式改革研究——中美教师教育比较研究之二 [J]．高等教育研究，2001（9）．

［55］孙翠香．我国职教教师培训：现状、问题及改进策略［J］．职教论坛，2013
（35）．

［56］汤霓．关于中职专业教师教学能力标准的调查报告——以汽车运用与维修专业为
例［J］．职教论坛，2001（2）．

［57］王继国，贺文瑾，褚亦平．职技高师职教师资服务能力实证研究——以江苏技术
师范学院为例［J］．职业技术教育，2011，32（25）．

［58］王少非．教师教育课程的实践取向：何为与为何［J］．教师教育研究，2013（5）．

［59］王天舒，张悦．教师职业文化建设的现状影响因素与解决策略研究［J］．教育教
学论坛，2014（48）．

［60］王晓忠，沈加敏．浅析职业院校教师的职业性与专业性［J］．职业教育研究，
2011（2）．

［61］王治民，薛勇民，南海．"教师教学能力"概念辨析——对"中职学校专业教师
教学能力标准"概念的解读［J］．中国职业技术教育，2008（8）．

［62］肖瑶，陈时见．教师教育一体化的内涵与实现路径［J］．教育研究，2013（8）．

［63］谢莉花．论职教教师教育标准、体系及课程的构建［J］．职业技术教育，2012，
33（7）．

［64］徐涵，等．职业教育人才培养模式创新［J］．中国职业技术教育，2010（2）．

［65］徐朔．职教师资培养的基本属性和课程设置问题［J］．职教通讯，2005（10）．

［66］闫智勇，周志刚，朱丽佳．职业教育领域师生间专业能力共生发展机制研究
［J］．教育发展研究，2013（7）．

［67］闫智勇，朱丽佳．校企合作视野下职业教育教师专业发展的策略［J］．中国职业
技术教育，2015（6）．

［68］余莲．教师教育一体化的现状、问题与对策［J］．教师教育论坛，2013（9）．

［69］袁新苗．全国职教师资培养培训基地建设方略——以浙江工业大学基地为例
［J］．浙江工业大学学报（社会科学版），2012（2）．

［70］张力．产学研协同创新的战略意义及政策走向［J］．教育研究，2011（7）．

［71］张立新．当前教师职业规范建设的粗陋繁冗性及其克服［J］．教学与管理，2012
（30）．

［72］张祺午．职教师资队伍建设30年［J］．职业技术教育，2009（5）．

［73］张晓蕊．职业教育教师教育模式的创新与建构［J］．东北师范大学学报（哲学
社会科学版），2012（1）．

[74] 赵国金，高艳梅．对新视野下我国职前教师培养模式的反思与建构 [J]．高等教育研究，2011（2）．

[75] 国际教育大会第 45 届会议的建议 [J]．赵中建，译．外国教育资料，1997（6）．

[76] 中国教育科学研究院课题组．未来五年我国教育改革发展预测分析 [J]．教育研究，2015（5）．

三、学位论文（6 篇）

[1] 何美．美国优秀科学教师专业标准、评估及认证研究 [D]．上海：华东师范大学，2012．

[2] 李大寨．我国职业教育教师培养培训模式研究 [D]．咸阳：西北农林科技大学，2012．

[3] 刘翔．中职教师信息素养评价标准及提升路径研究 [D]．长沙：湖南农业大学，2014．

[4] 齐丹丹．20 世纪 80 年代以来美国教师专业化发展探究 [D]．长春：东北师范大学，2008．

[5] 肖平．美国教师联盟之探究 [D]．福州：福建师范大学，2007．

[6] 郑秀英．职业教育教师专业化问题研究 [D]．天津：天津大学，2001．

四、相关文件（18 篇）

[1] 教育部、财政部．关于实施职业院校教师素质提高计划（2017～2020 年）的意见 [Z]．教师〔2016〕10 号．

[2] 国务院．关于加快发展现代职业教育的决定 [Z]．国发〔2014〕19 号．

[3] 国务院关于大力发展职业教育的决定 [Z]．中华人民共和国国务院公报，2005（35）．

[4] 国务院．批转教育部《面向 21 世纪教育振兴行动计划》的通知 [Z]．国发〔1999〕4 号．

[5] 中华人民共和国职业教育法 [Z]．全国人民代表大会常务委员会公报，1996（4）．

[6] 教育部、国务院学位委员会．关于开展中等职业学校教师在职攻读硕士学位工作的通知 [Z]．教职成〔2000〕5 号．

[7] 教育部．2015 年全国教育事业发展统计公报 [Z]．2016．

［8］教育部．关于2000年开展中等职业学校教师在职攻读硕士学位的通知［Z］．教职成司〔2000〕19号．

［9］教育部．关于公布首批全国职教师资专业技能培训示范单位的通知［Z］．教职成函〔2001〕3号．

［10］教育部．关于公布首批全国重点建设职教师资培训基地名单的通知［Z］．教职成〔1999〕4号．

［11］教育部．关于加快推进职业教育信息化发展的意见［Z］．教职成〔2012〕5号．

［12］教育部．关于开展中等职业学校教师在职攻读硕士学位工作的通知［Z］．教职成〔2000〕5号．

［13］教育部．关于批准北京首都旅游集团有限公司、武汉华中数控股份有限公司作为全国职教师资专业技能培训示范单位的通知［Z］．教职成函〔2007〕7号．

［14］教育部．关于批准中国铝业公司等十家企业为全国职教教师企业实践单位的通知［Z］．教职成函〔2010〕10号．

［15］教育部．中学教师专业标准（试行）［Z］．教师（2012）号．

［16］教育部．关于印发《关于进一步加强中等职教师资培训基地建设的意见》的通知［Z］．教职成〔2000〕9号．

［17］教育部．关于实施卓越教师培养计划的意见［Z］．教师〔2014〕5号．

［18］教育部关于批准天津职业大学等33个单位为全国重点建设职业教育师资培养培训基地和神州数码网络（北京）有限公司等2个单位为全国职业教育师资专业技能培训示范单位的通知［Z］．教师函〔2012〕5号．

后　记

本书是国家哲学社会科学基金"十二五"规划教育学一般课题《职业教育教师培养培训一体化的研究》（批准号：BJA120082）的研究成果。本书是课题组集体研究、密切合作的产物。各章写作分工如下：第一章，贺文瑾、崔景贵；第二章，贺文瑾、谢莉花、余小娟；第三章，贺文瑾、郝永贞、崔景贵；第四章，李锋、闫智勇；第五章，谢莉花；第六章，陆俊杰、贺文瑾；第七章，叶飞跃、戴仁俊；第八章，刘维桥、刘玉海；第九章，陆俊杰、王碗；第十章，逯长春；第十一章，谢莉花、余小娟；第十二章，林丁山、沈吉、胡斌武；第十三章，季敏、王碗；第十四章，贺文瑾、王继国；第十五章，谢莉花、唐慧；第十六章，贺文瑾；第十七章，王斌、王继国。课题主持人贺文瑾研究员负责设计本书写作提纲，贺文瑾研究员、崔景贵教授担任本书主编，对各章节初稿提出修改意见，全面负责全书统稿和最终定稿。研究生张艳芸、陈璇等协助整理本书参考文献、校对部分书稿。

本书也是江苏省高校哲学社会科学优秀创新团队——"江苏职业教育现代化研究"（批准号：2017ZSTD020）和江苏省高等教育教改研究立项重点课题《现代职教教师教育体系构建与实施研究——以江苏省为例》（2015JSJG050）的代表性成果之一。特别感谢江苏省职业技术教育科学研究中心、江苏省高等职业教育教师培训中心、江苏理工学院职业教育研究院、职业技术师范学院、《职教通讯》编辑部和常州市社科院积极教育学研究中心的各位专家与同人的指导帮助和大力支持。诚挚感谢知识产权出版社责任编辑冯彤老师，同时要感谢参与课题研究的学校领导和老师们的大力支持！

　　大力提高教师培养培训质量成为我国职教教师教育改革发展最核心最紧迫的任务。课题负责人所在的江苏理工学院，一直秉承"研究职教、服务职教、引领职教"的办学理念，在职教教师教育方面有办学传统、有厚实基础、有专业队伍、有工作机构、有优质资源、有研究成果、有积极行动。当前，我们更要深入学习中共中央国务院《关于全面深化新时代教师队伍建设改革的意见》和教育部等五部门《教师教育振兴行动计划（2018～2022 年)》精神，贯彻落实国务院《关于加快发展现代职业教育的决定》和教育部《关于实施卓越教师培养计划的意见》的新要求，积极实施江苏《省政府关于加快推进职业教育现代化的若干意见》（苏政发〔2018〕68 号），科学认识当前职教教师教育发展大局和创新格局，找准职教教师教育中存在的主要问题，寻求深化职教教师教育改革创新的突破口和着力点，积极参与实施职业院校"双师型""一体化"教师队伍建设计划，不断提高职业院校教师培养培训一体化的实效，确保优质、彰显特色、追求卓越，建构和完善发展质量高、贡献度高、社会认可度高的现代职教教师教育。

　　我们一直在努力，我们还会更加努力。

课题组

2018 年 6 月 18 日